Bill Harrison

FRAMEWORK III
Das umfassende
Anwenderbuch

Bill Harrison

FRAMEWORK III™

Das umfassende Anwenderbuch

Vieweg

Dieses Buch ist die deutsche Übersetzung von

Bill Harrison, Framework III An Introduction
Published by Ashton-Tate Publishing Group 2010 1 Hamilton Avenue, Torrauce, California 90502-1319

Copyright © 1988 by Ashton-Tate® Corporation.
All rights reserved.

Übersetzung aus dem Amerikanischen:
Angelika Dripke, Wiesbaden
Gerard Rosniatowski, Wiesbaden

Ashton-Tate, dBASE, dBASE II, dBASE III, Framework, and MultiMate are trademarks and dBASE III
Plus, dBASE IV, Framework II, and Framework III are trademarks of Ashton-Tate Corporation.

General Notice: other product names mentioned herein are for identification purposes only and may
be trademarks of their respective companies.

Das in diesem Buch enthaltene Programm-Material ist mit keiner Verpflichtung oder Garantie irgendeiner Art verbunden. Der Autor, die Übersetzer und der Verlag übernehmen infolgedessen keine Verantwortung und werden keine daraus folgende oder sonstige Haftung übernehmen, die auf irgendeine Art aus der Benutzung dieses Programm-Materials oder Teilen davon entsteht.

Der Verlag Vieweg ist ein Unternehmen der Verlagsgruppe Bertelsmann.

Umschlaggestaltung: Ludwig Markgraf, Wiesbaden

ISBN-13: 978-3-528-04696-5   e-ISBN-13: 978-3-322-83612-0
DOI: 10.1007/978-3-322-83612-0

Inhaltsverzeichnis

Vorwort

Bei Framework III handelt es sich um die neuste Weiterentwicklung eines Produktes, das von Robert Carr und dessen Kollegen bei der Forefront Corporation konzipiert wurde. Es kam 1984 zum ersten Mal auf den Markt und eroberte auf Anhieb weltweit eine beachtliche Anwendergemeinde. Dem Produkt lag ein ambitioniertes Konzept zugrunde: Ein System sollte mit allen für die üblichen Geschäftsanwendungen erforderlichen Tools ausgestattet werden; gleichzeitig sollte es leicht zu erlernen und genauso mühelos anzuwenden sein. Konzept und Architektur von Framework wurden ein voller Erfolg.

Das Kernstück der Benutzerschnittstelle bilden die Frames, mittels derer Daten zwischen Dateien und Anwendungen verschoben und bearbeitet werden. Hieraus resultierte auch der Name Framework. Obwohl Framework mittlerweile sieben die Produktivität des Benutzers steigernde Tools in einem einzigen System zusammenfaßt, kann es auch als Host-Umgebung für andere Softwareprodukte fungieren. Benutzerspezifische Applikationen können - auch im Netzbetrieb - mit Hilfe der Programmiersprache FRED erstellt werden.

Die stetig wachsende Vertrautheit der Framework-Klientel mit dem Produkt und zudem die erweiterte Funktionalität der Personal Computer führte auch zu einer kontinuierlichen Weiterentwicklung von Framework. 1985 verbesserte Ashton-Tate die Kapazität, Verarbeitungsleistung und Geschwindigkeit und rüstete die Benutzerschnittstelle mit neuen Leistungsmerkmalen und Menüs aus. Die neue Version erhielt den Produktnamen Framework II. Mit Framework III ist es Ashton-Tate erneut gelungen, das Leistungsvermögen von Framework zu steigern. Als neue Funktionen wurden der lokale Netzwerkbetrieb, E-Mail, mehrsprachige Rechtschreibüberprüfung, Farbdarstellung, neue Eingabeformate, Unterstützung mehrerer Drucker, Plotter und Schriftarten und erweiterte Textverarbeitungsfunktionen implementiert.

Die Systematik des Buches spiegelt die Tatsache wider, daß die meisten charakteristischen Anwendungen in Framework III mehr als nur eine Hauptfunktion enthalten. Demgemäß gliedert sich das im folgenden Dargestellte in vier Teile: eine Einführung, einen Abschnitt, in dem die Hauptfunktionen vorgestellt werden, einen Abschnitt, der fortgeschrittenen Anwendungstechniken reserviert ist, und schließlich einen Abschnitt mit Anwendungsbeispielen.

Falls Ihr Interesse bei der Lektüre dieses Buches nur einer spezifischen Funktion von Framework III gilt, sollten Sie die ersten drei Kapitel vollständig bearbeiten und anschließend die Kapitel durcharbeiten, die auf Ihre Anwendungen oder Fragestellungen zugeschnitten sind. Sie sollten sich auch unbedingt die Beispiele (Teil 4) anschauen, damit Sie einen Eindruck von der Arbeitsweise von Framework III bekommen. Wie auch immer Sie dieses Buch nutzen, zu empfehlen ist auf jeden Fall, daß Sie die Lektüre in die Praxis umsetzen und die einzelnen Möglichkeiten auf Ihrem PC ausprobieren. "Übung macht den Meister" gilt - wie überall - auch im Umgang mit Framework III.

Viel Spaß mit Framework!   Bill Harrison
                                                                         Vienna, Virginia
                                                                              Mai 1989

Teil 1

Darstellung von Framework III

Kapitel 1

Denkarbeit mit Framework III

Bei Framework III von Ashton-Tate handelt es sich um die dritte Generation des integrierten Programmpaketes Framework. Infolge seiner besonderen Flexibilität erhöht Framework III die Produktivität des Anwenders: So lassen sich mit einem einzigen Softwarepaket mehrere Funktionsbereiche bearbeiten. Framework III verknüpft die folgenden Funktionen zu einem nahtlos integrierten System:

- Konzepterstellung
- Textverarbeitung
- Tabellenkalkulation
- Geschäftsgraphiken
- Datenbanken
- Datenfernübertragung
- Elektronische Post

Framework III verfügt des weiteren über die prozedurale Programmiersprache FRED (*FRame EDitor*), mit der Makros, benutzerangepaßte Programme und spezialisierte Anwendungen erstellt werden können.

Charakteristika von Framework

Falls Sie im Umgang mit dem PC geübt sind, werden Sie schnell feststellen, daß Framework III sich durch eine hohe Ablaufgeschwindigkeit auszeichnet und leicht zu erlernen und zu benutzen ist. Sollten Sie bisher noch nicht mit dem Mikrocomputer vertraut sein, so wird Ihnen womöglich nicht sofort die Vielseitigkeit von Framework III bewußt. Sie werden aber auf alle Fälle seine Leistungsmerkmale zu schätzen lernen.

Jede Framework III-Funktion kann von jeder anderen aus direkt angesprochen werden. Dies bedeutet, daß man jederzeit zwischen der Konzepterstellung, Textverarbeitung, Tabellenkalkulation, Datenbank, Graphikdarstellung, Datenfernübertragung und Datenspeicherung hin und her "springen" kann.

Die meisten Aufgaben werden durch eine Tastenkombination oder Menüauswahl aktiviert. Text wird vor Ihren Augen bei der Eingabe gemäß dem WYSIWYG-Motto (*What You See Is What You Get* = Identität von Bildschirmdarstellung und Ausdruck) formatiert. Eine Datenbank kann nahezu unverzüglich durchsucht und sortiert werden; eine Kalkulationstabelle oder ein Teil davon läßt sich innerhalb weniger Sekunden neu berechnen. Falls Sie Daten oder eine Formel in einer Kalkulationstabelle ändern, aktualisiert Framework III diese automatisch und modifiziert auch jede darauf basierende Graphik. Sollte Ihnen bei der Formeleingabe ein Fehler unterlaufen, wird der betreffende Bereich hell unterlegt und eine Fehlermeldung angezeigt. Mit Framework III fällt die Datenverarbeitung leicht, und das Verursachen von Fehlern seitens des Benutzers wird erschwert.

Framework III stellt eine Verknüpfung von Funktionen zur Verfügung, wodurch sich Vorstellungen und Informationen schnell und effizient bearbeiten lassen. Somit besteht die Möglichkeit, zur gleichen Zeit mehrere Projekte oder Teilprojekte zu bearbeiten, wobei es keine Rolle spielt, ob man im Einzelfall seine Gedanken ordnet, ein sogenanntes "Brainstorming" betreibt oder in einem Bericht Text mit Daten verknüpfen will.

Der Frame

Die organisatorische Grundkomponente in Framework III wird als *Frame* (Rahmen; daher auch Framework - Arbeiten mit Rahmen bzw. Fenstern) bezeichnet. Unter einem Frame kann man sich eine Art verschieb- und veränderbaren Informationsbehälter vorstellen. In einen solchen Frame werden Informationen eingegeben, worauf der Frame verschoben, bearbeitet, zur Manipulation der in ihm enthaltenen Informationen programmiert und sogar in einen anderen Frame eingefügt werden kann.

Die Form und Größe eines Frames sind belanglos, da sie beliebig verändert werden können. Der Frame kann in seiner Arbeitsweise mit einer "intelligenten elektronischen Schubkarre" verglichen werden, die unterschiedliche Informationsteile "herumschiebt", so daß man sie bearbeiten und auf vielfältige Art und Weise kombinieren kann, um das gewünschte Endergebnis zu erhalten.

Der Begriff Frame dürfte auf den ersten Blick ungewohnt erscheinen. Bei Framework III handelt es sich um eine Konzeption, die menschlichen Denkprozessen angepaßt ist und sie nachempfindet. Hierbei macht sich Framework III zwei einfache Prinzipien zunutze:

● Der Mensch arbeitet oft gleichzeitig an mehreren Projekten.

● Langwierige Arbeitsvorgänge lassen sich aus Teilaufgaben zusammensetzen, wie sich auch umfassende Arbeitsprozesse in kleinere Bausteine zerlegen lassen.

Komplizierte Denkprozesse liegen in den seltensten Fällen von Anfang an ausgereift vor; sie bilden sich vielmehr stückchenweise und werden Stück für Stück gedanklich entwickelt. Bei der geistigen Arbeit, zum Beispiel bei Berechnungen, Analysen oder der Abfassung von Texten, geht man gewöhnlich von einzelnen Gedankenstücken des umfassenden Konzeptes aus. Im Verlauf der Arbeit werden die Teile dann umstrukturiert, bis sie zu einem zufriedenstellenden Ergebnis führen.

Framework III beschleunigt diesen Vorgang durch die Verwendung eines Frames. Dieser kennzeichnet jede Teilaufgabe und begrenzt sie durch eine Umrandung. Das Frame-Format ermöglicht die Bearbeitung des darin enthaltenen Bausteins: das Verschieben, Hinzufügen, Löschen, Kombinieren mit anderen Teilen, Kopieren, Formatieren, Drucken, Nutzung zu Zwecken der Datenfernübertragung und Speichern für den späteren Bedarf. Hierbei kann man seine Vorstellungen in Worten, Graphiken, Tabellenkalkulationen oder Datenbanken ausdrücken und diese dann auf vielfältige Weise ausdehnen, kombinieren und anordnen.

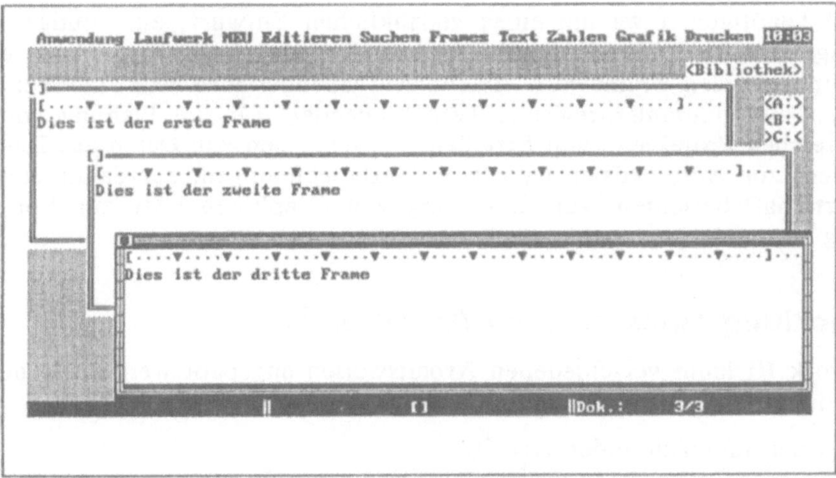

Bild 1.1   Frames, die Informationen enthalten

Ein Frame entspricht somit einem elektronischen Notizblock oder Aktenordner. Er kann einen Teil eines Briefes, eine Notiz, Verkaufsbilanzen, Finanzunterlagen, Berichte, Kapitel, Adreßbücher oder jedes andere Schriftstück enthalten, das aus Text, Tabellen oder Graphiken besteht. Durch die Anordnung von bestimmten Arbeitsprozessen in Frames macht sich Framework III die gleichen Organisationsmuster zunutze, die dem menschlichen Denken - bewußt oder unbewußt - eigen sind.

Ein Werkzeug zur Erweiterung des Denkhorizontes

Framework III erleichtert nicht nur die Arbeit, sondern vermag auch, das Denkvermögen in neue und innovative Bahnen zu lenken. Indem Framework III Ihnen neuartige Funktionen an die Hand gibt, trägt es auch dazu bei, Ihren Vorstellungskreis zu erweitern und Ihnen neue Aufgabenstellungen und eine effektivere Arbeitsweise vor Augen zu führen. Wenn Sie das Arbeiten mit Framework III beherrschen, werden Sie womöglich die Arbeitsweisen der Software für Ihre eigenen Denkprozesse nutzen und Ihre Arbeit noch mehr systematisieren sowie neue Anwendungen entwickeln oder Ihrer eigenen Methodik anpassen.

Ein Werkzeug zur Erstellung anderer Werkzeuge

Framework III kann auch als "Werkzeugmaschine" für die Softwareherstellung angesehen werden. Es besteht aus verschiedenen Tools, die wiederum zum Anlegen neuer Werkzeuge verwendet werden können. Framework III kann so an unterschiedliche Aufgaben angepaßt werden.

Einige Anwender werden nur ein oder zwei Hauptfunktionen von Framework III benötigen, etwa um einen gedanklichen Entwurf, eine Budgetrechnung oder Vorschläge zu entwerfen und niederzuschreiben. Andere wiederum benutzen Framework III für Aufgabenbereiche wie zum Beispiel als Telefonnummernregister, Terminkalender, für die Planung von umfangreichen Projekten, zum Erstellen und Abfragen von Daten aus Datenbanken, zur Automatisierung von Finanzberechnungen, zur Sammlung von Wirtschaftsberichten, zur Erzeugung von Graphiken oder zur Verwahrung von anderen Anwendungsprogrammen.

Entwicklung eines eigenen Arbeitsstils

Framework III kann verschiedenen Arbeitsweisen angepaßt werden. Seine Verwendung hängt hauptsächlich von den folgenden drei Aspekten ab:

- Von der auszuführenden Arbeit.

- Von Ihrer individuellen Arbeitsweise.

- Von Ihrer Fähigkeit, die Ihnen eigentümliche Arbeitsweise zu erkennen und Framework III dieser anzupassen.

Dieses Buch unterstützt Sie bei Ihrer Arbeit mit Framework III. Sie beginnen mit Aufgaben, deren Erledigung durch den Computer Sie sich schon lange gewünscht haben. Sehr schnell finden Sie dann weitere Aufgabenbereiche, bei denen sich der Einsatz von Framework ebenfalls lohnt.

Schließlich denken Sie auch an die Verwendung von Framework III, um eigene Anwendungen zu entwickeln.

Der Einstieg in Framework III

Framework III verfügt über viele eingebaute Leistungsmerkmale, die das Erlernen erleichtern. Die Pulldown-Menüs ermöglichen das mühelose Erlernen der Funktionen, und das Online-Hilfesystem erscheint nach dem Betätigen einer einzigen Taste.

Bei den meisten Operationen braucht nur die Cursortasten gedrückt zu werden, um den Cursor von Menü zu Menü und - im Menü - von Menüpunkt zu Menüpunkt zu bewegen. Während der Cursor eine bestimmte Option markiert, erscheint im unteren Teil des Bildschirmes eine Beschreibung der Option und ihrer Aufgabe. Um eine Option auszuwählen, muß diese hell unterlegt und die Return-Taste betätigt werden. Durch die Betätigung der Taste F1 Hilfe erhalten Sie eine vollständige Beschreibung jeder Operation.

Die Framework III-Menüs lassen sich einfach bedienen; noch schneller geht es jedoch folgendermaßen: Zuerst drückt man die Ctrl-Taste und den Anfangsbuchstaben des Menünamens (N für das Menü *Neu*). Danach wird der Anfangsbuchstabe der daraus zu wählenden Option gedrückt (T für *Tabellenkalkulation*). Dieses Verfahren wird im weiteren Verlauf des Buches noch ausführlich besprochen.

Der Anwender kann sich zwischen diesen beiden Alternativen - Wahl über Menüs oder Befehle - entscheiden. Die Menüs sind leichter zu erlernen und zu bedienen, während die Befehle schneller eingegeben sind. Nachdem Sie Erfahrung im Umgang mit Framework III gesammelt haben, werden viele Benutzer auch die Befehle für die von ihnen am häufigsten verwendeten Operationen auswendig kennen.

Es wurde hier zwar das problemlose Erlernen von Framework III betont, dies sollte allerdings nicht zu der Erwartung verführen, daß man das Programm von heute auf morgen in jedem Detail kennt. Einer der größten Vorzüge von Framework III liegt in seinen zahlreichen Funktionen. Jede einzelne davon ist zwar einfach zu erlernen, die Kenntnis aller erfordert dagegen eine längere Beschäftigung mit Framework III.

Viele Anwender beginnen wahrscheinlich mit der Textverarbeitung, weil sie einfach zu handhaben ist und auch häufig gebraucht wird. Gilt Ihr besonderes Interesse jedoch einem anderen Arbeitsbereich, wie der Tabellenkalkulation, so sollten Sie ruhig mit dieser Funktion beginnen.

Wenn Sie die erste Funktion beherrschen und mit dem Anlegen und Bearbeiten von Frames vertraut sind, können Sie damit beginnen, sich weitere Funktionen anzueignen.

Wegen der vielfältigen mathematischen Berechnungen, die es bei der Verwendung eines Tabellenkalkulationsprogrammes gibt, sind diese Funktionen am schwierigsten zu erlernen. Sie können aber anfänglich die Tabellenkalkulation mit nur wenigen Funktionen verwenden und schrittweise zu schwierigeren übergehen.

Wenn Sie die erste Funktion einmal sicher beherrschen und Ihnen das Anlegen und Bearbeiten von Frames keine Schwierigkeiten mehr bereitet, können Sie auch die übrigen Funktionen in Angriff nehmen.

Das Erlernen von Framework III heißt auch, sich die Arbeitsweise des Systems begreiflich zu machen und zu überlegen, wie die vorhandenen Funktionen für die eigene Arbeit genutzt werden können. All das werden Sie in diesem Buch erfahren.

Kapitel 2

Leistungsmerkmale von Framework III

Die wahre Stärke von Framework III besteht darin, unterschiedliche Funktionen zu einem schnell und reibungslos arbeitenden Ganzen zu verbinden. Framework III zeichnet sich durch seine Datenbearbeitung aus, welche die Grenzen zwischen den einzelnen Funktionen (Konzepterstellung, Textverarbeitung, Tabellenkalkulation, Graphik, Datenbankverwaltung, Datenfernübertragung, elektronische Post und Programmieren in FRED) praktisch transparent macht.

Vorschau auf Framework III

Framework III verdankt seine schnelle und einfache Datenbearbeitung hauptsächlich folgenden drei Mechanismen:

- den Frames;

- dem Navigationssystem;

- dem Prinzip *Markieren-Ausführen*.

Frames

Frames vereinfachen die Datenbearbeitung derart, daß eine Vorstellung hiervon erst dann möglich wird, wenn man das Programm selbst erprobt. Bei der Bearbeitung eines Frames werden alle darin enthaltenen Informationen berücksichtigt. Man kann vollständige Frames kopieren, verschieben, drucken oder speichern. Ebenso können Teile eines Frames kopiert oder verschoben werden. Weiterhin besteht die Möglichkeit, Frames beliebig tief in andere Frames zu verschachteln. Die Verwendung von Frames zur Datenbearbeitung läßt sich folgendermaßen zusammenfassen:

- Jede Art von Frame kann (mit Inhalt) jederzeit in einen Konzept-Frame eingefügt werden.

- Fast jeder Frame kann (mit Inhalt) jederzeit in einen Konzept-Frame eingefügt werden.

- Tabellenkalkulations- und Datenbank-Frames können durch Formeln verknüpft werden, so daß eine Änderung in einem Frame eine Modifikation in dem anderen Frame nach sich zieht.

- Jede Kombination von Frames kann in einem Container-Frame in beliebiger Weise angeordnet werden, um ein Dokument zu erstellen.

Navigieren in Framework III

Unter dem "Navigationssystem" von Framework III versteht man die Fähigkeit, sich innerhalb des Systems zu bewegen und die verschiedenen Funktionen nutzen zu können. Die Plus- und Minustasten (auf dem numerischen Zehnerblock) bewegen den Cursor in den Frame hinein und wieder aus diesem heraus. Die Cursortasten bewegen den Cursor zwischen den Frames und in den Menüoptionen auf jeder Systemebene. Die Frames und Menüoptionen werden auf dem Bildschirm hell unterlegt, um die aktuelle Cursorposition anzugeben.

Alle Framework III-Arbeitsvorgänge beginnen auf der Arbeitsfläche, genauso wie Sie eine bestimmte Arbeit dadurch beginnen, daß Sie eine Schublade Ihres Schreibtisches öffnen. Auf dieser Ebene können nicht nur die Menüs, sondern auch die Laufwerke/Verzeichnisse und die Bibliothek angesprochen werden.

Markieren-und-Ausführen

Befehle lassen sich in Framework III mühelos ausführen. Das Verfahren bleibt immer gleich, ganz egal ob Sie gerade einen Frame oder Teile seines Inhaltes bearbeiten, ob Sie eine Maus oder eine Tastatur verwenden. Der Cursor wird an die Stelle positioniert (markieren), die bearbeitet (ausführen) werden soll. Danach wird entweder eine Taste gedrückt oder eine Menüauswahl getroffen, um den Befehl zu aktivieren.

Die Prozeduren zur Datenbearbeitung werden in Kapitel 3 besprochen werden.

Um Ihnen einen Überblick über die Möglichkeiten von Framework III zu geben, sollen an dieser Stelle die Leistungsmerkmale der unterschiedlichen Funktionen kurz umrissen werden; im Anschluß daran erfolgt eine Betrachtung des Zusammenspiels dieser Funktionen zu einem integrierten Ganzen.

Der dynamische Konzeptentwurf (Outlining)

Das Konzeptentwurfsystem von Framework III kann nicht nur für die Strukturierung von Ideen verwendet werden, obwohl dies auch eine wertvolle Hilfe sein kann. Die Funktion für das Erstellen von Konzepten bildet den Schlüssel für jede Art von Informationsorganisation, egal ob es sich hierbei im einzelnen um Wörter, Zahlen oder Graphiken handelt.

Framework bietet eine neuartige Möglichkeit hinsichtlich der elektronischen Erstellung von Konzepten: die Verwendung von Frames. Jeder Gliederungspunkt, der in ein Konzept eingegeben wird, wird automatisch mit einem leeren Text-Frame verknüpft. Somit kann der einem Konzept-

abschnitt zugeordnete Text direkt in den mit dem Gliederungspunkt verknüpften Text-Frame eingegeben werden. Wird ein Gliederungspunkt innerhalb eines Konzeptes verschoben, so wird auch der diesem Gliederungspunkt zugeordnete Text entsprechend mitverschoben. In den Frame
kann Text eingegeben werden, wobei alle Vorteile des Textverarbeitungssystems von Framework III in Anspruch genommen werden können. Auch
Kalkulationstabellen, Datenbanken und Graphik-Frames lassen sich in ein
Konzept einfügen.

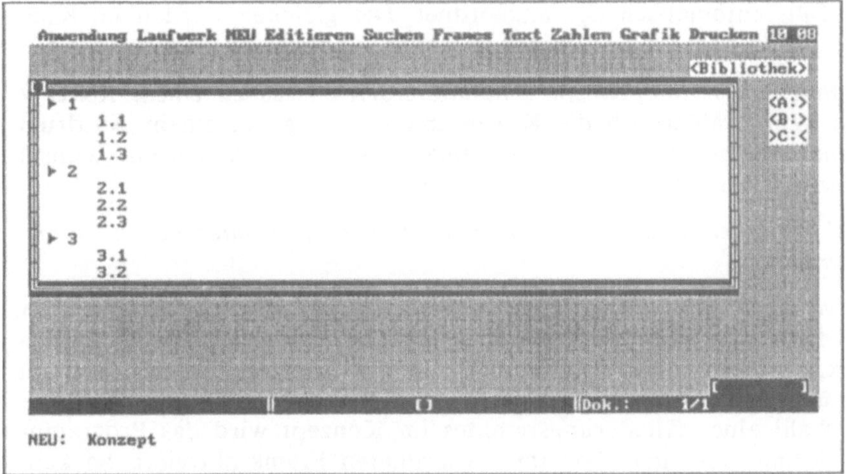

Bild 2.1 Ein Konzept-Frame

Mit der Konzept-Funktion von Framework III können folgende Aufgaben
ausgeführt werden:

- *Überarbeitung von Globalkonzepten und Unterteilung in kleinere Abschnitte.* Man kann eine Konzeption eingeben und diese in weiteren
Schritten detaillierter gestalten. Jedes neu hinzugefügte Detail wird in
einem Unter-Frame gespeichert.

- *Beginnen mit Details, die zu einem Konzept zusammengefaßt werden.*
Man kann eine Liste anlegen, die umstrukturiert wird, wenn Informationen bestimmten Kategorien entsprechen.

- *Editieren von Konzeptpunkten (label editing).* Wörter, Satzteile oder
ganze Sätze können hinzugefügt oder gelöscht werden. Ein Konzept
kann auch in einen Text-Frame kopiert werden und als unabhängiger
Text editiert werden, während der Konzept-Frame unverändert
bleibt.

- *Strukturieren von Text-, Tabellenkalkulations-, Datenbank- und Graphik-Frames.* Die Frames lassen sich so anordnen, daß ein vollständiges Dokument oder ein Anwendungssystem erstellt wird.

- *Umstellen von Konzepten, um ein Dokument oder eine Anwendung neu zu strukturieren.* Frames können in verschiedene Kategorien verschoben oder neu angeordnet werden, um den systematischen Bezug der Kategorien zueinander neu festzulegen. Falls Gliederungspunkte in Konzepten neu angeordnet werden, werden diese automatisch neu durchnumeriert. Jeder Text-, Tabellenkalkulations-, Datenbank- oder Graphik-Frame, der sich auf die Gliederungspunkte bezieht, wird ebenfalls automatisch neu angeordnet. Des gleichen werden im Konzept alle in den Frames vorgenommenen Änderungen berücksichtigt.

- *Automatisches Anlegen eines Inhaltsverzeichnisses zu einem Konzept.* Man kann wählen, ob die Konzeptnumerierung bei einem Ausdruck erscheinen soll. Auch die Seitenzahlen des Textes können auf Wunsch angezeigt werden.

- *Wahl zwischen arabischen und römischen Ziffern oder keiner Numerierung.*

- *Verwendung eines Konzepts als Menü.* Hierbei wird die Information, auf die zugegriffen werden soll - Text, Kalkulationstabelle, Datenbank, Graphik oder Programm - in die Konzept-Frames und die Menüauswahlpunkte hinter der Frame-Numerierung angegeben. Bei der Wahl eines Gliederungspunktes im Konzept wird das Programm, die Formel oder der Text im zugeordneten Frame aktiviert. So kann zum Beispiel die Konzeptfunktion herangezogen werden, um eine Liste von vorformulierten Absätzen zu erstellen. Das Konzept dient dann als Menü, aus dem der entsprechende Absatz gewählt werden kann (um beispielsweise einen Standardbrief zu erstellen).

Die Konzept-Funktion wird detailliert in Kapitel 4 beschrieben.

Textverarbeitung

Die Textverarbeitung ist wahrscheinlich das verbreitetste Anwendungsfeld im PC-Bereich. Framework III stellt Ihnen ein großes Spektrum an neuen Textverarbeitungsmöglichkeiten zur Verfügung. Im Gegensatz zu vielen konventionellen Textverarbeitungssystemen, die entweder einfach und leistungsschwach oder leistungsstark und schwierig zu handhaben sind, verbindet Framework III eine geradezu erstaunliche Benutzerfreundlichkeit mit einem hohen Leistungsvermögen. Man kann entweder einen Frame öffnen und mit der Texteingabe beginnen oder geeignete Menüoptionen entwickeln, um die gewünschten Ergebnisse zu erzielen.

Das Herzstück des Textverarbeitungssystems ist der Text-Frame, in den ein einfacher Text oder ein Teil eines komplexen Dokuments eingegeben werden kann. Um mit der Textverarbeitung zu beginnen, wird ein Text-Frame angelegt, diesem ein Name zugewiesen, der Cursor in den Text-Frame verschoben und mit der Eingabe begonnen.

Text-Frames weisen Ränder, Tabulatoren und andere Merkmale auf, die das Anlegen von anspruchsvollen Schriftstücken, wie Briefe, Vermerke und Berichte, ermöglichen. Die Standardeinstellungen in bezug auf den Frame oder den Text können mit Hilfe von Menüoptionen verändert werden. Falls gewünscht, können die Voreinstellungen über das Initialisierungsprogramm dauerhaft geändert werden.

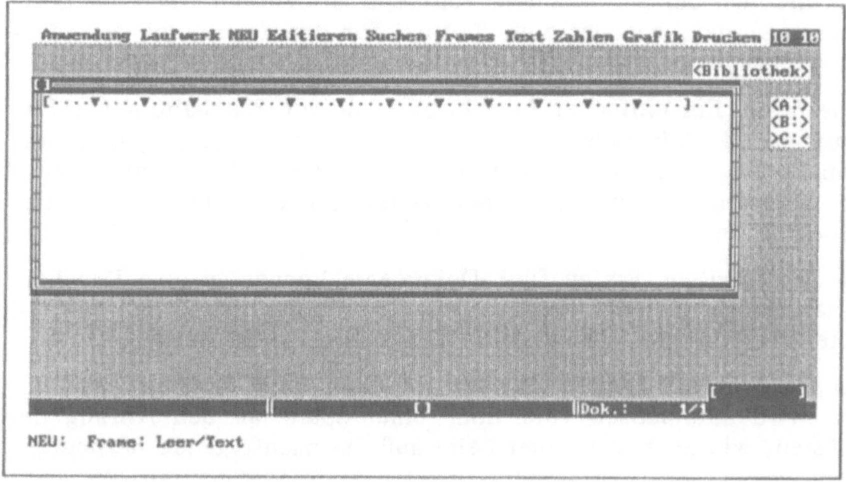

Bild 2.2   Der Text-Frame

Das Textverarbeitungssystem von Framework III stellt folgende Möglichkeiten zur Verfügung:

● *Verschiebung von Blöcken.* Textblöcke lassen sich von einer Position an eine andere innerhalb eines Textes, Frames oder von einem Frame zum anderen verschieben.

● *Zwischenspeichern und Einfügen (Schneiden und Kleben).* Text kann als Kopie an beliebig vielen Stellen in einen Text eingefügt werden. Ebenso läßt sich vorformulierter Text speichern und bei Bedarf einfügen.

● *Makros.* Eine Folge von Tasten wird einmal gedrückt, gespeichert und durch eine Tastenkombination an einer beliebigen Textstelle eingefügt.

- *Kopfzeile.* Bis zu drei Kopfzeilen aus einer oder mehreren Zeilen werden eingegeben, gespeichert und automatisch auf jeder Seite ausgedruckt.

- *Fußzeile.* Wie bei der Kopfzeile können auch drei Fußzeilen, die aus jeweils einer oder mehreren Zeilen bestehen, automatisch am unteren Ende jeder Seite ausgedruckt werden.

- *Automatische Seitennumerierung.* Es kann angegeben werden, daß Seitenzahlen als Teil einer Kopf- oder Fußzeile oder unabhängig davon gedruckt werden. Vorgegebene und automatisch gesetzte Soft-Seitenumbrüche werden mit der Numerierung auf dem Bildschirm dargestellt.

- *Alternierende Seitenpositionierung.* Kopfzeilen und Fußzeilen können einschließlich der Seitenzahlen, von Seite zu Seite alternierend, positioniert werden, wie das zum Beispiel für den Buchdruck erforderlich ist.

- *Serienbrief.* Ein einfacher Formbrief kann mit Platzhaltern für Datumsangaben, Adressen, Glückwünsche und benutzerspezifische Informationen eingegeben werden. Der Computer fügt die entsprechenden Adressen aus einer separaten Datenbank oder Tabellenkalkulationsdatei ein.

- *Drucker-Spooling.* Bis zu fünf Dokumente können in eine Druckerwarteschlange gestellt werden, woraufhin man mit Framework III weiterarbeiten kann, während die Texte ausgedruckt werden.

- *Spalten.* Mehrere Spalten werden auf einer Seite angelegt, und der Text wird automatisch vom Ende einer Spalte an den Anfang der nächsten, wie auch von einer Seite auf die nachfolgende herübergezogen.

- *Fuß- und Endnoten.* Framework III legt automatisch Fußnoten und Endnoten an, numeriert diese und positioniert sie an das untere Ende der Seite (Fußnoten) oder an das Ende des Dokuments (Endnoten).

- *Rechtschreibhilfe.* Framework III verfügt über eine Rechtschreibhilfe.

- *Mehrsprachigkeit.* Mit einem optionalen Wörterbuch und Thesaurusdateien von Ashton-Tate kann Framework III zur Rechtschreibprüfung und zum Auflisten von Synonymen in verschiedenen Sprachen verwendet werden.

- *Unterstützung von verschiedenen Druckern und Schriftarten (Fonts).* Framework III kann gleichzeitig bis zu fünf verschiedene Drucker unterstützen (Festlegung im Initialisierungsprogramm). Dazu gehören Laserdrucker und andere Drucker, die mehrere Schriftarten mit unterschiedlichen Teilungen (*pitch*) drucken können. Das Initialisierungsprogramm von Framework III ermöglicht die Wahl von bis zu fünf verschiedenen Schriftarten und Teilungen über eine Menüoption. Mit Hilfe der Druckbefehle in Framework III können darüber hinaus weitere Schriftarten angesprochen werden.

Des weiteren kann Framework III Dateien verwenden, die mit Framework, Framework II, MultiMate II, WordStar, IBM DCA/DisplayWrite oder WordPerfect angelegt wurden. Auch können in diese Systeme Dateien exportiert werden. Optionen im Untermenü *Lesen von Fremdformatdateien* des Menüs *Laufwerk* aktivieren in Framework III enthaltene Konvertierungsprogramme, die Dateien dieser Systeme automatisch in Framework III-Dateien, und umgekehrt, umwandeln. Anhang C enthält eine vollständige Liste der Textverarbeitungsdateien, die in Framework III importiert und exportiert werden können. Diese und weitere Textverarbeitungsmöglichkeiten werden in Kapitel 5 beschrieben.

Tabellenkalkulation

Die elektronische Tabellenkalkulation ist das verbreitetste Anwendungsprogramm für die zahlenverarbeitende Industrie auf Mikrocomputern. Die Tabellenkalkulation hat ihren Ursprung in der Spalten/Zeilen-Tabellenkalkulation, die von Analytikern, Buchhaltern, Managern und Planern verwendet wird. Der Unterschied zu letzterem besteht darin, daß der Computer die erforderlichen Berechnungen ausführt. Hiermit wird dem Anwender ein Werkzeug für die unterschiedlichsten Aufgaben in den Bereichen analytischen und planerischen Denkens an die Hand gegeben. Komplizierte Analysen, deren Auswertung Tage erforderte, lassen sich nun innerhalb weniger Minuten erstellen. Ob ein Projekt eine Laufzeit von zwölf oder 60 Monaten hat, macht keinen Unterschied mehr. In einer extrapolierenden Analyse nach dem Muster Was-Wenn können nun beliebig viele Annahmen eingebaut werden.

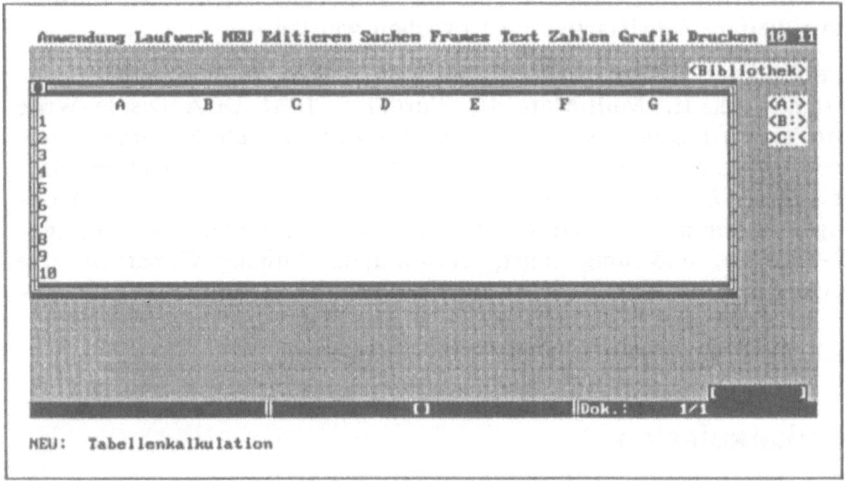

Bild 2.3   Ein Tabellenkalkulations-Frame

Framework III verfügt in bezug auf die Tabellenkalkulation über Möglichkeiten, die sonst nur in echten Tabellenkalkulationsprogrammen anzutreffen sind. Darüber hinaus finden sich noch weitere Leistungsmerkmale. Die nachfolgende Aufzählung gibt einen Überblick:

- *Schnelle Berechnungen.* Von allen Kalkulationstabellen werden alle Daten im Speicher abgelegt. Eine Ausnahme bilden extrem speicherintensive Kalkulationstabellen.

- *Umfangreiche Kalkulationstabellen.* Die Anzahl der möglichen Zellen in einer Kalkulationstabelle wird nur durch die Kapazität des Hauptspeichers bzw. virtuellen Speichers begrenzt (siehe Anhang A).

- *Die Möglichkeit zum Hinzufügen und Löschen von Spalten und Zeilen in einer Kalkulationstabelle.* Framework III numeriert die Spalten und Zeilen automatisch neu und modifiziert alle Formeln.

- *Eine Vielzahl an Zahlen-Formaten.* Zahlen können als Ganz-, Dezimal-, Prozent- und Fließkommazahlen angegeben werden; darüber hinaus in der wissenschaftlichen Exponentialdarstellung (E), im Währungsformat (beispielsweise Angabe in $ oder DM) und mit einer Tausendertrennung.

- *Dateneingabeformate.* Zur Vereinfachung der Zahlen-, Datums- und Zeiteingabe sowie von Formeln und logischen Werten in Kalkulationstabellen ist es möglich, aus sieben unterschiedlichen Formaten für die Dateneingabe und sieben Datumsformaten ein geeignetes Format auszuwählen. Eingaben, die nicht dem spezifizierten Format entsprechen, werden nicht akzeptiert.

- *Bezeichnungen für Spalten und Zeilen können gesperrt werden.* Auf jeder Bildschirm- und Druckseite einer umfangreichen Kalkulationstabelle erscheinen diese Spalten und Zeilen.

- *Formeln zur Erstellung von Beziehungen zwischen Spalten und Zeilen.* Framework III ermöglicht die Eingabe von beliebig langen Formeln, wobei Zahlen und arithmetische Standardoperationen (Addition, Subtraktion, Multiplikation, Division und Exponentialfunktionen) verwendet werden dürfen. Des weiteren können relationale Operatoren (größer als, kleiner als, gleich, größer als oder gleich, kleiner als oder gleich und ungleich) spezifiziert werden; ebenso besteht die Wahlmöglichkeit zwischen finanzmathematischen, statistischen, logischen und numerischen Funktionen. Anhang E enthält eine Liste der Funktionen; Beispiele finden Sie in Kapitel 7.

- *Werte und Formeln können in einen Zellenbereich in derselben oder in eine andere Kalkulationstabelle kopiert werden.* Hierzu werden die Zellen markiert und eine Funktionstaste betätigt.

- *Daten für die Eingabe in Zellen können mit Hilfe von Formeln erstellt werden.*

- *Werden Zelleneinträge verändert, kann die Neuberechnung automatisch oder manuell erfolgen.*

- *Teile einer Kalkulationstabelle können von der Kalkulationstabelle getrennt bearbeitet werden.* Ein Teil der Tabelle kann neu berechnet werden, ohne daß die gesamte Kalkulationstabelle erneut bearbeitet wird. Ebenso kann eine Teilaufgabe in einen anderen Frame übertragen und als neue Kalkulationstabelle behandelt, gedruckt oder graphisch dargestellt werden.

Darüber hinaus verfügt Framework III noch über andere wichtige Merkmale. Zellen können in Kalkulationstabellen auf dreierlei Art spezifiziert werden: durch "Zeigen mit dem Cursor", durch Spalten- und Zeilennamen und durch Zellkoordinaten. Beim Anlegen von Kalkulationstabellenformeln können Zellennamen statt unzugänglicher Koordinaten verwendet werden, um Zellen zu kennzeichnen. Durch die Verwendung des Cursors kann dieser Vorgang vereinfacht werden. In diesem Fall erstellt Framework III die Beziehungen automatisch. In derselben Formel können alle drei Möglichkeiten der Zuweisung Verwendung finden.

Mit Framework III läßt sich eine kontinuierliche, dynamische Beziehung zwischen einer Kalkulationstabelle und einer darauf basierenden Graphik herstellen. Werden Daten in der Kalkulationstabelle geändert, so berechnet Framework III diese neu und modifiziert analog dazu die Graphik.

Aus Text-, Datenbank- oder anderen Frames können Informationen in eine Kalkulationstabelle verschoben werden. So lassen sich zum Beispiel die Ergebnisse eines Datenbanksuchvorgangs in eine Kalkulationstabelle zur Berechnung und Analyse kopieren.

Framework III ist auch in der Lage, Kalkulationstabellen der Programme Lotus 1-2-3, Multiplan oder VisiCalc in Framework III-Dateien zu konvertieren (und umgekehrt).

Zusammenfassend läßt sich feststellen, daß die Tabellenkalkulationsfunktionen in Framework III dem neuesten Entwicklungsstand entsprechen und ein äußerst leistungsstarkes und flexibles Arbeitsmittel darstellen.

Datenbankverwaltung

Zum Bearbeiten von Textdaten und Zahlen, die als Text eingegeben werden, gibt es gewöhnlich ein Datenbankverwaltungssystem. In den meisten Datenbanken werden die Daten in Zeilen und Spalten organisiert. Die Zeilen heißen *Datensätze* und die Spalten werden als *Felder* bezeichnet. Ein Feld enthält eine bestimmte Information des Datensatzes, zu dem es gehört. In einer typischen Adreßdatei enthält jeder Datensatz zum Beispiel alle Informationen zu einer Adresse, und jedes Feld dieses Datensatzes beinhaltet genau eine Information (wie den Namen, Straße und Hausnummer, den Wohnort, die Postleitzahl und die Telefonnummer einer Person).

Framework III führt die Datenbankverwaltung durch, indem es einen speziellen Frametyp verwendet, den sogenannten Datenbank-Frame. Jeder Datenbank-Frame verfügt über Spalten für die Datenfelder und Zeilen für die Datensätze. Ein jeder Spalte zugeordneter Spaltenname enthält die Bezeichnung für das in dieser Spalte enthaltene Feld. Wie bei einem Tabellenkalkulations-Frame, kann auch die Größe des Datenbank-Frames durch die Angabe der Feld- und Datensatzzahl im Menü *Neu* verändert werden.

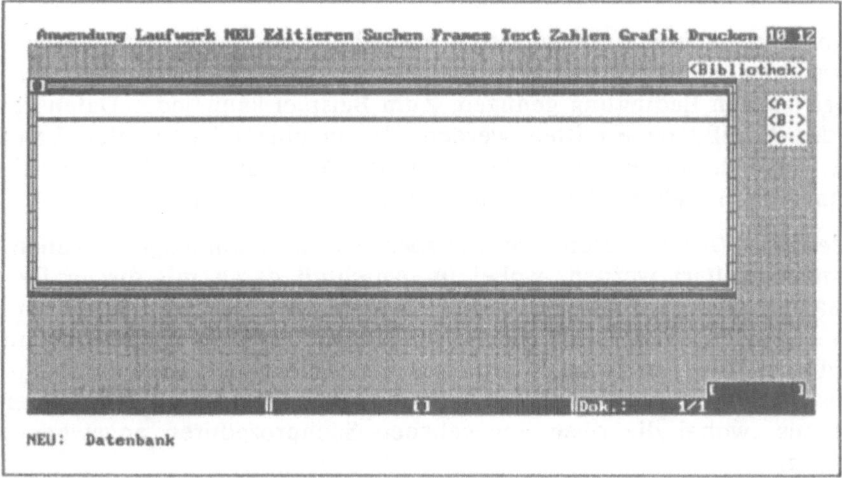

Bild 2.4   Datenbank-Frame

Das Datenbankverwaltungssystem von Framework III ist leistungsstark
und schnell, weil Framework den größtmöglichen Teil einer Datenbank
im Hauptspeicher ablegt. Die Größe der im Speicher abgelegten Datenbank wird nur durch die Hauptspeicherkapazität und die Größe des virtuellen Speichers des verwendeten Rechners begrenzt. Üblicherweise können
zwischen 250 und 3200 Datensätze angelegt werden. Mit virtuellem Speicher auf einer Festplatte können auch umfangreiche Datenbanken bearbeitet werden, was allerdings zu einem geringeren Durchsatz führt.

Framework III-Datenfelder sind flexibel. Es können feste oder variable
Feldlängen verwendet werden. Zum Beispiel hat ein Datumsfeld eine feste
Länge, ein Textfeld dagegen kann eine variable Länge aufweisen.

Die Datenbankinstruktionen in Framework III sind einfach. Genau wie in
Tabellenkalkulations-Frames kann der Cursor zum Markieren von Daten
und Bereichen verwendet werden. Die meisten Framework-III-Daten-
bankoperationen können aus Menüs heraus aktiviert werden.

Mit einem Datenbank-Frame können folgende Operationen ausgeführt
werden:

● *Datensätze sortieren.* Das System ermöglicht die Sortierung der Datensätze in einer Datenbank in alphabetischer oder numerischer Reihenfolge. Die resultierende Reihenfolge basiert auf einem Feld oder
  einer Kombination aus Feldern. Es kann zum Beispiel eine Adreßdatei in alphabetischer Reihenfolge (abhängig vom Nachnamen) oder in
  numerischer Reihenfolge (abhängig von der Postleitzahl) sortiert wer-

den. Ebenfalls möglich ist eine Reihenfolge, bei der nach Nachnamen sortiert wird; bei gleichen Nachnamen erfolgt aber die sekundäre Sortierung nach dem Geburtstag.

- *Datensätze suchen.* Framework III ermöglicht die Suche jedes Datensatzes, der einen Datenwert enthält oder dessen Datenwerte einer spezifizierten Bedingung genügen. Zum Beispiel kann jeder Datensatz in der Adreßdatei ermittelt werden, der in einem bestimmten Land liegt oder dessen Postleitzahlen zwischen 5000 und 5900 liegen. Es können auch mehrere Bedingungen spezifiziert werden.

- *Datensätze filtern.* Datensätze, die spezifizierte Bedingungen erfüllen, können gefiltert werden, wobei im Anschluß daran mit diesen Datensätzen gearbeitet werden kann. Es können beispielsweise alle Kunden ermittelt werden, die ihren Wohnsitz in Frankfurt haben. Dann wird eine Liste der Namen, Adressen und Telefonnummern in alphabetischer Reihenfolge gedruckt. Framework führt Aufgaben dieser Art aus, wobei die oben angegebenen Suchprozeduren angewendet werden.

- *Import von dBASE-Dateien.* Framework III ist kompatibel mit Ashton-Tates dBASE II, dBASE III, dBASE III PLUS und dBASE IV. Aus diesen Systemen können Datensätze und Felder importiert werden.

- *Modifizieren von Daten durch Formeln.* Mathematische Berechnungen mit den Daten jedes Feldes können ausgeführt werden. So können beispielsweise die Werte in einem Feld durch 100 geteilt werden, um Prozentangaben zu erhalten. Die gesamte Leistungsstärke der Programmiersprache FRED kann im Hinblick auf jedes Feld in einer Datenbank in Framework III angewendet werden.

- *Hinzufügen und Entfernen von Feldern und Datensätzen.* Analog dem Tabellenkalkulations-Frame können Spalten (Felder) oder Zeilen (Datensätze) zu jeder Zeit aus einem Datenbank-Frame entfernt oder diesem neu hinzugefügt werden. Framework III numeriert die Datensätze automatisch neu und modifiziert die Formeln.

- *Abbilden von Datenbanken in drei verschiedenen Darstellungen.* Es besteht die Möglichkeit, eine Datenbank in verschiedenen Darstellungsarten abzubilden. In der Tabellendarstellung werden die Daten wie in einer Tabelle mit Tabulatoren abgebildet (mit Zeilen und Spalten wie bei einem Tabellenkalkulations-Frame). Bei der Masken-Darstellung wird jeweils nur ein einziger Datensatz abgebildet. Dabei können Felder an unterschiedliche Bildschirmpositionen verschoben werden, wie es auch beim Anlegen eines Formulars der Fall ist. Wenn der Druckvorgang in dieser Darstellung gestartet wird, erscheinen die Daten gemäß der Bildschirmposition. In der dBASE-Darstellung werden die Daten eines Datensatzes abgebildet, wobei die Feldnamen in einer Spalte aufgelistet werden, der Wert für jedes Feld erscheint neben dem Feldnamen. Die dBASE-Darstellung eignet sich vor allem für die Dateneingabe.

- *Drucken der gefilterten Daten in einer beliebigen Darstellung.* Die Ergebnisse jeder der im vorherigen behandelten Operationen können ausgedruckt werden.

- *Einsatz des Dateneingabeformats.* Bei der Eingabe von Daten in Datenbank-Frames können - analog zur Verwendung in Tabellenkalkulations-Frames - die sieben Eingabeformate und die sieben Datumsformate eingesetzt werden. Die Formate sind für Datenbanken und Tabellenkalkulationen geeignet.

- *Nutzung der Textverarbeitungsmöglichkeiten zum Anpassen von Daten in Datenbank-Frames.*

- *Die Verwendung der Framework-Datenbank ist einfach zu erlernen und eignet sich insbesondere für die interaktive Analyse.* Wenn Sie mit der Textverarbeitung und der Tabellenkalkulation vertraut sind, bereitet Ihnen auch das Erstellen einer Datenbank keine Schwierigkeiten mehr.

Geschäftsgraphik

Manchmal ist eine Graphik die effektivste Art der Darstellung von Daten. Graphiken weisen oft in prägnanter Weise auf Beziehungen zwischen Daten hin, die bei einer Präsentation in Tabellenform nicht so schnell erkannt werden. Graphiken können aus den Daten einer Datenbank oder Kalkulationstabelle erstellt werden. Um eine Graphik anzulegen, müssen Daten markiert und der Graphiktyp gewählt werden. Die Graphik wird automatisch skaliert und mit Achsenbeschriftungen versehen. Die Beschriftung kann aber auch - wie die Skalierung - vom Benutzer festgelegt werden.

Framework III kann verschiedene Graphiktypen anlegen:

- Balkendiagramm

- Abschnittsbalkendiagramm

- Kreisdiagramm (Tortengraphik)

- Liniendiagramm

- Nicht-Markierte-Linie

- Markierte-Punkte-Diagramm

- X-Y-Diagramm

- Minimum/Maximum/Endwert-Diagramm

Manche Graphiktypen sind am wirkungsvollsten, wenn sie nur für bestimmte Informationen verwendet werden. Balkendiagramme bieten sich an, wenn Mengen verglichen werden sollen. Kreisdiagramme eignen sich besonders für die Darstellung von Teilen eines Ganzen. Markierte und unmarkierte Liniengraphiken verdeutlichen besonders gut einen Trend über ein Zeitintervall. Abschnittsbalkendiagramme zeigen Teile eines Ganzen an und bieten Vergleichsmöglichkeiten über ein Zeitintervall. Markierte-Punkte-Diagramme eignen sich für die Darstellung einer Überlappung von Daten in Balkendiagrammen. X-Y-Koordinaten-Diagramme sollten bei der Darstellung von Beziehungen zwischen zwei Variablen verwendet werden, und Minimum/Maximum/Endwert-Diagramme bieten sich für die Darstellung eines Markttrends (beispielsweise Aktienkurse) an.

Framework III wählt automatisch verschiedene Füllattribute, um die einzelnen Elemente eines Balken- oder Kreisdiagramms voneinander unterscheidbar zu machen. Die Sektoren eines Kreisdiagramms (Tortenstücke) können durch Herausziehen hervorgehoben werden. Einige Graphiktypen können auch überlappt werden, um ein präzises Bild der Datenbeziehungen zu liefern.

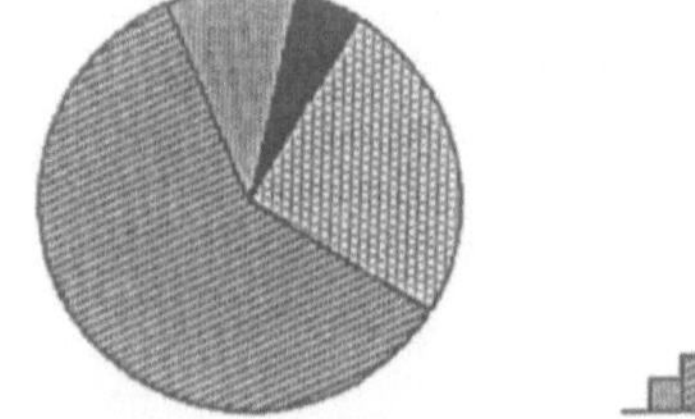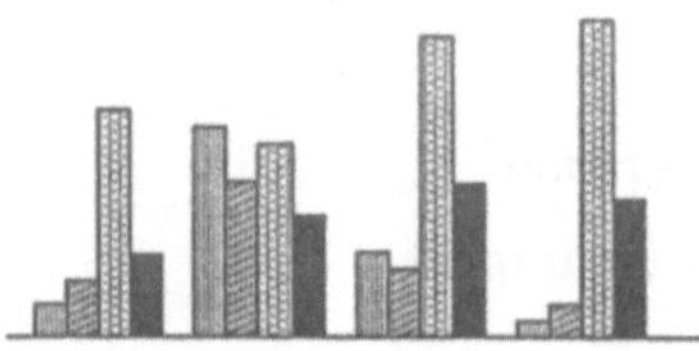

Bild 2.5   Verschiedene Diagramme in Framework III

Datenfernübertragung

Framework III führt auch alle Funktionen aus, die ein gutes Telekommunikationssystem bereitstellen muß. Hierzu gehören automatisches Anwählen, Beantworten, Anschließen, Herausfiltern unerwünschter Zeichen, die Übertragung von ASCII-Texten und die fehlerfreie Übertragung von binären Daten über eine Vielzahl von Protokollen wie Hayes, Smartcom, XMODEM, Batch XMODEM, YMODEM, KERMIT und Crosstalk. Framework III weist ein umfangreiches Vokabular auf, wodurch nahezu jede andere Kommunikationssoftware berücksichtigt werden kann, die am anderen Ende der Telefonverbindung angeschlossen ist.

Des weiteren ermöglicht Framework III dem verwendeten PC die Emulation verschiedener asynchroner Terminals. So stehen Emulationsprogramme für ANSI-Terminals wie für DEC VT-100, IBM 3101, Minitel und Prestel zur Verfügung. Diese Programme können mittels des Untermenüs *Konfiguration einstellen* des Menüs *Anwendung* gewählt werden.

Das Datenfernübertragungssystem von Framework III ist mit den meisten asynchronen Modems für den IBM PC kompatibel und kann Textinformationen zu und von Großrechnern übertragen. Dabei wird mit bis zu 38400 Baud gearbeitet, falls der Großrechner über die Möglichkeit der asynchronen Kommunikation verfügt.

Alle Spezifikationen zur Datenfernübertragung sind über das Menüsystem verfügbar. Es gibt vordefinierte Menüoptionen für die wichtigsten Remote-Services. Hierbei müssen nur das Telefon installiert und die Nummern gewählt zu werden.

Das Datenfernübertragungssystem von Framework III besitzt einige Vorteile gegenüber anderen Datenfernübertragungspaketen. Ein Vorteil besteht darin, daß der Anwender weitere Arbeiten ausführen kann, während das Datenfernübertragungssystem im Hintergrund arbeitet. Das kann beim Empfang einer umfangreichen Datei nützlich sein oder wenn eine lange Datei gedruckt werden und gleichzeitig die Kommunikation mit einem anderen Computer erfolgen soll. Ein weiterer Vorteil liegt in der Möglichkeit, Text, Datenbanken und Kalkulationstabellen durch eigene Makros und über Menüpunkte zu verknüpfen. Automatisierte Prozeduren und die benutzerdefinierte Menüauswahl erleichtern dem ungeübten Anwender die Ausführung von komplizierten Kommunikationsaufgaben. Mit Hilfe der Programmiersprache FRED kann Text, der direkt von einem Mainframe oder aus einer anderen Quelle bezogen wurde, in Framework-Datenbanken und -Kalkulationstabellen eingefügt werden. FRED erhöht den Durchsatz beim Senden und Empfangen von Daten gewaltig.

Detaillierte Informationen über die Datenfernübertragungsfunktionen in Framework III finden Sie in Kapitel 7.

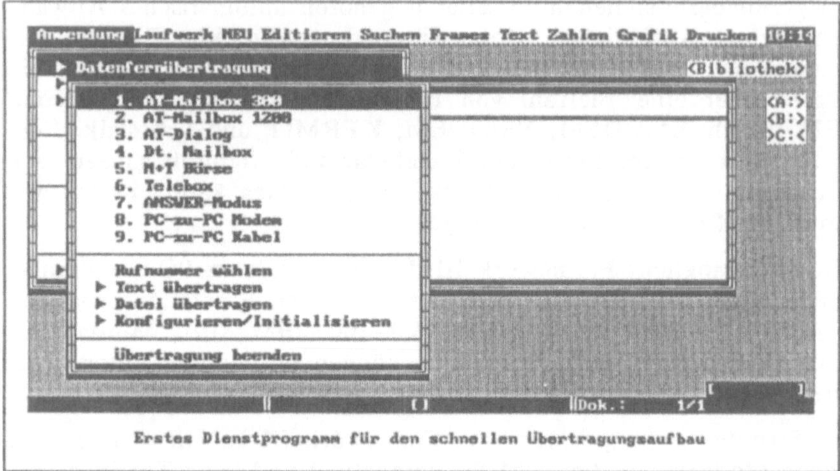

Bild 2.6   Das Untermenü Datenfernübertragung

Netzwerk-Mail und LAN-Operationen

Es besteht eine große Nachfrage nach Systemen mit der Möglichkeit der gleichzeitigen Benutzung von Daten und Dokumenten durch mehrere Anwender. Framework III verfügt über zwei Möglichkeiten, die eine solche Verarbeitungsweise im Netzwerkbetrieb erleichtern.

Framework-Mail

Framework-Mail ist das elektronische Nachrichtensystem von Framework III. Es kann zum Senden von Text und binären Dateien über lokale Netzwerke, Telefon, überregionale Netzwerke oder Verbindungen von PCs zu Großrechnern verwendet werden. Auf diese Weise können Frames oder andere Dateien mit anderen Framework-III-Benutzern und mit den Besitzern von kompatiblen Mail-Systemen gemeinsam verwendet werden.

Mit Framework-Mail ist es einfach, eine Nachricht an mehrere Adressen zu senden, auch wenn nicht alle Teilnehmer die gleiche Adresse haben. Wenn Sie an ein Netzwerk angeschlossen sind, überprüft Framework III das Netzwerk in kurzen Zeitabständen auf Mitteilungen, und es erscheint eine Benachrichtigung auf dem Bildschirm, falls Sie eine Meldung erreicht hat.

Die Framework-Mail kann auch mit der LAN-Version von Framework III verwendet werden. Falls Sie nur über einen PC verfügen, können Sie Framework-Mail über Telefon, Modem und optionale Software (MHS von Action Technologies) empfangen (siehe Kapitel 12 und Anhang B).

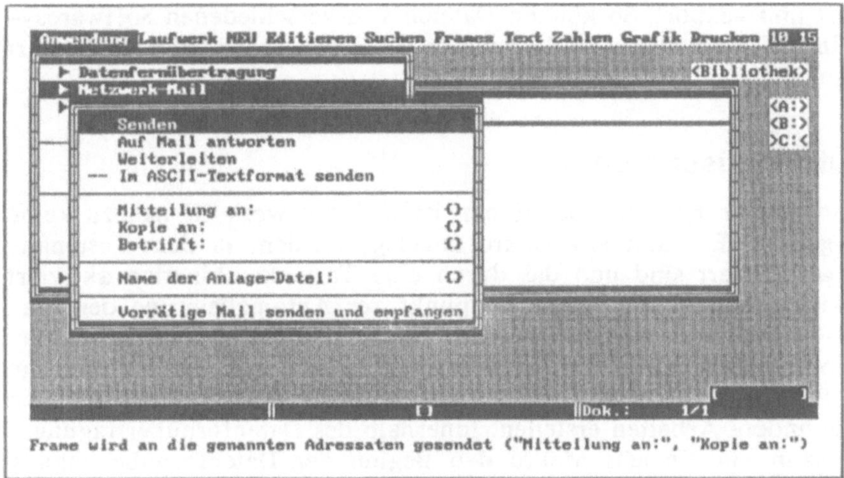

Bild 2.7   Das Untermenü Netzwerk-Mail

LAN-Fähigkeit

Die optionale LAN-Version von Framework III kann mehrere Anwender auf verschiedenen lokalen Netzwerken unterstützen. Jedes LAN-Paket unterstützt gleichzeitig fünf Anwender.

Die LAN-Version ermöglicht die gemeinsame Benutzung von Framework-Dateien, Druckern, Plottern, Plattenspeichern und anderen Netzwerk-Ressourcen mit anderen Personen, die an das lokale Netzwerk angeschlossen sind. Es können auch Mitteilungen per Framework-Mail übermittelt werden. Die grundlegenden Operationen, die in einem LAN (*local area network*) genutzt werden können, sind in Kapitel 12 beschrieben.

Angepaßte Umgebung

Framework III verfügt über zahlreiche Möglichkeiten, die es als Umgebung für Ihre persönlichen Bedürfnisse und Anwendungen besonders geeignet machen. Das Programm vermag beispielsweise andere Programme in das eigene System zu integrieren. Falls die Programme als Menüpunkte installiert werden, können sie von Framework III aus wie jeder andere Menüpunkt aktiviert werden. Des weiteren ermöglicht Framework III den Zugriff auf DOS und die Ausführung anderer Programme, ohne daß Framework beendet werden muß. Durch die Auswahl der Menüoption *DOS-*

Zugriff können DOS-Befehle ausgeführt und Programme aufgerufen werden. Beim Start eines Programms aus Framework heraus werden die Ergebnisse auch direkt in Framework III übernommen.

Framework III verfügt außerdem über vielfältige Möglichkeiten zum Datenimport und -export. So können Dateien von verschiedenen Softwaresystemen in das Framework-III-Format konvertiert werden, und umgekehrt (siehe Anhang C).

Die automatische Lösung

Der Automatisierung von Operationen ist in Framework III nahezu keine Grenze gesetzt. Es kann ein Makro angelegt werden, in dem Tastenanschläge gespeichert sind und das durch eine Tastenkombination aktiviert wird. Makros können zu jedem Zeitpunkt zur Automatisierung der Framework-Operationen angelegt werden. Demgemäß lassen sich etwa Makros zum Erstellen von Formularen, zum Einfügen von vorformuliertem Text in Briefe und Verträge, zur Aktualisierung von Kalkulationstabellen und viele andere Arbeiten erstellen. Innerhalb des Datenfernübertragungssystems kann ein einziges Makro den Beginn der Datenfernübertragung aktivieren, den Anschluß an einen Remote-Rechner bewerkstelligen, Daten auf ein kleineres System übertragen und dieses wieder abkoppeln.

Framework III ermöglicht auch das Speichern von Abkürzungen und Druckformaten. Falls Sie einen Namen, einen Satz oder ein Dokument als Abkürzung speichern, erweitert Framework III die Abkürzung zum vollständigen Namen, Satz oder Dokument, wenn die Abkürzung eingegeben und eine Tastenkombination betätigt wird. Auf diese Weise können vollständige Abschnitte in ein Dokument aufgenommen werden, indem eine Abkürzung eingegeben und anschließend erweitert wird. Mit einem Druckformat können Formate wie beispielsweise Kopf- und Fußzeilen, Randeinstellungen und Paginierungs- und Druckanweisungen festgelegt werden. Das Format muß nicht jedesmal neu eingegeben werden, wenn ein Dokument angelegt werden soll. Die Programmiersprache FRED eignet sich ebenfalls für die Automatisierung von Framework-III-Operationen. So können Makros auf die Größe eines Programms erweitert werden. Der Automatisierung mit FRED sind nahezu keine Grenzen gesetzt, so daß auch die Entwicklung von völlig neuen Anwendungsprogrammen möglich ist.

Möglichkeiten

Framework III verfügt über zwei Leistungsmerkmale, die als Ganzes bestehen und mehr als die Summe ihrer Teile sind. So kann Framework III zum einen alle seine Funktionen integrieren, um ein Dokument herzustellen. Hierdurch wird die Produktivität je nach den verwendeten Funktionen gesteigert.

Zweitens bewirkt Framework III, daß der Anwender sich eine systematischere Arbeitsweise zulegt. Da Framework III eine Menge arbeitssparender Mittel zur Verfügung stellt, wie zum Beispiel das Anlegen von dynamischen Konzepten, sollten diese auch genutzt werden. Mit der wachsenden Vertrautheit mit Framework III werden Sie auf neue und ungeahnte Möglichkeiten stoßen, die Ihnen einen Großteil Ihrer Arbeit abnehmen und es ermöglichen, sich auf das Wesentliche - nämlich den Inhalt - zu konzentrieren.

Kapitel 3

Grundlagen von Framework III

Ein wesentlicher Vorteil von Framework III liegt in seinen einfachen Anweisungen. Mit nur wenigen Navigations- und Eingabekommandos beherrscht man bereits die grundlegenden Arbeitsschritte. Die Auswahl von Menüs und Befehlen erfolgt immer auf die gleiche Weise; eine Reihenfolge der Operationen ist nicht vorgegeben (außer durch die zu erledigende Aufgabe). Framework III ist so konzipiert, daß der Anwender es mit minimalem Aufwand nutzen kann. In diesem Kapitel werden das Starten des Systems, die Reihenfolge der Operationen und die allgemeinen Betriebsanweisungen in Framework III beschrieben.

Überblick über die Operationen

Installieren und Starten des Systems

Um Framework III zu starten, müssen nur wenige Vorkehrungen getroffen werden. Zuerst muß das Installationsprogramm gestartet werden, um Framework III auf die verwendete Hardware (Monitor, Tastatur, Coprozessor, erweiterter Speicher, Maus, Drucker und Plotter) hin zu konfigurieren. In Anhang A erfolgt eine detaillierte Beschreibung dieses Vorgangs. Falls Sie über ein System mit zwei Diskettenlaufwerken verfügen, sollten Sie einige formatierte Disketten zur Hand haben, um die angelegten Frames speichern zu können.

Auf einem Festplattensystem arbeitet Framework III schneller, insbesondere während der Rechtschreibüberprüfung, dem Auflisten von Synonymen, der Netzwerkübertragung, dem Ausdrucken von Etiketten und dem Datenimport und -export. Falls Sie ein Neuling im PC-Bereich sind, sollten Sie zuerst die Hinweise für Computeranfänger in diesem Kapitel lesen.

Die Arbeitsfläche

Es wird immer mit einer leeren Arbeitsfläche (Desktop) begonnen. Das ist die erste bleibende Bildschirmdarstellung nach der Abbildung des Programmnamens Framework III und der Lizenzhinweise.

Arbeiten mit Frames

Falls Sie einen Text bearbeiten oder ein Konzept erstellen, wird ein entsprechender Frame aus einem Menü ausgewählt, diesem ein Name zugewiesen, der Cursor in das Innere des Frames positioniert und mit der Eingabe begonnen. Möchten Sie eine Kalkulationstabelle oder Datenbank anlegen, können Sie zusätzlich angeben, wie viele Zeilen und Spalten bzw. Datensätze und Felder benötigt werden, die Vorgehensweise bleibt aber die gleiche. Die Reihenfolge der Operationen in Framework III sieht wie folgt aus:

● Abbilden eines Frames auf der Arbeitsfläche.

● Eingabe von Informationen in den Frame.

● Ordnen, editieren und formatieren der Informationen.

● Bearbeiten der Informationen (bei Kalkulationstabellen, Graphiken und Datenbanken).

● Der Prozeß wird für andere Frames wiederholt.

● Kopieren oder Verschieben von Informationen von einem Frame in einen anderen.

● Erneute Größen- und Positionsbestimmung des Frames, um das gewünschte Resultat zu erhalten.

● Verschieben der Frames in einen Container-Frame in der gewünschten Reihenfolge.

Ausgabe

Den nächsten Schritt bildet die Ausgabe des Frames. Der Frame kann gedruckt werden, indem das Menü *Drucken* geöffnet und die Option *Starten* aktiviert wird. Außerdem kann der Frame gespeichert werden, indem das Menü *Laufwerk* geöffnet und die Optionen *Zwischendurch abspeichern* oder *Weglegen* gewählt werden.

Falls Sie über ein Modem verfügen, und es sich um einen Text-, Konzept-, Tabellenkalkulations- oder Datenbank-Frame handelt, kann der Inhalt des Frames auf einen anderen PC übertragen werden, indem im Menü *Anwendung* die Option *Datenfernübertragung* und aus diesem Untermenü wiederum die Unteroption *Text übertragen* gewählt wird. Mit der Option *Schreiben von Fremdformatdateien* im Menü *Laufwerk* kann der Frame in eine Datei exportiert werden, die den Formatspezifikationen eines anderen Softwaresystems entspricht.

Beendigung der Arbeit

Die Frames können abschließend von der Arbeitsfläche gelöscht werden
(man sagt auch, die Arbeitsfläche wird "gesäubert"), und man kann mit
einer neuen Aufgabe beginnen oder die Arbeit mit Framework III mittels
der Menüoptionen beenden.

Maus oder Tastatur?

Framework III kann über eine Tastatur bedient werden; viele Anwender
bevorzugen aber eine Maus zur Ausführung der Operationen, so daß die
Tastatur nur bei der Dateneingabe Verwendung findet.

In Anhang A finden sich Anweisungen zur Verwendung einer Maus, und
auch am Ende dieses Kapitels wird die Mausbenutzung erklärt.

Obwohl sich in den folgenden Kapiteln viele Hinweise auf die Nutzung
der Tastatur beziehen, können die meisten Operationen auch mit der
Maus ausgeführt werden. Bei der Beachtung der Hinweise am Ende dieses
Kapitels dürfte es keine Schwierigkeit bereiten, die auf die Tastatureingabe bezogenen Erklärungen auch auf die Mausbenutzung zu übertragen.

Erlernen von Framework III

Die beste Möglichkeit, Framework III zu erlernen, besteht darin, die in
diesem Buch angesprochen Prozeduren der Reihe nach auszuprobieren.
Am effektivsten ist die Verbindung von Theorie und Praxis, nämlich das
bei der Lektüre Erarbeitete auf einem PC nachzuvollziehen.

Auf den Versuch kommt es an

Sie sollten unbeschwert damit beginnen, die Prozeduren und Befehle von
Framework III auszuprobieren. Seien Sie unbesorgt, Sie werden Framework III auf keinen Fall beschädigen. Wohl aber können Sie Daten verlie-
ren, wenn Sie diese nicht auf einer Diskette oder Festplatte gespeichert
haben. Aus diesem Grund sollten Sie die Operationen erst einmal ausprobieren, bevor Sie mit dem ernsthaften Arbeiten mit Framework III beginnen.

Durch das Experimentieren mit Prozeduren und Befehlen wird Ihr Bildschirm bald mit Frames überhäuft sein. Diese lassen sich folgendermaßen
löschen:

- Die Frames auf der Arbeitsfläche können gelöscht werden, ohne daß
  sie gespeichert werden.

- Einzelne Frames können gespeichert werden.

● Die nicht mehr benötigten Frames können gelöscht werden.

● Die Frames können geschlossen werden.

Sollten Sie versehentlich die Del-Taste (zum Löschen) betätigen und etwas löschen, das Sie noch benötigen, kann dies durch das anschließende Betätigen der Ins-Taste wiederhergestellt werden. Dadurch gelangen Sie auf die Menüebene, springen zum Menü *Editieren* und wählen dort die Option *Rücknahme*. Die Option *Rücknahme* muß aktiviert werden, bevor Sie einen anderen Befehl ausführen!

Falls Sie eine Folge von Tasten betätigen, die nicht ausgeführt werden können, kann es zum "Hängen" des Systems kommen. Betätigen Sie in diesem Fall die Escape-Taste. Sollte immer noch keine Reaktion erfolgen, muß das System neu gestartet werden. Hierdurch gehen allerdings alle bis zu diesem Zeitpunkt erstellten Arbeiten verloren. Aus diesem Grund sollten Sie daran denken, Ihre Arbeit in regelmäßigen Abständen abzuspeichern.

Um das System neu zu starten, muß die Tastenkombination Ctrl-Alt-Del betätigt werden. In einigen Fällen ist der Netzschalter kurz aus- und wieder einzuschalten.

Hinweise für Neulinge

Beim ersten Umgang mit einem Rechner muß zuerst eine gewisse Scheu überwunden werden. Computer sind komplizierte Systeme, auf denen Programme ablaufen können. Der Umgang mit Framework III erfordert keine grundlegenden Kenntnisse des Computers und seiner Architektur. Sie müssen nur wissen, wie der Computer gestartet, die Tastatur bedient und Disketten formatiert werden.

PC-Tastaturen ähneln Tastaturen von elektrischen Schreibmaschinen. Sie verfügen nur über einige weitere Tasten; außerdem befinden sich Tasten teilweise an anderen Positionen. Alle PC-Tastaturen weisen zwei Tasten auf, die nur in Verbindung mit anderen Tasten verwendet werden können. Dies sind die Ctrl- und die Alt-Taste. Mit Hilfe der beiden Tasten läßt sich die Anzahl der möglichen, über eine Tastatur aufzurufenden Funktionen beträchtlich erhöhen.

Um den Computer zu starten, muß die DOS-Diskette in das Laufwerk A (das obere bzw. linke Laufwerk) eingelegt, die Laufwerksklappe geschlossen und der Netzschalter betätigt werden. Die Diskette muß mit der Beschriftung nach oben bzw. links - bei einer vertikalen Anordnung der Laufwerke - eingelegt werden. Bei einem IBM PC befindet sich der Netzschalter an der hinteren rechten Seite der Basiseinheit. Außerdem müssen der Monitor und der Drucker eingeschaltet werden. Nach dem Einschalten benötigt der Computer einige Zeit, um den Hauptspeicher zu überprüfen; danach erscheint die DOS-Eingabeaufforderung (meist A>) auf dem Bildschirm.

Das Starten des Computers wird als Booten (nach dem im Rechner eingebauten "bootstrap"-Programm) bezeichnet. Nach dem Einschalten des Computers wird DOS geladen. Das erneute Laden des Betriebssystems ist jederzeit durch die Betätigung der Tastenkombination Ctrl-Alt-Del möglich. Dieser Vorgang wird auch als *Warmstart* bezeichnet.

Formatieren einer Diskette

Durch das Formatieren werden der leeren Diskette spezielle Informationen übermittelt, die ihre Verwendung in Verbindung mit dem betreffenden Betriebssystem ermöglichen. Um eine Diskette zu formatieren, wird sie in das Laufwerk B und die DOS-Betriebssystemdiskette in Laufwerk A eingelegt, und das System wird gebootet. Hinter der Eingabeaufforderung A> wird folgendes eingegeben:

`FORMAT B:`

Betätigen Sie die Return-Taste zum Starten des Formatierungsvorgangs. Eine Mitteilung auf dem Bildschirm informiert Sie über die weiteren Arbeitsschritte. Zusätzliche Informationen finden Sie im DOS-Handbuch Ihres Computers, das Sie durcharbeiten sollten, um mit der Arbeitsweise des Betriebssystems vertraut zu werden.

Vorbereitungen

Da der IBM PC und kompatible PC-Systeme unterschiedlich ausgestattet (Hard- und Softwarekomponenten) und konfiguriert sein können, muß Framework III auf die vorhandenen Systemkomponenten eingestellt werden.

Zur Installation von Framework III finden Sie in Anhang A erläuternde Hinweise. In Anhang B finden sich Anweisungen zur Aktivierung des virtuellen Speichers und zur Änderung der Standardeinstellungen.

Framework III-Programmdisketten und Datendisketten

Framework III für PCs gibt es auf 5 1/4- und 3 1/2-Zoll-Disketten. Im 5 1/4-Zoll-Format werden zehn Disketten und für 3 1/2-Zoll-Laufwerke fünf Disketten ausgeliefert. Die Systemdisketten 1 und 2 enthalten den Programmcode und dienen dem Starten und Ausführen von Framework III. Die Hilfe-Diskette enthält die Framework III-Hilfsmeldungen. Mit der Installationsdiskette wird Framework III auf Ihre Systemumgebung konfiguriert. Die Import/Export-Disketten 1 und 2 enthalten Programme zur Konvertierung von Fremdformatdateien in das Format von Framework III (und umgekehrt). Auf den Rechtschreibdisketten 1 und 2 befinden sich die Wörterbücher zur Ausführung der Rechtschreibüberprüfung und der Thesaurus (für Synonymauflistungen). Die Treiberdiskette enthält Programme zur Anpassung von Framework III an die angeschlossenen Einheiten. Auf der Tutorial-Diskette findet sich eine Einführung in Framework III.

In Anhang A finden Sie Informationen zur Ausführung des Installationsprogramms.

Framework III läuft auf einem System mit zwei Diskettenlaufwerken anders als auf einem System mit einer Festplatte ab. Sollten Sie ein System mit zwei Laufwerken verwenden, muß die Systemdiskette 2 grundsätzlich in Laufwerk A verbleiben (mit Ausnahme des Aufrufs bestimmter Funktionen). In Laufwerk B wird die Datendiskette eingelegt.

Als Datendiskette kann jede formatierte Diskette verwendet werden, die über genügend Speicherplatz zur Aufnahme der angelegten Frames verfügt. Die Datendisketten können während des Arbeitens mit Framework III gewechselt werden, um zum Beispiel Sicherheitskopien von Frames anzufertigen. Die Systemdiskette 2 muß jedoch während allen Operationen in Laufwerk A verbleiben. Mit einem IBM XT oder einem anderen Festplattensystem können alle Programme und Daten-Frames von Framework III auf der Festplatte abgelegt werden. Ist Framework III auf einer Festplatte installiert, braucht die Systemdiskette in Laufwerk A nicht vorhanden zu sein.

Starten des Programms

Um Framework III auf einem System mit zwei Laufwerken zu starten, wird die Framework III-Systemdiskette 1 in Laufwerk A und eine leere formatierte Diskette in Laufwerk B eingelegt. Hinter der DOS-Eingabeaufforderung A> wird FW eingegeben und die Return-Taste betätigt. Nach der Abbildung der Lizenzhinweise muß die Systemdiskette 1 durch die Systemdiskette 2 ersetzt und die Return-Taste erneut betätigt werden. Anschließend ist Framework geladen.

Um Framework III auf einem Festplattensystem zu starten, muß das Programm zuerst auf der Festplatte installiert werden (siehe Anhang A). Nach der Installation muß hinter der DOS-Eingabeaufforderung C> FW eingegeben und die Return-Taste betätigt werden. Framework III wird geladen.

Sicherung der Arbeit

Bei der Verwendung von Framework III sollten einige vorkehrende Maß-
nahmen zum Schutz der erstellten Arbeit getroffen werden. Es gibt zwei
hauptsächliche Ursachen für den Ausfall eines Computers: Stromausfall
und Diskettenfehler. Durch einen Stromausfall können alle Daten verlo-
rengehen, die bislang nicht gespeichert wurden. Diskettenfehler führen
oft zum Verlust aller Daten.

Gegen Stromausfall kann man sich auf dreierlei Art schützen:

- Mit Hilfe eines *Notstromaggregats* kann im Fall eines Stromausfalls
  eine Sicherheitskopie der gerade erstellten Daten angelegt werden.

- Verwendung einer *Schutzeinrichtung* gegen zu hohe Stromschwan-
  kungen.

- *Regelmäßiges Abspeichern* der Arbeit auf Diskette und/oder Festplatte.

Disketten dienen dem Speichern von Informationen. Allerdings sind insbesondere die 5 1/4-Zoll-Disketten besonders empfindlich gegen Kratzer
und Staub. Sind sie beschädigt, lassen sich in den meisten Fällen keine
Daten mehr retten.

Es gibt drei Möglichkeiten zum Schutz gegen Diskettenfehler:

- Verwendung von *Qualitätsdisketten*.

- *Aufbewahren der Disketten* an einem sicheren, guttemperierten und
  staubgeschützten Ort.

- Regelmäßiges Erstellen von *Sicherheitskopien*. Wenn eine Diskette
  beschädigt ist, gibt es so immer noch einen Ersatz, und die Daten
  sind nicht verloren.

Die Arbeitsfläche

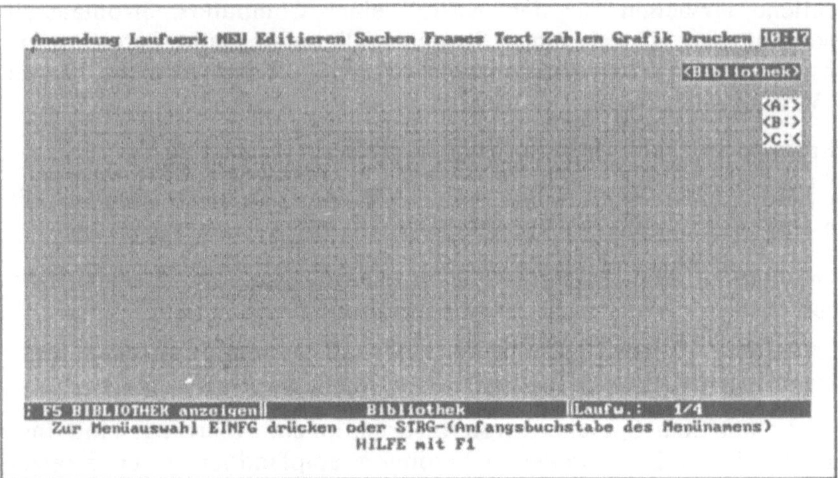

Bild 3.1   Die Arbeitsfläche

Auf der Framework III-Arbeitsfläche werden der aktuelle Arbeitsvorgang
und Informationen über das System abgebildet. Sie besteht aus der zentra-
len Arbeitsfläche, die von zahlreichen Informationsfeldern umrahmt wird.

Der große schattierte Bereich in der Bildschirmmitte ist die Arbeitsfläche.
Auf die Arbeitsfläche werden Frames geladen, um sie zu betrachten oder
zu bearbeiten.

Am oberen Bildschirmrand befindet sich die Menüzeile von Framework
III mit zehn Menüs. Wird der Cursor auf einer Überschrift positioniert,
öffnet sich das Menü im darunterliegenden Bereich automatisch.

In der rechten oberen Ecke befindet sich eine Uhr, die die aktuelle Uhrzeit unter der Maßgabe anzeigt, daß die Systemzeit korrekt eingestellt ist.

Unterhalb der Uhr befindet sich die Bibliothek. Hierbei handelt es sich
um einen Bibliotheks-Frame, in dem arbeitserleichternde Werkzeuge, wie
Makros, Abkürzungen, vorformulierte Texte, Druckformate und häufig
genutzte Formate für Kalkulationstabellen und Datenbanken (wie Adreßlisten oder Telefonverzeichnisse) gespeichert werden. Diese Werkzeuge
können zu jedem Zeitpunkt aktiviert werden. Der Bibliotheks-Frame ermöglicht das Anpassen der Framework III-Umgebung an die speziellen
Bedürfnisse des Anwenders.

Unterhalb der Bibliothek befinden sich die Laufwerksverzeichnisse, in
denen Frames gespeichert werden. Für jedes Laufwerk des Systems gibt

es ein Laufwerksverzeichnis. Wird der Cursor auf ein Laufwerksverzeichnis positioniert und die Return-Taste betätigt, so wird der entsprechende Frame geöffnet und alle Unterverzeichnisse und Dateien darin dargestellt. Das mit nach innen zeigenden spitzen Klammern markierte Laufwerksverzeichnis (>C:<) ist das Standardlaufwerk. Framework III speichert die Frames in diesem Laufwerksverzeichnis, bis ein anderes als Standardverzeichnis definiert wird.

Das invers dargestellte Feld im unteren Bildschirmbereich wird als Statuszeile bezeichnet und besteht aus drei Bereichen. Im Formelbereich werden mathematische Formeln und FRED-Programme dargestellt. Der in der Mitte befindliche Bereich gibt das aktuell gewählte Laufwerksverzeichnis oder den Frame einschließlich des Pfades an. Im rechten Teil der Statuszeile werden Informationen zur aktuellen Cursorposition in Laufwerken und Frames dargestellt. In Text-Frames wird beispielsweise die aktuelle Zeile und Spalte der Cursorposition wiedergegeben. Außerdem wird angezeigt, ob die Taste Caps Lock und das Datenfernübertragungssystem aktiviert sind.

Unmittelbar unterhalb der Statuszeile befindet sich die Editierzeile. Dort erscheinen die Benutzereingaben beim Anlegen von Formeln oder beim Editieren von Frame-Namen.

Am unteren Bildschirmrand schließlich findet sich der Meldungsbereich. In diesem Feld werden Eingabeaufforderungen, Fehlermeldungen, Erklärungen zu Menüoptionen und Hilfsmeldungen abgebildet.

Bei jedem Anlegen oder Laden eines Frames auf der Arbeitsfläche legt Framework III eine mit diesem Frame korrespondierende Box in der rechten unteren Ecke der Arbeitsfläche an. Falls der Frame einen Namen aufweist, erscheint dieser auch in der Box. Sind mehrere Frames auf der Arbeitsfläche vorhanden, werden verschiedene Boxen übereinandergestapelt (man spricht auch vom *Frame-Stapel*). Eine hell unterlegte Box zeigt an, daß sich der Cursor in oder auf diesem Frame befindet.

Navigation in Framework III

Ein Vorteil von Framework III liegt darin, daß sich der Anwender nur eine begrenzte Zahl von Kommandos aneignen muß, um viele unterschiedliche Funktionen ausführen zu können. Unter Navigation versteht man in Framework III das Hin-und-Herspringen innerhalb des Programms.

Die Navigation wird in Framework III über die Tasten des numerischen Zehnerblocks plus der Leertaste oder - falls vorhanden - über die Maus gesteuert. Die Navigationsprozeduren sind für alle Hauptfunktionen gleich. In diesem Abschnitt wird die Navigation mittels der Tastatur besprochen. Die Erklärung der Navigation mit der Maus erfolgt am Ende dieses Kapitels.

Es gibt fünf verschiedene Navigationsprozeduren:

- *Bewegen des Cursors in/aus die/den Laufwerksverzeichnisse/n und die/der Bibliothek.* Die Taste Scroll Lock verschiebt den Cursor zwischen den Laufwerksverzeichnissen, der Bibliothek und der Arbeitsfläche.

- *Bewegen des Cursors in/aus die/den Menüs.* Die Ins-Taste versetzt den Cursor in die Menüleiste. Die Minustaste auf dem numerischen Zehnerblock verschiebt den Cursor aus der Menüleiste wieder auf die Arbeitsfläche. Zum direkten Zurücksetzen des Cursors aus einem Menü oder Untermenü auf die Arbeitsfläche kann auch die Escape-Taste verwendet werden.

- *Bewegen des Cursors in/aus die/den Frames.* Die Plustaste auf dem numerischen Zehnerblock bewegt den Cursor in einen Frame. Dies gilt auch für verschachtelte Frames, wobei man sich hiermit zwischen verschiedenen Ebenen bewegen kann. Durch das Betätigen der Minustaste gelangt man wieder zurück (eine Ebene höher). Die Plus- und Minustasten werden auch als Abwärts- bzw. Aufwärts-Taste bezeichnet. Mit der Tastenkombination Ctrl-Abwärts (Ctrl-Plustaste) wird der Cursor auf die tiefste Ebene von ineinander verschachtelten Frames verschoben, und beim Betätigen von Ctrl-Aufwärts gelangt man auf die höchste Ebene (die Arbeitsfläche) einer Reihe verschachtelter Frames.

- *Verschieben des Cursors in Frames, Laufwerksverzeichnissen und Menüs.* Die vier Cursortasten steuern diese Operationen. Die Tasten PgUp und PgDn bewegen den Cursor an das obere bzw. untere Ende des Bildschirms und anschließend um eine Bildschirmseite nach oben oder unten im selben Frame oder Laufwerksverzeichnis.

- *Bewegen des Cursors von einem in den nächsten Frame.* Die Cursortasten Nach Oben und Nach Unten können für das Versetzen des Cursors vom Rand eines Frames zum Rand eines darauffolgenden Frames derselben Ebene verwendet werden.

Die leere Arbeitsfläche

Die erste Bildschirmmaske nach der Anzeige des Begrüßungsbildschirms und der Lizenzhinweise besteht aus der leeren Arbeitsfläche:

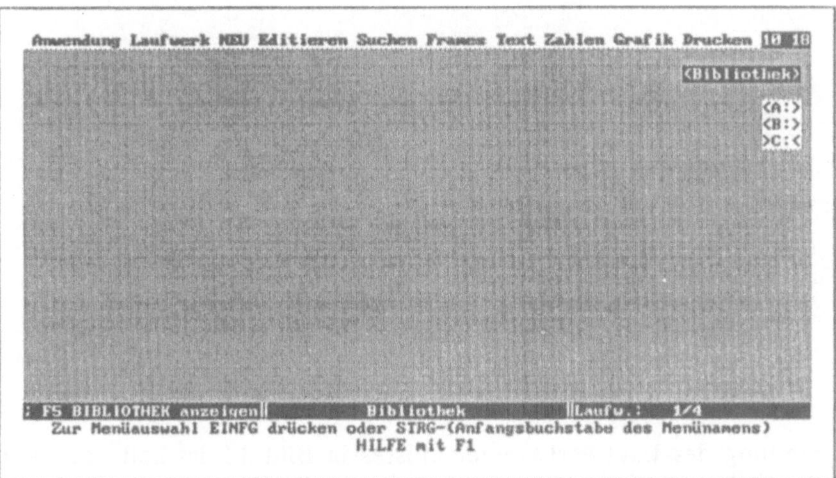

Bild 3.2   Die leere Arbeitsfläche

In diesem Fall soll sich der Cursor auf Laufwerk B befinden (angezeigt durch das hell unterlegte Rechteck am rechten Bildschirmrand). In dieses Laufwerk wird die Datendiskette eingelegt. Um den Cursor zu Laufwerk A zu verschieben, muß die Cursortaste Nach Oben betätigt werden. Durch das Niederdrücken der Cursortaste Nach Unten wird der Cursor wieder auf Laufwerk B positioniert.

Um sich einen Überblick darüber zu verschaffen, welche Dateien auf der Systemdiskette 2 gespeichert sind, wird der Cursor zu Laufwerksverzeichnis A bewegt und die Return-Taste zum Öffnen des Laufwerksverzeichnisses betätigt.

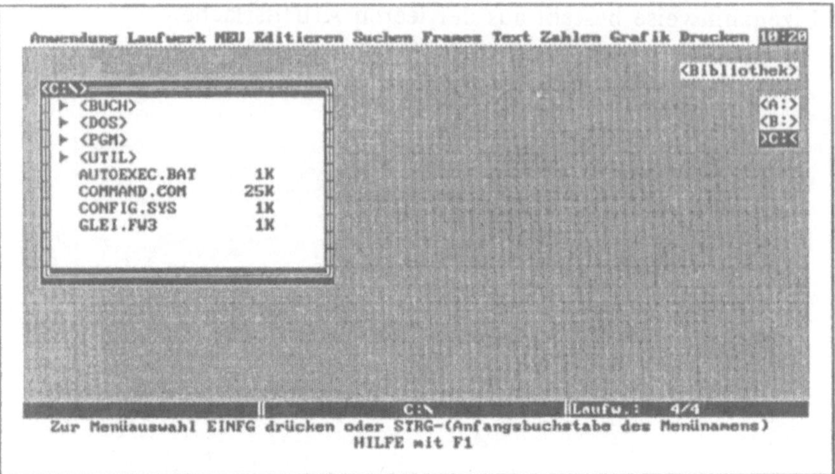

Bild 3.3   Geöffnetes Laufwerksverzeichnis

Die Umrandung des Laufwerksverzeichnisses in Bild 3.3 ist hell unterlegt. Hierdurch wird angezeigt, daß es sich bei dem Laufwerksverzeichnis um einen Frame handelt.

Um den Inhalt eines Laufwerksverzeichnis-Frames bearbeiten zu können, muß der Cursor vom Rand in das Innere des Frames verschoben werden. Dazu wird die Taste Abwärts (Plustaste) betätigt. Der Cursor markiert dann im Verzeichnis ein Unterverzeichnis oder einen Dateinamen. Zum Öffnen eines Unterverzeichnisses bzw. Laden einer Datei auf die Arbeitsfläche wird die Return-Taste gedrückt. Zu einem/einer anderen Verzeichnis/Datei gelangt man mit den Pfeiltasten.

Will man einen Frame bearbeiten, der nicht im aktiven Verzeichnis enthalten ist, muß die Taste Aufwärts (Minustaste) betätigt werden. Der Frame-Rand des Laufwerksverzeichnisses wird wieder hell unterlegt.

Um den Laufwerksverzeichnis-Frame von Laufwerk A zu schließen, muß der Frame-Rand markiert und die Return-Taste betätigt werden. Die Abbildung wird wieder auf die Größe des kleinen Rechtecks gezoomt. Die Laufwerksverzeichnisse sollten geschlossen werden, wenn sie nicht benötigt werden.

Bis zu diesem Punkt wurden alle Operationen durch Positionieren des Cursors auf oder in Laufwerksverzeichnissen eingeleitet. Nachdem mehrere Frames auf der Arbeitsfläche geöffnet sind, kann der Cursor dorthin verschoben werden, indem die Taste Scroll Lock gedrückt wird. Durch einmaliges Betätigen der Taste wird der Cursor aus den Laufwerksver-

zeichnissen zu den Frames versetzt. Wird Scroll Lock nochmals niederge-
drückt, kehrt sich der Vorgang um.

Als nächstes kann der Cursor zu den Menüs verschoben werden. Durch
die Betätigung der Ins-Taste gelangt man von jeder beliebigen Position
stets zur Menüleiste. Sollten Sie gerade erst Ihre Arbeit mit Framework III
begonnen haben, erscheint auf dem Bildschirm die folgende Darstellung:

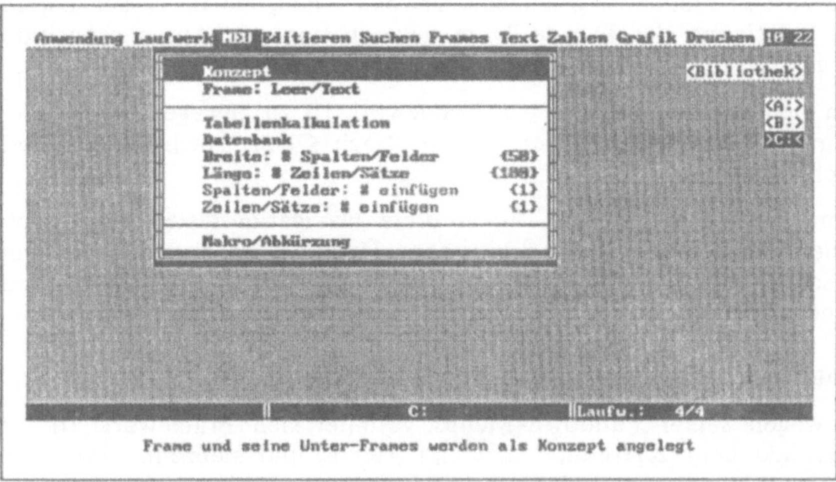

*Bild 3.4   Betätigen der Ins-Taste bei Arbeitsbeginn; das Menü Neu wird
geöffnet*

In Bild 3.4 handelt es sich um das Menü *Neu*, das zum Anlegen neuer
Frames benötigt wird. Durch das Betätigen der Cursortasten Nach Unten
und Nach Oben bewegt man den Cursor zwischen den Menüoptionen. Im
Meldungsbereich wird zu der hell markierten Option eine Funktionsbeschreibung dargestellt. Beim Betätigen der Cursortasten Nach Rechts und
Nach Links gelangen Sie in ein anderes Menü. Im folgenden Abschnitt
wird die Verwendung der Menüs detailliert erläutert.

Durch das Betätigen der Escape-Taste gelangt man wieder zum Ausgangspunkt zurück.

Die folgenden Prozeduren zum Navigieren in Framework III können genutzt werden:

- Um den Cursor zwischen den Laufwerken und der Arbeitsfläche zu verschieben, muß die Taste Scroll Lock betätigt werden.

- Zum Positionieren des Cursors innerhalb eines Frames wird die Taste Abwärts, zum Verschieben des Cursors aus dem Frame heraus wird die Aufwärts-Taste gedrückt.

- Um zu den Menüs zu gelangen, verwendet man die Ins-Taste. Durch die Betätigung der Escape-Taste gelangt man zur Ausgangsposition zurück.

- Um sich auf einer Ebene von Framework III zu bewegen, verwendet man die Cursortasten Nach Unten, Nach Oben, Nach Rechts und Nach Links.

Auf den ersten Blick werden Ihnen diese Navigationstasten womöglich kompliziert erscheinen, in der praktischen Handhabung erweisen sie sich jedoch schon nach kurzer Übung als wirkungsvolles und problemlos zu bedienendes Hilfsmittel.

Die Menüs

Gerade wegen seiner Pulldown-Menüs gestaltet sich Framework III als ausgesprochen benutzerfreundlich. Zehn Menüs und siebzehn Untermenüs, in denen Optionen und Unteroptionen ausgewählt werden können, stehen zur Verfügung. Im Meldungsbereich erscheint eine Funktionserklärung der gerade markierten Option. Kein Menü ist ausgesprochen umfangreich oder kompliziert. Sie brauchen sich nie über mehr als vier Menüebenen zu bewegen, um die benötigte Funktion zu aktivieren. Dies spricht für ein müheloses Erlernen und Benutzen von Framework III.

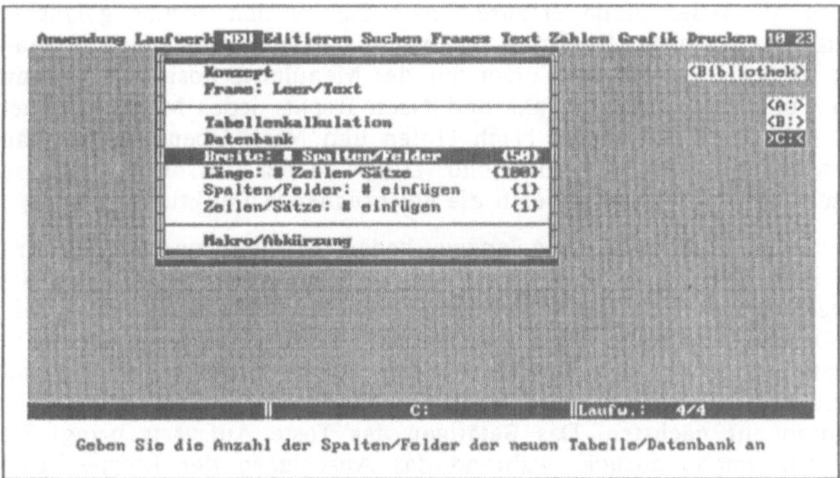

Bild 3.5   *Der Meldungsbereich liefert eine Erklärung zu jeder markier-*
ten Option

Es gibt vier Arten von Menüoptionen.

● Die erste Art von Menüoptionen kontrolliert die Ein/Aus-Parameter.
Ein/Aus-Optionen lassen sich daran erkennen, daß ein Bindestrich
oder der Ausdruck Ja vor der Option steht. Ein Bindestrich zeigt an,
daß die Option desaktiviert ist. Um zwischen Ja und -- (entsprechend Nein) umzuschalten, muß der Cursor auf die Option positioniert und die Return-Taste betätigt werden.

● Die zweite Art von Optionen steuert einen Befehl, sie benötigt einen
Parameter (wie die Zahl der Datensätze und Felder in einer Datenbank oder den Namen des zu suchenden Textes). Optionen, die Parameter erfordern, sind durch geschweifte Klammern gekennzeichnet
(Bild 3.5). Um eine Option auszuwählen, muß sie markiert, die Return-Taste betätigt, der gewünschte Parameter eingegeben und nochmals die Return-Taste gedrückt werden.

● Die dritte Optionsart löst einen Framework III-Befehl (wie *Konzept*,
Rücknahme oder *Ende Framework III*) aus. Diese Optionen werden
durch Markieren des Befehls und Betätigen der Return-Taste aktiviert.

● Der vierte Optionstyp ist nur in drei Untermenüs des Menüs *Anwen-*
dung vertreten. Um Voreinstellungen zu ändern, muß zwischen diesen Optionen hin und her gesprungen werden, bis die gewünschte

Option markiert ist, und die Return-Taste betätigt werden. Dabei gibt es mehr als zwei Einstellungsmöglichkeiten.

Sie haben an dieser Stelle erfahren, wie Sie zu den Menüs gelangen: Durch das Betätigen der Ins-Taste, unabhängig davon, wo sie sich in Framework III befinden. Ist der Cursor auf der Menüleiste positioniert, kann mit den Cursortasten Nach Links und Nach Rechts jedes Menü geöffnet werden. Mit den Cursortasten Nach Unten und Nach Oben gelangt man zu den Menüoptionen in einem Menü. Unterlegt der Cursor eine Option hell, erscheint im Meldungsbereich die entsprechende Funktionserklärung.

Um zu einem Untermenü zu gelangen, bedarf es eines zusätzlichen Arbeitsschrittes. Der Cursor wird zuerst auf die Menüoption positioniert, die das Untermenü enthält. Ein Untermenü wird durch ein nach rechts zeigendes Dreieck angezeigt. Wird die Return-, Leer-, Abwärts- oder Ins-Taste betätigt, öffnet sich das Untermenü. Im Untermenü gelangt man wiederum mit den Cursortasten Nach Oben und Nach Unten von einer Unteroption zur nächsten. Das Betätigen der Taste Aufwärts bringt Sie zum Ausgangsmenü zurück, während das Anschlagen der Escape-Taste den Cursor unmittelbar auf einen Frame der Arbeitsfläche positioniert.

Um eine Einstellung zu ändern oder einen Befehl auszuführen, muß der Cursor zur Option bewegt und die Return-Taste gedrückt werden. Falls die Option einen Ein/Aus-Parameter steuert, stellt Framework III den neuen Parameter auf Ja (vorausgesetzt, diese Option war bislang desaktiviert) und schaltet andere, dieser Einstellung widersprechende Parameter aus, wobei der Cursor an der Stelle verbleibt, an der er sich beim Aufruf des Menüs befand. Steuert die Option eine numerische Einstellung (beispielsweise die Anzahl der Spalten einer Datenbank), so bildet Framework III die bestehende Festlegung in der Editierzeile ab. Die Meldungszeile informiert über die weitere Vorgehensweise. Um die Einstellung zu ändern, wird der neue Wert eingegeben und die Return-Taste betätigt. Framework III kehrt im Anschluß daran zum Menü zurück und stellt den neuen Parameterwert dar. Korrespondiert die Option mit einem Framework III-Befehl, wird der Befehl aktiviert und der Cursor an seinen Ausgangspunkt außerhalb der Menüzeile positioniert.

Schnelles Öffnen der Menüs

Menüs lassen sich auch in einem einzigen Arbeitsschritt öffnen. Drücken Sie die Ctrl-Taste zusammen mit der Taste, deren Buchstabe dem Anfangsbuchstaben des zu öffnenden Menüs entspricht. So wird beispielsweise die Tastenkombination Ctrl-N betätigt, um das Menü *Neu* zu öffnen.

Framework III verfügt über die folgenden Menüs:

● *Menü Anwendung.* Das Menü *Anwendung* enthält Optionen für Datenfernübertragung, Netzwerk-Mail, Rechtschreibüberprüfung, Synonyme, zum Ausdrucken von Etiketten, für drei Anwendungen (zum direkten Aufruf aus Framework III heraus) sowie umfassende Optionen
  (Aktivieren des Sprachwörterbuchs, Ein- oder Ausschalten der
  Sicherheitseingabeaufforderung und der Farbeinstellung). In Bild 3.6
  ist das Menü *Anwendung* dargestellt.

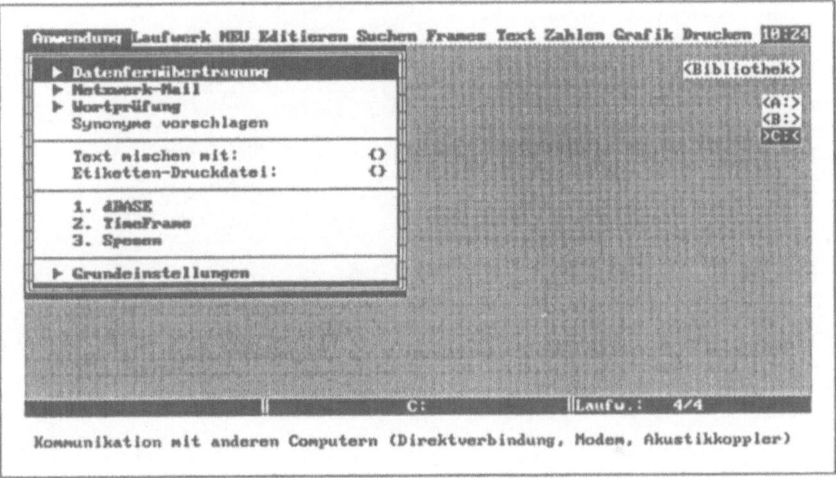

Bild 3.6   Das Menü Anwendung

- *Menü Laufwerk*. Das Menü *Laufwerk* enthält Optionen zum Laden, Speichern und Schließen von Frames, Im- und Export von Fremdformatdateien, Zugriff auf das DOS-Betriebssystem und Beenden der Arbeit mit Framework (siehe Bild 3.7).

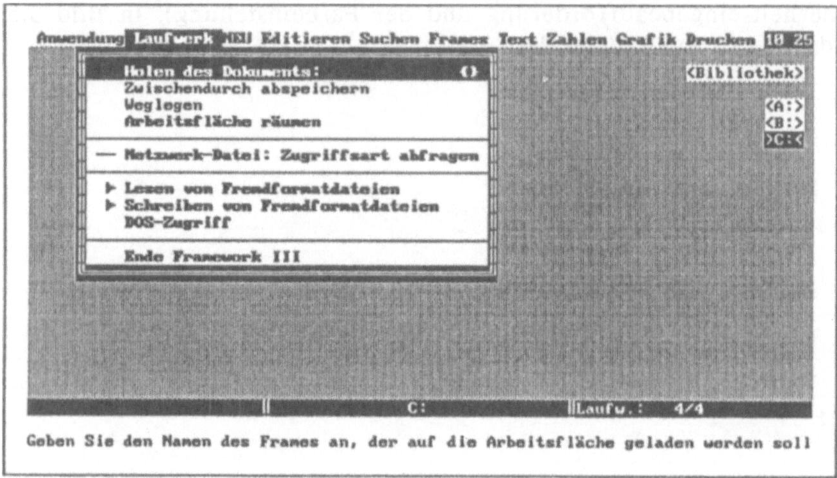

Bild 3.7   Das Menü Laufwerk

● *Menü Neu*. Das Menü *Neu* verfügt über Optionen zum Anlegen von
  vier Frame-Typen: Konzept-Frames, leere Frames, Tabellenkalkula-
  tions- und Datenbank-Frames. Es enthält auch Optionen, um die
  Anzahl der Spalten und Zeilen in einem Tabellenkalkulations-Frame
  und die Zahl der Felder und Datensätze in einem Datenbank-Frame
  festzulegen, um Kalkulationstabellen und Datenbanken zu erweitern
  und um Makros und Abkürzungen anzulegen (siehe Bild 3.8).

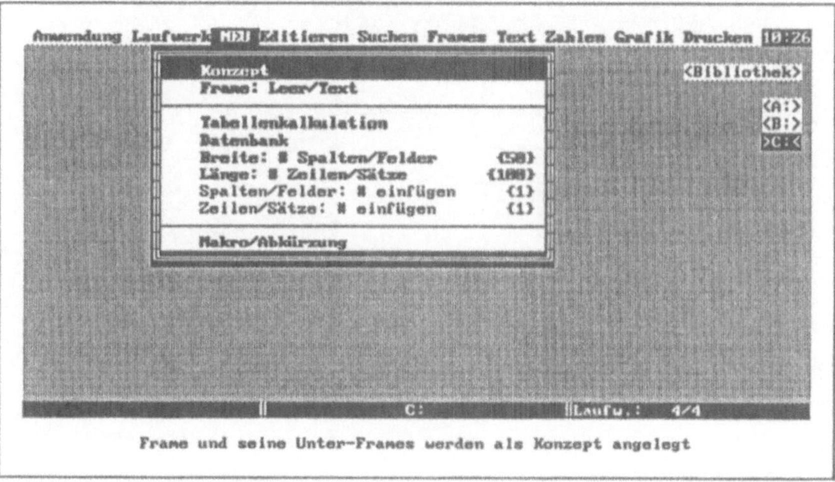

Bild 3.8   Das Menü Neu

● *Menü Editieren.* Das Menü *Editieren* enthält Optionen zum Editieren
  von Frames, Löschen von Teilen einer Kalkulationstabelle und Datenbank, Einstellen der automatischen Silbentrennung und Einfügen
  von Fuß- und Endnoten. In ihm findet sich außerdem der wichtige
  Befehl *Rücknahme*, um versehentlich ausgeführte Lösch- und Forma-
  tierungsvorgänge rückgängig zu machen (siehe Bild 3.9).

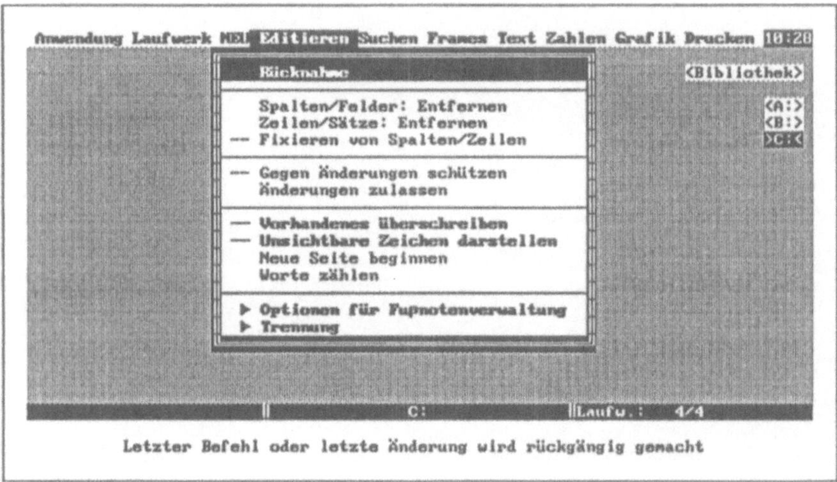

Bild 3.9   Das Menü Editieren

● *Menü Suchen.* Das Menü *Suchen* stellt Optionen und Befehle hinsichtlich Text- und Datenbank-Frames zur Verfügung. Hierzu gehören
  Befehle für Such-, Ersetzungs- und Sortiervorgänge. Des weiteren
  findet sich eine Option, mit deren Hilfe man unmittelbar zu einem
  angegebenen Frame gelangen kann (siehe Bild 3.10).

Bild 3.10   Das Menü Suchen

● *Menü Frames*. Das Menü *Frames* enthält eine Vielzahl von Optionen,
  die das Ordnen von Frames und Frame-Namen ermöglichen. Hier
  finden sich auch Optionen zur Neubestimmung der Frame-Größe
  und Umpositionierung von Frames wie auch eine Untermenüoption
  zum Anlegen von Textspalten ähnlich denen in Zeitungen (siehe Bild
  3.11).

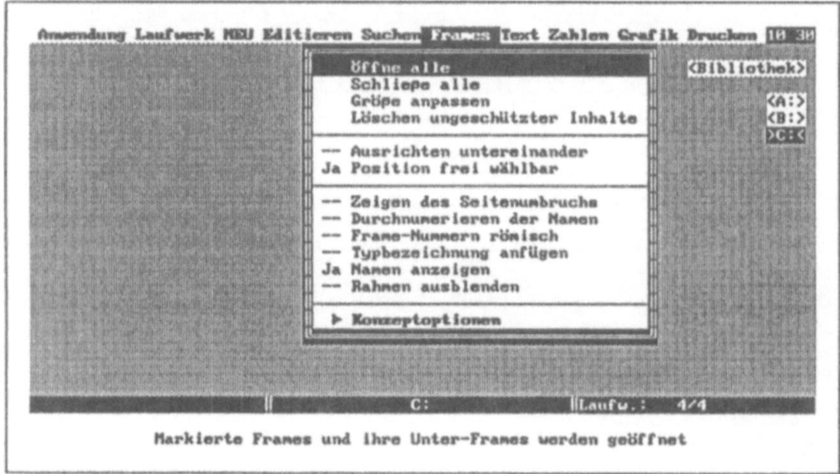

Bild 3.11   Das Untermenü Frames

● *Menü Text.* Das Menü *Text* enthält Optionen zur Bestimmung der Schriftarten, Randeinstellung, Textausrichtung und Tabulatorstops. Das Untermenü *Optionen für Textbearbeitung* verfügt über Optionen zur Großschreibung, Bestimmung des Leerraums zwischen den Zeilen, zur Hoch- und Tiefstellung und zur Aktivierung des Zeilenlineals, das Ränder und Tabulatoreinstellungen in Text-Frames anzeigt (siehe Bild 3.12).

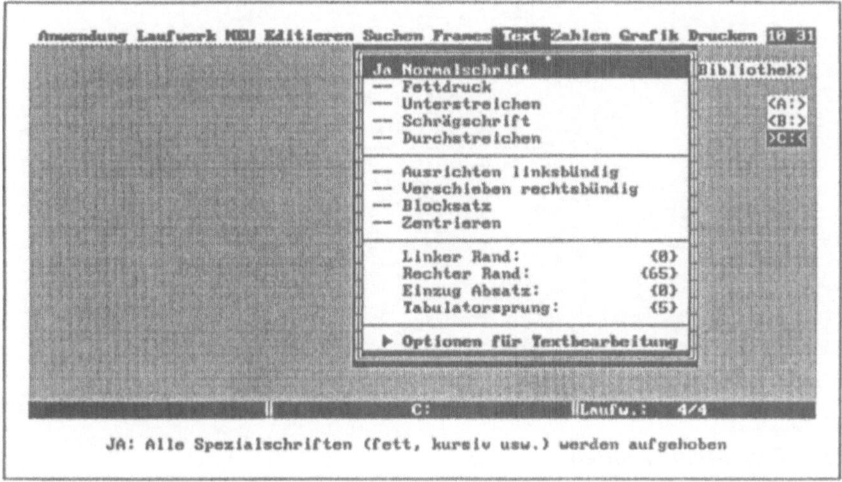

Bild 3.12   Das Menü Text

● *Menü Zahlen*. Das Menü *Zahlen* enthält Optionen für die Formatierung von Zahlen in Tabellenkalkulations- und Datenbank-Frames. Es
  beinhaltet außerdem ein Untermenü mit Formatoptionen für die Dateneingabe und ein Untermenü zur Neuberechnung von Kalkulationstabellen (siehe Bild 3.13).

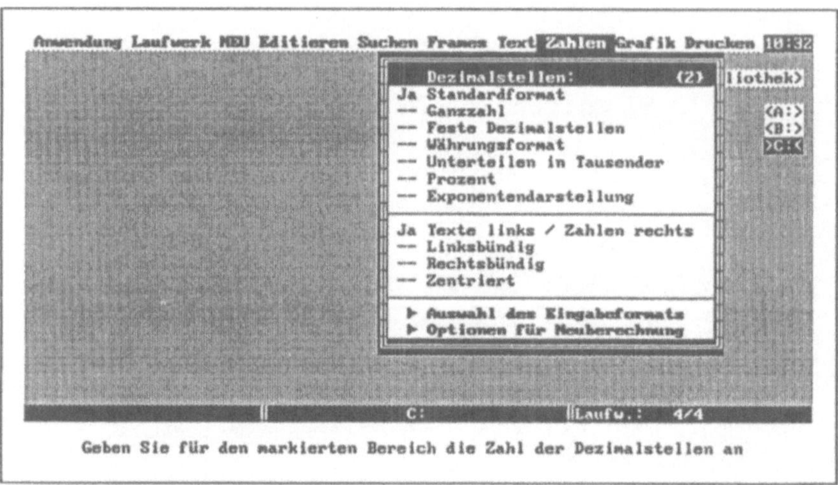

Bild 3.13   Das Menü Zahlen

● *Menü Grafik.* Das Menü *Grafik* enthält Optionen zum Zeichnen und Hinzufügen von Grafiken, die mittels Zuordnung der Spalten bzw. Zeilen an die X-Achse erstellt werden. Daneben findet sich auch ein Untermenü zum Skalieren von Grafiken und zum Hinzufügen von Überschriften für die X-und Y-Achse (siehe Bild 3.14).

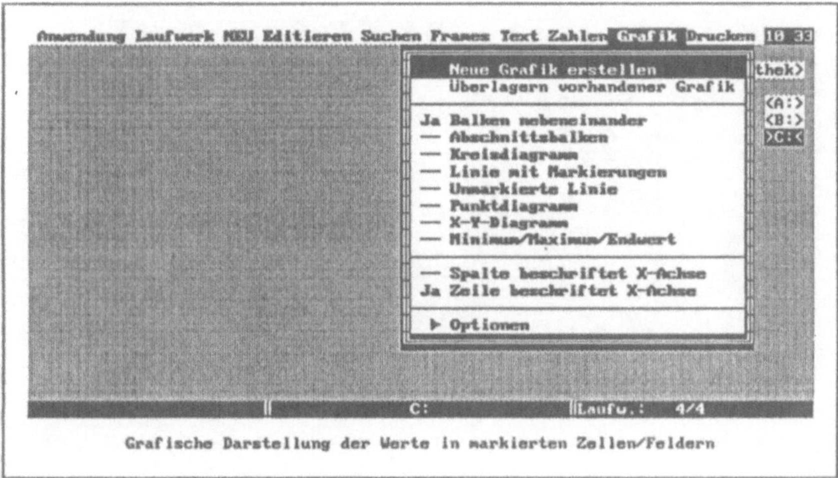

Bild 3.14   Das Menü Grafik

● *Menü Drucken.* Das Menü *Drucken* weist Optionen für das Starten und Beenden des Druckvorgangs auf. Es enthält auch Untermenüs mit verschiedenen Druckoptionen wie Formatoptionen, Druckerkontroll-Optionen, Ziel- und Ausgabeoptionen (siehe Bild 3.15).

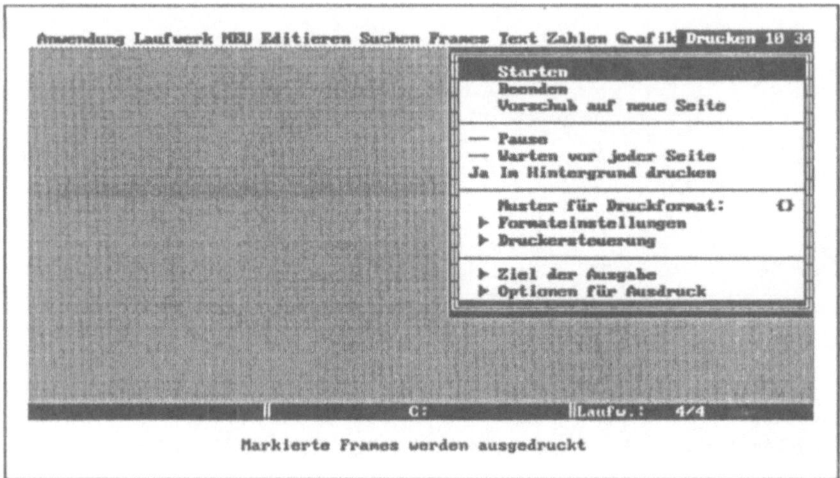

Bild 3.15   Das Menü Drucken

Befehle

Das Prinzip "Markieren und Ausführen"

Die Befehlsgabe in Framework III erfolgt nach dem Prinzip *Markieren-und-Ausführen*. Die folgenden zwei Arbeitsschritte sind erforderlich:

● *Markieren.* Positionieren Sie den Cursor auf das zu bearbeitende Objekt (Frame, Zelle, Zeichen oder einen Bereich von benachbarten Frames, Zellen oder Zeichen).

● *Ausführen.* Wählen Sie einen Befehl aus einem Menü aus.

Um beispielsweise einen Frame zu löschen, muß der Cursor auf den Frame-Namen positioniert und die Del-Taste gedrückt werden. Falls Sie einen Befehl aus einem Menü verwenden möchten, muß zuerst der Cursor an die zu bearbeitende Stelle gesetzt werden. Im Anschluß daran wird der Cursor mit der Ins-Taste in das Menü versetzt, mit Hilfe einer Cursortaste die gewünschte Menüoption markiert und die Return-Taste betätigt.

Erweiterte Auswahl

Unter dem Begriff *erweiterte Auswahl* versteht man ein Verfahren, bei dem mehrere Objekte markiert und gleichzeitig bearbeitet werden. Die folgenden Arbeitsschritte müssen hierbei ausgeführt werden:

* Bewegen Sie den Cursor zum ersten oder letzten Objekt innerhalb des zu bearbeitenden Bereiches und betätigen Sie die Taste F6 Auswahl. Bei den Objekten kann es sich um Frames, Zellen oder Zeichen handeln, die in einer einzigen oder mehreren Zeilen vorkommen können; sie müssen jedoch direkt aufeinander folgen.

* Verschieben Sie den Cursor zum anderen Ende des Bereichs, bis alle gewünschten Daten hell unterlegt sind.

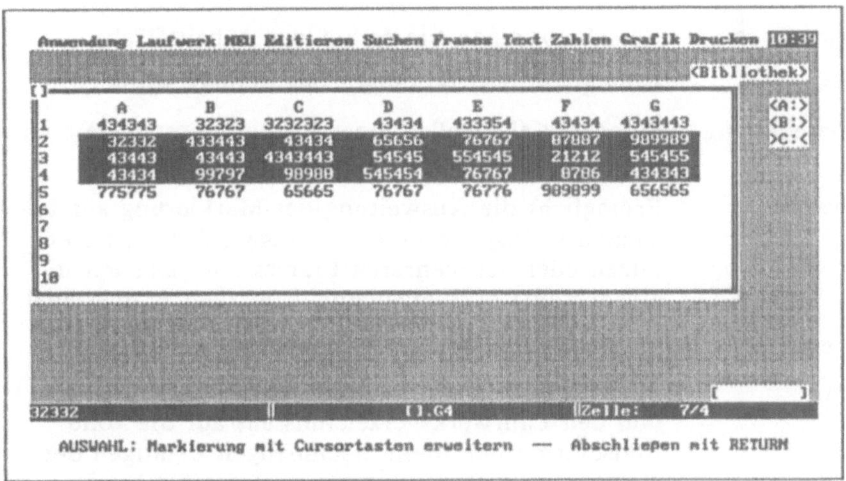

Bild 3.16   Ein mit F6 Auswahl markierter Bereich

Mit der Taste F6 Auswahl werden alle Objekte eines Bereichs markiert (siehe Bild 3.16). Ein nachfolgend ausgeführter Befehl bezieht sich dann auf den gesamten Bereich.

Damit man die erweiterte Auswahl zur Markierung von benachbartem Text oder Daten innerhalb eines Frames nutzen kann, muß der Cursor an den Anfang oder das Ende des zu markierenden Text- bzw. Datenbereiches positioniert werden. Im Anschluß daran wird die Taste F6 Auswahl gedrückt und der Cursor mittels der Pfeiltasten über den gewünschten Datenbereich bewegt. Durch das Betätigen der Return-Taste wird der Markierungsvorgang beendet, und anschließend wird der gewünschte Befehl spezifiziert.

Sie werden in kurzer Zeit mit den Prinzipien des Markieren-und-Ausführens und der erweiterten Auswahl vertraut sein, da sie zu den grundlegenden Prozessen in Framework III gehören.

Funktionstasten

Framework III verfügt über eine Reihe von Funktionen, die mit den Funktionstasten F1 bis F10 gesteuert werden. Die Funktionen werden in Tabelle 3.1 beschrieben.

Funktionstaste	Bewirkt:
F1 Hilfe	Framework III bildet eine Hilfsmeldung ab.
F2 Formel editieren	Ermöglicht das Editieren einer Frame-Formel, eines FRED-Programms oder die Eingabe einer Formel in eine Datenbank oder Kalkulationstabelle.
F3 Position	Verschiebt einen Frame auf der Arbeitsfläche.
F4 Größe	Ermöglicht das Verändern der Frame-Größe.
F5 Neuberechnung	Berechnet alle Zellen einer Kalkulationstabelle oder die Formel eines beliebigen Frames erneut.
F6 Auswahl	Ermöglicht die Ausweitung der Markierung auf be nachbarte Objekte in Textpassagen, Zellen, Datensätzen oder bei mehreren Frames oder Dateien in einem Laufwerksverzeichnis bzw. dem Framestapel.
F8 Kopieren	Kopiert Text, Daten, Frames oder Dateien.
F9 Zoom	Erweitert einen Frame (einschließlich der Bibliothek und den Laufwerksverzeichnissen) auf die volle Bildschirmgröße. Beim nochmaligen Betätigen der Taste schrumpft der Frame wieder auf seine ursprüngliche Größe.
F10 Sicht	Ermöglicht die Inhaltsdarstellung eines Konzept-Frames. Bei einem Datenbank-Frame kann man zwischen Tabellen-, Masken- und dBASE-Darstellung wählen.

Umschaltung-Funktionstasten

Funktionstaste	Bewirkt:
Umschaltung-F2 Abgelegten Text bearbeiten	Ermöglicht das Editieren des im Zwischen- speicher (Papierkorb) abgelegten Textes.
Umschaltung-F5 Bereich neuberechnen	Führt eine Neuberechnung der Formeln im hell unterlegten Bereich durch.
Umschaltung-F6 Synonym-Wörterbuch	Zugriff auf das Framework III-Synonym- Wörterbuch.
Umschaltung-F7 Ablegen	Löscht markierten Text oder Daten und legt diese im Zwischenspeicher (Papierkorb) ab.
Umschaltung-F8 Einsetzen	Fügt an der Cursorposition Text aus dem Papierkorb ein.

Tabelle 3.1   Zusammenfassung der Funktionstasten

Wiederholen des letzten Befehls

Durch das zweimalige schnelle Anschlagen der Ins-Taste führt Framework
III den zuletzt angegebenen Befehl nochmals aus. Dieses Leistungsmerkmal kann insbesondere dann eingesetzt werden, wenn eine Reihe von
gleichen Frames angelegt werden soll.

Was tun bei Fehlern?

Korrigieren von Tippfehlern

Falls Ihnen ein Tippfehler unterläuft, können Sie ihn durch Drücken der
Rückschritt-Taste löschen und neuen Text eingeben.

Der Fehler kann auch durch das Markieren der betreffenden Stelle und
die Betätigung der Del-Taste korrigiert werden.

Fehler rückgängig machen

Die meisten in Framework III auftretenden Fehler sind nicht schwerwie-
gend. Ein Tippfehler kann jederzeit beseitigt werden. Bei der inkorrekten
Eingabe einer Formel erscheint beim Beenden der Formeleditierung eine
Meldung auf dem Bildschirm, und die Eingabe kann korrigiert werden.
Falls irrtümlich Daten gelöscht werden oder ein gültiger, aber unbeab-
sichtigter Befehl aktiviert wird, werden diese Kommandos von Frame-
work III ausgeführt. Es gibt jedoch eine Möglichkeit, versehentliche
Löschvorgänge und andere Fehler dieser Art zu beheben.

Falls Ihnen solch ein Fehler unterläuft, betätigen Sie unmittelbar danach die Ins-Taste, wählen das Menü *Editieren* und dort die Option *Rücknahme*. Der letzte Befehl wird rückgängig gemacht. Sollten Sie in der Zwischenzeit allerdings einen anderen Befehl aktiviert haben, kann Framework III den Fehler nicht mehr beheben.

Abbrechen einer Operation

Falls eine Operation bereits begonnen wurde und nun abgebrochen werden soll, kann dies durch das Betätigen der Tastenkombination Ctrl-Scroll Lock (auf einigen Tastaturen auch Ctrl-Pause) erfolgen. Diese Tastenkombination beendet die aktuelle Operation, und man kann neu beginnen.

Hilfe

Neben den zahlreichen Funktionsbeschreibungen, Eingabeaufforderungen für Befehle und Fehlermeldungen, die automatisch in der Statuszeile dargestellt werden, verfügt Framework III über ein umfangreiches Online-Hilfesystem, das folgendermaßen genutzt werden kann:

- Betätigen Sie die Taste F1 Hilfe, um eine kontextsensitive Hilfsmeldung zu erhalten.

- Wenn Sie sich im Hilfesystem befinden, kann durch die Auswahl der Option *Stichworte* und nachfolgende Betätigung einer Taste eine Beschreibung der Taste angefordert werden.

- Durch die Auswahl der Option *Vorige Seite* aus der Hilfemaske wird die vorherige Seite und mit *Nächste Seite* die nächste Seite des Hilfesystems abgebildet. Die Option *Stichworte* listet alle im Hilfesystem verfügbaren Überschriften auf.

Mit der Escape-Taste wird das Hilfesystem verlassen.

Hinweise zu Frames

Die Frames bilden den wichtigsten Bestandteil von Framework III. Jeder Frame besteht aus vier Teilen:

- Frame-Rand

- Name

- Inhalt

- Formelbereich

Der Rand ist die hell markierte Linie, die den Frame umgibt und eingrenzt. Der Name wird im Randbereich bei der linken oberen Ecke des

Frames eingegeben. Jeder Frame verfügt über einen bestimmten Inhalt: Text, Zahlen, Grafiken oder auch andere Frames. Der Formelbereich wird nicht auf der Arbeitsfläche dargestellt; er enthält Formeln für die Tabellenkalkulation, Datenbankformeln oder FRED-Programme, die in einen Frame eingegeben werden können. Die einem Frame zugewiesenen Formeln können durch Markieren des Frames und Betätigen der Taste F2 Formel editieren eingesehen und bearbeitet werden. Die erste Zeile des Formelbereichs wird in der Editierzeile des Meldungsbereichs unterhalb der Statuszeile abgebildet. Für die Ansicht von mehrzeiligen Formeln muß F9 Zoom zum Zoomen des Meldungsbereichs betätigt werden. Das Drücken der Taste Aufwärts desaktiviert den Modus F2 Formel editieren, und der Cursor springt aus dem Meldungsbereich.

Jeder Frame weist einen internen Wert auf, der nicht abgebildet wird. Der interne Wert bildet das numerische Gesamtergebnis der diesem Frame zugewiesenen Formeln. Obwohl die Zahlen in einer Kalkulationstabelle als Ganzzahlen (ohne Dezimalstellen) oder in Form von Währungsbeträgen (mit nur zwei Dezimalstellen) dargestellt werden können, speichert Framework III immer die vollständige Zahl (mit allen Nachkommastellen). Berechnungen werden ebenfalls immer mit allen Dezimalstellen ausgeführt, und obwohl der interne Wert nicht dargestellt wird, verfügt jeder Frame - auch ein leerer oder Text-Frame - über einen internen Wert, mit dem für diesen Frame die Berechnung in einer Formel ausgeführt wird.

Anlegen eines neuen Frames

Ein neuer Frame, gleich welchen Typs, wird folgendermaßen angelegt:

- Öffnen des Menüs *Neu* durch Betätigen der Ins-Taste und der Cursortasten oder durch die Betätigung der Tastenkombination Ctrl-N.

- Markieren des gewünschten Frame-Typs (*Konzept*, *Leerer/Text-Frame*, *Tabellenkalkulation* oder *Datenbank*).

- Betätigen der Return-Taste.

Framework III öffnet auf der Arbeitsfläche einen neuen Frame und eine Box des angegebenen Typs. Danach kann mit der Arbeit begonnen werden.

Benennen eines Frames

Einem Frame sollte gleich bei seinem Erscheinen auf der Arbeitsfläche ein Name zugewiesen werden, der den Frame eindeutig kennzeichnet. Der Frame-Rand ist bereits markiert, so daß der Name unmittelbar eingegeben werden kann. Während der Eingabe erscheint der Name an der dafür vorgesehenen Stelle im Frame-Rand, und ebenso in der Box und in der Statuszeile. Mit der Betätigung der Return-Taste wird die Namenszuweisung beendet. Die Länge des Frame-Namens ist beliebig; Framework III bearbeitet jedoch nur die ersten acht Zeichen. Jede beliebige Zeichenkombination kann hier angegeben werden. Framework III konvertiert die Eingabe eigenständig in einen gültigen DOS-Dateinamen.

In einem Frame-Namen kann eine beliebige Verbindung von Groß- und Kleinbuchstaben verwendet werden.

Bewegen in und aus Frames

Beim erstmaligen Anlegen, Öffnen oder Auswählen eines Frames erscheint der Cursor an der für den Frame-Namen bestimmten Stelle, und der Frame-Rand ist hell unterlegt. Um Informationen in den Frame einzugeben, muß der Cursor in den Frame versetzt werden; dies wird mit der Betätigung der Taste Abwärts erreicht. Durch das Betätigen der Taste Aufwärts wird der Cursor wieder aus dem Inneren auf den Rand verschoben.

In den Frame gelangt man durch Drücken der Taste F9 Zoom, wobei die Darstellung gleichzeitig auf die volle Bildschirmgröße gezoomt wird.

Öffnen und Schließen von Frames

Ein Frame muß geöffnet werden, um seinen Inhalt einsehen, Information eingeben oder editieren zu können. Ein Frame kann geschlossen werden, aber weiterhin auf der Arbeitsfläche verbleiben (als Box in der rechten unteren Ecke). Geschlossene Frames können - wie geöffnete - gelöscht, kopiert, gedruckt, gespeichert oder in andere Frames verschoben werden.

Immer wenn ein Frame angelegt wird, wird er von Framework III auf der Arbeitsfläche geöffnet. Um einen Frame zu schließen, wird der Cursor auf den Frame-Rand positioniert und die Return-Taste betätigt. Der Frame wird auf Box-Größe gezoomt und in die untere rechte Ecke des Bildschirms positioniert. Um einen geschlossenen Frame wieder zu öffnen, muß der Cursor auf die Frame-Box versetzt und die Return-Taste betätigt werden.

Arbeiten mit Frames und Dateien

Kopieren und Verschieben von Frames

Von Frames können Kopien erstellt werden. Bei der Anfertigung einer Kopie eines Frames wird der Inhalt des Frames mitkopiert.

Ein Frame wird kopiert, indem der Cursor auf den Frame-Namen positioniert und die Taste F8 Kopie gedrückt wird. Der Cursor wird an die Stelle verschoben, an der die Kopie eingefügt werden soll, und die Return-Taste gedrückt. Die Kopie hat den gleichen Namen wie der ursprüngliche Frame. Zur Speicherung der Kopie und vor einer Änderung des Frame-Inhalts sollte die Kopie umbenannt werden, so daß man die verschiedenen Frames später voneinander unterscheiden kann.

Ein Frame kann auch an eine andere Stelle verschoben werden. So ist es denkbar, daß ein Frame von der Arbeitsfläche in einen Text-Frame oder auf eine bestimmte Ebene in verschachtelten Frames verschoben werden soll. Auch der umgekehrte Vorgang - die Verschiebung eines Frames aus einem verschachtelten Frame auf die Arbeitsfläche - ist möglich. Zum Verschieben des Frames wird der Cursor auf den Frame-Namen positioniert, die Taste F7 Verlagern gedrückt, zum Zielort gewechselt und die Return-Taste gedrückt.

Kopieren und Verschieben von Frame-Inhalten

Genauso wie vollständige Frames kopiert und verschoben werden können, kann man auch nur einen Teil daraus (Text oder Daten) kopieren oder an eine andere Stelle - desselben oder eines anderen Frames - versetzen.

Zum Verschieben oder Kopieren müssen die Daten zuerst mit der Taste F6 markiert werden. Nach dem Anschlagen der Taste F6 wird die Markierung unter Zuhilfenahme der Cursortasten über den Bereich erweitert und die Return-Taste betätigt.

Nachdem die Daten markiert sind, können sie versetzt, kopiert oder auch gelöscht werden.

Markierte Texte oder Daten werden durch das Betätigen der Taste F7 an eine neue Position verschoben. Bewegen Sie den Cursor an die neue Position, und drücken Sie die Return-Taste, um die Operation zu beenden. Falls Sie Text oder Daten in einen anderen Frame verschieben wollen, markieren Sie den gewünschten Bereich zuerst mit der Taste F6. Danach drücken Sie F7, betätigen die Taste Aufwärts, um aus dem Quell-Frame zu gelangen, und positionieren den Cursor mit Hilfe der Pfeiltasten auf den Frame, in den die Objekte verschoben werden sollen. Im Anschluß daran drücken Sie die Taste Abwärts, um in den Frame hineinzugelangen, setzen den Cursor an die Zielposition und betätigen die Return-Taste.

In gleicher Weise lassen sich markierte Texte oder Daten ohne Beeinträchtigung der Originalpassagen kopieren. In diesem Fall muß lediglich statt der Taste F7 Verlagern die Taste F8 Kopieren betätigt werden.

Löschen und Einfügen (Schneiden und Kleben)

Mit Hilfe einer Kombination von Umschalt- und Funktionstaste kann
Text gelöscht und wieder eingefügt werden.

Das Löschen und Einfügen ähnelt in der Ausführung den Funktionen zum
Verschieben und Kopieren mit der Ausnahme, daß sich die gelöschten
Daten im Speicher befinden, so daß sie an einer anderen Position und zu
einem späteren Zeitpunkt wieder eingefügt werden können.

Das Löschen und Einfügen bietet sich zum Duplizieren sich wiederholen-
der Informationen in einem Text an (zum Beispiel dem Namen und der
Adresse eines Unternehmens oder einer Reihe von Unterstreichungszei-
chen, die als Platzhalter in einem Formular verwendet werden).

Dazu müssen zuerst die Daten markiert werden. Danach wird die Tastenkombination Umschaltung-F7 zum Löschen der markierten Daten betätigt.
Der Cursor wird an die Stelle positioniert, an der der gelöschte Abschnitt
eingefügt werden soll, und anschließend die Tastenkombination Umschal-
tung-F8 betätigt.

Derselbe Abschnitt kann beliebig oft eingefügt werden, ohne daß ein er-
neuter Löschvorgang notwendig ist.

In den Papierkorb gelöschte Texte oder Daten können editiert oder modifiziert werden. Um den aktuellen Papierkorbinhalt abzubilden, wird die
Tastenkombination Umschaltung-F2 betätigt. Durch das Drücken von F9
wird der Inhalt auf die vollständige Bildschirmgröße erweitert. Anschließend kann der Text editiert werden. Um den Editiervorgang zu beenden,
betätigen Sie die Return-Taste.

Durch Löschen und Einfügen können einzelne Arbeitsschritte wiederholt
ausgeführt werden. Falls Sie mehr als einen Textabschnitt speichern wollen oder Textabschnitte für immer wiederkehrende Eingaben verwenden
möchten, sollten diese in Form von Makros gespeichert werden (siehe Kapitel 13).

Löschen von Text oder Daten

Zum Löschen von Text oder Daten in einem Frame wird zuerst der zu lö-
schende Bereich mit F6 Auswahl hell unterlegt und anschließend die Del-
Taste gedrückt. Der markierte Text- oder Datenbereich verschwindet vom
Bildschirm.

Verändern der Frame-Größe und -Position

Die Größe und die Position eines Frames auf dem Bildschirm können geändert werden. So lassen sich beispielsweise eine Grafik oder ein Teil einer Kalkulationstabelle so positionieren, daß sie in der Mitte der Seite ausgegeben werden (siehe Bild 3.17).

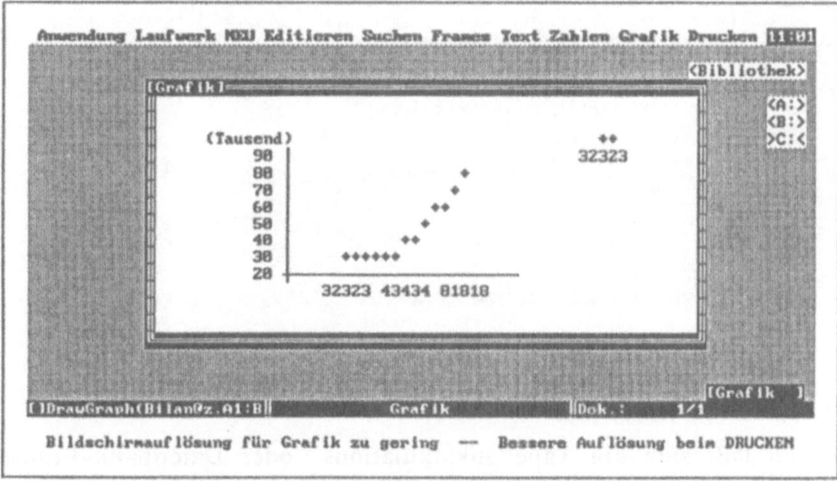

Bild 3.17   Verschieben einer Grafik auf die Mitte einer Seite

Beispielsweise können zwei Frames auch verkleinert und nebeneinander auf einer Seite ausgegeben werden.

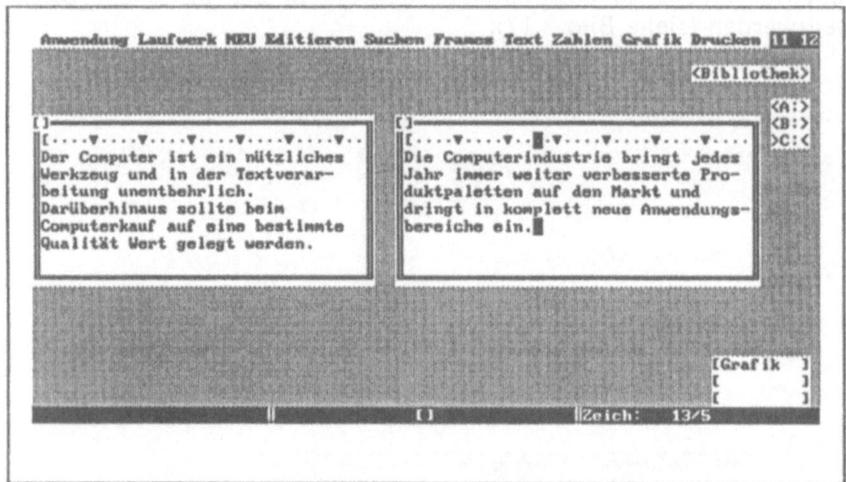

Bild 3.18   Nebeneinander angeordnete Text-Frames

Des weiteren läßt sich ein Tabellenkalkulations- oder Datenbank-Frame so neben einem Text-Frame anordnen, daß deren Inhalte miteinander verglichen werden können. Grafik-Frames können nicht neben anderen Frames positioniert werden; andere Frames können jedoch ober- und unterhalb eines Grafik-Frames erscheinen.

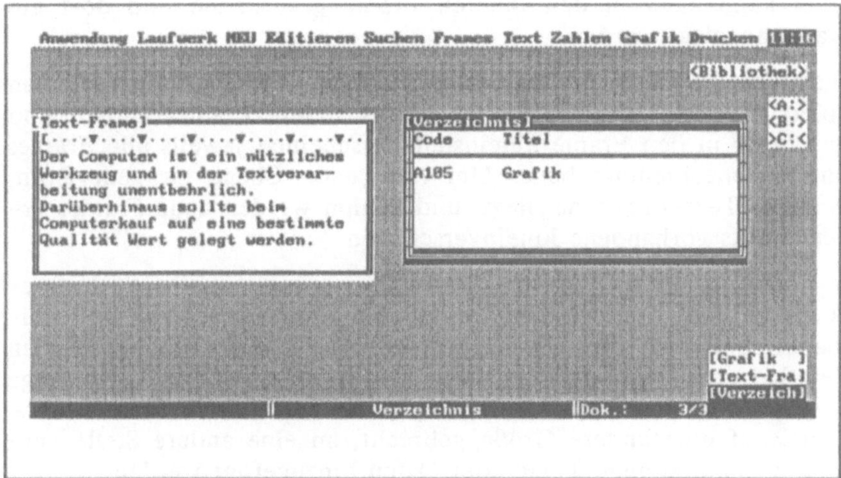

Bild 3.19   Anordnung eines Text-Frames neben einem Datenbank-Frame

Um die Größe eines Frames zu verändern, muß der Cursor auf den Frame-Namen positioniert, die Taste F4 Größe betätigt und mit Hilfe der Cursortasten der Frame-Rand vergrößert oder verkleinert werden. Mit der Return-Taste wird der Vorgang beendet.

Soll ein Frame auf dem Bildschirm neu positioniert werden, muß der Cursor auf den Frame-Namen gesetzt, die Taste F3 Position betätigt und mit Hilfe der Cursortasten die gewünschte Position auf dem Bildschirm bestimmt werden. Die Operation wird ebenfalls mit der Return-Taste beendet.

Anlegen von Container- und verschachtelten Frames

Oft erweist es sich als nützlich, aufeinander bezogene Frames zusammen abzulegen oder für ihren Ausdruck eine feste Reihenfolge zu bestimmen. Dazu verlagern (kopieren) Sie die Frames einfach in einen leeren Text-Frame. Enthält ein Frame einen oder mehrere andere Frames, wird er als *Container-Frame* bezeichnet. Ein Frame kann in einem leeren Text-Frame angelegt werden. Hierbei wird zuerst der äußere Text-Frame erzeugt, dann wird der Cursor in das Innere des Frames versetzt und eine neuer Frame angelegt. In einen Container-Frame lassen sich beliebig viele Frames einfügen.

Manchmal ist es vorteilhaft, einen Frame in andere Frames über mehrere Ebenen zu verschachteln. In diesem Fall bezeichnet man den äußersten Frame als Container-Frame. Um Frames zu verschachteln, muß ein leerer

Text-Frame angelegt, der Cursor in diesen Frame verschoben und ein neuer Frame erzeugt werden. Dieser Vorgang wird beliebig oft wiederholt. Dabei kann auch in den inneren Frame gesprungen und dort ein neuer Frame angelegt werden.

Ein vorhandener Frame kann auch in einen Container-Frame verschoben oder kopiert werden. Falls ein Frame bereits andere Frames enthält und man den Cursor in den Frame hineinstellt, erscheinen jeweils alle Frames derselben Verschachtelungsebene. Um eine neue Ebene zu generieren, wird ein leerer Text-Frame angelegt, und in ihm werden neue Frames erstellt oder bereits vorhandene hineinverschoben.

Wird ein Frame in einen Container-Frame übertragen, positioniert Framework III diesen Frame unmittelbar hinter den Frame (aber auf der gleichen Ebene), auf dem der Cursor positioniert ist. Die Frames können durch Betätigen der Taste F7 Verlagern in der gewünschten Reihenfolge angeordnet werden. In einem Container-Frame befindliche Frames können editiert, auf eine andere Größe gebracht, an eine andere Stelle verschoben, und ihnen können Texte oder Daten hinzugefügt werden.

Im mittleren Abschnitt der Statuszeile wird die Abfolge der verschachtelten Frames angezeigt, die beim Wechsel von der Arbeitsfläche zum aktuellen Frame durchlaufen wird. Jede tiefere Ebene innerhalb der Verschachtelung wird durch einen Punkt von der nächsten Ebene abgetrennt. So wird beispielsweise der Frame *Kapitel1*, der sich im Frame *Teil1* befindet, der wiederum in einem Container-Frame namens *Buch* abgelegt ist, folgendermaßen bezeichnet: BUCH.TEIL1.KAPITEL1.

Ansicht von verschachtelten Frames

Das Verschachteln von Frames bietet eine ausgezeichnete Möglichkeit, Frames zu strukturieren und zu ordnen. Ihre Darstellung auf dem Bildschirm erscheint jedoch auf den ersten Blick etwas kompliziert. Um sich einen Überblick über alle in einem Container-Frame verschachtelten Frames zu verschaffen, wird die Taste F10 Sicht gedrückt. Es erfolgt eine Konzeptdarstellung entsprechend der Darstellung in Bild 3.20.

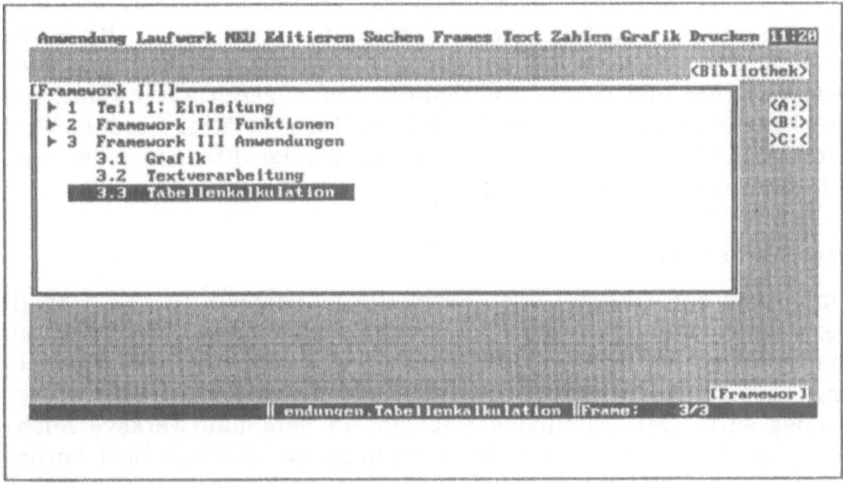

Bild 3.20   Konzeptdarstellung

In diesem Fall wird die Struktur in der Konzeptdarstellung angezeigt. Um
zur normalen Inhaltsdarstellung zurückzugelangen, muß der Cursor auf
den Namen des Container-Frames positioniert und die Taste F10 betätigt
werden (Bild 3.21).

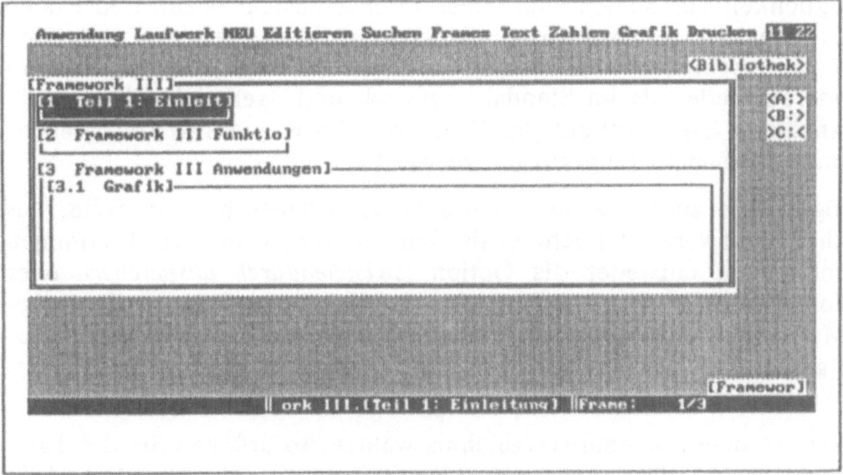

Bild 3.21   Inhaltsdarstellung

Es gibt zwei Möglichkeiten, um den Inhalt eines Frames (auch in verschachtelten Frames) darzustellen. Zum einen kann der Cursor auf den Frame positioniert und die Taste F9 Zoom gedrückt werden, um eine Ganzseitenansicht zu erhalten. Dieses Verfahren ist sowohl in der Konzept- als auch der Inhaltsdarstellung möglich. Zum anderen kann das Menü *Suchen* geöffnet und daraus die Option *Ziel angeben* ausgewählt, der Name des Frames eingegeben und die Return-Taste betätigt werden. Wird die zweite Methode verwendet, muß der vollständige Pfadname des verschachtelten Frames angegeben werden.

Speichern von Frames

Wenn ein Frame auf Diskette oder Festplatte gespeichert ist, wird er als Datei bezeichnet. Die Datei erhält denselben Namen wie der Frame mit der Namenerweiterung .FW3; dieser Zusatz wird auch als Dateinamenerweiterung bezeichnet, wodurch die Datei als Framework III-Datei gekennzeichnet wird. Der Dateiname erscheint in dem Laufwerksverzeichnis, in dem die Datei gespeichert ist (zusammen mit anderen dort vorliegenden Dateien).

Speichern eines neuen Frames

Soll ein Frame zum ersten Mal gespeichert werden, muß das Ziellaufwerk und -verzeichnis angegeben werden. Anschließend können die Optionen *Zwischendurch abspeichern* oder *Weglegen* im Menü *Laufwerk* aktiviert oder die Tastenkombination Ctrl-Return (der Rand des zu speichernden Frames muß markiert sein) betätigt werden, um den Frame zu speichern.

Eine Möglichkeit zur Speicherung eines Frames besteht darin, den Frame in das Laufwerksverzeichnis, in dem er gespeichert werden soll, zu kopieren oder zu verschieben. Dies ist die einfachste Methode, einen Frame an einer anderen Stelle (als im Standardlaufwerk und -verzeichnis) zu speichern. An dieser Stelle soll auf das Verfahren des Kopierens/Verschiebens von Frames nicht mehr eingegangen zu werden.

Eine Möglichkeit zum Speichern eines neuen Frames besteht darin, das gewünschte Laufwerksverzeichnis als Standardverzeichnis zu bestimmen und anschließend entweder die Option *Zwischendurch abspeichern* oder die Option *Weglegen* im Menü *Laufwerk* zu aktivieren. Das ist die geeignetere Methode, wenn mehrere Dateien im gleichen Laufwerk und Verzeichnis gespeichert werden sollen. Vor dem Speichern werden die Frames mit F6 Auswahl markiert.

Wollen Sie ein neues Standardverzeichnis wählen, so drücken Sie die Taste Scroll Lock, um zu den Laufwerksverzeichnissen zu gelangen. Mit Hilfe der Pfeiltasten bewegen Sie den Cursor zum gewünschten Laufwerksverzeichnis, und durch das Betätigen der Taste Abwärts gelangen Sie in das

Verzeichnis. Mittels der Pfeiltasten und der Taste Abwärts gelangen Sie zum Zielverzeichnis. Anschließend betätigen Sie die Tastenkombination Ctrl-Return; das Standardlaufwerk wird in nach innen gekehrten spitzen Klammern in der rechten oberen Ecke der Arbeitsfläche (zum Beispiel >C<) angezeigt.

Um einen neuen Frame mit Hilfe der Menüoptionen zu speichern, müssen folgende Arbeitsschritte ausgeführt werden:

1. Einstellen des gewünschten Standardlaufwerks und -verzeichnisses. Der Cursor wird auf das Laufwerk/Verzeichnis verschoben und die Tastenkombination Ctrl-Return gedrückt.

2. Durch das Betätigen der Taste Scroll Lock wird der Cursor zum zu speichernden Frame bewegt.

3. Das Betätigen der Tastenkombination Ctrl-L aktiviert das Menü *Laufwerk*, worin dann die Wahl der gewünschten Menüoption zu treffen ist:

    Zwischendurch abspeichern speichert eine Kopie des Frames auf Diskette, wobei der Frame auf der Arbeitsfläche verbleibt.

    Weglegen speichert den Frame auf Diskette und löscht ihn gleichzeitig von der Arbeitsfläche.

4. Betätigen Sie die der Return-Taste.

Hinweis: Die Option Zwischendurch abspeichern läßt sich schneller aktivieren, indem die Tastenkombination Ctrl-Return betätigt wird, während der Cursor im Frame oder auf dem Frame-Namen positioniert ist.

Speichern in eine vorhandene Datei

Ein Frame, der bereits in eine Datei gespeichert wurde, kann durch das Betätigen der Tastenkombination Ctrl-Return nochmals abgespeichert werden. Um einen bereits gesicherten Frame nochmals zu speichern, verwenden Sie entweder die sich im Menü *Laufwerk* befindlichen Optionen *Zwischendurch abspeichern* bzw. *Weglegen*, oder Sie betätigen die Tastenkombination Ctrl-Return.

Hinweis: Falls Sie den Namen eines bereits abgespeicherten Frames ändern, geht Framework III davon aus, daß Sie den Frame unter seinem neuen Namen im selben Laufwerksverzeichnis speichern wollen. Wollen Sie einen Frame unter einem neuen Dateinamen an eine andere Stelle speichern, so verschieben oder kopieren Sie die Datei durch die Betätigung der Tasten F7 oder F8 in ein anderes Laufwerksverzeichnis.

Verschieben/Kopieren von Frames auf Diskette

Frames können auf jede Diskette oder in jedes Verzeichnis des verwendeten Systems verschoben oder kopiert werden. Der Frame muß ausgewählt, die Operation bestimmt, zum Ziellaufwerk/-verzeichnis gewechselt und die Return-Taste betätigt werden.

Durch das Betätigen der Taste F8 wird eine Kopie des Frames samt seines Inhalts im angegebenen Laufwerk und Verzeichnis abgelegt. Das Original verbleibt auf der Arbeitsfläche und kann weiterhin bearbeitet werden. Durch Verschieben (mit F7) wird ein Frame von der Arbeitsfläche entfernt und in das angegebene Laufwerk und Verzeichnis gespeichert.

Löschen von Frames und Dateien

Löschen von Frames

Ein Frame kann von der Arbeitsfläche gelöscht werden.

Wird die Option *Arbeitsfläche räumen* aus dem Menü *Laufwerk* verwendet, so werden alle offenen Frames auf der Arbeitsfläche zu Boxen geschlossen, nicht aber auf Diskette gespeichert. Die Boxen verbleiben auf der Arbeitsfläche.

Um einen Frame zu löschen, muß der Cursor auf dem Frame-Namen positioniert und die Del-Taste betätigt werden. Es erscheint eine Sicherheitsabfrage, die (mit J) bejaht oder (mit N) verneint werden muß. Durch die Betätigung einer beliebigen anderen Taste bricht Framework III den Löschvorgang ab.

Sollten Sie versehentlich einen Frame löschen, können Sie diesen Fehler durch sofortiges Aktivieren der Option *Rücknahme* korrigieren.

<u>Hinweis</u>: Wenn ein Frame von der Arbeitsfläche gelöscht wird, so wird die gleichnamige Datei auf Diskette/Festplatte nicht mitgelöscht.

Löschen von Dateien

Um eine Datei von der Diskette zu löschen, muß das Laufwerksverzeichnis geöffnet, der Name der zu löschenden Datei markiert und die Del-Taste betätigt werden. Es erscheint eine Abfrage, die bejaht werden muß, damit der Löschvorgang ausgeführt wird.

Nach der Löschung einer Datei aus dem Laufwerksverzeichnis kann sie nicht wiederhergestellt werden. Aus diesem Grund sollten stets Sicherheitskopien von wichtigen Daten angelegt werden, auf die man dann im Fall einer versehentlichen Löschung zurückgreifen kann.

Darstellung des Inhalts von Bibliothek und Laufwerksverzeichnis

Um den Inhalt des Bibliothek-Frames oder eines Laufwerksverzeichnisses darzustellen, muß die Taste Scroll Lock zusammen mit den Cursortasten Nach Oben und Nach Unten betätigt werden. Auf diese Weise wird der Cursor auf die Bibliothek oder ein Laufwerkssymbol (A:, B:, C: usw.) positioniert. Im Anschluß daran wird die Return- oder F9-Taste gedrückt. Das Betätigen der Taste Scroll Lock im Bibliothek-Frame oder Laufwerksverzeichnis bewirkt die Rücksetzung des Cursors zum Ausgangspunkt. Das Schließen des Bibliotheks-Frames oder eines Laufwerksverzeichnisses erfolgt, indem die Taste Aufwärts betätigt (Randmarkierung) und der Frame anschließend durch die Betätigung der Return-Taste geschlossen wird.

Soll der Inhalt eines Laufwerksverzeichnisses zusammen mit dem Modifikationsdatum und -zeitpunkt dargestellt werden, muß die Taste F10 Zoom betätigt werden, während sich der Cursor auf dem Laufwerksverzeichnis-Frame befindet oder dieser geöffnet ist. Falls Sie das Laufwerksverzeichnis während der Darstellung der Datums- und Zeitangaben schließen, werden diese beim Öffnen automatisch wieder angezeigt. Wird die Taste F10 Zoom nochmals betätigt, erfolgt wieder die normale Darstellung.

Suchen einer Datei in einem Laufwerksverzeichnis

Es gibt zwei Möglichkeiten, um eine vorhandene Datei auf die Arbeitsfläche zu laden. Die zu verwendende Methode hängt davon ab, ob Sie den vollständigen Dateinamen kennen.

Falls der Dateiname nicht bekannt ist, müssen folgende Arbeitsschritte ausgeführt werden:

1. Betätigen Sie die Taste Scroll Lock, um in den Laufwerksverzeichnis-Bereich zu gelangen.

2. Mit Hilfe der Pfeiltasten wird der Cursor auf das Laufwerksverzeichnis positioniert und anschließend die Return-Taste betätigt, um das Laufwerksverzeichnis zu öffnen.

3. Mittels der Taste Abwärts und den Cursortasten wird der Cursor auf die zu ladende Datei positioniert und die Return-Taste gedrückt, um die Datei auf die Arbeitsfläche zu laden.

Um eine Datei mit Hilfe des Dateinamens aus einem Laufwerksverzeichnis zu laden, wird das Menü *Laufwerk* geöffnet, die Option *Holen des Dokuments* aktiviert, der Dateiname eingegeben und die Return-Taste betätigt. Falls sich die Datei nicht im Standardlaufwerksverzeichnis befindet, muß die Laufwerksbezeichnung zusammen mit dem Dateinamen angegeben werden. Um zum Beispiel die Datei Abschnitt1.FW3 in Laufwerk A zu laden, muß der Ausdruck A:ABSCHNITT1 eingegeben und die Return-Taste betätigt werden. Sollte sich die Datei in einem Verzeichnis oder Unterverzeichnis befinden, muß der gesamte zur Datei führende Pfad spezifiziert werden. So muß man beispielsweise A:\BUCH\KAPI-TEL\ABSCHNITT1 eingeben und die Return-Taste drücken, um die Datei *Abschnitt1.FW3* im Unterverzeichnis *Kapitel* des Verzeichnisses *Buch* in Laufwerk A zu laden.

Anlegen von Unterverzeichnissen

Falls es zu einem Projekt mehrere Frames gibt, lassen sich diese einfacher verwalten, wenn sie in einem Verzeichnis oder Unterverzeichnis auf Diskette/Festplatte gespeichert werden. Ohne Framework III verlassen zu müssen, können neue Verzeichnisse und Unterverzeichnisse in einem Laufwerksverzeichnis angelegt werden. Hierzu wird der Cursor in das Laufwerksverzeichnis verschoben, und zwar an die Position, an der das neue Unterverzeichnis angelegt werden soll. Anschließend wird das Menü *Neu* geöffnet und die Option *Frame: Leer/Text* aktiviert. Framework III legt ein neues Unterverzeichnis an und erwartet die Zuweisung eines Namens. Der Name muß eingegeben und die Return-Taste betätigt werden.

Um ein Unterverzeichnis in einem leeren Verzeichnis anzulegen, wird der Cursor in das Verzeichnis positioniert, die Tastenkombination Ctrl-Abwärts betätigt, der Name des Unterverzeichnisses eingegeben und die Return-Taste betätigt.

Damit Frames in einem neuen Verzeichnis gespeichert werden können, muß zuerst das neue Verzeichnis zum Standardverzeichnis deklariert werden: Verschieben Sie hierzu den Cursor in das Laufwerksverzeichnis zu dem Verzeichnisnamen und betätigen Sie die Tastenkombination Ctrl-Return. Danach drücken Sie die Taste Scroll Lock, um den Cursor auf die Arbeitsfläche zu versetzen. Schließlich wählen Sie die zu speichernden Frames aus und aktivieren entweder die Option *Weglegen* oder die Option *Zwischendurch abspeichern* im Menü *Laufwerk*.

Genausogut kann man durch die Betätigung der Tastenkombination Ctrl-Return abspeichern und anschließend mit der Arbeit fortfahren.

Umbenennen von Dateien und Verzeichnissen

Um eine Datei oder ein Verzeichnis in einem Laufwerksverzeichnis umzubenennen, muß die Taste Scroll Lock betätigt, der Cursor in das Laufwerksverzeichnis auf den Datei-/Verzeichnisnamen positioniert, die Leertaste gedrückt, der neue Name eingegeben und die Return-Taste betätigt werden.

Verschieben/Kopieren von Dateien zwischen Verzeichnissen

In Framework III können Dateien zwischen Laufwerksverzeichnissen und
Verzeichnissen ebenso kopiert und verschoben werden, wie Frames auf
die Arbeitsfläche versetzt und kopiert werden können. Hierzu wird der
Cursor in ein Laufwerksverzeichnis positioniert und ein Dateiname hell
unterlegt, die Taste F7 Verlagern betätigt und der Cursor mit Hilfe der
Cursortasten an die Zielposition bewegt. Der Vorgang wird durch das Betätigen der Return-Taste beendet.

Ausgabe des Frame-Inhalts

Den letzten Arbeitsschritt bei der Arbeit mit Frames bildet meist die
Ausgabe des Frame-Inhalts an einen Drucker oder Plotter bzw. die Übertragung an ein anderes System oder einen anderen Rechner.

Jeder Frame kann gedruckt werden, indem der Frame-Rand markiert, das
Menü *Drucken* aktiviert und die Option *Starten* gewählt wird. Der Frame
wird entsprechend den Standardeinstellungen gedruckt.

Um ein anderes Druckbild zu erzeugen, können Randbreite, Seitenlänge,
Kopf- und Fußzeilen oder Schriftarten neu spezifiziert werden.

In Kapitel 10 finden sich weitere, das Drucken betreffende Informationen.

Framework III-Dateien können auch mittels der Datenfernübertragung
oder elektronischen Post an einen anderen Computern übermittelt oder in
andere Formate exportiert werden. Sie können so von Fremdprogrammen
gelesen und genutzt werden (siehe Kapitel 11 und 12 und Anhang C).

DOS-Zugriffs-Frame

Der DOS-Zugriff ermöglicht den Aufruf von DOS-Programmen und -Be-
fehlen, ohne daß Framework III beendet werden muß. Die Ergebnisse der
DOS-Programme werden in Frames gespeichert. Der DOS-Zugriff kann
beispielsweise auch genutzt werden, um das Formatieren von Disketten
aus Framework III heraus vorzunehmen.

DOS-Zugriff

Zur Nutzung des DOS-Fensters wird das Menü *Laufwerk* geöffnet und
die Option *DOS-Zugriff* gewählt. Falls sich der Cursor in einem Text-
Frame befindet, wird gefragt, ob der Inhalt des Frames gelöscht werden
soll. Wird mit der Taste J bestätigt, wird der Inhalt gelöscht, und die
DOS-Operation beginnt. Falls N für Nein eingegeben wird, legt Framework III einen Text-Frame namens *Frame für DOS-Zugriff* an.

```
The IBM Personal Computer DOS
Version 3.20 (C)Copyright International Business Machines Corp 1981, 1986
              (C)Copyright Microsoft Corp 1981, 1986

C:\>
```

Bild 3.22   Frame für DOS-Zugriff

Wenn ein DOS-Programm mit Hilfe des DOS-Fensters ausgeführt wird, beansprucht das Programm den gesamten Bildschirm, so daß die Framework III-Maske zeitweilig vom Bildschirm verschwindet. Wird das DOS-Programm beendet, erscheint erneut die DOS-Eingabeaufforderung, und weitere Befehle zur Ausführung eines anderen DOS-Programms können eingegeben werden.

Soll der DOS-Zugriff beendet werden, muß der Befehl *Exit* eingegeben werden, um zu Framework III zurückzukehren. Die Ergebnisse des Programms oder DOS-Dialogs werden im (nicht länger aktiven) DOS-Frame gespeichert. Der Frame kann wie jeder andere Frame in Framework III gespeichert, gelöscht oder bearbeitet werden.

<u>Hinweis</u>: Falls Sie das Laufwerk/Verzeichnis während der Arbeit mit DOS gewechselt haben, beziehen sich diese Änderungen auch auf die weitere Arbeit mit Framework III.

Verwendung einer Maus in Framework III

Zur Durchführung der meisten in diesem Kapitel beschriebenen Operationen kann eine Maus verwendet werden. Mit einer Maus lassen sich Menüs öffnen, Menüoptionen auswählen, Frames öffnen und schließen, die Navigation in und zwischen Frames durchführen, Frames, Dateien, Daten und Text auswählen, Frames neu positionieren und dimensionieren und Texte rollen.

Mausoperationen

Es gibt drei grundsätzliche Operationen mit der Maus: Zeigen, Anklicken und Erweitern.

* *Zeigen.* Auf das aktuelle Objekt wird stets von der Maus gezeigt. Hierbei wird die Maus über die Schreibtischfläche bewegt, bis der Mauszeiger auf dem Objekt auf dem Bildschirm positioniert ist. Durch Hin-und-Herbewegen der Maus auf dem Schreibtisch (ohne Drücken des Mausknopfs) wird der Mauszeiger auf dem Bildschirm entsprechend verschoben. Das Erscheinungsbild des Mauszeigers richtet sich nach der verwendeten Hardware.

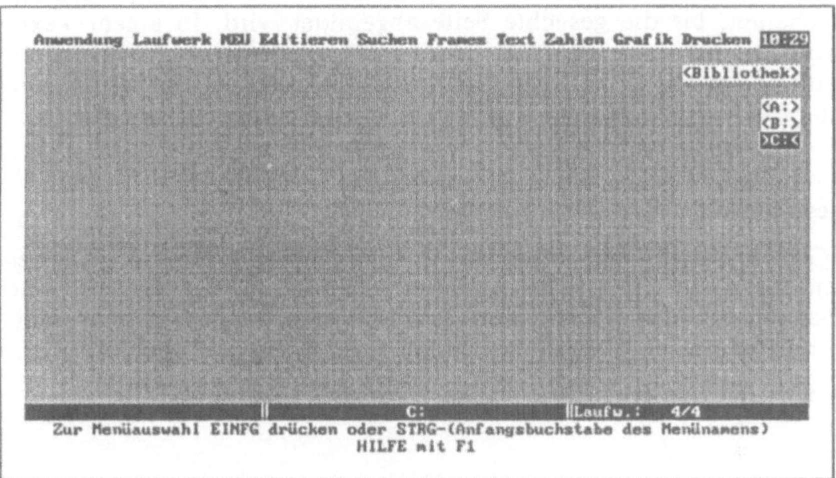

Bild 3.23   Zeigen mit dem Mauszeigers

* *Anklicken.* Der Klickvorgang wird für das Auswählen von Objekten - Laufwerksverzeichnissen, Frames, Zeichen und Menüpunkten - verwendet. Dazu wird der Mauszeiger auf das Objekt gerichtet und ein oder mehrere Mausknöpfe betätigt.

* *Ziehen.* Durch das Ziehen wird ein zu bearbeitender Datenbereich ausgewählt. Hierbei wird auf das erste Zeichen der zu bearbeitenden Daten gezeigt, der linke Mausknopf gedrückt und niedergehalten, während der Zeiger über die zu markierenden Daten geführt wird. Beim Loslassen des Mausknopfes wird der Auswahlvorgang beendet.

Abbrechen einer Auswahl

Um eine Auswahl oder eine Operation abzubrechen, müssen der rechte
und linke Mausknopf gleichzeitig betätigt werden. Dies entspricht dem
Drücken der Escape-Taste auf der Tastatur.

Rollen

Um seitenweise zu blättern, wird - je nach gewünschter Richtung - der
obere, untere, linke oder rechte Frame-Rand markiert und der rechte
Mausknopf betätigt. Statt des Randes kann dabei auch der direkt neben
dem Rand liegende Bereich (zwei Zeichen/Zeilen) angeklickt werden.

Um Seiten fortlaufend zu blättern, wird der entsprechende Abschnitt des
Frame-Randes ebenfalls markiert und dann der rechte Mausknopf betätigt
und festgehalten, bis die gesuchte Seite abgebildet wird. In einem Text-
Frame wird jeweils um eine Zeile oder ein Zeichen gerollt, während in
einer Kalkulationstabelle um eine Zeile/Spalte gerollt wird. Die Anzeige
einer Datenbank wird jeweils um ein Feld bzw. um einen Datensatz verschoben.

Größenbestimmung und Ziehen eines Frames

Um die Größe eines Frames festzulegen, wird die rechte untere Ecke des
Frames markiert, der linke Mausknopf festgehalten und der Zeiger in die
entsprechende Richtung verschoben, bis die gewünschte Größe erreicht
ist. Nach dem Loslassen des Mausknopfes ist die Operation beendet.

Um zu bewirken:	**Wird folgendes gemacht:**
Menüs	
Öffnen eines Menüs/Unterme-nüs	Markieren des Menüs und Anklicken des linken Knopfes
Wählen einer Menüoption	Markieren der Option, Anklicken des linken Knopfes. Die Tastatur wird zur Eingabe von Zeichen eingesetzt. Die Auswahl ist lediglich im aktiven Menü möglich, zur Wahl einer Option auf ei-ner höheren Ebene müssen die Unter-menüs erst geschlossen werden.
Schließen eines Menüs	Der Zeiger wird außerhalb des Menüs positioniert und der linke Mausknopf angeklickt.
Schließen aller Menüebenen	Gleichzeitiges Anklicken des linken und rechten Mausknopfes.

Laufwerksverzeichnisse

Öffnen oder Schließen eines Laufwerksverzeichnisses	Markieren des Laufwerksverzeichnisses und zweimaliges Anklicken des linken Knopfes.
Öffnen oder Schließen eines Verzeichnisses	Markieren des Verzeichnisses und zweimaliges Anklicken des linken Knopfes.
Laden einer Datei auf die Arbeitsfläche	Markieren der Datei im Laufwerksverzeichnis und doppeltes Anklicken des linken Knopfes.

Frame

Öffnen und Schließen eines Frames	Der Frame-Rand oder die Box werden markiert und der linke Knopf zweimal angeklickt.
Zoomen eines Frames	Der Mauszeiger wird im Frame positioniert und der linke Mausknopf zweimal niedergedrückt.
Auswahl von Text oder Daten	Der Beginn der Daten wird markiert, der linke Knopf wird betätigt und bleibt niedergedrückt, während der Mauszeiger über die auszuwählenden Daten verschoben wird. Um die Auswahl zu beenden, wird der Mausknopf losgelassen.
Abbrechen einer Auswahl	Gleichzeitiges Anklicken des linken und rechten Knopfes.
Verschieben eines Frames	Markieren der linken oberen Ecke des Frames, Niederdrücken des linken Knopfes, Verschieben des Mauszeigers an die neue Position und Loslassen des Mausknopfes.
Bestimmung der Frame-Größe	Die untere rechte Ecke des Frame-Randes wird markiert, dann bleibt der linke Mausknopf niedergedrückt, während der Frame durch den Zeiger auf die gewünschte Größe verändert wird; danach wird der Knopf losgelassen.

Seitenweises Rollen

Der Zeiger wird auf den Frame-Rand oder in die Nähe des Randes positioniert, in dessen Richtung gerollt werden soll. Danach wird der rechte Mausknopf angeklickt.

Fortlaufendes Rollen

Der Zeiger wird innerhalb des Frames positioniert, der rechte Mausknopf wird festgehalten und der Zeiger zu dem Frame-Rand bewegt, in dessen Richtung geblättert werden soll. Das Rollen wird durch das Loslassen des Mausknopfes beendet.

Editieren einer Formel

Der Frame, die Zelle oder das Feld werden markiert, der Mauszeiger auf den Formelbereich im linken Feld der Statuszeile gerichtet und der linke Mausknopf gedrückt.

Tabelle 3.2   Zusammenfassung der Mausoperationen

Teil 2

Operationen in Framework III

Kapitel 4

Die dynamische Konzepterstellung

Manche Personen kann man als intuitive Denker bezeichnen. Ihre Ideen fließen ihnen als Gedankenblitze zu und sind dabei schon vollständig ausgereift. Andere wiederum vermögen umfassende Arbeitsprozesse gedanklich - Schritt für Schritt - zu entwickeln. Sie nehmen ein Problem von seinem Geburtsstadium aus in Angriff, parzellieren es in Abschnitte und bearbeiten diese dann bis in das kleinste Detail. Noch andere denken in ungeordneten Bahnen und lassen die Gedanken mehr oder weniger impressionistisch auf sich einströmen. Die meisten Menschen folgen einem der hier angesprochenen Arbeits- und Denkmuster.

Die von Framework III bereitgestellte Funktion zum Erstellen von Konzepten läßt sich für alle möglichen Arbeits- und Denkmuster nutzen, da sie mehr vermag als nur Gedanken zu strukturieren und organisieren. In Framework III bildet das Konzept einen wichtigen Bestandteil des zu erstellenden Textes. Durch die daraus resultierende Flexibilität wird ihm eine dynamische Eigenschaft zugesprochen.

Der Begriff *dynamisches Konzept* bedeutet, daß ein Text mit dem diesen Text strukturierenden Konzept eng verbunden ist. Wird das Konzept geändert, so wird hierdurch auch der Text selbst davon beeinflußt. Wird umgekehrt der Text modifiziert, bezieht sich dies auch auf das Konzept. Von einem Gliederungspunkt in einem Konzept kann man unmittelbar zu dem mit diesem Punkt korrespondierenden Frame gelangen (und umgekehrt). Werden Gliederungspunkte neu geordnet, numeriert Framework III das Konzept automatisch neu und ordnet die Frames entsprechend an. Falls neue Gliederungspunkte hinzugefügt werden, ordnet Framework III diesen neue Frames zu.

Die Verbindung von Gliederungspunkten und zugehörigen Frames wird auch beibehalten, wenn Text oder Daten in einen Frame eingegeben werden. Sie verändert sich nicht mehr, solange der Text besteht.

Verwendungszweck des Konzeptes

Die Konzept-Funktion kann die Produktivität des Anwenders auf unterschiedliche Weise fördern. Eine konkrete Möglichkeit hierzu bietet die Strukturierung eines umfangreichen Textes. Bei der Eingabe des Konzeptes werden die Text-Frames automatisch angelegt. Überschriften müssen nicht explizit als Frame-Namen eingetragen werden. Gedanken und Ideen lassen sich direkt in den Frame eingeben. Ist ein Text fertig angelegt, kann das Konzept als Inhaltsverzeichnis verwendet werden, wobei Framework III die Seitennummern einfügt. Bei einem Textausdruck sind die Frames dank der dynamischen Konzept-Funktion in der richtigen Reihenfolge angeordnet.

Die Verwendung eines Konzeptes ist aus einem weiteren Grund von Vorteil. Stellen Sie sich beispielsweise vor, Sie haben Text in einen Text-Frame eingegeben und möchten diesen Text um Teile aus einer Graphik, Kalkulationstabelle oder Datenbank ergänzen. Zu diesem Zweck kann man im Text einen Leerabschnitt einfügen, in den dann später die Informationen übertragen werden. Falls Sie aber mit einem Konzept arbeiten, gelangen Sie mühelos aus einem Text-Frame zu dem Konzept, legen an der betreffenden Stelle im Konzept einen leeren Frame an und erzeugen unmittelbar hinter dem leeren Frame einen weiteren Text-Frame, um mit der Textbearbeitung fortzufahren. Die gewünschten Informationen lassen sich dann später in den leeren Frame einfügen. Bei der Ausgabe wird gewährleistet, daß alle Frames in der richtigen Reihenfolge erscheinen.

Die Konzept-Funktion von Framework III läßt sich auch für kurze Texte verwenden. So wird eine bessere Strukturierung der Gedanken möglich, bevor der eigentliche Schreibvorgang beginnt. Da Sie stets zwischen einem Konzept und dem zu bearbeitenden Frame hin- und herspringen können, kann das Konzept während des Schreibvorgangs immer wieder überprüft werden. Ebenso kann man sich ein Konzept ausdrucken lassen, um es ständig vor Augen zu haben.

Falls Sie einen Text ohne ein Konzept erstellen möchten, vermag die Konzept-Funktion von Framework III, die von Ihnen angefertigte Arbeit zu speichern. Hierzu muß während des Schreibens für jede Überschrift ein neuer Frame angelegt und benannt werden. Alle Frames werden dann in einen Container-Frame übertragen, der Cursor wird auf den Container-Frame positioniert und die Taste F10 Sicht betätigt. Hierdurch wird ein Konzept erstellt. Wählen Sie im Anschluß daran die Option *Zeigen des Seitenumbruchs* im Menü *Frames*. Das Konzept verwandelt sich in ein Inhaltsverzeichnis; jedem Frame wird eine Seitenzahl zugeordnet.

Ein Konzept erweist sich auch als vorteilhaft, um aufeinander bezogene Frames auf einer Diskette zu strukturieren. Hierarchisch aufeinander bezogene Informationen können in einem Konzept so gespeichert werden, daß die hierarchische Struktur erhalten bleibt. Falls Sie zum Beispiel mehrere thematisch zusammengehörige Kalkulationstabellen haben, können diese in einem Konzept so zusammengefaßt werden, daß sie als Gruppe vorliegen. Jede Kalkulationstabelle kann für sich angesprochen werden, wobei das Konzept weiterhin die Beziehungsmuster der einzelnen Kalkulationstabellen zum Ausdruck bringt.

Ein dynamisches Konzept eignet sich auch zur Strukturierung von Informationen, die unterschiedliche Abteilungen eines Unternehmens betreffen. Die Informationen werden in diesem Fall in einen Datenbank-Frame innerhalb eines Konzepts von Framework III eingegeben und lassen sich von den Abteilungen bei Bedarf abrufen.

Anders als ein gewöhnliches Diskettenverzeichnis, das alle Dateien in alphabetischer Reihenfolge auflistet, ermöglicht ein Konzept die Ansicht und Auswahl zusammengehöriger Frames. Falls Sie auf einer Diskette verschiedene Texte abgelegt haben, können Sie durch deren Übertragung in ein Konzept bestimmen, welcher Frame jeweils welchem Text und in welcher Reihenfolge zugeordnet wird.

Das dynamische Konzept ist auch bei einfachen Aufgaben hilfreich. Mit Hilfe eines Konzepts können Termine in die richtige Reihenfolge gebracht und abgestimmt werden.

Insgesamt läßt sich feststellen, daß der Anwender mittels der Konzept-Funktion von Framework III über vielfältige Möglichkeiten zur Strukturierung seiner Arbeit verfügt und dadurch den Überblick über sein Arbeitsfeld leichter bewahrt.

Anlegen von Konzept-Frames

Es gibt zwei Möglichkeiten, einen Konzept-Frame anzulegen. Zum einen
wird die Option *Konzept* aus dem Menü *Neu* aktiviert. Die zweite Methode besteht darin, vorhandene Frames in einen Container-Frame zu verschieben. Bei der Wahl der Option *Konzept* öffnet Framework III einen
leeren Konzept-Frame.

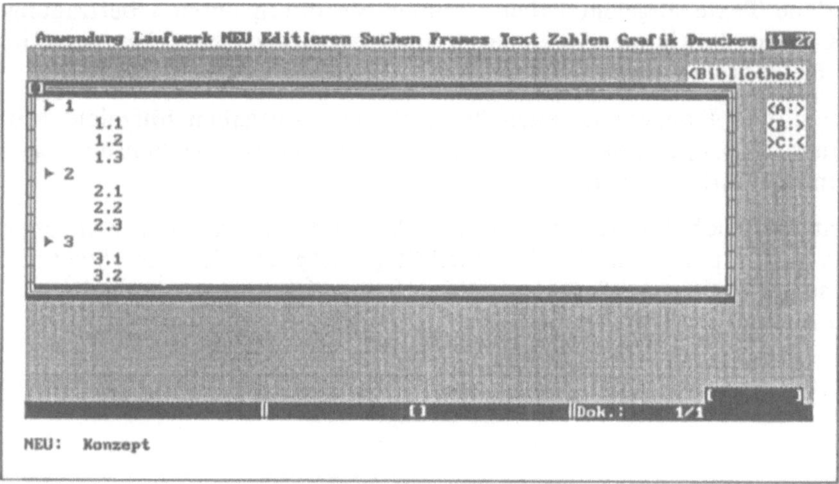

Bild 4.1   Ein leerer Konzept-Frame

Falls im Menü *Frames* die Option *Typbezeichnung anfügen* gewählt wird,
erscheint der Buchstabe L in Klammern am Ende jedes Menüpunktes, in
den noch kein Text eingegeben wurde. Dadurch wird kenntlich gemacht,
daß dem Menüpunkt ein leerer Frame zugeordnet ist. Leere Frames können zu Text-, Graphik- oder Container-Frames werden, aber nie zu Da-
tenbank- oder Tabellenkalkulations-Frames. Tabellenkalkulations- oder
Datenbank-Frames müssen gesondert angelegt und dann in das Konzept
verschoben werden. Sie werden durch (K) bzw. (D) gekennzeichnet.

Falls Sie unmittelbar mit der Eingabe in den Inhaltsbereich eines leeren
Frames beginnen, wird dieser zu einem Text-Frame und das Symbol (L)
wird durch (T) ersetzt.

Beim Anlegen eines Konzept-Frames sollte dieser gleich benannt und die
Return-Taste betätigt werden. Der Name kann aus einer beliebigen Kombination von Zeichen und Leerzeichen bestehen, er sollte aber immer mit
einem Buchstaben beginnen. Nur die ersten acht Zeichen werden von
Framework III als Dateiname berücksichtigt.

Falls Sie ein Konzept durch Verschieben vorhandener Frames in einen
Container-Frame angelegt haben, sollte der Cursor auf den Rand des
Container-Frames positioniert und die Taste F10 Sicht betätigt werden.
Hierdurch wird ein Konzept mit allen Frames dieser Ebene erstellt. Um
zusätzliche Ebenen anzulegen, muß zuerst ein leerer Text-Frame innerhalb des Container-Frames generiert werden, und im Anschluß daran
müssen Text-Frames in diesen verschoben werden. Dieser Vorgang wird
so lange wiederholt, bis die gewünschte Konzeptstruktur erstellt ist.

Konzept- und Inhaltsdarstellung

Framework III bringt Konzept-Frames in zwei Formaten zur Darstellung.
Bei einem der beiden Formate handelt es sich um die gewöhnliche Kon-
zeptform. Es können nur die Namen, nicht jedoch die Inhalte der Frames
eingesehen werden. Falls die Option *Mehrzeilige Frame-Namen Ja* (im
Untermenü *Konzeptoptionen* des Menüs *Frames*) aktiviert ist, werden -
falls vorhanden - mehrzeilige Frame-Namen dargestellt. In Bild 4.2 finden Sie die Ansicht eines Konzepts.

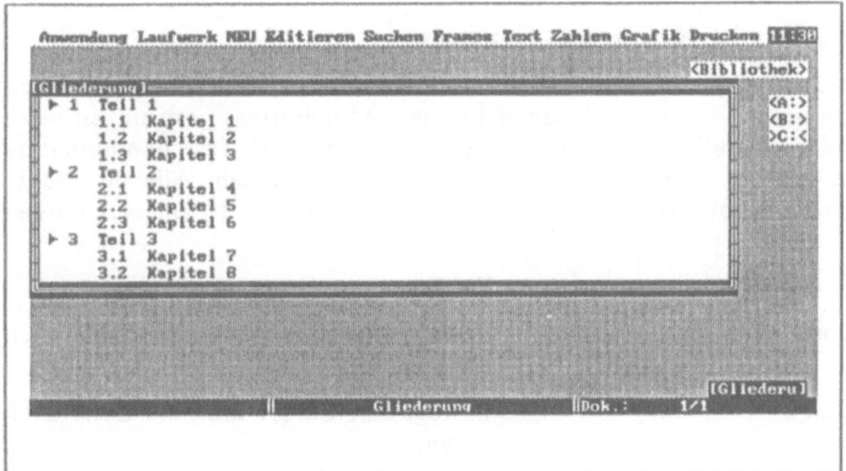

Bild 4.2   Konzeptdarstellung

Im zweiten Format werden die verschachtelten Frames dargestellt, die den
Konzept-Frame bilden. Die Taste F10 Sicht ermöglicht das Wechseln zwischen beiden Formaten. Nur die erste Zeile der Frame-Namen (oder gar
keine Namen) und nur der Inhaltsbereich eines Frames können bei der
Inhaltsdarstellung eingesehen werden.

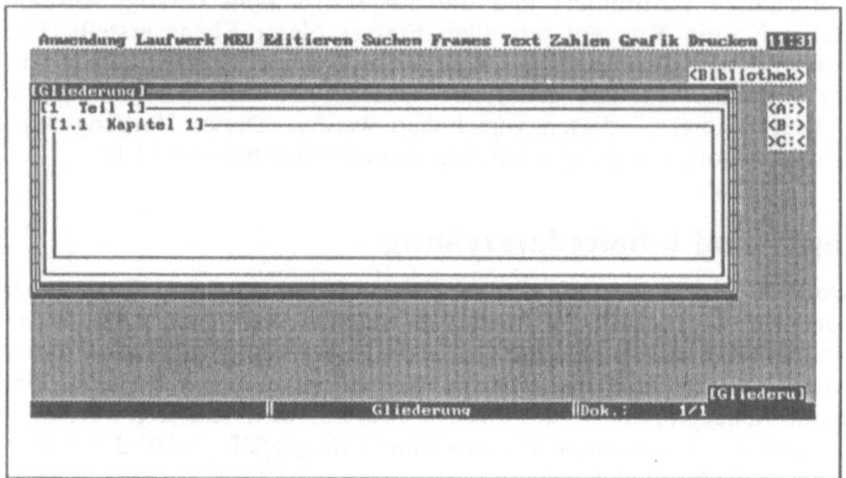

Bild 4.3   Inhaltsdarstellung

Navigation in Konzept-Frames

In Konzept-Frames kann mit Hilfe der Cursortasten Nach Oben und Nach
Unten zwischen den verschiedenen Frames (Abschnitten) gesprungen werden. Daneben gibt es mehrere andere Tasten und Ctrl-Tastenkombinatio-
nen, die das Navigieren in Konzept-Frames ermöglichen. Alle der Navigation in Konzept-Frames dienenden Tasten werden in Tabelle 4.1 dargestellt.

Taste	Funktion
Nach Oben	Bewegt den Cursor um eine Zeile nach oben.
Nach Unten	Bewegt den Cursor um eine Zeile nach unten.
Aufwärts	Bewegt den Cursor um eine Ebene nach oben.
Abwärts	Bewegt den Cursor um eine Ebene nach unten.
Home	Bewegt den Cursor zum ersten Abschnitt der jeweiligen Ebene.

End	Bewegt den Cursor zum letzten Abschnitt der jeweiligen Ebene.
Ctrl-Nach Oben	Bewegt den Cursor zum vorherigen Abschnitt.
Ctrl-Nach Unten	Bewegt den Cursor zum folgenden Abschnitt.
Ctrl-Aufwärts	Bewegt den Cursor zum Frame-Rand.
Ctrl-Abwärts	Bewegt den Cursor zur vorherigen Position auf der tiefsten Ebene.
Ctrl-Home	Bewegt den Cursor zur ersten Zeile des Konzepts.
Ctrl-End	Bewegt den Cursor zur letzten Zeile des Konzepts.

Eingabe von Informationen in ein Konzept

Jeder Gliederungspunkt in einem Konzept-Frame bildet zugleich den Namen eines dem Konzept-Frame zugehörigen Unter-Frames. Der Konzepteintrag, der Unter-Frame oder beide können geändert werden. Durch die Eingabe von Text in einen Gliederungspunkt wird dieser in das Namensfeld des Unter-Frames eingefügt. Wird der Cursor in den Unter-Frame positioniert, können Daten in den Inhaltsbereich des Unter-Frames eingegeben werden.

Eingabe von Gliederungspunkten

Nach dem Anlegen eines leeren Konzept-Frames und nach dem Verschieben des Cursors in den Frame kann mit der Texteingabe begonnen werden. Die Markierung muß an die Position gesetzt werden, an der Text eingegeben werden soll, und im Anschluß daran kann mit der Texteingabe begonnen werden. Die Markierung verschwindet vom Bildschirm, der Cursor verbleibt jedoch an der aktuellen Position. Framework III ermöglicht die Eingabe einer beliebigen Anzahl von Zeichen für jeden Gliederungspunkt. Am Zeilenende wird automatisch ein Zeilenumbruch durchgeführt; die Return-Taste braucht nicht betätigt zu werden. Auch die Anzahl der Textzeilen pro Gliederungspunkt unterliegt keiner Einschränkung. Wenn sich der Frame in der Konzeptdarstellung befindet, werden alle Gliederungspunkte abgebildet. In der Inhaltsdarstellung wird nur die erste Zeile jedes Gliederungspunktes dargestellt.

Nach Beendigung der Eingabe wird die Return-Taste betätigt, und die Markierung erscheint wieder auf dem Bildschirm. Um Informationen zu einem anderen Gliederungspunkt einzugeben, muß der Cursor auf diesen positioniert und der gesamte Vorgang wiederholt werden.

Wenn Sie zum Beispiel ein vorläufiges Konzept für dieses Buch anlegen möchten, könnten die ersten Eingaben folgendermaßen aussehen:

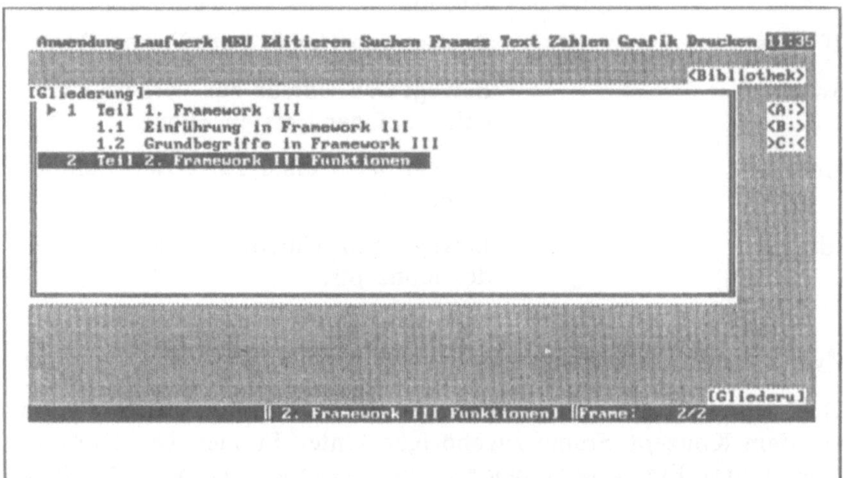

Bild 4.4   Beispiel eines Buch-Konzepts

Einfügen einer Leerzeile in mehrzeilige Gliederungspunkte

Um eine Leerzeile in einen Gliederungspunkt einzufügen, muß der Cursor auf den Gliederungspunkt positioniert und die Leertaste betätigt werden. Hierdurch wird der Editiermodus aktiviert. Danach wird die Taste F9 Zoom betätigt, um den Frame-Namen auf dem gesamten Bildschirm bearbeiten zu können. Anschließend wird der Text eingegeben. Durch das zweimalige Betätigen der Return-Taste fügt Framework III eine Leerzeile in den Frame-Namen ein, der ja gleichzeitig auch der Gliederungspunkt ist. Nach Beendigung der Eingabe wird eine der Tasten Escape, F9 Zoom oder Nach Oben gedrückt, um den Editiervorgang zu beenden.

Texteingabe in einen Unter-Frame

Hierzu muß die Markierung auf den Frame-Namen des Unter-Frames positioniert und die Taste F9 Zoom zum Öffnen des Unter-Frames betätigt werden. Der Inhalt des Unter-Frames nimmt nun den gesamten Bildschirm ein, und der Cursor erscheint innerhalb des Unter-Frames, so daß die Eingabe unmittelbar erfolgen kann. Nach dem Beenden der Texteingabe wird die Taste F9 Zoom oder die Pfeiltaste Nach Oben erneut gedrückt, um den Unter-Frame zu schließen und zum Konzept zurückzukehren.

Eingabe in einen Tabellenkalkulations- oder Datenbank-Frame

Um einen Tabellenkalkulations- oder Datenbank-Frame als Unter-Frame in einem Konzept-Frame anzulegen, muß der Gliederungspunkt oberhalb der Stelle, an welcher der Frame angelegt werden soll, hell unterlegt werden. Im Anschluß daran wird das Menü *Neu* geöffnet und der betreffende Frame-Typ (*Tabellenkalkulation* oder *Datenbank*) ausgewählt. Framework III legt den Frame an und weist - je nach Frametyp - das entsprechende Symbol, (K) oder (D), zu. Durch Betätigen der Taste F9 Zoom gelangt man in den Frame; ein nochmaliges Drücken der Taste veranlaßt den Rücksprung zum Konzept. Nachdem die Datenbank oder Kalkulationstabelle auf diese Weise angelegt worden ist, gelangt man jederzeit mittels Markieren des Gliederungspunktes und Betätigen der Taste F9 Zoom aus dem Konzept in den Frame.

Editieren eines Konzepts

Korrigieren von Tippfehlern

Fehler können mit Hilfe der Rückschritt-Taste gelöscht werden. Bei jeder Betätigung der Rückschritt-Taste wird das links vom Cursor befindliche Zeichen gelöscht. Des weiteren kann der Cursor mit Hilfe der Pfeiltasten auf den zu korrigierenden Buchstaben positioniert und dieser durch Betätigen der Del-Taste gelöscht werden.

Verschieben von Gliederungspunkten

Um einen Gliederungspunkt an eine andere Position zu verschieben, müssen folgende Arbeitsschritte ausgeführt werden:

1. Positionieren Sie den Cursor auf den zu verschiebenden Gliederungspunkt.

2. Betätigen Sie die Taste F7 Verlagern.

3. Positionieren Sie den Cursor auf den Gliederungspunkt, auf den der zu verschiebende Gliederungspunkt unmittelbar folgen soll. Dies ist in Framework III auf jeder Konzeptebene möglich.

4. Betätigen Sie die Return-Taste.

Falls ein Gliederungspunkt zum ersten Eintrag einer Gliederungsebene werden soll, müssen zwei Arbeitsschritte ausgeführt werden. Zuerst wird der Gliederungspunkt zum zweiten Eintrag versetzt und danach die erste Zeile unter die zweite verschoben.

Als Beispiel könnte man sich das folgende Konzept vorstellen:

1. Früchte

    1.1 Äpfel

    1.2 Bananen

    1.3 Orangen

2. Gemüse

    2.1 Karotten

    2.2 Melonen

Der Gliederungspunkt *Melonen* soll an die Position von *Äpfel* verschoben werden. Hierzu wird *Melonen* ausgewählt und die Taste F7 Verlagern betätigt. Danach wird der Cursor auf den Punkt *Äpfel* positioniert und die Return-Taste gedrückt. Der Gliederungspunkt *Melonen* erscheint nun unterhalb des Namens *Äpfel*. Anschließend wird der Gliederungspunkt *Äpfel* ausgewählt und F7 Verlagern betätigt. Der Cursor wird nun auf *Melonen* positioniert und die Return-Taste betätigt. Der Gliederungspunkt *Melonen* befindet sich jetzt an der richtigen Stelle.

Den Umgang mit Gliederungspunkten erlernt man am besten dadurch, daß man deren Verschieben in einem zu diesem Zweck erstellten Konzept einfach ausprobiert.

Kopieren von Gliederungspunkten

Der zu kopierende Konzeptpunkt wird markiert, die Taste F8 Kopieren betätigt, der Cursor auf die Zeile oberhalb der Stelle positioniert, an der der kopierte Gliederungspunkt eingefügt werden soll, und die Return-Taste betätigt.

Löschen von Gliederungspunkten

Um einen Gliederungspunkt zu löschen, wird er markiert und die Del-Taste betätigt. Der Gliederungspunkt wird gelöscht, und die restlichen Gliederungspunkte werden automatisch neu numeriert. Wenn Sie einen Gliederungspunkt löschen, wird auch der korrespondierende Frame und dessen Inhalt entfernt. Beim Löschen eines Gliederungspunktes, der weitere Untergliederungen enthält, werden diese ebenfalls gelöscht.

Hinweis: In Framework III erscheint auf Ihrem Bildschirm keine Warnung, bevor ein Punkt aus einem Konzept gelöscht wird. Bei der Betätigung der Del-Taste löscht Framework III den Gliederungspunkt und den Inhalt des diesem Punkt zugeordneten Frames.

Falls Sie eine Löschung versehentlich vorgenommen haben, können Sie diesen Fehler durch sofortiges Aktivieren der Option *Rücknahme* korrigieren.

Konzept erweitern

Es gibt verschiedene Möglichkeiten, einem Konzept Gliederungspunkte hinzuzufügen:

Hinzufügen eines Gliederungspunktes

Um einen Gliederungspunkt (ein leerer Frame) hinzuzufügen, wird der Cursor eine Zeile oberhalb der Zeile positioniert, an der der neue Gliederungspunkt eingefügt werden soll. Anschließend wird das Menü *Neu* aufgerufen und der Frame-Typ des neuen Gliederungspunktes angegeben. Framework III fügt den neuen Gliederungspunkt ein und numeriert das Konzept entsprechend.

Hinzufügen von Gliederungsunterpunkten

Um einen Gliederungspunkt hinzuzufügen, der einem anderen Gliederungspunkt zugeordnet ist, muß der Cursor auf den übergeordneten Punkt positioniert und die Tastenkombination Ctrl-Abwärts betätigt werden. Framework III rückt den neuen Eintrag unmittelbar unterhalb des ersten ein und numeriert ihn entsprechend.

Hinzufügen mehrerer Gliederungspunkte

Einem Konzept können auch dadurch Gliederungspunkte hinzugefügt werden, daß ein anderer Konzept-Frame aus dem Menü *Neu* ausgewählt wird. Auf diese Weise werden dem Konzept drei Gliederungspunkte hinzugefügt, von denen jeder drei Unterpunkte aufweist. Die Ebene der Gliederungspunkte richtet sich nach der Position des Cursors zum Zeitpunkt der Befehlsausführung.

Gliederungspunkte lassen sich auch dadurch hinzufügen, daß ein oder mehrere leere Gliederungspunkte in das Konzept kopiert werden. Damit sie kopiert werden können, müssen die Gliederungspunkte hell unterlegt und im Anschluß daran die Taste F8 Kopieren betätigt werden. Der Cursor wird dabei oberhalb der Einfügstelle positioniert und die Return-Taste gedrückt.

Falls der Cursor auf einem Gliederungspunkt der tiefsten Ebene des Konzepts positioniert wird, fügt Framework III auf dieser Ebene drei Gliederungspunkte und - eine Ebene tiefer - noch zusätzlich drei Unterpunkte zu jedem Gliederungspunkt in das Konzept ein.

Wird der Cursor auf einen Gliederungspunkt einer anderen Ebene verschoben, fügt Framework III einen Gliederungspunkt auf dieser Ebene und Unterpunkte auf der nächsttieferen Ebene hinzu.

Verschieben vorhandener Frames in ein Konzept

Eine andere Möglichkeit zum Erweitern eines Konzept-Frames besteht darin, Frames außerhalb des Konzepts anzulegen und sie dann durch Betätigen der Taste F7 Verlagern an ihren Bestimmungsort im Konzept zu verschieben.

Der Aufbau von aufeinanderfolgenden Gliederungsebenen innerhalb eines Konzepts erfordert einige Erfahrung. Die sinnvollste Praxis, um sich die erforderliche Übung im Umgang mit einem Konzept anzueignen, dürfte in der Erstellung eines leeren Konzeptes bestehen. Darin können Sie Übungen vornehmen, wobei der Cursor auf die verschiedenen Konzeptebenen positioniert werden sollte. Hinsichtlich der Anzahl der möglichen Ebenen innerhalb eines Konzepts in Framework III gibt es keine Beschränkung.

Verbergen der Numerierung in einem Konzept

Ein Konzept kann auch ohne die Gliederungsnummern ausgegeben werden. Zu diesem Zweck wird die Option *Durchnumerieren der Namen* im Menü *Frames* markiert und die Return-Taste betätigt. Die Numerierung verschwindet vom Bildschirm und wird beim Druckvorgang ebenfalls nicht berücksichtigt.

Formatieren des Konzepttextes

Der Text in einem Konzept-Frame kann fett, kursiv, unterstrichen oder durchgestrichen dargestellt werden. Der Textbereich wird mit Hilfe der Taste F6 Auswahl markiert und im Menü *Text* die entsprechende Formatoption gewählt. Falls der gesamte Text in einem Konzept gleichartig formatiert werden soll, kann der Frame-Name markiert und eine Option im Menü *Text* gewählt werden.

Verändern der Konzept-Ränder

Bei der Ausgabe eines Konzepts sind die Standardeinstellungen für den Rand nicht zwingend vorgeschrieben. Ein Text, der mit neuem Rand versehen werden soll, ist zu markieren. Im Anschluß daran wird aus dem Menü *Text* die Option *Linker Rand* oder/und *Rechter Rand* aktiviert, und die neuen Rand-Parameter werden eingegeben. Nach dem Betätigen der Return-Taste formatiert Framework III den Text gemäß der Auswahl.

Arabische und römische Paginierung

Soll ein Konzept mit römischen statt mit arabischen Ziffern versehen
werden, muß der Frame-Name markiert, das Menü *Frames* geöffnet und
die Option *Frame-Nummern römisch* gewählt werden. Nach der Betätigung der Return-Taste wird die Änderung ausgeführt. Framework III
versieht das Konzept auf der höchsten Ebene automatisch mit römischen
Zahlen, die nächsthöhere Ebene wird mit Großbuchstaben numeriert, die
sich daran anschließende Ebene weist Seitenzahlen in arabischen Ziffern
auf usw. Durch die Desaktivierung der Option *Frame-Nummern römisch*
wird wieder auf die in der Wissenschaft und Technik übliche Seitennumerierung (in arabischen Ziffern) umgeschaltet.

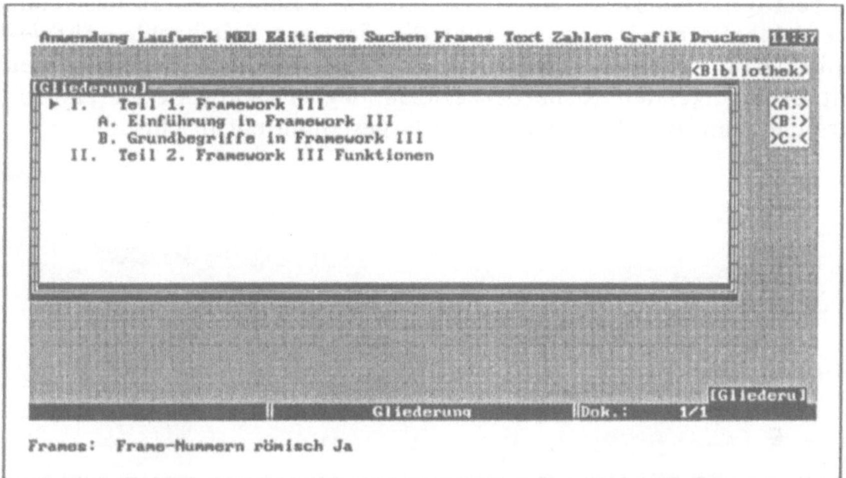

Bild 4.5   Konzept mit einer Paginierung in römischen Ziffern

Wechseln der Numerierungsfolge

Die Numerierungsfolge kann an jeder beliebigen Stelle in einem Konzept-
Frame geändert werden. Um alle Zahlen ab einem bestimmten Frame bis
zum Konzeptende zu ändern, muß der Cursor auf den ersten zu ändern-
den Frame positioniert, das Untermenü *Konzeptoptionen* aus dem Menü
Frames geöffnet und darin die Option *Neue Numerierung* aktiviert werden. Anschließend wird die neue Seitenzahl für diesen Frame eingegeben
und die Return-Taste betätigt. Framework III numeriert das Konzept von
dieser Stelle aus bis zum Ende des Konzepts neu durch. Um nur einen
Teil des Konzepts neu zu numerieren, müssen die Frames hell unterlegt

werden, die neue Seitenzahlen erhalten sollen. Anschließend wird - wie zuvor - die Option *Neue Numerierung* gewählt.

Anlegen eines Inhaltsverzeichnisses

Ein vollständig paginiertes Inhaltsverzeichnis kann in Framework III von einem Bericht oder umfangreichen Text angelegt werden. Dies läßt sich mit nur wenigen Tastenanschlägen bewerkstelligen. Der Text muß hierbei in einem Konzept-Frame abgelegt werden, und jeder Abschnitt, der im Inhaltsverzeichnis aufgeführt sein soll, muß im Konzept in einem eigenen Frame erscheinen. Nachdem der vollständige Text eingegeben wurde, wird der Konzept-Frame markiert und die Taste F10 Sicht betätigt, um die Konzeptdarstellung zu aktivieren. Danach wird die Tastenkombination Ctrl-FZ betätigt. Framework III konvertiert im Anschluß daran das Konzept in ein Inhaltsverzeichnis und fügt die richtigen Seitenzahlen für jedes Kapitel bzw. jeden Textabschnitt ein. Falls Sie zum Beispiel einen Text mit dem folgenden Konzept besitzen, legt Framework III ein Inhaltsverzeichnis an, das dem in Bild 4.6 dargestellten entspricht.

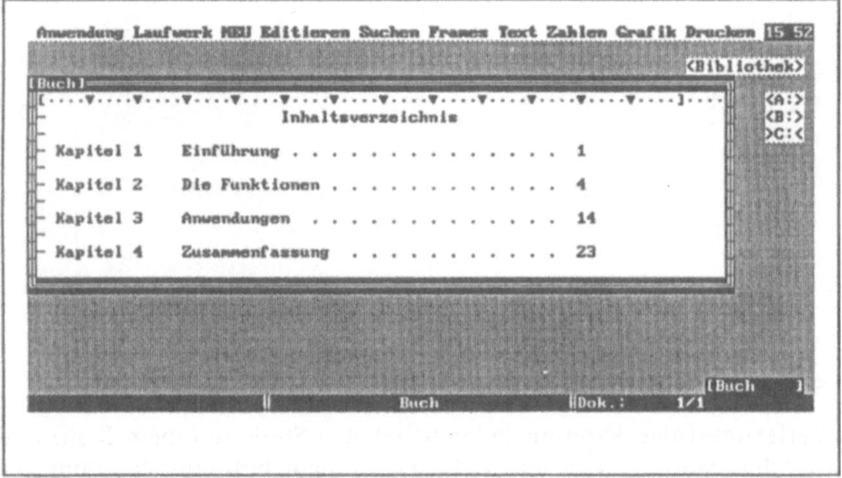

Bild 4.6   Inhaltsverzeichnis in Framework III

Formatieren eines Inhaltsverzeichnisses

Nachdem das Inhaltsverzeichnis angelegt ist, kann sein Erscheinungsbild durch das Formatieren des Textes (fett, kursiv, Zentrieren der Überschrift oder Einfügen von Leerzeilen zwischen den Gliederungspunkten) optimiert werden. Hierzu gibt es mehrere Möglichkeiten, die sich je nach gewünschter Format- und Druckpräferenz mehr oder weniger anbieten.

Eine Möglichkeit besteht darin, in der Konzeptdarstellung weiterzuarbeiten und das gerade angelegte Inhaltsverzeichnis zu formatieren. Diese Methode empfiehlt sich besonders dann, wenn nur das Format der Gliederungspunkte geändert und das Inhaltsverzeichnis vom Text gesondert gedruckt werden soll. Durch das Betätigen der Leertaste gelangt man in den Editiermodus. Das Menü *Text* kann nun genutzt werden, um verschiedene Formate (fett, kursiv, unterstrichen) zuzuweisen. Nachdem ein Gliederungspunkt formatiert ist, muß die Return-Taste betätigt werden. Mit Hilfe der Taste F6 Auswahl können mehrere Gliederungspunkte gleichzeitig formatiert werden.

Zum anderen kann das Inhaltsverzeichnis zwecks der Formatierung in einen Text-Frame übertragen werden. Auf diese Weise kann der Wortlaut der Frame-Namen editiert werden, ohne daß die tatsächlichen Frame-Namen (die gleichzeitig die Dateinamen auf der Diskette sind) verändert werden. Sie haben die Möglichkeit, das vollständig formatierte Inhaltsverzeichnis in einen eigenen Frame im Konzept zu verschieben und es als Teil des Textes auszugeben. Hierzu stehen ebenfalls die Formatoptionen des Menüs *Text* zur Verfügung. Um das Inhaltsverzeichnis in einen Text-Frame zu übertragen, müssen die folgenden Arbeitsschritte ausgeführt werden:

1. Befolgen Sie die Anweisungen im Abschnitt zum Anlegen eines Inhaltsverzeichnisses, um den Text in der Konzeptdarstellung anzuzeigen und zu paginieren.

2. Speichern Sie das Konzept als ASCII-Datei. Dazu wird die Option *Schreiben von Fremdformatdateien* aus dem Menü *Laufwerk* aktiviert und *ASCII-Text* gewählt. Das Konzept wird im Anschluß daran als ASCII-Datei unter demselben Dateinamen wie der Container-Frame, jedoch mit der Dateinamenerweiterung .TXT gespeichert.

3. Von der Arbeitsfläche aus wird die ASCII-Datei mit der Option *Holen des Dokuments* des Menüs *Laufwerk* geladen. Der Name der Datei mit der Dateinamenerweiterung .TXT wird angegeben. Framework III importiert die ASCII-Datei in das Framework III-Format.

4. Der Frame wird mit einem neuen Namen versehen, der auf seinen Inhalt hindeutet - zum Beispiel IHV für Inhaltsverzeichnis und an-

schließend durch die Betätigung der Tastenkombination Ctrl-Return gespeichert.

<u>Hinweis</u>: Falls Sie den importierten Frame nicht umbenennen, laufen Sie Gefahr, Ihren vorhandenen Text beim Speichern zu überschreiben. Dazu kann es kommen, weil Framework III während des Importierens die ASCII-Datei (gleichnamig mit dem gegliederten Text) in eine .FW3-Datei (mit dem Namen der ASCII-Datei, aber der Framework-Namenerweiterung) konvertiert.

5.   Die Taste Abwärts wird gedrückt, um in den Frame zu gelangen, der das Inhaltsverzeichnis enthält, und um ihn zu bearbeiten.

Nachdem das Inhaltsverzeichnis in einem Text-Frame vorhanden ist, kann der Frame dem Konzept hinzugefügt oder gesondert gespeichert werden.

Weitere Anwendungen der Konzept-Funktion

Bisher haben Sie die wichtigsten Verwendungszwecke der Konzept-Funktion von Framework III kennengelernt. Neben dem Strukturieren von Texten gibt es eine Vielzahl von weiteren Verwendungsmöglichkeiten für das elektronische Konzept. Das Konzept hilft Ihnen beim Denken, Sprechen und Arbeiten.

Strukturieren der Gedanken

Brainstorming

Wenn Sie zum ersten Mal über ein Thema nachdenken und nur die gerade auf Sie einströmenden Ideen notieren, kann dies zu nützlichen Aspekten für die weitere Arbeit führen. Ein Konzept-Frame in Framework III ist für diese Denkstrukturen hervorragend geeignet. Hierbei wird jede Idee als Gliederungspunkt aufgenommen. Nachdem auf diese Weise alle Aspekte eingefügt sind, können sie geordnet werden.

Für die Eingabe von Ideen in Form von kurzen Sätzen eignet sich insbesondere der Konzept-Frame. Falls Sie lieber Ihre Gedanken ausführlich notieren wollen, stehen Ihnen verschiedene Möglichkeiten zur Verfügung. Am einfachsten dürfte es sein, die Option *Mehrzeilige Frame-Namen* des im Menü *Frames* befindlichen Untermenüs *Konzeptoptionen* zu aktivieren. Hierdurch bietet sich die Möglichkeit, beliebig viele Textzeilen für jeden Gliederungspunkt einzugeben.

Eine andere Möglichkeit besteht darin, den Text zu einem Gliederungspunkt in einen Unter-Frame einzugeben. Nachdem die Benennung des Gliederungspunktes vorgenommen wurde, wird die Taste F9 Zoom betätigt. Dadurch wird ein leerer Text-Frame geöffnet, und die folgenden Sätze werden in diesem Frame gespeichert. Nach beendeter Eingabe gelangt man durch das Betätigen von F9 Zoom in das Konzept zurück. Um den gesamten Satz oder Abschnitt einsehen zu können, wird der Cursor auf den Gliederungspunkt positioniert und die Taste F10 Sicht betätigt. Durch nochmaliges Drücken der Taste wird wieder die Konzeptdarstellung aktiviert.

Gruppieren und Organisieren

Nachdem die einzelnen Gedanken in ein Konzept eingegeben wurden, sollten inhaltlich verwandte Gliederungspunkte im Konzept in zusammenhängenden Blöcken angeordnet werden. Die sich ergebenden Ordnungsmuster enthüllen womöglich eine verborgene Denkstruktur, deren Kenntnis Ihnen für die nachfolgende Arbeit von Nutzen sein kann. Einige Ideen müssen weiter ausgearbeitet werden, so daß eine weitere Untergliederung notwendig wird. Wiederum andere müssen an einer Stelle oberhalb und unterhalb von bereits vorhandenen Gliederungspunkten in das Konzept eingefügt werden oder werden als aufeinander bezogene Unterpunkte einem allgemeineren thematischen Aspekt untergeordnet. Durch das Verschieben der einzelnen Gliederungspunkte in einem Konzept-Frame bietet sich die Möglichkeit, durch Erprobung verschiedener Organisationsmöglichkeiten die für Ihre Arbeit sinnvollste und produktivste Variante zu ermitteln.

Ausarbeitung der Ideen

Nachdem alle Ideen angeordnet und strukturiert worden sind, sollten sie noch detaillierter entwickelt werden. Die einzelnen Gliederungspunkte können umformuliert werden, damit das thematische Gerüst noch prägnanter zum Vorschein kommt. Einige Gliederungspunkte lassen sich bestimmt zu einem Punkt zusammenfassen. In den zugeordneten Text-Frames können Sie Erläuterungen zu den Gliederungspunkten einfügen.

Strukturieren des Schreibens und Redens

Das Strukturieren der Gedanken bildet bei jeder geistigen Tätigkeit den ersten Schritt. Wenn Sie sich auf eine Rede vorbereiten oder einen Text abfassen wollen, werden Sie an Ihre Ansprechpartner denken und daran, wie Sie diesen Ihre Ideen am besten vermitteln können. Es gilt somit, eine Einführung und wichtige Schlagworte zu erstellen, die den Zuhörer oder Leser an Ihren Ausführungen interessieren. Außerdem müssen womöglich Beispiele angeführt, die wichtigsten Punkte wiederholt und ein wirkungsvoller Abschluß der Rede oder des Textes entwickelt werden. Durch die Verwendung eines Konzepts lassen sich diese Anforderungen besser planen und ausführen.

Falls Sie zum Beispiel mehrere Teile einer Rede gleichzeitig bearbeiten möchten, können beliebig viele Text-Frames angelegt werden, um die

Ideen und Gedankengänge einzugeben. In jeden Text-Frame kann dabei beliebig viel Text eingegeben werden. Nachdem die voneinander getrennten Redeteile erstellt sind, können sie in einen Frame verlagert werden, damit die Rede vollständig vorliegt.

Falls Sie Ihre Ideen vom Anfang bis zum Ende durchgängig entwickeln, kann durch das Betätigen der Taste F9 Zoom aus dem Konzept heraus ein Frame geöffnet und mit dem Schreiben begonnen werden. Wenn Sie zuerst einmal Ihre Gedanken niederschreiben und erst anschließend strukturieren, kann der Text direkt in einen Text-Frame eingegeben werden, der einem Konzept zugeordnet ist. Im Anschluß daran können Textpassagen innerhalb des Frames verschoben werden, bis der Text Ihren Wünschen entspricht.

Strukturierte Arbeit

Konzepte können ebenso bei der Strukturierung anderer Arbeitsprozesse nützlich sein. Die folgenden Verwendungsmöglichkeiten geben Ihnen ein Bild von den vielfältigen Einsatzbereichen von Konzepten.

Planen umfangreicher Projekte

Durch dynamische Konzepte können umfangreiche Projekte wie Marketingpläne, Produktstrategiepläne usw. analysiert und geplant werden. Die Organisation erfolgt wie bei der Gestaltung von Texten. Nach der Beendigung bietet das Konzept ein vollständiges Arbeitsgerüst zum Projekt, wobei jede Projektphase in zugeordneten Text-Frames, Grafiken, Kalkulationstabellen und Datenbanken dargestellt wird. Das Konzept eines Marketingplanes könnte wie folgt aussehen:

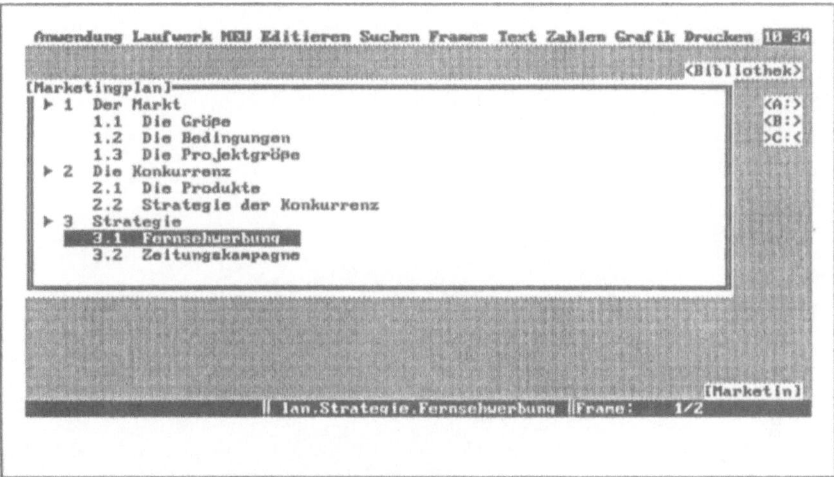

Bild 4.7   Konzept eines Marketingplanes

Ein Menü aus Texten

Die dynamische Konzept-Funktion ermöglicht auch das Anlegen eines
Menüs, das eine Sammlung von vorformulierten Texten, Berichtsformaten,
Kalkulationstabellen und anderen häufig verwendeten Textpassagen ent-
hält.

Ein Menü zu anderen Programmen

Falls eine Framework III-Anwendung in FRED programmiert wird, kann
das Programm in einem Unter-Frame gespeichert und das Konzept als
Mittel zum Programmaufruf verwendet werden (siehe Anhang B).

Kapitel 5

Textverarbeitung mit Text-Frames

In Framework III können Text-Frames auf zwei Arten verwendet werden. Eine Verwendungsart bildet die normale Textverarbeitung. Durch die Nutzung der Standardeinstellungen des Systems verfügt der Anwender über ein einfach zu bedienendes Textverarbeitungssystem, mit dessen Hilfe sich alle wichtigen Texte wie Geschäftsbriefe, Vermerke oder Berichte erstellen lassen. Hierzu wird einfach ein Text-Frame geöffnet und mit der Texteingabe begonnen. Framework III ermöglicht das Verschieben, Kopieren, Überarbeiten, Suchen, Löschen, Ersetzen und Drucken von Text, eine Rechtschreibüberprüfung und daneben andere Funktionen, ohne daß die Standardeinstellungen verändert werden müssen.

Mit Hilfe von Menüs können die Randeinstellungen, das Format, die Textausrichtung und die Zeilenzwischenräume neu festgelegt werden. Dem Anwender stehen des weiteren Funktionen zum Erstellen von Kopf- und Fußzeilen, Fuß- und Endnoten, zur Paginierung und Trennung, zum Seitenumbruch, zum Einrücken von Text sowie viele andere Merkmale zur Verfügung. Framework III erfüllt somit alle Anforderungen an ein modernes und leistungsstarkes Textverarbeitungssystem.

Die beste Möglichkeit zum Erlernen der Textverarbeitung besteht darin, zuerst einmal die Standardeinstellungen zu verwenden und sich dann schrittweise mit den zusätzlichen Leistungsmerkmalen vertraut zu machen.

Nachfolgend sind alle Arbeitsschritte für die Verwendung der Textverarbeitungsfunktion aufgeführt:

1. Legen Sie einen Frame mit der Option *Frame:Leer/Text* aus dem Menü *Neu* an. Diesem Frame wird ein Name zugewiesen.

2. Geben Sie Text ein, und editieren Sie ihn.

3. Speichern Sie den Frame mit den Optionen *Weglegen* oder *Zwischendurch abspeichern* aus dem Menü *Laufwerk* auf Diskette.

4. Falls erforderlich, werden die Arbeitsschritte 1 bis 3 für andere Frames wiederholt.

5. Nun legen Sie einen Container-Frames an und sortieren die Frames in der für die Ausgabe gewünschten Reihenfolge.

6. Öffnen Sie das Menü *Drucken*, und aktivieren Sie die Option *Starten*. Der Text wird gedruckt.

Anlegen von Text-Frames

Es gibt zwei Möglichkeiten zum Anlegen von Text-Frames. Für kurze
Texte wie zum Beispiel Vermerke, Notizen, Briefe und auch Berichte ist
das Anlegen eines einzigen Frames vorzuziehen.

Bei umfangreicheren oder aus mehreren Abschnitten bestehenden Texten
wie auch bei Texten mit Tabellen und Graphiken sollte zu Beginn der
Arbeit ein Konzept-Frame angelegt werden (siehe Kapitel 4).

Der Konzept-Frame wird als eine Art Container-Frame genutzt, um die
anderen Frames des Textes zu speichern. Dazu wird ein Name oder eine
Unterüberschrift für jeden Abschnitt des Textes als Gliederungspunkt in
das Konzept eingegeben. Hierdurch wird für jeden Abschnitt ein leerer
Frame erstellt. Um einen Text-Frame für einen Gliederungspunkt zu verwenden, wird der Cursor zum Markieren des Punktes in das Konzept verschoben und die Taste F9 Zoom betätigt. Framework III öffnet einen
Text-Frame und positioniert den Cursor in den Eingabebereich. Der Frame-Name entspricht der im Konzept angegebenen Überschrift.

Ein leerer Text-Frame sieht folgendermaßen aus:

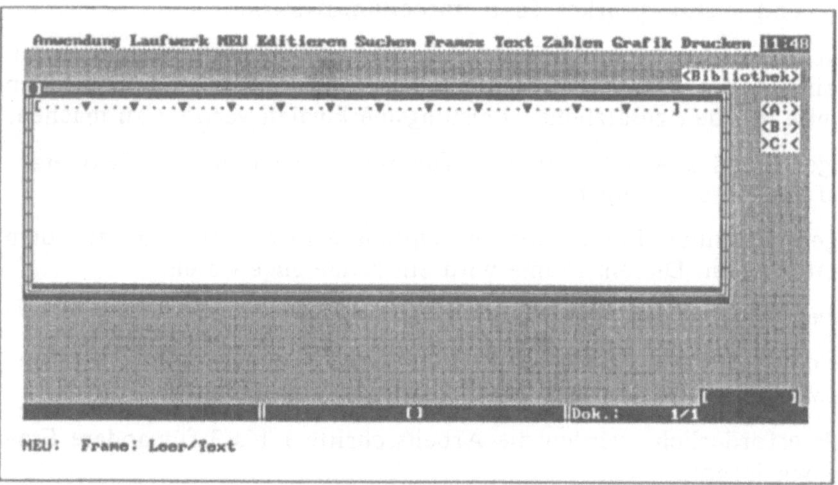

Bild 5.1   Leerer Text-Frame in Framework III

Die gepunktete Zeile im oberen Bereich des Frames ist das Zeilenlineal.
Es enthält wichtige Statusinformationen über den Text-Frame. Die Punkte
geben die Spalten (Zeichen) innerhalb des Frames an. Wenn Text in den
Frame eingegeben wird, bewegt sich eine kleine Markierung mit dem
Cursor, um so die aktuelle Cursorposition anzuzeigen. Die Cursorposition
wird auch im Statusbereich (unten rechts) durch die Spaltennummer (vor

dem Schrägstrich /) und die Zeilennummer (hinter dem Schrägstrich /) angegeben. Die öffnende eckige Klammer zeigt die Position des linken Randes an, die schließende eckige Klammer kennzeichnet die rechte Randposition. Die nach unten zeigenden Dreiecke geben die Positionen der Tabulatorstops an.

Die Darstellung des Zeilenlineals erfolgt durch die Wahl der Option *Lineal einblenden* im Menü *Text*.

Navigieren in Text-Frames

Um in einen Text-Frame zu gelangen, muß entweder die Taste Abwärts oder die Taste F9 Zoom betätigt werden. Der Cursor wird nach unten bewegt, indem die Return-Taste mehrmals gedrückt wird. Mit Hilfe der Leertaste wird der Cursor in horizontaler Richtung verschoben; hierdurch werden Leerzeichen eingefügt.

Nachdem in einen Text-Frame Text eingegeben wurde, kann der Cursor auch mit Hilfe der Pfeiltasten innerhalb des Textes verschoben werden.

Die Tasten zum Navigieren in Text-Frames sind in der folgenden Tabelle dargestellt:

Taste	Funktion
Pfeiltaste Nach Links	Ein Leerzeichen nach links.
Pfeiltaste Nach Rechts	Ein Leerzeichen nach rechts.
Pfeiltaste Nach Oben	Eine Zeile nach oben.
Pfeiltaste Nach Unten	Eine Zeile nach unten.
PgUp	Eine Textseite nach oben.
PgDn	Eine Textseite nach unten.
Home	Cursor an den Zeilenanfang.
End	Cursor an das Zeilenende.
Ctrl-Pfeiltaste Nach Links	Ein Wort nach links.
Ctrl-Pfeiltaste Nach Rechts	Ein Wort nach rechts.
Ctrl-Pfeiltaste Nach Oben	Cursor an den Anfang des vorherigen Satzes.
Ctrl-Pfeiltaste Nach Unten	Cursor an den Anfang des folgenden Satzes.

Ctrl-PgUp   Cursor zum vorherigen Absatz.

Ctrl-PgDn   Cursor zum folgenden Absatz.

Ctrl-Home   Cursor zum Textanfang.

Ctrl-End   Cursor zum Textende.

Texteingabe

Für die Texteingabe wird der Cursor in einen Text-Frame positioniert und mit der Eingabe begonnen. Die Zeichen werden auf dem Bildschirm genauso dargestellt, wie sie auch im Ausdruck erscheinen. Am Zeilenende führt Framework III einen automatischen Wortumbruch aus und verschiebt den Cursor an den Anfang der folgenden Zeile. Die Return-Taste muß nur betätigt werden, um das Ende eines Absatzes zu kennzeichnen oder Leerzeilen einzufügen.

Wenn der Bildschirm mit Text gefüllt ist, wird das obere Ende des Bildschirms bei der Eingabe jeder zusätzlichen Zeile zeilenweise nach oben gerollt. Das bedeutet jedoch nicht, daß das Fassungsvermögen des Text-Frames erschöpft ist. Jeder Text-Frame kann 32000 Zeichen speichern; das entspricht ungefähr 15 Textseiten. Mit Hilfe der in Tabelle 5.1 dargestellten Tastenkombinationen kann zu bestimmten Textstellen gesprungen werden.

Wenn Text ergänzt werden soll, fügt Framework III neue Zeichen an der aktuellen Cursorposition ein, wobei der bereits vorhandene Text nach rechts verschoben wird. Mit der Option *Vorhandenes überschreiben* aus dem Menü *Editieren* kann veranlaßt werden, daß der bereits eingegebene Text überschrieben wird.

Seitenumbruch, Silbentrennung und Leerzeichen

Bearbeitung einer neuen Seite

Framework III druckt den Text bis an das untere Ende einer Seite und beginnt dann eine neue Zeile am oberen Ende der folgenden Seite. Durch einen vom Anwender vorgenommenen Seitenumbruch erscheint der Text am Beginn einer neuen Seite. Hierzu wird der Cursor an den Anfang des Abschnitts positioniert, der auf der neuen Seite erscheinen soll, das Menü *Editieren* geöffnet und die Option *Neue Seite beginnen* aktiviert. Framework III fügt eine hell unterlegte gestrichelte Linie über die gesamte Breite des Frames ein und beginnt an dieser Stelle eine neue Seite.

Darstellung des Seitenumbruchs

Die festgelegten Seiten innerhalb eines Frames können sichtbar gemacht werden. Dazu muß im Menü *Frames* die Option *Zeigen des Seitenumbruchs* aktiviert werden. Um den Seitenumbruch auszuführen, benötigt Framework III etwas Zeit; dann wird der Seitenumbruch durch eine gestrichelte Linie und die Seitenzahl angezeigt.

Falls der Benutzer dem Frame Objekte hinzufügt, diese löscht oder verschiebt, sollte die Option Zeigen des Seitenumbruchs wiederholt werden, nachdem die Änderungen ausgeführt wurden, um immer das korrekte Erscheinungsbild der Seiten vor Augen zu haben.

Silbentrennung

In Framework III stehen Softbindestriche zur Verfügung, um zu große Textlücken zu vermeiden. Ein solcher Softbindestrich kann zwischen Silben eingefügt werden und wird nicht dargestellt, solange diese Stelle des Wortes nicht am rechten Textrand zu liegen kommt. In diesem Fall fügt Framework III einen Bindestrich ein und trennt das Wort an der von Ihnen angegebenen Stelle.

Um einen Softbindestrich einzufügen, wird der Cursor auf das erste Zeichen der zweiten Silbe positioniert, das Untermenü *Trennung* aus dem Menü *Editieren* gewählt und die Option *Trennzeichen einfügen* aktiviert.

Unterbinden der Trennung zweier Worte

Falls einige Wörter (wie zum Beispiel Vor- und Nachnamen) nicht getrennt werden und in zwei aufeinanderfolgenden Zeilen erscheinen sollen, muß ein besonderes Leerzeichen (ein sogenanntes hartes Leerzeichen) zwischen ihnen eingefügt werden. Dazu wird der Cursor an die Position verschoben, mit der Del-Taste - falls bereits vorhanden - ein Leerzeichen gelöscht und die Tastenkombination Ctrl-Leertaste betätigt.

Löschen von Seitenumbruch, Softbindestrichen und harten Leerzeichen

Die Zeichen Wagenrücklauf, Softbindestrich und harte Leerzeichen erscheinen gewöhnlich nicht auf dem Bildschirm. Deshalb müssen vor einer Löschung einige Arbeitsschritte ausgeführt werden, um diese Zeichen darzustellen. Öffnen Sie das Menü *Editieren*, und aktivieren Sie die Option *Unsichtbare Zeichen darstellen*. Danach können die abgebildeten Zeichen wie andere Zeichen auch gelöscht werden. Nach der Beendigung des Löschvorgangs wird die Option *Unsichtbare Zeichen darstellen* wieder desaktiviert.

Ränder, Tabulatoren, Einzüge und negative Einzüge

Die Einstellung für Ränder, Tabulatoren und Einzüge erfolgt mit Hilfe
der Optionen des Menüs *Text*. Bei jeder Wahl einer Option im Menü *Text*
wird die aktuelle Einstellung angezeigt. Wird die Return-Taste betätigt,
kann diese editiert werden (Bild 5.2). Um die Einstellung zu ändern, wird
die alte Angabe einfach überschrieben und die Return-Taste betätigt. Die
neue Einstellung erscheint im Menü *Text* und im Meldungsbereich am
unteren Bildschirmrand. Die neue Einstellung bleibt aktiviert, bis sie wieder verändert wird.

In Abbildung 5.2 ist das Menü Text mit den Standardeinstellungen dargestellt.

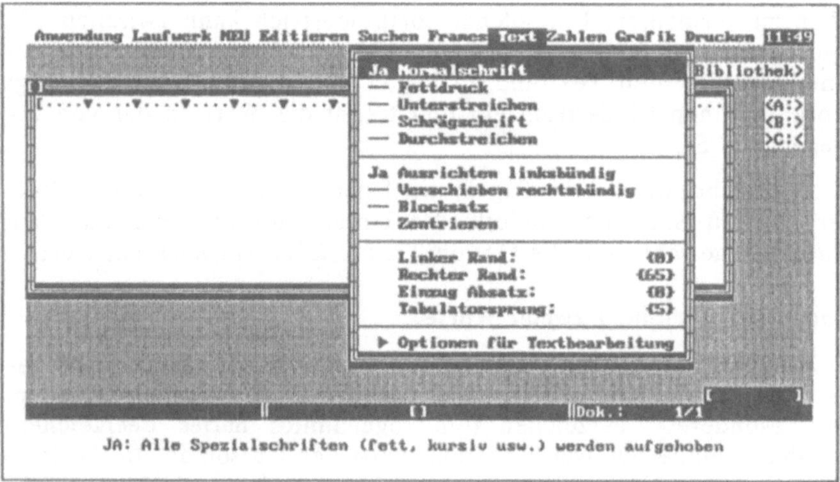

Bild 5.2   Das Menü Text

Linker Rand

Die Option *Linker Rand* ermöglicht eine maximale Einstellung von 127
bei einem Minimalwert von 0 (was gleichzeitig die Standardeinstellung
ist). Mit gewählter Standardeinstellung beginnt der Text unmittelbar am
linken Seitenrand. Je nach Angabe wird der linke Rand um die Zahl der
spezifizierten Leerzeichen nach rechts erweitert. Wird der Wert 10 eingegeben, beginnt der Text an der elften Zeichenposition.

Rechter Rand

Diese Option weist einen Minimalwert von 0, einen Maximalwert von 255 und einen Standardwert von 65 auf. Das bedeutet, daß nach der 65. Bildschirmspalte ein Wortumbruch ausgeführt wird. Falls der linke Rand auf den Wert 0 eingestellt wurde, wird nach der Eingabe von 65 Zeichen ein Zeilenumbruch durchgeführt. Die aus 65 Zeichen bestehende Zeile wird für die meisten Standardtexte verwendet, die auf einem 8,5 Zoll breiten Papier mit der Teilung 10 (*pitch*) gedruckt werden. Falls ein anderes Papierformat, ein Drucker mit breiterem Papierschacht oder mit kleinerem Schrifttyp verwendet wird, muß der rechte Rand gegebenenfalls verändert werden. Eine Zeilenlänge von 80 Zeichen ist für die meisten Proportionalschriften geeignet. Einige Drucker können auch mit einer Zeilenlänge von 132 Zeichen arbeiten.

Der maximale Wert für den rechten Rand beträgt in Framework III 255 Zeichen (Spalten). Obwohl nicht alle 255 Spalten auf dem Bildschirm dargestellt werden, befinden sie sich im Text-Frame. Auf dem Bildschirm werden nur 80 Spalten gleichzeitig abgebildet. Wird der Cursor jedoch nach rechts oder links über den Bildschirmrand hinweg bewegt, wird die Bildschirmdarstellung in der Cursorrichtung gerollt, so daß weitere Spalten sichtbar werden.

Tabulatorsprung

Die Option *Tabulatorsprung* legt die Spalten fest, zu denen Framework III springt, wenn die Tabulatortaste betätigt wird. Es handelt sich hierbei um einen absoluten Tabulator, der Cursor wird zu bestimmten Spalten verschoben, wenn die Tabulatortaste gedrückt wird.

Falls sich der Cursor zwischen den Tabulatorpositionen befindet, wird er durch Betätigen der Tabulatortaste zur darauffolgenden Tabulatorposition verschoben. Die Standardeinstellung beträgt 5. Durch wiederholtes Drücken der Tabulatortaste wird der Cursor demnach in die Spalten 6, 11, 16 usw. verschoben. Befindet sich der Cursor in Spalte 18, und wird die Tabulatortaste betätigt, springt der Cursor in die Spalte 21.

Man kann entweder eine feste Tabulatorbreite (zum Beispiel 5 oder 8) oder eine Reihe von festgelegten Tabulatorstops angeben. Um eine einheitliche Tabulatorbreite zu bestimmen, wird eine Zahl bei der Option *Tabulatorsprung* des Menüs *Text* eingegeben. Eine Reihe von Tabulatorstops wird durch die Eingabe der Spaltennummern (durch Kommata getrennt) definiert.

Einzug Absatz

Bei der Eingabe einer positiven oder negativen Zahl (nicht aber Null)
wird die erste Zeile eines jeden Absatzes um die Anzahl der angegebenen
Leerzeichen eingerückt bzw. ausgerückt. Wird der Wert 8 eingegeben,
rückt Framework III die erste Zeile jedes Absatzes um acht Zeichen ein.

Wenn eine negative Zahl angegeben wird, verschiebt Framework III die
erste Zeile des Absatzes nach links. Auf diese Weise lassen sich etwa nu-
merierte Absätze formatieren, wobei die Numerierung aufgrund des Aus-
zugs besser zur Geltung kommt.

Der Text in Bild 5.3 verfügt über eine linke Randeinstellung von 10 und
einen Absatzeinzug von -3.

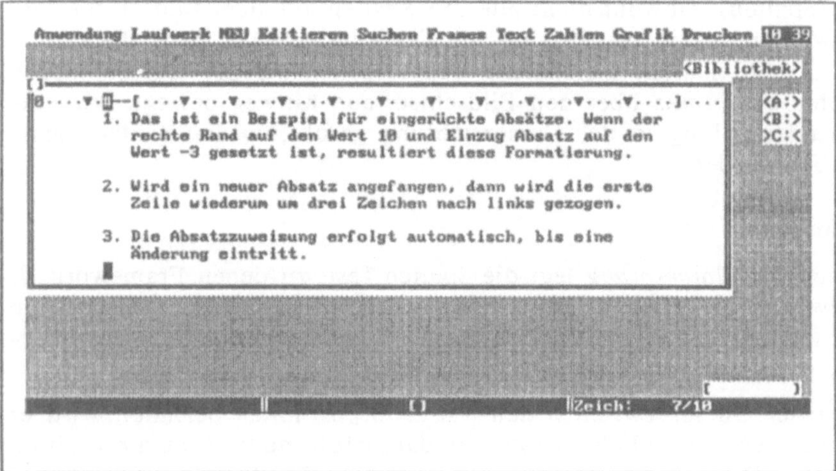

Bild 5.3   Absatz mit Ausrückung

Die maximale Einstellung der Option *Einzug Absatz* liegt bei 30, der Minimalwert beträgt -30.

Änderung des Zeilenlineals

Das Zeilenlineal bietet eine weitere Möglichkeit, um den Rand, Tabulatorstops und den Absatzeinzug zu verändern. Im Zeilenlineal werden alle
den Frame betreffenden Einstellungen stets angezeigt.

Darstellen des Zeilenlineals

Hierzu wird das Untermenü *Optionen für Textbearbeitung* im Menü *Text*
geöffnet und die Option *Lineal einblenden* aktiviert. Im Anschluß daran
wird in jedem Text-Frame ein Zeilenlineal abgebildet (siehe Bild 5.4).

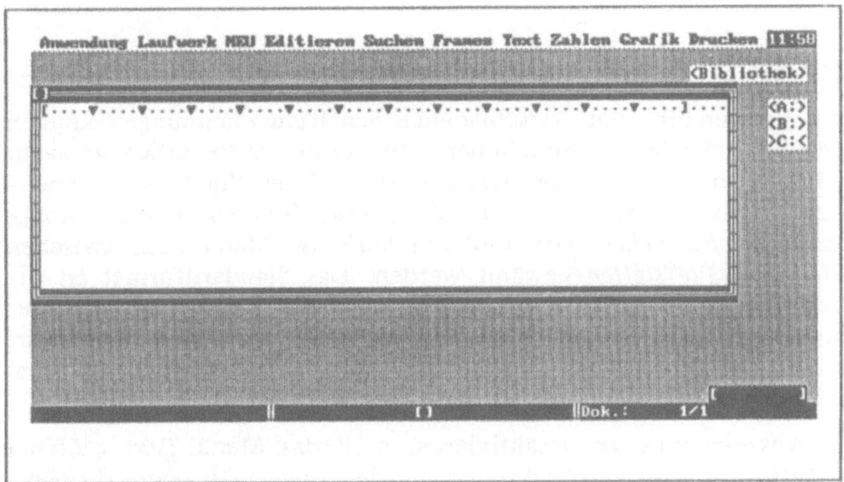

Bild 5.4   Das Zeilenlineal

Jeder Punkt auf dem Zeilenlineal zeigt eine Spalte auf der Seite an; die
öffnenden und schließenden eckigen Klammern geben die Position des
linken und rechten Randes an. Die nach unten gerichteten Dreiecke kennzeichnen die gesetzten Tabulatorpositionen.

Editieren des Zeilenlineals

Um die Einstellungen auf dem Zeilenlineal zu ändern, muß der Cursor in
den Frame oder auf dessen Rand positioniert, das Untermenü *Optionen
für Textbearbeitung* geöffnet und die Unteroption *Ändern des Zeilenlineals* aktiviert werden. Der Cursor wird auf das Zeilenlineal verschoben.

Um einen Rand neu einzustellen, wird der Cursor zu der Zielposition auf
dem Zeilenlineal bewegt und entweder eine öffnende eckige Klammer [
für den linken Rand oder eine schließende eckige Klammer] für den
rechten Rand eingegeben.

Um den Absatzeinzug neu einzustellen, wird der Cursor an die entsprechenden Position auf dem Zeilenlineal navigiert und das Nummernzeichen
eingegeben.

Durch die Betätigung der Tastenkombination Ctrl-Tab wird ein Tabulator hinzugefügt. Eine Tabulatoreinstellung oder ein Absatzeinzug wird durch das Verschieben des Cursors an diese Stelle und Betätigen der Del-Taste gelöscht. Zur Löschung aller Tabulatoren wird die Tastenkombination Ctrl-Del eingesetzt. Nach der Beendigung des Editiervorgangs muß die Return-Taste betätigt werden, damit der Cursor auf dem Frame-Rand oder im Inhaltsbereich erscheint.

Einstellen der Schriftauszeichnungen

Durch die Verwendung von verschiedenen Schriftauszeichnungen können Textstellen oder Wörter hervorgehoben und besonders kenntlich gemacht werden. Framework III stellt im Menü *Text* fünf verschiedene Auszeichnungen zur Auswahl: *Normalschrift*, *Fettdruck*, *Unterstreichen*, *Schrägschrift* und *Durchstreichen*. Des weiteren kann im Menü *Text* zwischen *Hochstellen* und *Tiefstellen* gewählt werden. Das Standardformat ist die *Normalschrift*. Framework III ermöglicht auch die Zuweisung mehrerer Auszeichnungen. Der Drucker muß natürlich die verwendete Schriftart unterstützen. Die Schriftarten werden mit den Auszeichnungen auf dem Bildschirm dargestellt, wenn der Monitor dies unterstützt.

Um eine Auszeichnung zu desaktivieren, muß das Menü *Text* geöffnet und die Option *Normalschrift* aktiviert werden. Alternativ kann die Del-Taste betätigt werden, wenn sich die Markierung auf der Option zu der zu desaktivierenden Auszeichnung befindet.

Es ist auch möglich, Text breiter (*expanded*) oder enger (*condensed*) zu drucken. Zu diesem Zweck müssen die Druckoptionen und Druckersteuercodes in Framework III verwendet werden; diese erscheinen bei der Aktivierung der Option *Normalschrift* allerdings auf dem Bildschirm. Die Verwendung von Druckoptionen und Druckersteuercodes wird in Kapitel 10 erläutert.

Auch die Taste F6 Auswahl kann zum Ändern der Auszeichnungen verwendet werden. Hierzu wird der zu verändernde Text ausgewählt, das Menü *Text* geöffnet, und die Auszeichnungen werden aktiviert. Die erweiterte Auswahl wird bei Beginn einer neuen Eingabe automatisch ausgeschaltet.

Eine Auszeichnung kann auch geändert und Text anschließend derart formatiert eingegeben werden. Zu diesem Zweck wird das Menü *Text* geöffnet, das Format festgelegt und mit der Eingabe in den Text-Frame begonnen.

Text formatieren

Das Menü *Text* stellt vier Optionen zum Formatieren von Textseiten zur Verfügung: *Ausrichten linksbündig*, *Verschieben rechtsbündig*, *Blocksatz* und *Zentrieren*. Mit der Option *Ausrichten linksbündig* erscheint der Text mit gleichmäßigem linken Rand und einem rechten Flatterrand. *Verschieben rechtsbündig* kehrt diese Festlegungen um; es wird ein ausgerichteter rechter Rand bei linkem Flatterrand angezeigt. Mit der Option *Blocksatz* wird der Text mit gleichmäßigem rechten und linken Rand dargestellt. Die Option *Zentrieren* bewirkt eine Einmittung des Textes. In Bild 5.5 ist jede dieser Ausrichtungen dargestellt.

Computer Top
Mainstr. 4
6200 Wiesbaden

Gerard Rosniatowski
Produktmanager

30. Mai 1989

Frau Elke Klein
Kaistr. 5

6238 Hofheim

Sehr geehrte Frau Klein,

dieser Brief veranschaulicht die verschiedenen Formatoptionen in Framework III. Die ersten drei Zeilen sind zentriert. Die nächsten beiden Zeilen sind rechtbündig ausgerichtet, und die Kundeadresse erscheint linksbündig.

Mit freundlichen Grüßen

Ihr G. Rosniatowski

Bild 5.5   Ausrichtungen in Framework III

Verlagern und Kopieren von Text und Daten

Einer der größten Vorteile eines Textverarbeitungssystems besteht darin,
daß Text kopiert und verschoben werden kann. Die gewünschte Zusammenstellung läßt sich erzielen, ohne daß der Text neu eingegeben werden
muß. Mit Hilfe der Taste F6 Auswahl können beide Funktionen, Verlagern und Kopieren, leicht ausgeführt werden.

Wörter, Sätze, Absätze oder gesamte Frames können mit Hilfe der Taste
F6 Auswahl ausgewählt und anschließend mit der Taste F7 Verlagern verschoben bzw. mit der F8 Kopieren kopiert werden.

Außerdem können Daten aus einem Tabellenkalkulations- oder Datenbank-Frame in einen Text-Frame kopiert oder verschoben werden. So
lassen sich beispielsweise die Zahlen einer Budget-Kalkulationstabelle in
einen Bericht oder die Namen und Adressen einer Datenbank in einen
Brief kopieren. Wenn Zahlen in einen Text-Frame verschoben oder kopiert werden, werden sie zu einem festen Bestandteil des Text-Frames.

Das Löschen und Einfügen ähnelt dem Kopiervorgang mit der Ausnahme,
daß bei der Auswahl und dem Löschen von Daten diese im Speicher abgelegt werden, um sie an beliebig vielen Stellen wieder einzufügen. Im
Speicher kann sich zu jedem Zeitpunkt eine Textpassage von beliebiger
Länge befinden. Dieser interne Speicher wird auch *Papierkorb* genannt.

Anlegen von Fuß- und Endnoten

Framework III erstellt an der von Ihnen angegebenen Stelle Fußnoten und
Endnoten, die automatisch numeriert und formatiert werden. Die Optionen finden sich im Untermenü *Optionen für Fußnotenverwaltung* des Menüs *Editieren*.

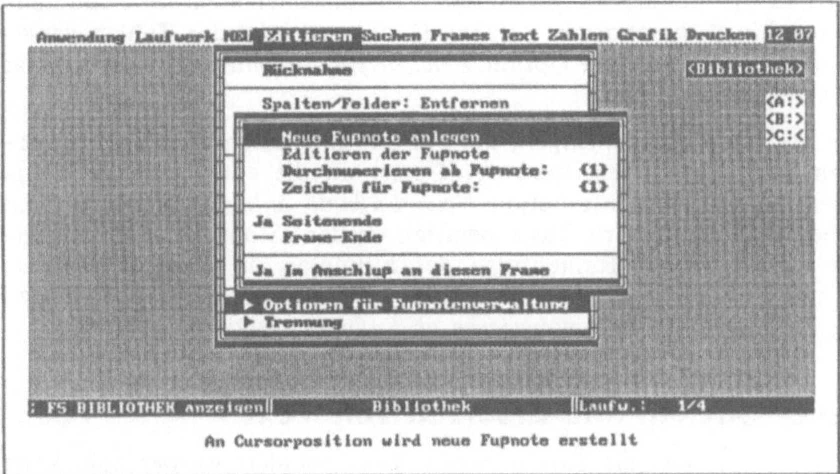

Bild 5.6   Das Untermenü Optionen für Fußnotenverwaltung

Fuß- oder Endnoten?

Als erstes werden die Optionen *Seitenende für Fußnoten* oder *Frame-Ende
für Endnoten* gewählt. Ein Text kann Fußnoten oder Endnoten, nicht aber
beides, enthalten. Beim Einsatz von Endnoten muß noch festgelegt werden, ob die Option *Im Anschluß an diesen Frame* aktiviert wird. Falls der
Text mehrere Frames enthält und die Endnoten am Textende gedruckt
werden sollen, muß diese Option ausgeschaltet, und die Frames müssen in
einen Container-Frame eingefügt werden.

Anlegen von Fußnoten

Die Zahl oder das Symbol für eine Fußnote im Text wird als Fußnotenzeichen bezeichnet. Wenn man an eine Textstelle gelangt, an der ein Fußnotenzeichen eingefügt werden soll, wird das Untermenü *Optionen für
Fußnotenverwaltung* im Menü *Editieren* geöffnet und die Unteroption
Neue Fußnote anlegen aktiviert. Framework III fügt eine hochgestellte
Zahl in den Text ein und verschiebt den Cursor unter die Statuszeile, damit der Fußnotentext eingegeben werden kann. Nach der Eingabe des

Textes wird die Return-Taste betätigt. Framework III numeriert die Fußnoten und druckt sie - je nach Einstellung - am unteren Seitenende oder
am Ende des Textes.

Editieren von Fußnoten

Um eine bereits vorhandene Fußnote zu editieren, wird der Cursor auf
das Fußnotenzeichen positioniert, die Unteroption *Neue Fußnote anlegen*
aktiviert und die Return-Taste betätigt. Falls ein oder mehrere Fußnotenzeichen mit einem besonderen Zeichen (* oder #) statt der Zahlen versehen werden sollen, muß die Option *Zeichen für Fußnote* aktiviert und das
Symbol angegeben werden.

Falls Sie im Text zurückspringen, um ein Fußnotenzeichen in bereits vorhandenen Text einzugeben, muß der Cursor an die entsprechende Textstelle positioniert, die Unteroption *Neue Fußnote anlegen* aktiviert, Text
eingegeben und die Return-Taste betätigt werden. Stimmt die Fußnotennummer nicht mit der Reihenfolge der Fußnoten im Text überein, so
können die Fußnotenzeichen automatisch neu numeriert werden; hierzu
wird die Unteroption *Durchnumerieren ab Fußnote* aktiviert.

Schnelles Suchen und Ersetzen von Text

Wenn ein Begriff oder ein Satz in einem Text geändert werden soll, kann
das Suchen und Ersetzen mit den entsprechenden Optionen aus dem Menü
Suchen automatisch ausgeführt werden. Mit der Option *Suchen nach* wird
der Suchvorgang nach einem Wort, Satz, nach einer Zahl oder - allgemein
- einem Text ausgeführt. Der Befehl kann an einer beliebigen Stelle aktiviert werden und ist in beide Richtungen - zum Textanfang und -ende
hin - möglich.

Die Option *Ersetzen durch* ersetzt den Text durch einen neuen Text. Beide Optionen können in einem Konzept, in einer Kalkulationstabelle sowie
in Datenbank- und Text-Frames verwendet werden.

Text suchen

Um den Suchvorgang zu aktivieren, muß das Menü *Suchen* geöffnet und
die Option *Suchen nach* ausgewählt werden. Framework III ermöglicht
dann die Eingabe des zu suchenden Textes. Nach der Texteingabe wird
die Return-Taste betätigt. Framework III sucht und markiert mit dem
Cursor die erste mit dem Suchtext übereinstimmende Textstelle. An diesem Punkt wird eine Eingabeaufforderung für den nächsten Arbeitsschritt
abgebildet. Durch die Betätigung der Cursortaste Nach Unten wird der
Suchvorgang in Richtung Textende weitergeführt; mit der Cursortaste

Nach Oben wird in die entgegengesetzte Richtung weitergesucht. Durch Drücken einer anderen Taste wird der Suchvorgang beendet.

Nachdem Framework III jeden zutreffenden Text ermittelt hat, wird die Gesamtzahl der erfolgreichen Suchläufe dargestellt. Gelangt Framework III an das Ende oder den Anfang eines Textes, ohne eine weitere Textstelle ermittelt zu haben, wird eine Meldung zusammen mit der Anzahl der bisher erfolgreich verlaufenen Suchvorgänge abgebildet.

Falls die Option *Groß-/Kleinschreibung ignorieren* im Menü *Suchen* aktiviert ist, ist es unerheblich, ob der Suchtext in Groß- oder Kleinbuchstaben eingegeben wird. Bei desaktivierter Option wird nach der genauen Kombination der angegebenen Groß- und Kleinbuchstaben gesucht. Es kann auch festgelegt werden, ob die Frame-Namen und -Formeln beim Suchvorgang berücksichtigt werden sollen. Hierzu werden die entsprechenden Einstellungen im Menü *Suchen* vorgenommen.

Text ersetzen

Um Text durch anderen Text zu ersetzen, wird die Option *Ersetzen durch* im Menü *Suchen* aktiviert. Im Anschluß daran wird der zu suchende Text eingegeben und die Return-Taste betätigt, der neue Text eingegeben und der Ersetzungsvorgang mit der Return-Taste gestartet.

Framework III sucht in Richtung Textende, positioniert den Cursor auf dem ersten mit dem Suchtext übereinstimmenden Text und bildet verschiedenen Anweisungen am unteren Bildschirmrand ab: Wenn die Return-Taste betätigt wird, nimmt Framework III die Ersetzung vor und sucht den nächsten zutreffenden Textabschnitt. Bei der Betätigung der Cursortaste Nach Unten wird der markierte Text nicht ersetzt, sondern nur die nächste zutreffende Textstelle ermittelt. Mit Hilfe der Home-Taste wird der Text ersetzt und der Suchvorgang an dieser Stelle beendet. Das Betätigen der End-Taste führt zur Ermittlung und Ersetzung aller weiteren zutreffenden Textstellen ohne Abfrage. Durch das Betätigen der Escape-Taste wird der Ersetzungsvorgang ohne Ersetzung beendet.

Beim Wechseln wird - anders als beim einfachen Suchvorgang - nur zum Textende hin gesucht. Falls der Suchvorgang in der Mitte eines Textes begonnen wird, sucht Framework in Richtung Textende und danach vom Textanfang bis zur Mitte. Beim Suchen und Ersetzen gibt es keine Begrenzung hinsichtlich der Textlänge.

Falls Framework III den spezifizierten Text nicht findet, erscheint eine Meldung. In diesem Fall sollte durch die Betätigung der Escape-Taste der Vorgang beendet und der eingegebene Suchbegriff überprüft werden.

Das Suchen und Ersetzen kann sich auf den Inhalt von Frames, Frame-Namen, Formeln, Fuß-/Endnoten oder jede Kombination dieser Objekte beziehen. Dazu muß nur der Cursor auf das zu durchsuchende Objekt positioniert werden, bevor das Menü *Suchen* geöffnet wird. Die Groß-/Kleinschreibung kann als Bestandteil der Suche berücksichtigt oder ausgeklammert werden.

Suchen unter Verwendung von Dateigruppenzeichen

Sie können auch die Dateigruppenzeichen * und ? verwenden, um Suchvorgänge auszuführen. Um alle Namen zu ermitteln, die mit dem Buchstaben *A* beginnen, kann der Ausdruck *A** bei *Suchen nach* eingegeben werden. Das Asteriskzeichen * ersetzt beliebig viele und beliebige Zeichen ab der Position, an der es steht. Durch die Eingabe eines Fragezeichens ? in den Suchbegriff wird ein einzelnes Zeichen an der Position, an der sich das Fragezeichen befindet, ersetzt. Durch die Eingabe mehrerer Fragezeichen (zum Beispiel *M?ll?r*) können unbekannte Zeichen an den Positionen auftreten, an denen die Fragezeichen stehen.

Zählung aller Worte eines Textes

Oft ist es erforderlich, die Wörter in einem Text zu zählen. In Framework III ist dies möglich.

Die zu zählenden Wörter oder Frames können entweder markiert werden, oder der Cursor wird auf den Frame-Namen positioniert, um alle Wörter des Frames zu zählen. Durch Übertragen mehrerer Frames in einen Container-Frame und Positionieren des Cursors auf dem Rand des Container-Frames werden die Worte in allen darin enthaltenen Frames gezählt, indem das Menü *Editieren* geöffnet und die Option *Worte zählen* aktiviert wird. Framework III berechnet die Anzahl der Wörter und zeigt die Zahl im Meldungsbereich an.

Rechtschreibüberprüfung

Mit Hilfe der Framework III-Rechtschreibprüfung können Tipp- und Rechtschreibfehler und Doubletten (wie "der der") in Texten oder Textpassagen ermittelt und korrigiert werden. Wenn ein im Framework III-Wörterbuch nicht vorhandenes Wort ermittelt wird, bildet Framework III die ähnlichsten Wörter ab und ermöglicht eine Auswahl oder die Editierung der (wahrscheinlich) falschen Eingabe. Das Untermenü *Wortprüfung* ermöglicht auch die Erstellung eines eigenen Wörterbuches mit technischen Ausdrücken, Fremdwörtern oder anderen Spezialausdrücken.

Durch die Rechtschreibüberprüfung wird gewöhnlich der ganze Text innerhalb eines Frames berücksichtigt, in dem der Cursor positioniert ist. Um den Text mehrerer Frames zu überprüfen, werden mit der Taste F6 Auswahl die Namen aller zu prüfenden Frames markiert. Wird der Cursor auf den Namen eines Container-Frames positioniert, so erfolgt die Rechtschreibüberprüfung für alle darin enthaltenen Frames. Um eine kleine Textpassage zu überprüfen, muß diese mit der Taste F6 Auswahl und den Cursortasten markiert werden. Danach wird das Menü *Anwendung* geöffnet und aus dem Untermenü *Wortprüfung* die Unteroption *Beginn der Wortprüfung* aktiviert.

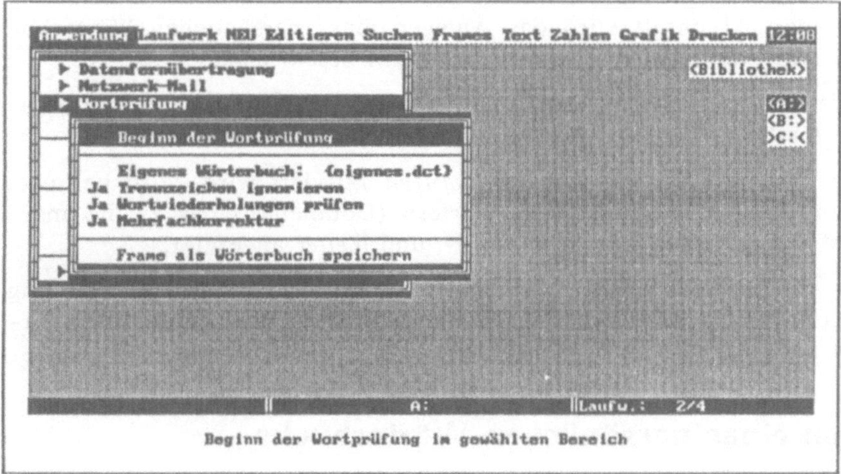

Bild 5.7   Das Untermenü Wortprüfung

Wird ein System mit zwei Laufwerken verwendet, so müssen die entsprechenden Disketten nach Aufforderung eingelegt werden. Die Anweisungen auf dem Bildschirm müssen dabei genau befolgt werden. Bei einem Festplattenrechner ist die Rechtschreibüberprüfung bereits installiert, und Framework III beginnt unmittelbar mit der Ausführung.

Framework III vergleicht die Schreibweise jedes Wortes im Text mit den im Haupt- und Benutzerwörterbuch vorhandenen Wörtern. Wird ein Ausdruck ermittelt, der in keinem Wörterbuch vorhanden ist, so wird das Wort markiert, und anschließend werden die folgenden Optionen abgebildet:

● *Vorschläge.* Es werden die am ehesten zutreffenden Schreibweisen für dieses Wort aufgelistet. Falls eines der vorgeschlagenen Wörter ausgewählt wird, ersetzt Framework III das markierte Wort durch dieses Wort.

● *Ändern.* Das markierte Wort wird in der Editierzeile angezeigt und kann berichtigt werden. Das Betätigen der Return-Taste beendet den Editiervorgang.

● *Weiter.* Das markierte Wort wird ignoriert und die Rechtschreibprüfung fortgesetzt.

● *Speichern.* Das markierte Wort wird dem persönlichen Wörterbuch hinzugefügt und die Rechtschreibprüfung fortgesetzt. Falls das Wort im Verlauf des Textes noch einmal gefunden wird, wird es erkannt und nicht mehr abgebildet.

Nachdem Framework III alle markierten Wörter überprüft hat, erscheint eine Meldung bezüglich der Anzahl der ermittelten Fehler.

Im folgenden Abschnitt wird das Anlegen eines persönlichen Wörterbuches mit Hilfe der Option *Eigenes Wörterbuch* beschrieben.

Wenn die Option *Trennzeichen ignorieren* aktiviert ist, überprüft Framework III die Schreibweise jedes Bestandteils eines getrennten Wortes.

Falls die Option *Wortwiederholungen prüfen* aktiviert wird, wird bei zwei aufeinanderfolgenden identischen Wörtern (Doubletten) das zweite markiert und die Optionen *Löschen*, *Ändern* und *Weiter* angezeigt.

Falls Sie ein fehlerhaftes Wort korrigiert haben, wird bei der Aktivierung der Option *Mehrfachkorrektur* das fehlerhafte Wort bei nochmaligem Erscheinen im Text automatisch verbessert.

Anlegen eines persönlichen Wörterbuchs

Jeder Benutzer eines Textverarbeitungssystems verwendet Ausdrücke, die nicht in Standardwörterbüchern vorhanden sind. Typische Beispiele sind Firmen- und Produktnamen, Fremdwörter und Sätze in einer fremden Sprache. Durch das Anlegen eines persönlichen Wörterbuches können auch solche häufig verwendeten Ausdrücke auf Rechtschreibung überprüft werden.

Um ein persönliches Wörterbuch zu erstellen, muß ein Text-Frame angelegt und benannt und die Wörterbucheinträge eingegeben werden. Jedes Wort wird in eine eigene Zeile geschrieben, und anschließend wird der Frame auf dieselbe Diskette gespeichert, auf der auch das Hauptwörterbuch DEUTSCH.DIC abgelegt ist.

Die Wörter sollten im persönlichen Wörterbuch alphabetisch geordnet werden. Hierzu wird der Cursor auf den Frame-Namen positioniert und die Option *Vorwärts (aufsteig.) sortieren* im Menü *Suchen* gewählt.

Die Anzahl der persönlichen Wörterbücher ist unbegrenzt.

Damit Framework III bei der Rechtschreibprüfung auch das persönliche Wörterbuch berücksichtigt, muß vor der Ausführung der Rechtschreibüberprüfung die Option *Eigenes Wörterbuch* im Menü *Anwendung* aktiviert und der Name des Wörterbuches eingegeben werden.

Ausführung mehrsprachiger Operationen

Framework III ermöglicht die Rechtschreibüberprüfung, die Auflistung von Synonymen und die Silbentrennung in verschiedenen Sprachen. Diese Sprachen müssen aber vorher im Installationsprogramm angegeben worden sein. Die Sprache *Deutsch* wird mit der deutschen Version von Framework III geliefert. Andere Sprachen können über Ashton-Tate bezogen werden.

Um eine andere Sprache als Deutsch zu nutzen, müssen weitere Sprachdateien installiert werden. Danach wird das Untermenü *Grundeinstellungen* im Menü *Anwendung* geöffnet und die Unteroption *Sprache* aktiviert. Aus der verfügbaren Liste wird die gewünschte Sprache ausgewählt.

Nachdem die Sprache gewählt worden ist, bezieht sich Framework III bei Orthographie, Synonymik und Silbentrennung nur noch auf die Strukturregeln dieser Sprache.

Anlegen eines Container-Frames

Das Anlegen von Container-Frames findet im Textverarbeitungsbereich statt. Es wird ein leerer Text-Frame erstellt, in den dann aber keine Daten eingegeben, sondern andere Frames übertragen werden.

Wenn ein aus mehreren Frames bestehender Text gedruckt werden soll, müssen die Frames in einem Container-Frame in der richtigen Reihenfolge gespeichert werden.

Bei einem Container-Frame handelt es sich um einen leeren Text-Frame, in den die auszudruckenden Frames übertragen werden. Um einen Container-Frame anzulegen, muß die Option *Frame:Leer/Text* im Menü *Neu* aktiviert werden. Anschließend müssen die Frames mit Hilfe der Funktionstasten zum Verlagern und Kopieren übertragen werden. Die Frames können dabei geöffnet oder geschlossen sein. Um einen vollständigen Frame mit allen Unter-Frames zu übertragen, muß der Cursor auf den Frame-Rand positioniert und die Taste F8 Kopieren oder F7 Verlagern betätigt werden. Danach wird der Cursor in den Container-Frame an die entsprechende Position versetzt und die Return-Taste betätigt. Zum Übertragen von Frames empfiehlt sich die Kopier-Funktion (F8).

Nur ein leerer Frame läßt sich als Container-Frame verwenden; er kann Text/Daten oder andere Frames, aber nicht beides speichern (siehe Kapitel 3).

Kapitel 6

Berechnungen mit Tabellenkalkulations-Frames

Die Kalkulationstabelle ist ein weitverbreitetes Hilfsmittel in den Bereichen Buchführung und Finanzen. Auf einem Computer bildet sie ein Arbeitsmittel, um Analysen für die unterschiedlichsten Anwendungsbereiche zu erstellen. Hierzu gehören beispielsweise Extrapolationen, Statistiken usw.

Infolge ihrer Fähigkeit zur schnellen Berechnung und Neuberechnung von Daten erhöht die elektronische Kalkulationstabelle die Leistung einer Tabellenkalkulation beträchtlich. Die erforderlichen Berechnungen werden beschleunigt und neue Anwendungsmöglichkeiten zur Verfügung gestellt. Die Kalkulationstabelle ist eine der am häufigsten genutzten Computeranwendungen.

Die Kalkulationstabellen in Framework III zeichnen sich durch vier Vorzüge aus:

- Auf Zellen kann entweder durch Verschieben des Cursors an die betreffende Stelle oder durch Eingabe der Spalten- und Zeilennamen zugegriffen werden. Letzteres nutzt das Verfahren, Buchstaben und Zahlen zur Bestimmung von Zellkoordinaten zu verwenden. Auf diese Art lassen sich Formeln in Framework III ohne Verwendung komplizierter Spalten- und Zeilennamen auf einfache Weise erstellen.

- Die Berechnungen in Framework III werden sehr schnell ausgeführt; in allen Kalkulationstabellen (außer den umfangreichsten) werden die Daten im Hauptspeicher abgelegt.

- Framework III ermöglicht das Erstellen von Grafiken aus Kalkulationstabellen und das Einfügen von Grafiken und Tabellen in Berichte.

- Die Funktion zur Konzepterstellung ermöglicht die Speicherung mehrerer Kalkulationstabellen in einem Container-Frame. Auf diese Art können hierarchische Kalkulationstabellen angelegt und gespeichert werden.

Anlegen einer Kalkulationstabelle

Nachfolgend sind die Arbeitsschritte zum Anlegen einer Kalkulationstabelle dargestellt:

1. Planen der Kalkulationstabelle. Soll eine umfangreiche oder sollen mehrere kleinere Kalkulationstabellen angelegt werden? Wie viele Kalkulationstabellen werden benötigt?

2. Anlegen des Tabellenkalkulations-Frames. Das Menü *Neu* wird geöffnet, die Anzahl der benötigten Spalten und Zeilen eingegeben, die Option *Tabellenkalkulation* gewählt und der Befehl durch Betätigen der Return-Taste ausgeführt.

3. Die Spalten und Zeilen werden benannt.

4. Die Größe der Spalten wird mit Hilfe der Taste F4 Größe und den Cursortasten Nach Rechts und Nach Links festgelegt.

5. Die Zellen der Kalkulationstabelle werden formatiert. Hierzu wird das Menü *Zahlen* geöffnet, und die Formatoptionen werden ausgewählt.

6. In die Zellen werden Daten eingegeben.

7. Die Formeln werden eingefügt. Nach der Betätigung der Taste F2 Formel editieren können Formeln editiert werden: Mathematische Ausdrücke, Zellreferenzen oder FRED-Funktionen können nun eingegeben werden.

8. Die Struktur der Kalkulationstabelle kann editiert werden.

9. Für die Kalkulationstabelle kann mit Hilfe der entsprechenden Menüoptionen das Zahlenformat oder die Spaltenausrichtung verändert werden. Ebenso läßt sich die Anzeige von Rändern, Bezeichnungen und Zellkoordinaten usw. ein- und ausschalten.

10. Durch das Anschlagen der Taste F5 Neuberechnung wird die Kalkulationstabelle berechnet.

11. Die Kalkulationstabelle wird durch das Betätigen der Tastenkombination Ctrl-Return auf die Festplatte oder Diskette gespeichert. Zum selben Resultat führt die Wahl der Optionen *Zwischendurch abspeichern* bzw. *Weglegen* im Menü *Laufwerk*.

12. Die Kalkulationstabelle wird für den Ausdruck mit anderen Frames in einen Container-Frame verschoben. Ebenso kann aus einem Zellenbereich der Kalkulationstabelle eine Grafik erstellt werden. Hierzu wird das Menü *Grafik* geöffnet und der gewünschte Grafiktyp gewählt.

Planen einer Kalkulationstabelle

Der erste Schritt beim Anlegen einer Kalkulationstabelle besteht aus der Überlegung, was in den Zeilen und Spalten gespeichert werden soll. In den Zeilen werden gewöhnlich die zu bearbeitenden Daten gespeichert, die als *Analyseeinheiten* bezeichnet werden.

Normalerweise werden die Variablen spaltenorientiert aufgelistet, mit deren Hilfe die Daten bearbeitet werden. Die am häufigsten verwendete Variable ist die Zeit. So können Gewinn und Verlust, das Studentenverhalten und Umfrageergebnisse (Zeileneintrag) über bestimmte Zeiträume (Spalteneintrag) analysiert werden. Variablen können aber auch Produkte und Geschäftsbereiche in einem Unternehmen, Testergebnisse in einem Kurs oder Fragen in einer Umfrage sein. Daten sind alle denkbaren Informationen.

Die Zeitabschnitte (Stunden, Tage, Wochen, Monate, Quartale und Jahre) können, je nach Anwendung, Variablen oder Analyseeinheiten sein.

Eine Kalkulationstabelle kann aus nur einer Spalte und mehreren Zeilen oder einer Zeile und mehreren Spalten bestehen. Dies ist der Fall, wenn der Anwender an der Darstellung von Werten für eine Analyseeinheit oder Variable interessiert ist oder wenn Werte einer Spalte/Zeile sich aus Werten derselben Spalte oder Zeile ableiten.

In Framework III kann auch nur ein Teil der Kalkulationstabelle zur Ansicht, Neuberechnung und/oder Übertragung in andere Frames ausgewählt werden. Daten lassen sich in einer Master-Kalkulationstabelle speichern und aus dieser in mehrere kleinere Kalkulationstabellen übertragen.

Anzahl der Spalten und Zeilen

Die Anzahl der Zeilen und Spalten, die in eine Kalkulationstabelle eingegeben werden sollen, richtet sich nach der Anzahl der Variablen und Analyseeinheiten. Bedenken Sie dabei, daß auch nach dem Erstellen einer Kalkulationstabelle womöglich zusätzliche Variablen und Analyseeinheiten (wie Gesamtsummen und Durchschnittswerte) eingegeben werden müssen. Eine zusätzliche Spalte und Zeile sollte für Erläuterungen verwendet werden. Spalten und Zeilen können, falls erforderlich, jederzeit gelöscht oder hinzugefügt werden.

Anlegen von Tabellenkalkulations-Frames

Ein Tabellenkalkulations-Frame kann nur auf eine Art angelegt werden. Das Menü *Neu* muß geöffnet, die erforderlichen Spalten- und Zeilenparameter spezifiziert und die Option *Tabellenkalkulation* aktiviert werden. Die Standardgröße beträgt 50 Spalten und 100 Zeilen.

Um die Zeilen- und Spaltenparameter festzulegen, muß die Option *Breite: # Spalten/Felder* bzw. *Länge: # Zeilen/Sätze* markiert und die Return-Taste betätigt werden. Danach wird die entsprechende Zahl eingegeben und nochmals die Return-Taste angeschlagen. Dieser Vorgang wird für die Spalten- bzw. Zeilenoption wiederholt. Die eingegebenen Einstellungen erscheinen in der Editierzeile (am unteren Bildschirmrand) und in der Menüzeile (rechts neben der Option). Ein Name sollte in den Namensbereich des Tabellenkalkulations-Frames eingegeben werden, sobald er auf der Arbeitsfläche erscheint.

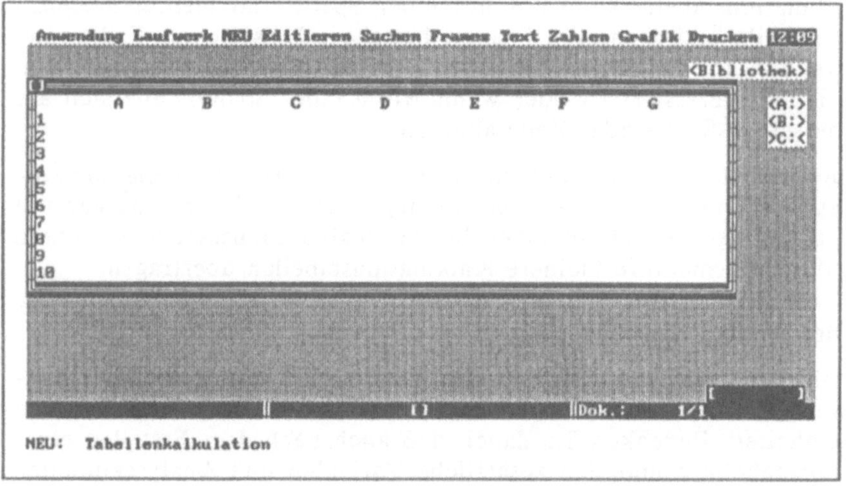

Bild 6.1   Ein leerer Tabellenkalkulations-Frame

Navigieren in Tabellenkalkulations-Frames

Die Navigation in Kalkulationstabellen ähnelt mit wenigen Ausnahmen der in Text-Frames. Durch die Betätigung der Cursortasten Nach Links oder Nach Rechts kann der Cursor um eine Zelle nach links oder rechts versetzt werden. Es kann auch die Tabulatortaste verwendet werden, um von einer Zelle in die nächste zu gelangen. Durch die Betätigung der Cursortasten Nach Oben oder Nach Unten wird der Cursor um eine Zelle nach oben bzw. unten verschoben.

In umfangreichen Kalkulationstabellen kann die Zielzelle schnell erreicht werden, indem die Option *Ziel angeben* des Menüs *Suchen* genutzt wird. Durch das Betätigen der Tastenkombination Ctrl-S wird das Menü *Suchen* geöffnet. Im Anschluß daran wird die Option *Ziel angeben* aktiviert, die Koordinaten oder Namen der Zelle werden eingegeben, und die Return-Taste wird betätigt. Durch die Eingabe des vollständigen Pfadnamens können auch Zellen anderer Kalkulationstabellen angesprochen werden. Um zum Beispiel aus der Zelle C5 des Frames VERKAUF89 in die Zelle B5 des Frames VERKAUF88 zu gelangen, muß folgender Pfadname eingegeben werden:

VERKAUF88.B5

Um zu der ursprünglichen Zelle zu gelangen, wird die Option *Ziel angeben* aktiviert und die Return-Taste ohne die Eingabe von Zielkoordinaten betätigt.

In Tabelle 6.1 sind die Navigationsbefehle für Kalkulationstabellen dargestellt.

Taste	Funktion
Nach Links	Eine Zelle nach links
Nach Rechts	Eine Zelle nach rechts
Nach Oben	Eine Zelle nach oben
Nach Unten	Eine Zelle nach unten
PgUp	Eine Seite nach oben
PgDn	Eine Seite nach unten
Home	Zur ersten Spalte der Zeile
End	Zur letzten Spalte der Zeile
Ctrl-Links	Cursor zur ersten Spalte des Bereichs
Ctrl-Rechts	Cursor zur letzten Spalte des Bereichs
Ctrl-Unten	Cursor zur letzten Zeile des Bereichs
Ctrl-Oben	Cursor zur ersten Zeile des Bereichs
Ctrl-PgUp	Zur obersten Zeile derselben Spalte
Ctrl-PgDn	Zur untersten Zeile derselben Spalte
Ctrl-Home	Cursor zur obersten linken Zelle
Ctrl-End	Cursor zur untersten rechten Zelle

Tabelle 6.1   Die Navigationsbefehle in Kalkulationstabellen

Benennen von Spalten, Zeilen und Zellen

Framework III weist den Spalten und Zeilen in Tabellenkalkulations-Frames automatisch Kurznamen zu: Diese bestehen aus Buchstaben (Spalten) und Zahlen (Zeilen). Jede Zelle wird durch den Buchstaben ihrer Spalte und die Nummer ihrer Zeile eindeutig gekennzeichnet (A1, B3, C6 usw.). Der Spaltenbuchstabe wird in Framework III immer zuerst eingegeben, gefolgt von der Nummer der Zeile. Den Zellen können außerdem weitere Bezeichnungen zugewiesen werden. Falls die Spalten und Zeilen benannt werden sollen, muß eine zusätzliche Spalte bzw. Zeile in der Kalkulationstabelle reserviert werden. Dies sollte vor der Dateneingabe erfolgen.

Namen können den Spalten zugewiesen werden, indem sie in die Zellen in der ersten Zeile, beginnend mit Zelle B1, eingegeben werden. Namen für die Zeilen lassen sich erstellen, indem sie in die Zellen in Spalte A, beginnend bei A2, eingefügt werden. Dazu wird jede Zelle markiert und der Name eingegeben; dabei kann eine beliebige Zeichenkombination verwendet werden. Falls bei gesetzten Standardeinstellungen der Name jedoch mit einer Zahl oder einem mathematischen Symbol beginnen soll, muß zuerst die Leertaste betätigt werden. Andernfalls geht Framework III davon aus, daß ein Wert - und kein Name - eingegeben wird.

Jeder Zeilen- und Spaltenname darf nur einmal vorkommen. Derselbe Name kann zwar in einer Spalte und in einer Zeile auftreten, nicht aber in mehreren Spalten oder Zeilen.

Fixieren von Zeilen und Spalten

Eine umfangreiche Kalkulationstabelle, die nicht auf einer einzigen Bildschirmseite dargestellt werden kann, läßt sich leichter bearbeiten, wenn die Spalten- und Zeilennamen auf jeder Bildschirmseite abgebildet werden. Obwohl Framework III die Spalten- und Zeilennamen gewöhnlich nur auf der ersten Bildschirmdarstellung anzeigt, können diese mit Hilfe der Option *Fixieren von Spalten/Zeilen* im Menü *Editieren* auf dem Bildschirm verbleiben. In Framework III können beliebig viele Spalten und Zeilen fixiert werden. Zur Fixierung muß die Zelle unterhalb der letzten zu fixierenden Zeile bzw. die Spalte rechts der letzten zu fixierenden Spalte markiert werden; danach wird das Menü *Editieren* geöffnet und die Option *Fixieren von Spalten/Zeilen* aktiviert (Bild 6.2).

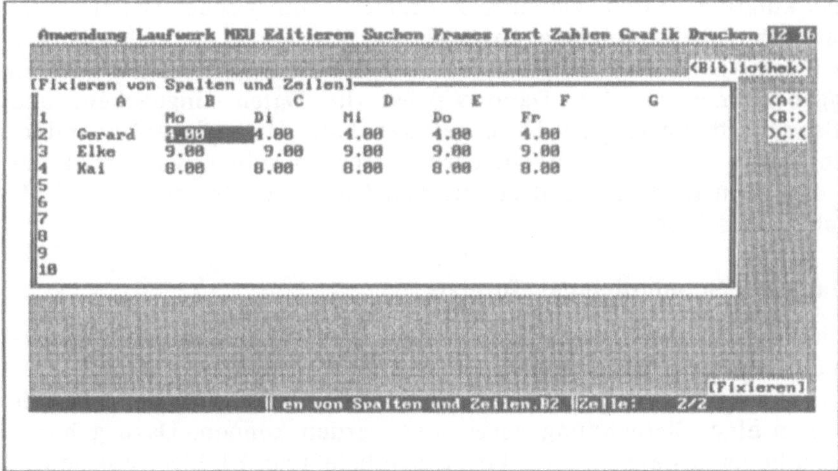

Bild 6.2   Fixieren von Spalten und Zeilen

Um die Fixierung der Spalten und Zeilen rückgängig zu machen, wird die Option *Fixieren von Spalten/Zeilen* von einer beliebigen Stelle in der Kalkulationstabelle aus desaktiviert. Mit dieser Operation können auch Feldnamen auf jeder Seite einer langen Datenbank ausgegeben werden.

Spaltengröße festlegen

Es ist häufig erforderlich, die Spaltenbreite in einer Kalkulationstabelle zu ändern, damit Daten vollständig angezeigt werden. Die Spaltenbreite kann zu jedem Zeitpunkt verändert werden, auch nachdem Daten eingegeben sind.

Um die Spaltenbreite anzupassen, wird eine Zelle dieser Spalte markiert und die Taste F4 Größe betätigt. Anschließend wird die Cursortaste Nach Rechts angeschlagen, um die Breite zu vergrößern, durch die Betätigung der Cursortaste Nach Links wird die Spalte verkleinert. Falls Sie eine Maus verwenden, helfen Ihnen die Anweisungen zur Größenbestimmung von Objekten in Kapitel 3.

Um mehrere benachbarte Spalten gleichzeitig in der Größe zu verändern, müssen die Zellen der Spalten mit Hilfe der Taste F6 Auswahl markiert und analog bearbeitet werden.

Eingabe von Daten in Kalkulationstabellen

Framework III ermöglicht die Eingabe von Daten verschiedenen Typs in Tabellenkalkulations- und Datenbank-Frames: numerische Daten, Zeichen, Datumsangaben, Zeitangaben, logische Werte und Formeln. Hierzu wird der Cursor auf den Frame-Namen oder die Zelle verschoben und ein Dateneingabeformat gewählt. Dann werden die Daten eingegeben, und abschließend wird die Return-Taste betätigt. Falls Daten in aufeinanderfolgenden Zellen oder Feldern eingegeben werden sollen, wird statt der Return- die Tabulatortaste betätigt, die den Cursor zu der nächsten Zelle (nach rechts) verschiebt.

Verwendung des Standardeingabeformats

Alle Kalkulationstabellen und Datenbanken weisen das Standardeingabeformat auf. Das bedeutet, daß numerische oder Zeichendaten in jede Zelle eingegeben werden können. Unter numerischen Daten versteht man alle Daten, die in einer Berechnung verwendet werden können. Dazu gehören Zahlen, mathematische Symbole, Formelsymbole und FRED-Funktionen. Zeichendaten sind Daten, die nicht für Berechnungen genutzt werden. Ein Beispiel ist die Speicherung von Telefonnummern in Zeichenfeldern. Telefonnummern bestehen beispielsweise aus Ziffern und mathematischen Symbolen (dem Schrägstrich für die Division), die aber nicht sinnvoll in Berechnungen verwendet werden können.

Falls die Eingabe mit einem Buchstaben beginnt, muß der Cursor in die Zelle positioniert, die Daten müssen eingegeben und die Return- oder Tabulatortaste betätigt werden. Beginnt die Eingabe mit einer Zahl oder einem Formelsymbol, die/das für Berechnungen verwendet werden, wird dasselbe Verfahren angewendet: Die Zelle wird markiert, die Daten werden eingegeben, und die Return- oder Tabulatortaste wird betätigt.

Zur Eingabe von Zahlen oder Formeln, die nicht für die Berechnung einer Kalkulationstabelle verwendet werden, muß vor der Eingabe die Leertaste angeschlagen werden. Dadurch erkennt Framework III, daß die eingegebenen Daten als Zeichendaten und nicht als numerische Daten behandelt werden sollen. Falls Sie zum Beispiel die Telefonnummern 06121/333333 oder das Datum 1-1-89 (amerikanisches Datumsformat) ohne vorherige Betätigung der Leertaste eingeben, berechnet Framework III den Quotienten bzw. die Differenz der Zahlen und fügt statt der Telefonnummer bzw. des Datums das berechnete Ergebnis in die Zelle ein.

Wenn die Eingabe mit einem Zellkoordinatenpaar oder einem der im folgenden aufgeführten Zeichen beginnt, geht Framework III davon aus, daß es sich bei der Eingabe um eine Formel handelt, und schreibt die eingegebenen Daten in den Formelbereich des Frames:

@   # $ +   -   (.   "   *

Des weiteren läßt sich eine Formel in den Formelbereich eingeben, indem die Taste F2 Formel editieren vor der Dateneingabe betätigt wird. Das Verfahren wird im nächsten Kapitel näher beschrieben.

Andere Dateneingabeformate

In Framework III kann jederzeit ein anderes Datenformat spezifiziert werden, wodurch sich die Dateneingabe wesentlich vereinfacht. Dieses Eingabeformat kann für eine Zelle, einen Bereich oder einen vollständigen Frame angegeben werden. Mit dem festgelegten Dateneingabeformat kann ein Datum, eine Formel, ein logischer Wert oder eine als Text verwendete Zahl direkt in die Zelle eingegeben werden, ohne daß zuvor die Taste F2 Formel editieren oder die Leertaste betätigt werden müssen. Das Dateneingabeformat bietet auch einen gewissen Schutz gegen Eingabefehler, da Framework III alle Daten zurückweist, die nicht dem spezifizierten Format entsprechen.

Einstellen eines Formats

In Framework III gibt es sieben Dateneingabeformate. Es können Dateneingabeformate für eine gesamte Kalkulationstabelle, für einzelne Zellen oder Zellbereiche angegeben werden. Um ein Dateneingabeformat zuzuweisen, muß das Untermenü *Auswahl des Eingabeformats* im Menü *Zahlen* geöffnet und eine der folgenden Unteroptionen aktiviert werden:

- *Standard.* Dies ist die Standardfestlegung. Falls das erste in eine Zelle eingegebene Zeichen eine Zahl ist, behandelt Framework III die Daten der Zelle als numerische Daten. Ist das erste eingegebene Zeichen ein Buchstabe, so werden die eingegebenen Daten als Zeichen interpretiert.

- *Text.* Alle Eingaben werden akzeptiert und die Daten als Zeichen behandelt. Mit den Daten können demnach keine mathematischen Berechnungen ausgeführt werden. Dieses Format sollte für alphanumerische Texte verwendet werden, mit denen keine Berechnungen ausgeführt werden soll (Telefonnummern, Namen, Postleitzahlen usw.).

- *Numerisch.* Es werden alle Daten akzeptiert, aber nur die erste eingegebene Zahl wird erkannt und dargestellt; Buchstaben und Symbole werden nicht berücksichtigt. Die erste Zahl kann aus einer oder mehreren Ziffern (mit und ohne Dezimalstellen) bestehen. Bei diesem Dateneingabeformat werden die Zahlen als numerische Daten behandelt; mit den Zahlen können mathematische Operationen ausgeführt werden.

- *Datum.* Nur solche Daten können eingegeben werden, die dem aktuellen Datumsformat entsprechen.

- *Uhrzeit.* Es können nur Daten eingegeben werden, die einem Zeitformat entsprechen. Die allgemeine Form ist HH:MM:SS.HH. Der Wert für die Stunde muß hierbei angegeben werden; die Minuten, Sekunden und Hundertstelsekunden sind optional.

- *Logisch.* Es werden nur Daten akzeptiert, die einem logischen Wert entsprechen: y, n, yes, no, t, f, true, false, tr oder fal. Ein logischer Wert kann nur zwei Zustände annehmen: Ja (entsprechend Yes) oder Nein (entsprechend No).

- *Formel.* Für die angegebene Zelle werden nur Daten akzeptiert, die einer gültigen FRED-Formel oder einem gültigen FRED-Programm entsprechen. Die Daten werden dabei direkt in den Formelbereich der Zelle oder des Tabellenkalkulations-Frames positioniert.

Dateneingabe als Text

Daten vom Typ *Zeichen* (Text) können entweder bei aktiviertem Standard- oder Zeichenformat eingegeben werden. Falls das Standardformat eingestellt ist, und es sich beim ersten Zeichen um ein numerisches oder mathematisches Symbol handelt, muß vor der Eingabe die Leertaste betätigt werden. Andernfalls werden die Daten einfach in die markierte Zelle eingegeben und die Return- oder Tabulatortaste betätigt.

Eingabe von numerischen Daten

Zahlen können im Standard- oder numerischen Format eingegeben werden. Dazu wird der Cursor in die Zielzelle verschoben, die Daten eingegeben und die Return- oder Tabulatortaste betätigt.

In Zellen von Kalkulationstabellen können Zahlen in beliebigem Format eingegeben werden. Hierbei ist die Verwendung von Währungssymbolen, Dezimalzeichen, Prozentzeichen und dem wissenschaftlichen Exponentialsymbol e möglich. So können Zahlen in den Formaten 123456.78, 123456.78%, 1.2345678e5 oder 123456789 eingegeben werden. Nachdem die Zahlen in die Kalkulationstabelle eingegeben sind, kann das Anzeigeformat spezifiziert werden, indem die Optionen des Menüs *Zahlen* genutzt werden.

Eingabe des Datums

Die Datumseingabe kann auf verschiedene Arten erfolgen. Ein Datum läßt sich im Standard- oder Zeichenformat in Kalkulationstabellen eingeben. Die Daten dienen weder der Berechnung, noch werden sie auf Formatfehler überprüft. Des weiteren können Sie zwischen sieben Datumsformaten im Untermenü *Eingabeformat für Datum* auswählen.

Bei aktiviertem Standardformat wird der Cursor zur Zielzelle verschoben, die Leertaste einmal betätigt und das Datum eingegeben; danach wird die Return- oder Tabulatortaste betätigt. Bei aktiviertem Zeichenformat kann das Datum ohne vorherige Betätigung der Leertaste eingegeben werden. Bei beiden Optionen werden die eingegebenen Daten als Daten vom Typ Zeichen behandelt.

Auswahl des Eingabeformats

Die beste Methode der Datumseingabe besteht darin, ein Datumseingabeformat vor der Eingabe zu wählen. Framework III weist in dem Fall Eingaben in einem anderen Format zurück. Ein Datumsformat kann für eine vollständige Kalkulationstabelle, für einzelne Zellen oder auch für einen Zellbereich spezifiziert werden.

Hierzu werden im Menü *Zahlen* das Untermenü *Auswahl des Eingabeformats* und dort die Unteroption *Eingabeformat für Datum* geöffnet und eine der sieben Optionen zum Datumsformat gewählt. Danach wird das Datum eingegeben und die Return-Taste betätigt. Alle Datumsangaben sollten im selben Format eingegeben werden.

Untermenüoption/Eingabeformat		Eingabeform des Datums
A	Monat Tag Jahr	12/15/89; Dezember 16, 89
B	Tag Monat Jahr	10/1/89; 10 Januar 1989
C	Monat Jahr	1 89; Mai 89
D	Jahr Monat Tag	89.1.10; 1989 Januar 10
E	Tag Monat	15 1; 13 Jan
F	Monat Tag	1/14; Januar 16
G	Monat	Januar; Jan; Ja; J

Tabelle 6.2   Datumseingabeformate

Hinweis: Das Eingabeformat des Datums beeinflußt nicht die Darstellung des Datums. Das Anzeigeformat kann mit Hilfe der Optionen im Menü Zahlen verändert werden.

Eingabe der Uhrzeit

Die Eingabe der Uhrzeit gleicht in vielem der Datumseingabe. Mit Hilfe
des Standard- oder Zeichenformats können Zeitangaben vorgenommen
werden (jedoch ohne eine Fehlerkontrolle). Außerdem kann das Zeitformat angegeben werden, so daß alle Eingaben, die nicht dem festgelegten
Zeitformat und Wertebereich (beispielsweise 25.30 Uhr) entsprechen, vom
System zurückgewiesen werden. In Kalkulationstabellen werden die Zeit-
werte als Daten vom Typ Zeichen bearbeitet. Die gültigen Zeitformate
wurden bereits in diesem Kapitel besprochen.

Eingabe logischer Daten

Es gibt nur eine Möglichkeit zur Eingabe logischer Daten: Der Cursor
wird in die Zielzelle verschoben, die Option *Logisch* im Untermenü *Auswahl des Eingabeformats* gewählt und einer der folgenden Werte eingegeben: y, n, yes, no, t, f, true, false, tr oder fal.

Hinweis: Falls Sie die Festlegung im Untermenü Grundeinstellungen ändern, verändert Framework III - je nach gewählter Sprache - die Zeichen, die der Kennzeichnung der logischen Werte
dienen.

Vorgehensweise bei fehlenden Werten

Falls Sie beim Ausfüllen einer Kalkulationstabelle feststellen, daß der Datenwert für eine bestimmte Zelle fehlt, sollten Sie die Zelle leer lassen
(nicht den Wert 0 eingeben!). Die Eingabe des Wertes 0 kann fehlerhafte
Berechnungen nach sich ziehen. Framework III bearbeitet die Werte leerer
Zellen als Null, wenn sich die Zellen in keinem der durch eine Formel
bearbeiteten Bereiche befinden; in einem solchen Bereich werden Leerzellen ignoriert.

Zellen von Kalkulationstabellen

Nachdem die Daten und/oder Formeln in die Zellen einer Kalkulationstabelle eingegeben sind, besteht die Möglichkeit, diese vor versehentlichen
Änderungen zu schützen. Hierzu wird die Option *Gegen Änderungen
schützen* im Menü *Editieren* aktiviert. Bei aktivierter Option kann kein in
eine Zelle eingegebener Wert verändert werden, bevor die Option *Änderungen zulassen* aktiviert wird. Um alle Zellen in einer Kalkulationstabelle zu schützen, muß der Name der Kalkulationstabelle markiert und anschließend die Option *Gegen Änderungen schützen* aktiviert werden. Zur
Aufhebung der Schutzfunktion für eine Zelle oder Kalkulationstabelle
muß die Zelle bzw. der Name der Kalkulationstabelle markiert und die
Option *Änderungen zulassen* aktiviert werden.

Formeln schreiben

Formeln werden gewöhnlich in eine Zelle einer Kalkulationstabelle eingegeben, indem der Cursor auf diese Zelle positioniert, die Taste F2 Formel editieren betätigt, die Formel eingegeben und die Return-Taste angeschlagen wird. Falls die Option *Formel* des Menüs zur Auswahl des Eingabeformats aktiviert ist, oder die Formel mit einem der folgenden Symbole beginnt, braucht die Taste F2 Formel editieren nicht betätigt zu werden:

@   # $ (+   -   .   "   *   )

Wenn eine einzelne Zahl eingegeben wird, übernimmt Framework III diese Zahl als Wert für die Zelle. Wird zum Beispiel die Zahl 2 eingegeben, so erscheint in der Zelle der Wert 2. Falls eine aus Zahlen und Operatoren bestehende Formel eingegeben wird, wird nur das Ergebnis der Formel in die Zelle positioniert. Bei der Eingabe der Formel 2 + 2 erscheint der Wert 4 in der Zelle. Enthält die Formel Funktionen und/oder Referenzen auf andere Zellen, berechnet Framework III die Werte dieser Funktionen und Referenzen und nutzt sie zur Berechnung des in die Zelle einzufügenden Wertes. Wird die Formel @sum(C3:C7) verwendet, berechnet Framework III zuerst die Summe der Werte in den Zellen C3 bis C7 und übernimmt das Ergebnis der Summierung in diese Zelle.

Formeln können in Kalkulationstabellen oder Zellen eingegeben werden, indem das Standard- oder Formelformat verwendet wird (siehe Kapitel 7).

Schreiben von mehrzeiligen Formeln

Eine lange Formel kann sehr schnell unübersichtlich werden oder über den dargestellten Bildschirmbereich hinausragen. Um dies zu vermeiden, sollte die Formel in mehrere Zeilen unterteilt werden. Zu dem Zweck wird die Taste F2 Formel editieren betätigt, um in den Modus zum Formeleditieren zu gelangen. Danach wird die Taste F9 Zoom angeschlagen, wodurch der Formelbereich auf die volle Bildschirmgröße ausgedehnt wird. Danach kann ein Teil der Formel eingegeben, die Return-Taste betätigt und die Eingabe in der folgenden Zeile fortgeführt werden. Auf diese Weise können beliebig viele Zeilen in den Formelbereich einer Zelle eingegeben werden. Zur Beendigung des Vorgangs muß die Esc-Taste betätigt werden. Um eine mehrzeilige Formel einsehen zu können, muß die Zelle markiert und die Taste F2 Formel editieren betätigt werden. Ein nachfolgendes Anschlagen von F9 Zoom vergrößert den Bildschirmbereich, der zur Anzeige der Formel genutzt wird.

Dokumentieren der Kalkulationstabelle

Beim Arbeiten mit komplizierten Kalkulationstabellen und Formeln ist die Dokumentation der Kalkulationstabelle unerläßlich; hierbei wird vermerkt, welche Funktionen die Formeln haben, wie die Kalkulationstabellen zusammenhängen und woher die Daten stammen. Kommentare können an drei Stellen einer Kalkulationstabelle eingegeben werden, an denen sie die Berechnungen nicht verfälschen können: in den Namensbereich, in den Formelbereich und in die Zellen.

- *Namensbereich*. In den Namensbereich können beliebig viele Kommentare eingefügt werden. Hierzu wird der Name markiert, die Leertaste betätigt, die Taste F9 Zoom angeschlagen und die Kommentare neben dem oder unterhalb des Frame-Namens eingegeben. Die ersten acht Zeichen sollten als Name des Frames in der ersten Zeile verbleiben. Nachdem die Kommentare eingegeben sind, werden sie durch die Betätigung der Esc-Taste gespeichert. Um die Kommentare später einsehen zu können, muß der Frame-Name markiert und die Leertaste sowie die Taste F9 Zoom betätigt werden.

- *Formelbereich*. Auch im Formelbereich eines Tabellenkalkulations-Frames lassen sich beliebig viele Kommentare speichern. Das Vorgehen entspricht dem bei der Eingabe in den Namensbereich. Allerdings muß die Taste F2 Formel editieren statt der Leertaste betätigt werden, um in den Formelbereich zu gelangen. Im Formelbereich müssen die Kommentare von den ausführbaren Formeln unterschieden werden können. Aus diesem Grund ist vor jeder Kommentarzeile ein Semikolon einzufügen.

- *Zellen*. Kommentare können zusammen mit numerischen Daten in eine Zelle geschrieben werden, falls die Kommentare rechts oder unterhalb der numerischen Daten eingefügt werden und mit einem Semikolon beginnen. Hierzu muß die Zelle markiert, die Daten, gefolgt von einem Semikolon und dem Kommentar, eingegeben werden. Abschließend wird die Return-Taste betätigt. Falls der Kommentar mehr als eine Zeile umfaßt, muß F2 Formel editieren und F9 Zoom betätigt werden; erst im Anschluß daran werden die Daten und der Kommentar eingegeben. Analog zur Eingabe in den Formelbereich eines Frames werden die Eingaben hinter einem Semikolon als Kommentar interpretiert. Um die Kommentare später einzusehen, muß die Zelle markiert und F2 Formel editieren und F9 Zoom betätigt werden.

Verbessern der Struktur von Kalkulationstabellen

Hinzufügen und Löschen von Spalten und Zeilen

Framework III verfügt über zwei Optionen im Menü *Neu*, mit denen einer Kalkulationstabelle Zeilen und Spalten hinzugefügt werden können: Hierbei handelt es sich um die Optionen *Spalten/Felder: # einfügen* und *Zeilen/Sätze: # einfügen*. Um eine der genannten Optionen zu nutzen, muß das Menü *Neu* geöffnet, eine der Optionen aktiviert und die Anzahl der zu ergänzenden Zeilen bzw. Spalten angegeben werden. Der Cursor wird auf eine Zelle oberhalb der Position verschoben, an der neue Zeilen eingefügt werden sollen. Alternativ kann er zu der Zelle bewegt werden, die sich in der Spalte links neben der Einfügstelle befindet. Im Anschluß daran wird die Return-Taste betätigt. Framework III fügt die neuen Spalten bzw. Zeilen ein.

Werden einer Kalkulationstabelle Zeilen oder Spalten hinzugefügt, so ist zu überprüfen, ob die Formeln sich in ihrer mathematischen Wirkungsweise nicht verändert haben. Gibt es beispielsweise eine Spalte oder Zeile, die die Summe aller anderen darstellt, muß eine neue Zeile oder Spalte vor/oberhalb und nicht hinter/unterhalb der die Gesamtsumme enthaltenden Zeile/Spalte eingefügt werden.

Mit Framework III lassen sich Spalten und Zeilen auch aus einer Kalkulationstabelle löschen. Hierzu stehen die zwei Optionen *Spalten/Felder: Entfernen* und *Zeilen/Sätze: Entfernen* im Menü *Editieren* zur Verfügung. Wenn Spalten oder Zeilen entfernt werden, paßt Framework III die Formel entsprechend an. Hierzu werden die zu löschenden Spalten oder Zeilen markiert, der Cursor wird auf die gewünschte Option im Menü *Editieren* positioniert und die Return-Taste betätigt. Es erscheint eine Warnmeldung, daß diese Zeilen und Spalten nicht wiederherstellbar sind. Nach einer Bestätigung wird der Löschvorgang aktiviert.

Obwohl Framework III die Formeln in der Datenbank weitestgehend automatisch anpaßt, sollten Formeln nach jedem Löschvorgang überprüft werden.

Editieren von Zelleingaben

Daten können nach der Eingabe in die Zelle einer Kalkulationstabelle editiert werden. Hierzu wird die Zelle markiert, die Leertaste oder die Taste F2 Formel editieren betätigt, und anschließend werden die Änderungen in der Editierzeile ausgeführt; die Return-Taste beendet den Editiervorgang. Um die Eingabe in einem auf volle Bildschirmgröße gezoomten Bereich vorzunehmen, wird bei der Darstellung des Zelleintrags in der Editierzeile die Taste F9 Zoom betätigt. Anschließend werden die Veränderungen vorgenommen, und der Editiervorgang wird durch das Betätigen der Esc-Taste abgeschlossen.

Änderung des Datenformats nach der Dateneingabe

Werden Daten in eine Zelle eingegeben, speichert Framework III auch den Eingabemodus. Auf die Weise kann das Datenformat in der Zelle geändert werden, nachdem die Daten eingegeben sind. Das setzt jedoch voraus, daß das neue Format zum ursprünglichen Format kompatibel ist. Falls zum Beispiel numerische Daten in solche vom Typ Zeichen umgewandelt werden sollen, kann dies einfach durch die Auswahl der neuen Formatoption bewerkstelligt werden.

Zu diesem Zweck wird die Zelle markiert und das neue Datenformat aus dem Untermenü *Auswahl des Eingabeformats* (im Menü *Zahlen*) aktiviert. Framework III stellt die Daten anschließend im neuen Format dar. Falls die ursprüngliche Form nicht zum neuen Format kompatibel ist, erscheint eine Fehlermeldung. Der Wert verbleibt jedoch im Hauptspeicher, so daß trotz der Fehlermeldung kein Datenverlust möglich ist.

Löschen von Daten aus Zellen in Kalkulationstabellen

Zum Löschen von Daten von Kalkulationstabellen wird der Cursor zwecks Markierung auf die Zelle positioniert und die Del-Taste betätigt. Alle Daten, Datenwerte und Formeln in der Zelle werden entfernt. Um alle Daten einer Kalkulationstabelle zu löschen, muß der Cursor auf den Namensbereich positioniert, das Menü *Frames* geöffnet und die Option *Löschen ungeschützter Inhalte* aktiviert werden. Da mit dieser Operation alle Daten der Kalkulationstabelle gelöscht werden, erscheint vor der Ausführung der Löschung eine Sicherheitsabfrage.

Verschieben und Kopieren von Daten

Das Verfahren zum Verschieben und Kopieren von Daten zwischen und innerhalb Tabellenkalkulations-Frames entspricht dem in Text-Frames. Zuerst wird mit der Taste F6 Auswahl und den Cursortasten ein Datenbereich markiert. Danach betätigt man die Taste F7 Verlagern zur Datenverschiebung (beim Kopieren wird statt dessen die Taste F8 Kopieren genutzt). Nun wird der Cursor an den Bestimmungsort positioniert und die Return-Taste betätigt.

Falls Daten aus einer Datenbank in eine Kalkulationstabelle verschoben oder kopiert werden sollen, sollte die Größe und freie Kapazität (Anzahl der leeren Zellen) der Kalkulationstabelle überprüft werden. Jeder Datensatz in einem Datenbank-Frame wird in eine Zeile der Kalkulationstabelle übertragen; für jedes Feld wird eine Spalte benötigt. Beim Verschieben oder Kopieren von Text aus einem Text-Frame in eine Kalkulationstabelle sollte überprüft werden, ob die Zielzelle den gesamten Text aufnehmen kann; gegebenenfalls muß eine Breitenänderung vorgenommen werden). Jede Textzeile wird in eine Zeile der Kalkulationstabelle übertragen.

Löschen und Einfügen in Kalkulationstabellen

Die bereits besprochenen Möglichkeiten zum Löschen und Einfügen von Daten können in Kalkulationstabellen auch zur Übertragung von Werten aus einer Zelle in eine andere genutzt werden. Es werden aber nur die Werte und nicht die Formeln und Kommentare übertragen. Für die meisten Zwecke empfiehlt sich in Kalkulationstabellen die normale Kopierprozedur statt des Verfahrens *Löschen-und-Einfügen*.

Suchen und Ersetzen in Kalkulationstabellen

Texte und Zahlen können in Zellen von Kalkulationstabellen, analog zu Text-Frames, gesucht und ersetzt werden. Hierzu werden die zu ermittelnde Zeichenkette wie auch der Ersatzstring eingegeben und die Option *Ersetzen* durch im Menü *Suchen* aktiviert.

Zwei Suchoptionen beziehen sich auf Kalkulationstabellen: *Formeln berücksichtigen* und *Inhalt berücksichtigen* (beide im Menü *Suchen*). Die Option *Formeln berücksichtigen* muß aktiviert sein, damit Zahlen und Formeln einer Zelle bei einem Suchvorgang berücksichtigt werden. Mit der aktiven Option *Inhalt berücksichtigen* werden auch nicht-numerische Daten wie Zeichen, Datumsangaben, Zeitangaben und logische Werte in den Suchvorgang einbezogen (siehe Kapitel 7).

Erscheinungsbild einer Kalkulationstabelle

Formatieren von Zahlen und Text

Für die Darstellung von Zahlen gibt es in Framework III acht Formate. Eine Kalkulationstabelle kann in nur einem Format oder aber auch in unterschiedlichen Formaten für einzelne Zeilen, Spalten und Zellen erstellt werden. Die Formate können vor bzw. nach der Dateneingabe festgelegt werden. Die Optionen für die Zahlenformate finden sich im Menü *Zahlen*.

- *Dezimalstellen.* Durch den Menüpunkt kann die Anzahl der Dezimalstellen festgelegt werden, die bei der Verwendung der Optionen *Feste Dezimalstellen* und *Prozent* angezeigt werden. Der Standardwert beträgt 2; um den Wert zu ändern, muß die Return- oder Ins-Taste betätigt werden, um die Option auszuwählen (der Cursor muß sich dabei auf der Zeile *Dezimalstellen* befinden). Hiernach wird die Anzahl der Dezimalstellen eingegeben und nochmals die Return-Taste betätigt. Die Einstellung bleibt bis zur nächsten Veränderung aktiv.

- *Standardformat.* Mit der Option *Standardformat* wird die im Menüpunkt *Dezimalstellen* festgelegte Anzahl der Dezimalstellen für jeden eingegebenen Datenwert und ein Dezimalzeichen für jede berechnete Zahl abgebildet.

- *Ganzzahl.* Bei Wahl der Option *Ganzzahl* wird der Datenwert auf die nächste Ganzzahl ab- oder aufgerundet.

- *Feste Dezimalstellen.* Es werden der Eingabe *Dezimalstellen* hinzugefügt oder entfernt.

- *Währungsformat.* Die Option *Währungsformat* bildet Zahlen mit einem Währungszeichen und zwei Dezimalstellen ab. Sollten Sie ein anderes Währungszeichen wünschen, kann dies im Programm SETUP verändert werden.

- *Unterteilen in Tausender.* Die Option stellt Zahlen wie im *Währungsformat*, aber ohne Währungszeichen, dar.

- *Prozent.* Mit der Option *Prozent* werden die Zahlen mit der spezifizierten Anzahl von Dezimalstellen, gefolgt von einem %-Zeichen, abgebildet.

- *Exponentendarstellung.* Die Option *Exponentendarstellung* bildet die Zahlen in wissenschaftlicher Notation ab. Der Wert der Zahl ist die Zahl vor dem Zeichen *e*, multipliziert mit 10 hoch der Zahl hinter *e*.

Zur Festlegung eines Zahlenformats für eine vollständige Kalkulationstabelle muß der Cursor auf den Frame-Rand positioniert und anschließend ein Format aus dem Menü *Zahlen* aktiviert werden. Sollen nur bestimmte Zellen, Zeilen oder Spalten neu formatiert werden, müssen diese markiert und im Anschluß daran die Optionen zugewiesen werden.

In Tabelle 6.3 wird die Zahl 9876,543 in den verschiedenen Zahlenformaten mit zwei Dezimalstellen dargestellt.

Format	Beispiel
Standard	9876,543
Ganzzahl	9877
Feste Dezimalzahl	9876,54
Währungsformat	9.876,543 DM
Unterteilen in Tausender	9.876,54
Prozent	987654.30%
Exponentendarstellung	9.88E+3

Tabelle 6.3   Beispiele verschiedener Zahlenformate

Einstellen von Datums- und Zeitangaben

Die Optionen des Menüs *Zahlen* können genutzt werden, um das Format für Datums- und Zeitangaben zu bestimmen. In Tabelle 6.4 werden die Datumsangabe 31.12.89 und die Zeitangabe 18:30 Uhr in den verschiedenen Formaten dargestellt.

Format	Datum	Zeit
Standard	31.12.89	18:30 (oder was eingegeben wurde)
Ganzzahl	19891231	-
Feste Dezimalzahlen	31.12.89	-
Währungsformat	-	18:30 Uhr
Unterteilen in Tausender	31. Dezember 1989	-
Prozent	-	18:30:00.00
Exponentendarstellung	31.12.1988	-

Tabelle 6.4   Beispiele unterschiedlicher Datums- und Zeitformate

Datenausrichtung in Spalten

Gewöhnlich richtet Framework III in Zellen Zahlen rechtsbündig und Texte linksbündig aus. Diese Festlegung kann geändert werden, um eine Kalkulationstabelle übersichtlicher zu gestalten. Es gibt im Menü *Zahlen* vier Optionen, mit deren Hilfe sich die gewünschte Ausrichtung bestimmen läßt. Die Option *Texte links / Zahlen rechts* ist die Standardeinstellung (Bild 6.3). Die Option *Linksbündig* richtet jede Eingabe linksbündig aus (Bild 6.4), und mit der Option *Rechtsbündig* werden alle Eingaben rechtsbündig ausgerichtet (Bild 6.5). Die Option *Zentriert* mittet alle Texte und Zahlen innerhalb der Zelle ein (Bild 6.6).

Zur gleichmäßigen Ausrichtung aller Spalten einer Kalkulationstabelle muß der Cursor auf den Rand der Kalkulationstabelle positioniert, die Ins-Taste betätigt, der Cursor zur gewünschten Option im Menü *Zahlen* verschoben und die Return-Taste angeschlagen werden. Um mehrere Zellen auszurichten, müssen die Zellen mit Hilfe der Taste F6 Auswahl und den Cursortasten markiert werden, anschließend wird der Cursor in das Menü *Zahlen* verschoben und eine Option aktiviert.

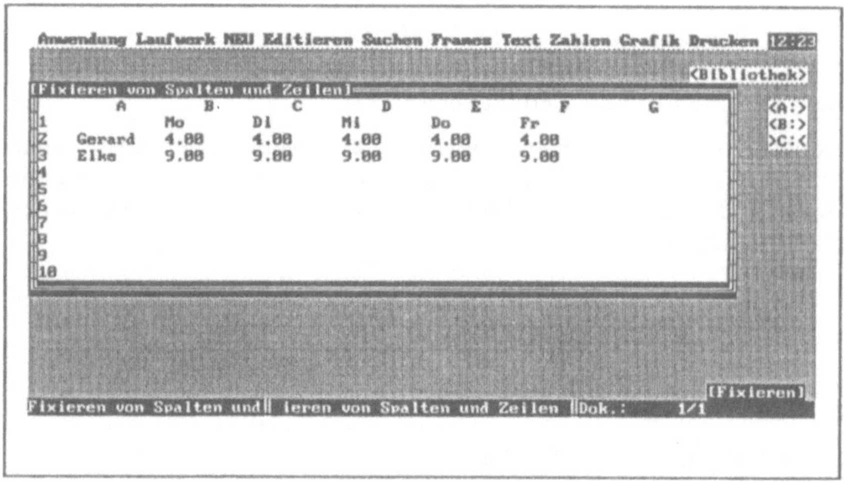

Bild 6.3   Standardeinstellung (Texte links / Zahlen rechts)

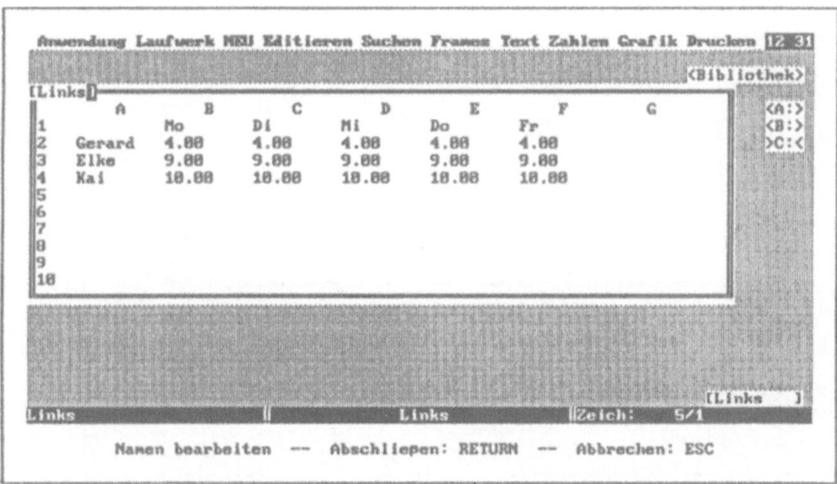

Bild 6.4   *Linksbündig*

Bild 6.5   *Rechtsbündig*

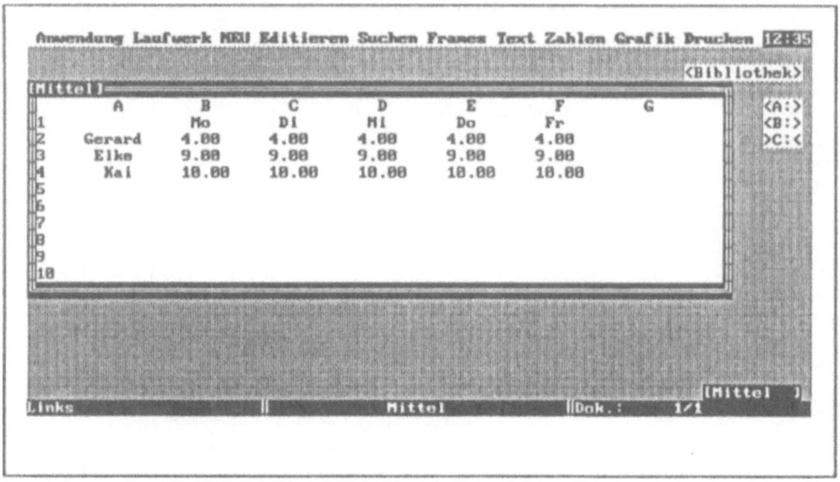

Bild 6.6   Zentriert

Sortieren von Zeilen

Es ist manchmal erforderlich, Daten in ab- oder aufsteigender Reihenfolge in Abhängigkeit von einer Variablen darzustellen. Beispielsweise kann eine Liste der Fußballmannschaften nach der Anzahl der gewonnenen Spiele sortiert werden, oder es kann eine Liste aller Mannschaften in alphabetischer Reihenfolge benötigt werden.

Um die Zeilen einer Kalkulationstabelle zu sortieren, wird der Cursor auf eine Zelle positioniert, das Menü *Suchen* geöffnet und eine Sortieroption aktiviert. Framework III sortiert die Zeilen und die dazugehörigen Formeln nach den Inhalten der Zelle, auf der sich der Cursor beim Aktivieren der Sortieroperation befunden hat. Mit der Option *Vorwärts (aufsteig.) sortieren* werden die Zeilen in aufsteigender Reihenfolge sortiert. Wird der Cursor auf die Zeilen-Namen positioniert, so erfolgt die Sortierung in alphabetischer Reihenfolge. Mit der Option *Rückwärts (absteig.) sortieren* werden die Zeilen in umgekehrter Reihenfolge sortiert. Falls der Cursor auf dem Zeilen-Namen positioniert wird, wird die Sortierung der Zeilen in umgekehrter alphabetischer Reihenfolge vorgenommen (also von Z nach A).

Die Optionen *Vorwärts (aufsteig.) sortieren* und *Rückwärts (absteig.) sortieren* können nur auf jeweils eine Spalte (und überhaupt nicht auf Zeilen) angewendet werden. Die gesamte Spalte muß nicht markiert werden, da durch das Positionieren des Cursors in eine Zelle automatisch die gesamte Spalte für diese Operation ausgewählt wird.

Vorhandene Kalkulationstabellen vergrößern

Falls Sie eine Kalkulationstabelle bearbeiten und diese vergrößern möchten, muß der Cursor auf den Namen des Tabellenkalkulations-Frames positioniert, das Menü *Neu* aktiviert und die Optionen *Länge: # Zeilen/Sätze* und *Breite: # Spalten/Felder* modifiziert werden. Abschließend wird die Return-Taste betätigt. Die Kalkulationstabelle wird auf die spezifizierte Anzahl der Spalten und Zeilen vergrößert. Dieser Vorgang kann im Anschluß daran für die noch unveränderte Dimension wiederholt werden.

<u>Hinweis</u>: Dieser Vorgang kann nicht zur Verkleinerung einer Kalkulationstabelle genutzt werden.

Anzeigen von Kalkulationstabellen-Koordinaten, Rändern und Namen

Falls eine Kalkulationstabelle auf dem Bildschirm so dargestellt werden soll, wie sie im Ausdruck auf dem Papier erscheint, nämlich ohne die Zeilen- und Spaltenkoordinaten, ist folgendes zu tun: Der Cursor wird in den Tabellenkalkulations-Frame verschoben, das Menü *Frames* geöffnet und die Option *Namen anzeigen* desaktiviert. Die Zeilen-/Spaltenkoordinaten werden durch das erneute Aktivieren der Option wieder dargestellt.

Die Tabellenkalkulations-Frames können auch ohne Frame-Rand und ohne -Namen auf dem Bildschirm dargestellt werden. Hierzu wird der Cursor auf den Frame-Namen positioniert, das Menü *Frames* geöffnet, die Option *Rahmen ausblenden* aktiviert und die Option *Namen anzeigen* ausgeschaltet (Bild 6.7).

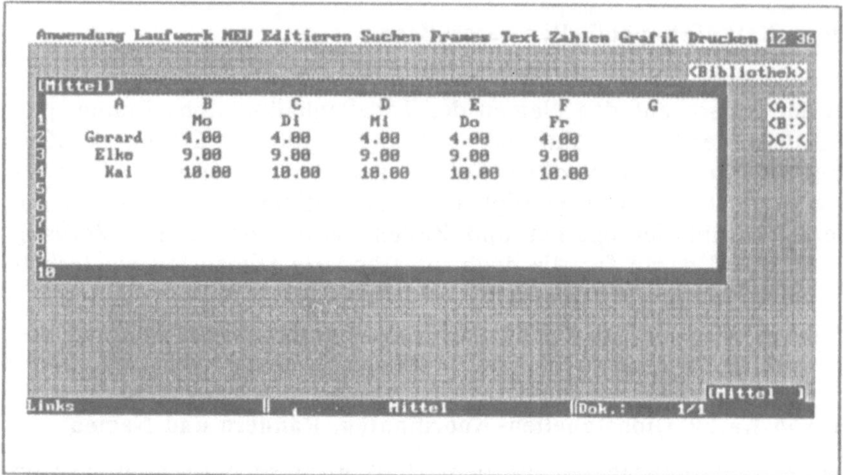

Bild 6.7   Kalkulationstabelle mit ausgeblendetem Rand

Spalten verbergen

Es ist möglich, eine oder mehrere Spalten zu verbergen, indem die Taste
F4 Größe und die Cursortaste Nach Links verwendet werden. Die Daten
verbleiben dabei weiterhin in den Frames und werden bei Berechnungen
genutzt. Sie werden allerdings weder auf dem Bildschirm dargestellt, noch
erscheinen sie im Ausdruck. Durch nochmaliges Betätigen der Taste F4
Größe erscheinen die Spalten wieder in ihrer ursprünglichen Größe.

Neuberechnung von Kalkulationstabellen

Automatische und manuelle Neuberechnung

Framework III führt Berechnungen von Kalkulationstabellen normalerweise automatisch aus (Standardeinstellung). Framework III führt bei jeder
Eingabe oder Veränderung einer Formel oder eines Wertes eine Neuberechnung der gesamten Kalkulationstabelle durch. In umfangreichen Kalkulationstabellen kann dies sehr zeitaufwendig und daher unerwünscht
sein. Falls die Kalkulationstabelle gemäß den Anweisungen des Benutzers
neu berechnet werden soll, muß die Option *Manuell* von Framework III
verwendet werden. Anschließend wird die Taste F5 Neuberechnung betätigt, um eine Neuberechnung durchzuführen. Die Optionen *Automatisch*
und *Manuell* finden sich im Untermenü *Optionen für Neuberechnung* des
Menüs *Zahlen*.

Natürliche und zeilenorientierte Berechnung

Framework III verfügt über zwei Möglichkeiten zur Berechnung von Kalkulationstabellen: die natürliche und die zeilenorientierte Berechnung. Unter natürlicher Neuberechnung versteht man die Eingabe von Formeln in eine Kalkulationstabelle, ohne daß die Reihenfolge beachtet werden muß, in der die Zellen berechnet oder die Formeln eingegeben werden. Framework III berechnet die Formeln in der Reihenfolge, in der sie von anderen Formeln abhängen. Dies ist die Standardeinstellung.

Bei der zeilenorientierten Neuberechnung werden von Framework III zuerst alle Formeln der ersten Zeile berechnet, dann alle der zweiten, der dritten usw. Unter bestimmten Umständen ist die zeilenweise Berechnung der natürlichen vorzuziehen.

Falls zum Beispiel die Werte in aufeinanderfolgenden Zeilen einer Kalkulationstabelle von den Werten der vorausgegangenen Zeilen abhängig sind, sollte diese Berechnungsweise aktiviert werden.

Die Optionen *Standard* und *Zeilenweise* finden sich im Untermenü *Optionen für Neuberechnung* des Menüs *Zahlen*.

Neuberechnen von Bereichen einer Kalkulationstabelle

In Framework III ist auch die Neuberechnung ausgewählter Bereiche einer Kalkulationstabelle möglich. Hierzu muß nicht mehr die vollständige Kalkulationstabelle neu berechnet werden. Um diese Funktion zu nutzen, muß zuerst das Untermenü *Optionen für Neuberechnung* geöffnet und die Option *Manuell* aktiviert werden. Im Anschluß daran werden die neu zu berechnenden Zellen ausgewählt, und mit der Tastenkombination Umschaltung-F5 Bereich Neuberechnen wird die bereichsorientierte Neuberechnung gestartet.

<u>Hinweis</u>: Diese Funktion sollte mit Bedacht und nur bei genauer Kenntnis der Kalkulationstabellenstruktur verwendet werden. Durch die Funktion kann eine Kalkulationstabelle in ihren Ergebnissen verfälscht werden. Falls beispielsweise die Werte anderer Zellen von den neu berechneten Zellwerten abhängen, sind diese ohne anschließende Neuberechnung falsch. Wenn Sie nicht genau wissen, welche Auswirkung die teilweise Neuberechnung hat, sollten Sie immer die gesamte Kalkulationstabelle neu berechnen.

Kalkulationstabellen speichern

Tabellenkalkulations-Frames werden durch die Betätigung der Tastenkombination Ctrl-Return oder durch die Auswahl der Optionen *Zwischendurch abspeichern* oder *Weglegen* im Menü *Laufwerk* auf Diskette oder Festplatte gespeichert.

Kalkulationstabellen drucken

Die Prozeduren zum Drucken von Tabellenkalkulations-Frames entsprechen denen für andere Frame-Arten. Da die Kalkulationstabellen jedoch oft umfangreicher als Text- oder Konzept-Frames sind, verfügt Framework III über spezielle Techniken zum Drucken von Kalkulationstabellen, die den Umfang einer Seite übersteigen.

Framework III unterteilt die Kalkulationstabelle in Abschnitte von der Größe einer Seite und druckt sie nacheinander aus (Kapitel 10).

Anlegen einer Kalkulationstabellen–Schablone

Zum Speichern eines Kalkulationstabellen-Formats für den erneuten Gebrauch verwendet man eine Schablone, die im Bibliotheks-Frame abgelegt wird. Die Schablone kann Spalten- und Zeilennamen, Druckformate, Zahlenformate, Datums- und Zeitangaben wie auch Formeln und Werte für ausgewählte Frames enthalten.

Um eine Kalkulationstabellen-Schablone anzulegen, wird zuerst eine Kopie der Tabelle erstellt und neu benannt. Anschließend werden alle Zellen, die wiederverwendbare Daten enthalten, geschützt: Die Zellen werden markiert, das Menü *Editieren* geöffnet und die Option *Gegen Änderungen schützen* aktiviert. Danach werden die Zellen, deren Inhalte verworfen werden sollen, hell unterlegt, das Menü *Editieren* wird nochmals geöffnet und die Option *Änderungen zulassen* gewählt. Anschließend wird der Cursor auf den Frame-Namen positioniert, das Menü *Frames* geöffnet und die Option *Löschen ungeschützter Inhalte* aktiviert. Es erscheint eine Eingabeaufforderung, die zur Löschung der Inhalte bestätigt werden muß. Soll ein Druckformat, Zahlenformat oder eine Formel für Leerzellen gespeichert werden, so müssen die Zellen markiert und die Einstellungen gewählt werden. Zuletzt wird der Frame zur späteren Verwendung in den Bibliotheks-Frame verlagert. Das Anlegen von Schablonen und deren Speicherung im Bibliotheks-Frame wird in den Kapiteln 10 und 13 besprochen.

Kapitel 7

Eingabe von Formeln in Framework III

Die eigentliche Produktivität von Kalkulationstabellen in Framework III ergibt sich aus der Verwendung von Formeln und Funktionen. Mit Hilfe von Formeln lassen sich Bedingungen spezifizieren und Zellwerte verändern, wobei die Kalkulationstabelle anschließend das Ergebnis der Änderung automatisch berechnet.

Grundlegendes zu Formeln

Das Verständnis der Formeln in Kalkulationstabellen setzt das Wissen voraus, daß jede Zelle in einem Tabellenkalkulations-Frame selbst wiederum ein Frame ist. Wie jeder andere Frame kann sie eine eigene Formel enthalten, die ein Wert (eine Zahl) sein kann, der in die Zelle eingegeben wird, oder eine Kombination von mathematischen und logischen Ausdrücken. Durch die Formel erhält die Zelle einen Wert. Eine Formel kann sich auch auf den Wert einer anderen Zelle beziehen.

Jede Formel ist ein kleines FRED-Programm, das aus einem oder mehreren Ausdrücken besteht. Jeder Ausdruck setzt sich wiederum aus vier Elementen zusammen. Die Elemente können verschieden angeordnet sein, sie müssen jedoch gemäß den geltenden Syntaxregeln miteinander verknüpft sein. Die vier Elemente sind *Werte*, *Referenzen*, *Operatoren* und *Funktionen*.

Werte können Zahlen oder Konstanten sein und sind die Ergebnisse der mit den Operatoren ausgeführten Operationen. Jeder Ausdruck und jede Formel verfügt über ein Ergebnis. Jede Zelle einer Kalkulationstabelle weist einen Wert auf, der das mathematische Ergebnis seiner Formel ist.

Referenzen dienen der Kennzeichnung von Frames. Sie erweitern die Reichweite der Kalkulationstabelle durch Einbeziehung von Formeln anderer Zellen und Kalkulationstabellen. Falls der Wert einer Zelle oder Kalkulationstabelle geändert wird, ändert sich auch der Wert aller Zellen und Kalkulationstabellen, die sich auf die geänderte Zelle beziehen.

Operatoren sind die mathematischen und logischen Symbole zur Berechnung von Werten in Ausdrücken und Formeln. Beispiele für Operatoren sind +, -, *, /, %, ^, <, > und &. Die Operatoren treten gewöhnlich zwischen zwei Werten auf und geben eine auf die beiden Werte bezogene Operation an (beispielsweise die Multiplikation oder Addition). Manchmal beziehen sich Operatoren auch nur auf einen Wert (wie zum Beispiel bei der Exponentiation, der Umwandlung einer Zahl in einen Prozentwert usw.). Solche Operatoren nennt man *unitär*.

Ausdruck	**Bedeutung**
2+2	Berechnet die Summe von 2 und 2.
(2+2)/3	Berechnet die Summe von 2 plus 2 und teilt das Ergebnis durch 3.
A3+5	Übernimmt den Wert aus Zelle A3 und addiert 5.
@sum(A3,B4)	Berechnet die Summe der Werte in den Zellen A3 und B4.
@avg(A3:A7)	Berechnet den Mittelwert aller Zellwerte in der Spalte A zwischen den Zeilen 3 und 7.
@sum(A3:C7)	Berechnet die Summe aller Zellwerte zwischen der Zelle A3 und der Zelle C7.
(25-2.5*3)/(@sin(5.25)+73.25)	Vom Wert 25 wird das Ergebnis der Multiplikation von 2,5 und 3 abgezogen und der resultierende Wert durch den Ergebniswert der zweiten Klammer geteilt. Die zweite Klammer errechnet sich als der Sinus von 5,25, zu dem 73,25 addiert wird.

Tabelle 7.1   Syntaxregel

Funktionen sind Programme, die sich auf eine Zelle, einen Wert oder einen Bereich von Werten beziehen. Ein Beispiel hierfür ist @sum, die die Summe der angegebenen Werte berechnet; @avg beispielsweise dient der Berechnung des Mittelwertes. Die meisten Funktionen verfügen über einen oder mehrere Parameter, die hinter dem Funktionsnamen in Klammern erscheinen. Hierdurch werden Werte oder Referenzen angegeben, mit denen die Funktion eine Operation ausführt. Die Funktion @sum(1,3,5) berechnet beispielsweise die Summe der Zahlen 1, 3 und 5; @sum(A3:C5) ermittelt die Summe der Werte aller Zellen zwischen A3 und C5.

Framework III ermöglicht die Verwendung von finanzmathematischen, statistischen, logischen, numerischen sowie Datums- und Zeitfunktionen. Es ist auch möglich, mit der Programmiersprache FRED benutzerspezifische Funktionen zu erstellen.

Unter Syntax versteht man die Regeln zur Anordnung von Werten, Referenzen, Operatoren und Funktionen. Die Syntaxregeln sind zwar relativ einfach, müssen jedoch exakt eingehalten werden. Nur bei korrekter Befolgung der Syntax führt Framework III die eingegebenen Befehle korrekt aus. Wird den Syntaxregeln nicht gefolgt, bleibt das Programm entweder inaktiv, oder es wird eine Fehlermeldung abgebildet. Zwischen Funktionsname und Parameter dürfen zum Beispiel keine Leerzeichen auftreten, da Framework in dem Fall die Klammern nicht als Parameterbegrenzung erkennt. Die Syntaxregeln werden im Verlauf dieses Kapitels zusammen mit den Funktionen und Operatoren erklärt. Beispiele einer korrekten Syntax sind in Tabelle 7.1 dargestellt.

Operatoren

Die Operatoren müssen in Framework III-Formeln wie in algebraischen Formeln angegebenen werden. Zwischen Operator und Operand können Leerzeichen eingefügt werden, diese sind aber nicht unbedingt erforderlich. Klammern bewirken dasselbe wie in algebraischen Ausdrücken und können beliebig ineinander verschachtelt werden. Wie bei algebraischen Ausdrücken befolgt Framework III bei der Bearbeitung von Operatoren in Ausdrücken eine festgelegte Reihenfolge. Dennoch sollte man so oft wie möglich Klammern verwenden, um Formeln übersichtlicher zu gestalten.

Arithmetische Operatoren

Die arithmetischen Operatoren sind in Tabelle 7.2 dargestellt.

Operator	Bedeutung
*	Multiplikation
/	Division
+	Arithmetische Addition
-	Subtraktion (Minuszeichen vor einem Wert)
^	Exponentiation
%	Prozent

Tabelle 7.2   Arithmetische Operatoren

Der Computer verwendet das Asteriskzeichen * zur Bezeichnung der Multiplikation und den Schrägstrich / zur Kennzeichnung der Division. Die Operatoren für die Grundrechenarten (* / + -) akzeptieren Werte oder Referenzen auf beiden Seiten des Operators und führen die angegebene Operation aus, um einen Ergebniswert zu erzeugen. Der Ausdruck 2*3 bedeutet, daß der Wert 2 mit 3 multipliziert werden soll, und 4/C3 wird so interpretiert, daß 4 durch den Wert der Zelle C3 geteilt werden soll. Die Plus- und Minuszeichen können auch als Vorzeichen vor einen einzelnen Wert gesetzt werden.

Der Exponentialoperator ^ gibt an, daß die Zahl links vom Operator mit die Zahl rechts vom Operator potenziert wird. Bei den beiden Operanden kann es sich um Werte oder Referenzen handeln.

Der Prozentoperator % bedeutet, daß die links vom Operator erscheinende Zahl eine Prozentangabe ist. Es wird dasselbe Resultat wie durch eine Division durch 100 erzeugt.

Relationale Operatoren

Relationale Operatoren werden in bedingten Ausdrücken zum Vergleich der Werte oder Referenzen auf beiden Seiten des Operators verwendet. Die relationalen Operatoren in Framework III sind in Tabelle 7.3 dargestellt.

Operator	Bedeutung
>	Größer als
<	Kleiner als
=	Gleich
>=	Größer als oder gleich
<=	Kleiner als oder gleich
<>	Ungleich

Tabelle 7.3   Relationale Operatoren

Andere Operatoren

An anderer Stelle wurden bereits einige Operatoren in Framework III-Formeln angesprochen. Hierbei handelt es sich um folgende vier Operatoren:

o   Parametertrennung   ,

o   Bezeichnertrennung   .

o   Bereichstrennung   :

o   Bezeichner für Anfang und Ende   []

Vorrang in Ausdrücken

In Ausdrücken führt Framework III einige Operationen vor anderen aus und bearbeitet beispielsweise von Klammern umschlossene Ausdrücke zuerst. Auf jeder Schachtelungsebene der Klammern werden die Operatoren in folgender Reihenfolge bearbeitet: - (negativer Wert), %, ^, * und /, + und - (Subtraktion) und zuletzt die logischen Operatoren. Verfügen Operatoren über die gleiche Priorität (wie zum Beispiel * und /), so werden sie von links nach rechts bearbeitet.

Framework III bearbeitet zum Beispiel des Ausdruck:

47 + 8 * 4^3 - 15

als ob diese Klammern gesetzt wären:

47 + (8 * (4^3)) - 15

Im Zweifelsfall ist eine Klammerung immer vorzuziehen.

Zellreferenzen

Framework III stellt drei Möglichkeiten zur Verfügung, auf Frames und Zellen Bezug zu nehmen: mittels konventionellen Koordinaten (A1, B2 oder C3), vollständigen Namen (PROFIT.FEBRUAR) und durch das *Zeigen mit dem Cursor*.

Konventionelle Koordinaten

Konventionelle Koordinaten verfügen über zwei Komponenten zur Kennzeichnung einer Zelle: den Spaltenbuchstaben (A, B, C) und eine Zeilennummer (1, 2, 3). Die Bezugnahme besteht aus dem Spaltenbuchstaben, gefolgt von der Zeilennummer.

Eine Gruppe benachbarter Zellen wird als *Bereich* bezeichnet. Um einen Bereich zu spezifizieren, werden die Koordinaten der Zelle in der linken oberen Ecke des Bereichs, gefolgt von einem Doppelpunkt und den Koordinaten der rechten unteren Zelle des Bereichs eingegeben. Zum Beispiel bezieht sich der Ausdruck B3:B11 auf alle Zellen der Spalte B zwischen den Zeilen 3 und 11. Der Ausdruck B5:G5 umfaßt alle Zellen in der Zeile 5 zwischen den Spalten B und G. Ein Bereich kann sich auch über mehrere Zeilen und Spalten gleichzeitig erstrecken.

Vollständige Referenznamen

Neben den Koordinaten können in Framework III auch Namen zur Bezugnahme auf Spalten und Zeilen verwendet werden. Die Spalten- und Zeilennamen müssen in der ersten Spalte bzw. Zeile der Kalkulationstabelle eingegeben werden. Vollständige Referenznamen bestehen aus dem

Spaltennamen, gefolgt von einem Punkt und dem Zeilennamen. Es dürfen keine Leerzeichen eingegeben werden. Eine Bezugnahme mittels Koordinaten kann C3 lauten oder aber aus dem vollständigen Referenznamen PROFIT.FEBRUAR bestehen. Ein Bereich von Zellen kann folgendermaßen angegeben werden: PROFIT.JANUAR:GEWINN.DEZEMBER.

Zeigen mit dem Cursor

Mit Hilfe der Methode des Zeigens mit dem Cursor können Zellen und Zellbereiche schnell und fehlerfrei gekennzeichnet werden. Zellen und Frames lassen sich zueinander in Bezug setzen, indem der Cursor in die entsprechende Zelle oder den Frame positioniert wird; es müssen keine Namen eingegeben werden.

Um das Zeigen mit dem Cursor in einer Kalkulationstabelle zu verwenden, muß zuerst die Taste F2 Formel Editieren betätigt werden; hierdurch gelangt man in den Formelbereich. Anschließend wird die Formel eingegeben, bis man zu der Stelle gelangt, an der eine Zelle spezifiziert werden muß. Nun wird die Cursortaste Nach Oben betätigt, um den Cursor in die Kalkulationstabelle zu positionieren. Soll nur eine einzige Bezugnahme auf eine Zelle eingegeben werden, so wird der Cursor zu der entsprechenden Zelle verschoben und die Return-Taste betätigt. Framework III fügt die Zellkoordinaten in die Formeleditierzeile der zu erstellenden Formel ein. Der Cursor kann auch in einen anderen Frame verschoben werden. Framework III fügt dann den gesamten Frame-Namenspfad in die Formel ein. Um die Formel zu vervollständigen, muß die restliche Formel eingegeben werden. Falls nötig, wird das Zeigen mit dem Cursor wiederholt, und zum Abschluß wird die Return-Taste betätigt.

Auf dieselbe Weise wird ein Bereich von Zellen oder Frames in eine Formel eingegeben. Hierbei müssen jedoch alle Zellen des Bereichs zuerst mit der Taste F6 Auswahl markiert werden.

Bezugnahme auf Frames

Falls sich die Zelle, auf die Bezug genommen wird, in einem anderen Tabellenkalkulations-Frame befindet, muß der vollständige Pfadname angegeben werden. Die Frame-Namen werden durch Punkte voneinander getrennt.

Befindet sich die gerade bearbeitete Kalkulationstabelle in einem verschachtelten Frame oder in einem Container-Frame, und soll auf eine Kalkulationstabelle in einem anderen Container-Frame Bezug genommen werden, müssen im Pfadnamen mehrere Frame-Namen spezifiziert werden. Falls Sie zum Beispiel an der Kalkulationstabelle VERKAUF im Frame DATEN arbeiten, der wiederum in einem Frame namens [1989] enthalten ist, und Sie auf einen ähnlichen Frame für das Jahr 1988 Bezug nehmen wollen, muß folgender Pfadname eingegeben werden:

DATEN.[1989].[1988].DATEN.VERKAUF

Mit diesem Pfadnamen wird Framework III mitgeteilt, daß der Pfad durch die Frames DATEN und [1989] zum Frame [1988] und dort wieder zu den Frames DATEN und VERKAUF führt. Im Beispiel sind die Frame-Namen [1988] und [1989] in eckige Klammern eingeschlossen. Die Klammerung ist erforderlich, wenn in einem Frame-Namen Zahlen oder Leerzeichen auftreten.

Auch ein Bereich von Frames kann aufeinander bezogen werden. Ein Bereich ist dann eine Anzahl aufeinanderfolgender Frames. Die Frames werden dem Bereich dadurch zugewiesen, daß die vollständigen Pfadnamen für den linken oberen und rechten unteren Frame, durch einen Doppelpunkt voneinander getrennt, eingegeben werden. Soll ein Frame-Bereich in der Kalkulationstabelle VERKAUF summiert werden, wird folgendes angegeben:

@sum(VERKAUF.C3:VERKAUF.D10)

Zur Bezugnahme auf Bereiche ist die Verwendung des Zeigens mit dem Cursor am zweckmäßigsten.

Regeln für Frame- und Zellnamen

In Framework III ist für Frame- und Kalkulationstabellennamen die Angabe einer beliebigen Zeichenfolge möglich. Um in bestimmten Fällen Mißverständnisse zu vermeiden, sollten die folgenden Regeln befolgt werden:

- Falls das erste Zeichen kein Buchstabe ist, muß der gesamte Name in Klammern gesetzt werden.

- Falls der Name eines der folgenden Symbole enthält, muß er ebenfalls in Klammern gesetzt werden:

     # ! . / + - * ^ % @ & ( ) { } | = < > ? : \ ' , ;

Die eckigen Klammern müssen nur zur Umgrenzung von Bezeichnern verwendet werden, auf die in Formeln Bezug genommen wird. Wenn das Zeigen mit dem Cursor verwendet wird, fügt Framework III die eckigen Klammern - falls erforderlich - automatisch ein.

Absolute und relative Referenzen

Framework III ermöglicht das Kopieren und Verschieben von Formeln zwischen Zellen. Aus diesem Grund ist auch die Unterscheidung zwischen absoluten und relativen Referenzen wichtig. Eine absolute Referenz in einer Formel kennzeichnet die Koordinaten dieser Zelle; die Koordinaten werden nach dem Kopieren oder Verschieben der Formel nicht modifiziert. Eine relative Bezugnahme in einer Formel verändert die Zellkoordinaten je nach der neuen Position der Zelle (nach dem Kopieren oder Verschieben).

Es soll zum Beispiel die Formel @sum(B3:B26) in eine neue Zahlenspalte in die Zelle B27 eingegeben werden. Anschließend wird der Cursor in die Zelle C27 verschoben. Soll die Zahlenspalte auch im Bereich C3 bis C26 gelten, so muß nicht die gesamte Formel neu eingegeben werden. Statt dessen wird der Cursor in Zelle B27 verschoben und die Taste F8 Kopieren betätigt. Die Formel wird kopiert und automatisch an die neuen Verhältnisse angepaßt, so daß die relative Position der zu summierenden Zellen richtig angegeben wird.

Manchmal kann auch die Verwendung von absoluten Referenzen erforderlich sein. In diesem Fall muß das Dollarzeichen $ vor jeden absoluten Teil des Zellnamens eingefügt werden (C3).

Jede Komponente des Zellnamens (Spalten- und Zeilenkomponente) oder beide zusammen können absolut oder relativ sein. Daher ergeben sich vier Möglichkeiten von Referenzen auf Zellen (Tabelle 7.4).

Referenz	Spaltenkomponente	Zeilenkomponente
C3	Absolut	Absolut
C$3	Relativ	Absolut
$C3	Absolut	Relativ
C3	Relativ	Relativ

Tabelle 7.4   Varianten absoluter und relativer Referenzen

Wenn Sie das Zeigen mit dem Cursor verwenden und sich nicht sicher sind, welcher Teil der Referenz absolut bzw. relativ sein soll, sollten Sie das Dollarzeichen $ vor der Betätigung der Return-Taste eingeben, damit alle vier Möglichkeiten untersucht werden. Im Statusbereich wird das Ergebnis jeweils angezeigt. Meist werden beide Komponenten der Referenz entweder relativ oder absolut verwendet.

Kopieren und Verschieben von Formel- und Zellwerten

Nach der Eingabe einer Formel oder eines Wertes in die Zelle einer Kalkulationstabelle ermöglicht Framework III das Kopieren oder Verschieben der Formel oder des Wertes in andere Zellen. Dazu muß der Cursor in die Zelle (oder auch über mehrere Zellen) positioniert und die Taste F7 Verlagern oder F8 Kopieren betätigt werden. Der Cursor wird zu der neuen Zelle verschoben und anschließend die Return-Taste angeschlagen. Die Formel wird an die neue Position übertragen, und Framework III paßt die Zellnamen in der Formel gemäß der neuen Position an. Die Taste F6 Auswahl kann in Verbindung mit den Cursortasten verwendet werden, um einen Zellbereich zu kopieren oder zu verschieben. Nachdem eine Formel mit relativen Referenzen verschoben oder kopiert wurde, sollten die Modifikationen in den neuen Zellen überprüft werden.

Um eine Zellformel, einen Formelbereich oder eine Kalkulationstabelle ohne Anpassung der Zellreferenzen zu kopieren, muß der entsprechende Bereich markiert, die Taste F8 Kopieren betätigt und der Cursor zur Zielposition verschoben werden. Der Vorgang wird durch das Anschlagen der Dollar- statt der Return-Taste beendet. Die Zellreferenzen aus den ursprünglichen Formeln bleiben in den kopierten Zellen erhalten.

Um den Wert ohne die Zellformel in eine Zelle zu verschieben oder zu kopieren, muß der Wert markiert, die Taste F7 Verlagern oder F8 Kopieren und zum Abschluß die Nummernzeichentaste # betätigt werden.

Es können auch alle Formel aus markierten Zellen durch die berechneten Werte dieser Zellen ersetzt werden. Hierzu wird die Zelle markiert, die Taste F8 Kopieren betätigt und anschließend ohne vorherige Verschiebung des Cursors die Taste # angeschlagen.

Neuberechnen von Referenzzellen

Wenn eine Formel auf eine Zelle Bezug nimmt, wird gewöhnlich der aktuelle Wert der Zelle in die andere Zelle übertragen. Wird jedoch ein @-Zeichen an den Anfang der Zellreferenz gesetzt, so berechnet Framework III zuerst die Zelle, auf die sich die Referenz bezieht und überträgt erst dann den neuen Wert in die Zielzelle. Diese Prozedur kann in Kalkulationstabellen oftmals Verwendung finden. So kann beispielsweise Framework III veranlaßt werden, zuerst den Gesamtbetrag am unteren Ende der Kalkulationstabelle zu berechnen und anschließend den ermittelten Wert am Anfang der Kalkulationstabelle einzufügen.

Formelfunktionen

Framework III verfügt über implementierte Funktionen, zu denen auch solche für Berechnungen in Kalkulationstabellen gehören. Diese Formeln sind Bestandteil der Programmiersprache FRED und können zum großen Teil áuch in Datenbanken eingesetzt werden (Anhang E).

Arten der Formelfunktion

Es gibt fünf Arten von Formelfunktionen: finanzmathematische, statistische, logische, numerische und Datums- und Zeitfunktionen. Im folgenden Abschnitt werden die Funktionen jedes Typs beschrieben.

Alle Framework III-Funktionen beginnen mit dem Klammeraffezeichen @ und werden durch den Funktionsnamen und Parameter ergänzt. Insgesamt wird dieser Teil als *Funktionsaufruf* bezeichnet. Wenn Framework III einen Funktionsaufruf registriert, wird die Berechnung der Formel für die Zeit der Funktionsausführung unterbrochen, und erst nachdem von der Funktion ein Wert zurückgegeben wurde, wird die restliche Formel bearbeitet.

Die meisten Funktionen in Framework III verfügen über einen oder mehrere Parameter, die hinter dem Funktionsnamen von Klammern umschlossen und durch Kommata voneinander getrennt, eingegeben werden.

Finanzmathematische Funktionen

Framework III enthält die folgenden finanzmathematischen Funktionen:

- @fv
- @pv
- @pmt
- @npv
- @irr
- @mirr

@fv, Zukunftswert

@fv berechnet den Kapitalendwert (*Future Value*) von konstanten regelmäßigen Zahlungen. Dabei wird von einem festen Zinssatz ausgegangen. Der Endwert (Zukunftswert) ist die Summe der aufgezinsten Zahlungen, das heißt, er besteht aus den Zahlungen zuzüglich der angefallenen Zinsen.

Syntax: @fv(Rate,Zins,Perioden)

Rate: konstante Zahlungen

Zins: Zinssatz in Prozent pro Periode

Perioden: Anzahl der Zahlungsperioden

Monatliche Zahlungen. Das folgende Beispiel berechnet den Kapitalendwert einer Investition mit monatlichen Zahlungen von 125 DM und einer Verzinsung von 10% über einen Zeitraum von zehn Jahren (120 Monate).

Beispiel: @fv(125,.833%,120)

Ergebnis: 25599,76

Vierteljährliche Zahlungen. In diesem Beispiel liegen vierteljährliche Zahlungen von 500 DM bei 10% Jahreszins über einen Zeitraum von fünf Jahren vor.

Beispiel: @fv(500,2.5%,20)

Ergebnis: 12772,33

@pv, Barwert

@pv errechnet den Barwert (*Present Value*) eines Darlehens, das in gleichen, regelmäßigen Raten bei gegebenem Zinssatz und gegebener Anzahl der Perioden getilgt wird.

Syntax: @pv(Rate,Zins,Perioden)

Rate: konstante Zahlungen

Zins: Zinssatz in Prozent pro Periode (gegebenenfalls müssen Zinssatz und Periode in Einklang gebracht werden)

Perioden: Anzahl der Zahlungsperioden

Berechnung des Kapitalbarwerts bei monatlichen Zahlungen. Berechnet werden soll der Barwert einer Verbindlichkeit oder einer Investition mit monatlichen Zahlungen von 125 DM bei 12 % Jahreszins (12/12 ist 1). 36 Zahlungen pro Jahr sind bereits geleistet worden.

Beispiel: @pv(125,1%,36)

Ergebnis: 3763,44

Berechnung des Kapitalbarwerts bei vierteljährlichen Zahlungen. Seit vier Jahren werden vierteljährlich (insgesamt 16 Quartale) 500 DM gezahlt. Der Zinssatz beträgt 16 % pro Jahr (16/4 ergibt 4).

Beispiel: @pv(500,4%,16)

Ergebnis: 5826,15

@pmt, Zahlungsrate

@pmt berechnet die für die Tilgung eines Darlehens erforderlichen regelmäßigen Zahlungen.

Syntax: @pmt(Kredit,Zins,Perioden)

Kredit: Kreditsumme

Zins: Zinssatz in Prozent pro Periode (gegebenenfalls müssen Zinssatz und Periode in Einklang gebracht werden)

Perioden: Anzahl der Zahlungsperioden

Beispiel: @pmt(5000,1.5%,36)

Ergebnis: 180,76

Monatliche Tilgung. Ein Kredit von 5000 DM kann bei 18 % Zins p.a. (18/12 ergibt 1,5) in drei Jahren (36 Monate) mit einem monatlichen Betrag von 180,76 DM getilgt werden.

Vierteljährliche Tilgung. Hier wird ein Kredit von 50000 DM durch vierteljährliche Raten von 5327,61 DM bei 16 % Jahreszins (16/4 ergibt 4) in drei Jahren (12 Quartalen) getilgt.

Beispiel: @pmt(50000,4%,12)

Ergebnis: 5327,61

@npv, Kapitalbarwert

@npv berechnet den Kapitalbarwert (*Net Present Value*) einer Zahlungsreihe bei gegebener Verzinsung.

Syntax: @npv(Zins,Zahlungsreihe)

Zins: Zinsfuß, der abgezinst werden soll

Zahlungsreihe: Reihe von Ein- oder Auszahlungen in regelmäßigen Abständen; gegebenenfalls müssen Zinssatz und Zahlungszeitraum in Einklang gebracht werden.

Das folgende Beispiel berechnet den Barwert folgender Zahlungsreihe (positive und negative Zahlungen): -1000 DM, 0 DM, 1000 DM, 2000 DM und 2000 DM bei einem Zinssatz von 10 % pro Periode (zum Beispiel jährlich).

Beispiel: @npv(10%,-1000,0,1000,2000,2000)

Ergebnis: 2695,10

@irr, interner Zinsfuß

@irr errechnet den internen Zinsfuß (*Internal Rate of Return*) einer Zahlungsreihe.

Syntax: @irr(Schätzung,Zahlungsreihe)

Schätzung: Geschätzte Kapitalverzinsung in Prozent, die Schätzung hat im allgemeinen auf das Ergebnis keinen Einfluß, wenn beide Werte (Schätzung und Resultat) im Bereich von 0 bis 100 Prozent liegen

Zahlungsreihe: Reihe von Ein- und Auszahlungen in regelmäßigen Abständen

Mit einer Näherungsmethode wird eine gegebene Schätzung in maximal 20 Iterationen verbessert. Wenn das Vorzeichen der Zahlungsreihe mehr als einmal wechselt, kann @irr mehrere Lösungen liefern. In diesem Fall sollten Sie @mirr verwenden.

Beispiel: @irr(12%,-10000,2500,2500,2500,2500,2500)

Ergebnis: 0,08

Im vorherigen Beispiel wird die interne Verzinsung einer Anfangsinvestition von 10000 DM bei jährlichen Rückflüssen von 2500 DM über fünf Jahre berechnet.

@mirr, modifizierte interne Kapitalverzinsung

@mirr berechnet die modifizierte interne Kapitalverzinsung (*Modified Internal Rate of Return*) einer Zahlungsreihe. Mit dem Risikozins wird der Nettozukunftswert der positiven Zahlungen, mit dem Marktzins der Gegenwartswert der negativen Zahlungen errechnet.

Syntax: @mirr (Risikozins,Marktzins,Zahlungsreihe)

Risikozins: Zinssatz, zu dem künftige Einnahmen wahrscheinlich investiert werden können

Marktzins: Zinssatz, der durch laufende Investitionen realisierbar ist

Zahlungsreihe: Reihe von Zahlungen, von denen mindestens eine negativ sein muß

Beispiel: @mirr(15%,10%,-10000,-1000,2500,2500,2500,2500)

Ergebnis: ,03

Im vorherigen Beispiel wird die modifizierte interne Kapitalverzinsung einer Anfangsinvestition (10000 DM) und weiteren Zahlungen/Einnahmen von -1000 DM, 2500 DM, 2500 DM, 2500 DM und 2500 DM bei einem Risikozinssatz von 15 % und einem Marktzinssatz von 10 % berechnet.

Statistische Funktionen

Alle statistischen Funktionen weisen in Framework die gleiche Syntax auf: Dem Klammeraffezeichen @ und anschließendem Funktionswort (zum Beispiel @sum) folgen die von Klammern umschlossenen Parameter. Die Anzahl der Parameter ist beliebig, wobei die Parameter aber durch Kommata voneinander getrennt werden. Als Parameter sind auch Bereiche zugelassen (zum Beispiel B5:B19). Framework III verfügt über die folgenden statistischen Funktionen:

- @count
- @sum
- @avg
- @min
- @max
- @std
- @var

@count

@count zählt die Parameter.

Beispiel: @count(5,10,15,20,25,30)

Ergebnis: 6

Die Parameterliste enthält sechs Werte.

Beispiel: @count(C3:E9)

Im Beispiel berechnet @count die Anzahl der Datenwerte im Bereich von Zelle C3 bis Zelle E9.

@sum

@sum addiert die Werte aller Parameter.

Beispiel: @sum(5,10,15,20,25,30)

Ergebnis: 105

Die Summe von 5, 10, 15, 20, 25 und 30 ist 105.

Beispiel: @sum(C3:E9)

Berechnet die Summe der Inhalte von Zelle C3 bis Zelle E9.

@avg

@avg ergibt den arithmetischen Mittelwert der in der Parameterliste enthaltenen Werte.

Beispiel: @avg(5,10,15,20,25,30)

Ergebnis: 17,5

Das arithmetische Mittel von 5, 10, 15, 20, 25 und 30 ist 17,5.

Beispiel: @avg(C3:E9)

Errechnet den Mittelwert, der in den Zellen C3 bis E9 enthaltenen Werte.

@min

@min liefert den kleinsten Wert in der Parameterliste.

Beispiel: @min(5,10,15,20,25,30)

Ergebnis: 5

Fünf ist der kleinste angegebene Wert.

Beispiel: @min(C3:E9)

Ermittelt den Minimalwert im Zellbereich C3 bis E9.

@max

@max liefert den größten Wert in der Parameterliste.

Beispiel: @max(5,10,15,20,25,30)

Ergebnis: 30

Der größte angegebene Wert ist 30.

Beispiel: @max(C3:E9)

Ermittelt den Maximalwert im Bereich von Zelle C3 bis Zelle E9.

@std

@std berechnet die Standardabweichung der in der Parameterliste enthaltenen Werte.

Beispiel: @std(5,10,15,20,25,30)

Ergebnis: 9,35

Die Standardabweichung der Zahlen 5, 10, 15, 20, 25 und 30 beträgt 9,35.

Beispiel: @std(C3:E9)

Errechnet die Standardabweichung der in den Zellen C3 bis E9 enthaltenen Werte.

Hinweis: @std geht von einer Auswahl aus einer Gesamtmenge aus. Falls Ihre Parameterliste jedoch die Gesamtheit darstellt, sollten Sie die Standardabweichung exakter mit folgender Formel errechnen:

```
@std(Parameterliste,@avg(Parameterliste))
```

@var

@var berechnet die Varianz der in der Parameterliste enthaltenen Werte.

Beispiel: @var(5,10,15,20,25,30)

Ergebnis: 87,50

Die Varianz der Zahlen 5, 10, 15, 20, 25 und 30 beträgt 87,50.

Beispiel: @var(C3:E9)

Errechnet die Varianz der in den Zellen C3 bis E9 enthaltenen Werte.

Hinweis: @var geht von einer Auswahl aus einer Gesamtmenge aus. Falls Ihre Parameterliste die Gesamtheit darstellt, errechnen Sie die Varianz genauer mit folgender Formel:

```
@var(Parameterliste,@avg(Parameterliste))
```

Logische Funktionen

Die logischen Funktionen von Framework III lassen sich zusammen mit den relationalen Operatoren (<, >, <=, >=, =, <>) für Wenn-Dann-Analysen einsetzen. Die folgenden logischen Funktionen stehen zur Verfügung:

- @if
- @and
- @or
- @not
- @iserr
- @isna

@if

@if ist die Funktion für die Formulierung von Bedingungen. Zu @if gehören drei Parameter: die Bedingung, die Ja-Formel und die Nein-Formel. Die Ja-Formel stellt den Wert dar, der bei erfüllter (logisch wahrer) Bedingung zu verwenden ist, die Nein-Formel den Wert, der bei nicht erfüllter (logisch falscher) Bedingung genommen wird. Anders ausgedrückt: Das Ergebnis der @if-Funktion ist der Ja- oder der Nein-Wert in Abhängigkeit von der Bedingung.

Syntax: @if(Bedingung,Ja-Formel,Nein-Formel)

Beispiel: @if([1989].UMSATZ>=1000000,2500,500)

Falls der Wert von 1989.UMSATZ eine Million DM oder mehr beträgt, wird eine Prämie von 2500 DM und andernfalls eine Prämie von 500 DM gewährt.

Beispiel: @if([1989].UMSATZ>=1000000,2500,@if([1989].UMSATZ >=500000,1000,0))

Wenn der Wert von 1989.UMSATZ eine Million DM erreicht oder übersteigt, wird eine Prämie von 2500 DM gewährt. Werden weniger als eine Million, aber mehr als 500000 DM Umsatz erzielt, so beträgt die Prämie 1000 DM. Bei Umsätzen unter 500000 DM gibt es keine Prämie.

@and

@and liefert den Wert logisch wahr, wenn alle in der zugehörigen Parameterliste enthaltenen Werte ebenfalls wahr sind.

Syntax: @and(Parameterliste)

Beispiel: @and([1989].UMSATZ>1000000,[1988].UMSATZ>500000,
[1987].UMSATZ>0)

Die die Formel enthaltende Zelle nimmt den logischen Wahrwert an, wenn der Wert von Zelle 1989.UMSATZ größer als eine Million DM, der von Zelle 1988.UMSATZ größer als 500000 DM und der von Zelle 1987.UMSATZ größer als 0 ist.

@or

@or liefert den logischen Wert wahr, wenn mindestens einer der Parameter den Wert logisch wahr aufweist, andernfalls ist das Ergebnis falsch. Genau wie bei @and kann die Parameterliste aus beliebig vielen Ausdrücken und Referenzen bestehen.

Syntax: @or(Parameterliste)

Beispiel: @or([1989].UMSATZ>1000000,[1988].UMSATZ>500000,
[1987].UMSATZ>0)

Ergibt logisch wahr, wenn der Wert der Zelle 1989. UMSATZ größer als eine Million DM oder der Wert der Zelle 1988.UMSATZ größer als eine halbe Million DM oder der Wert der Zelle 1987.UMSATZ größer als 0 ist.

Beispiel: @if(@or([1989].UMSATZ>=1000000,[1989].UMSATZ-
[1988].UMSATZ>=500000),2500,0)

Eine Prämie von 2500 DM wird gewährt, wenn der Umsatz 1989 mindestens eine Million DM betrug oder gegenüber 1988 eine Umsatzsteigerung um mindestens einer halben Million DM zu verzeichnen ist. Andernfalls wird keine Prämie fällig.

@not

@not kehrt einen logischen Wert in sein Gegenteil um. Aus logisch wahr wird logisch falsch, aus logisch falsch wird logisch wahr. Zu @not gehört nur ein Argument. In vielen Fällen kann man sich diese Funktion ersparen, indem ein anderer relationaler Operator gewählt wird.

Syntax: @not(Ausdruck)

Beispiel: @not([1989].UMSATZ>1000000)

Liefert den Wert logisch wahr, wenn der Wert von Zelle 1989.UMSATZ nicht größer als eine Million ist (entspricht 1989.UMSATZ <= 1000000).

Beispiel: @not(@or(EXAM.ANTWORT3 = 1, EXAM.ANTWORT3 = 2))

Ergibt einen logischen Wahrwert, falls der Wert von Zelle EXAM.ANT-WORT3 weder 1 noch 2 ist.

@iserr

@iserr teilt Framework mit, was im Falle einer Fehlermeldung zu tun ist (wenn zum Beispiel die Referenz auf eine andere Zelle eine Division durch Null bewirkt). Falls der Ausdruck im Parameter von @iserr zu einem Fehler führt, liefert die Funktion den Wert logisch wahr, ansonsten logisch falsch.

Syntax: @iserr(Ausdruck)

Beispiel: @not(@iserr(C3/E3))

Nimmt den Wert logisch wahr an, wenn die Division des Wertes in Zelle C3 durch den in E3 enthaltenen Wert nicht zu einem Fehler führt.

Beispiel: @if(@iserr((E3-100)/C3)),0,(E3-100)/C3))

Falls (E3-100)/C3 zu einem Fehler führt, erhält die Zelle den Wert 0 zugewiesen. Tritt kein Fehler auf, wird der Wert zu (E3-100)/C3.

@isna

@isna ermöglicht Framework die Prüfung auf die Fehlermeldung #N/A!. Diese erscheint, wenn eine Referenz auf eine Zelle ohne Inhalt verweist. Genau wie @iserr liefert @isna den logischen Wahrwert beim Auftreten des Fehlers.

Syntax: @isna(Ausdruck)

Beispiel: @not(@isna(C3/E3))

Ergibt logisch wahr, wenn die Division des Inhaltes der Zelle C3 durch den Inhalt der Zelle E3 nicht zur Meldung #N/A! führt, und somit in beiden Zellen Werte vorhanden sind.

Beispiel: @if(@isna(((E3-100)/C3)),0,((E3-100)/C3))

Weist der Zelle den Wert von (E3-100)/C3 zu, es sei denn, diese Berechnung führt zur Meldung #N/A!. In dem Fall nimmt die Zelle den Wert 0 an.

Numerische Funktionen

Die numerischen Funktionen in Framework III unterteilen sich in alge-
braische, trigonometrische und geometrische Funktionen, die in Kalkulationstabellenformeln und anderen Anwendungen der Programmiersprache
FRED genutzt werden. Die meisten Funktionen übernehmen als Parameter
nur eine Zahl, manche weisen überhaupt keine Parameter auf. Die numerischen Funktionen sind:

- @abs
- @acos
- @asin
- @atan
- @atan2
- @ceiling
- @cos
- @exp
- @floor
- @int
- @ln
- @log
- @mod
- @pi
- @rand
- @round
- @sign
- @sin
- @sqrt
- @tan

@abs

@abs liefert den Absolutwert des Parameters.

Syntax: @abs(n)

Beispiel: @abs(-150)

Ergebnis: 150

Beispiel: @abs(150)

Ergebnis: 150

Beispiel: @abs([1985].UMSATZ-[1984].UMSATZ)

Errechnet die Differenz der Umsätze als positiven Wert.

@acos

@acos berechnet den Arkuskosinus des Parameters im Bogenmaß.

Syntax: @acos(n)

Beispiel: @acos(.707)

Ergebnis: ,7855

@asin

@asin berechnet den Arkussinus des Parameters im Bogenmaß.

Syntax: @asin(n)

Beispiel: @asin(.5)

Ergebnis: ,5236

@atan

@atan berechnet den Arkustangens des Parameters im Bogenmaß.

Syntax: @atan(n)

Beispiel: @atan(1)

Ergebnis: ,7854

@atan2

@atan2 errechnet den Arkustangens des Parameters im vierten Quadranten.

Syntax: @atan2(n1,n2)

Beispiel: @atan2(1,1)

Ergebnis: ,7854

@ceiling

@ceiling liefert den kleinsten ganzzahligen Wert, der größer oder gleich dem Parameter ist.

Syntax: @ceiling(n)

Beispiel: @ceiling(9)

Ergebnis: 9

Beispiel: @ceiling(8.4)

Ergebnis: 9

Beispiel: @ceiling(-8.4)

Ergebnis: -8

Beispiel: @ceiling(APRIL.PROGNOSE)

Ergebnis: Rundet den Wert von APRIL.PROGNOSE auf die nächstgrößere Ganzzahl auf.

@acos

@acos berechnet den Kosinus des Parameters im Bogenmaß.

Syntax: @cos(n)

Beispiel: @cos(1.0472)

Ergebnis: ,5000

@exp

@exp potenziert *e* (Basis des natürlichen Logarithmus) mit dem Parameter als Exponenten.

Syntax: @exp(n)

Beispiel: @exp(1)

Ergebnis: 2,7183

Beispiel: @exp(0)

Ergebnis: 1

<u>Hinweis</u>: Die Berechnung von e erfolgt auf 17 Dezimalstellen genau.

@floor

@floor liefert den größten ganzzahligen Wert, der nicht größer als das Argument ist.

Syntax: @floor(n)

Beispiel: @floor(9)

Ergebnis: 9

Beispiel: @floor(8.4)

Ergebnis: 8

Beispiel: @floor(-8.4)

Ergebnis: -9

Beispiel: @floor(APRIL.PROGNOSE)

Ergebnis: Rundet den Wert von APRIL.PROGNOSE auf die nächstkleinere Ganzzahl ab.

@int

@int schneidet den Dezimalteil des Parameters ab.

Syntax: @int(n)

Beispiel: @int(9.4)

Ergebnis: 9

Beispiel: @int(-9.413876)

Ergebnis: -9

@ln

@ln berechnet den natürlichen Logarithmus des Parameters.

Syntax: @ln(n)

Beispiel: @ln(2.7183)

Ergebnis: 10000

Beispiel: @ln(1)

Ergebnis: 0

@log

@log berechnet den dekadischen Logarithmus (Zehnerlogarithmus) des Parameters.

Syntax: @log(n)

Beispiel: @log(10)

Ergebnis: 1

Beispiel: @log(.1)

Ergebnis: -1

@mod

@mod liefert den ganzzahligen Rest bei der Division des Parameters n durch den Divisor.

Syntax: @mod(n,Divisor)

Beispiel: @mod(16,3)

Ergebnis: 1

Beispiel: @mod(-16,3)

Ergebnis: -1

Beispiel: @mod(-17,3)

Ergebnis: -2

@pi

@pi liefert den Wert den Zahl Pi mit 15 signifikanten Stellen. Angezeigt wird aber nur die im Menü *Zahlen* eingestellte Anzahl von Dezimalstellen.

Syntax: @pi

Beispiel: @pi

Ergebnis: 3.1416 (gerundet)

Beispiel: @pi*(5^2)

Ergebnis: 78,54

Es handelt sich um die Fläche eines Kreises mit einem Radius von 5.

Beispiel: WinkelA * @pi/180

Ergebnis: Konvertiert von Altgrad in Bogenmaß.

Beispiel: WinkelA * 180/@pi

Konvertiert vom Bogenmaß in Altgrad.

@rand

@rand erzeugt eine Zufallszahl zwischen 0 und 1 (einschließlich) mit 15 Dezimalstellen.

Syntax: @rand

Beispiel: @rand

Ergebnis: Zahl zwischen 0 und 1.

@round

@round rundet den ersten Parameter *n* auf die Zahl der im zweiten Parameter *dp* spezifizierten Nachkommastellen. Wird *dp* weggelassen, wird auf zwei Dezimalstellen gerundet. Ist *dp* negativ, so rundet @round auf die nächsten 10, 100, 1000 usw. Bei der Angabe einer Dezimalzahl als *dp* wird auf eine Ganzzahl gerundet. In den Zellen bleiben die vollständigen Werte erhalten, die Rundung erfolgt nur in der Anzeige.

Syntax: @round(n)

   @round(n,dp)

Beispiel: @round(987.654)

Ergebnis: 988

Beispiel: @round(987.654,1)

Ergebnis: 987,7

Beispiel: @round(987.654,-1)

Ergebnis: 990

Beispiel: @round(987.654,1.5)

Ergebnis: 987,65

@sign

@sign liefert den Wert 1 bei positivem Parameter, -1 bei negativem Parameter und 0 bei Null (Vorzeichenfunktion).

Syntax: @sign(n)

Beispiel: @sign(-5)

Ergebnis:-1

Beispiel: @sign(5)

Ergebnis: 1

Beispiel: @sign(APRIL.PROGNOSE)

Ergibt den Wert 1, -1 oder 0 (je nach dem in Zelle APRIL.PROGNOSE enthaltenen Wert).

@sin

@sin berechnet den Sinus des Arguments im Bogenmaß.

Syntax: @sin(n)

Beispiel: @sin(.7854)

Ergebnis: ,7071

@sqrt

@sqrt berechnet die Quadratwurzel des Arguments.

Syntax: @sqrt(n)

Beispiel: @sqrt(36)

Ergebnis: 6

Beispiel: @sqrt(35)

Ergebnis: 5,92

@tan

@tan berechnet den Tangens des Parameters im Bogenmaß.

Syntax: @tan(n)

Beispiel: @tan(.7854)

Ergebnis: 1,0000

Datums- und Zeitfunktionen

Framework verfügt über verschiedene Funktionen zur Berechnung und Formatierung von Datums- und Zeitangaben. Im einzelnen sind vorhanden:

- @date
- @date1
- @date2
- @date3
- @date4
- @today
- @sumdate
- @diffdate
- @time
- @time1
- @time2
- @time3
- @time4
- @datetime

@date

@date ist eine Funktion zur Eingabe eines Datums mit den Parametern Jahr, Monat und Tag. Das Jahr muß als vierstellige Zahl vorliegen (zum Beispiel 1989). Der Monat ist eine Zahl zwischen 1 und 12, der Tag zwischen 1 und 31. Framework III stellt das Datum mit ein oder zwei Stellen für den Tag und den Monat sowie einer vierstelligen Jahreszahl dar. Ein Beispiel hierfür ist: 01.02.1989. Das Format läßt sich mittels der Funktionen zur Datumsanzeige ändern. Wenn Sie @date ohne Parameter benutzen, übernimmt Framework das Datum und die Zeit von der Systemuhr.

Syntax: @date(Jahr,Monat,Tag)

Beispiel: @date(1988,4,15)

Ergebnis: 15.04.1988

@date1(Datum), @date2(Datum), @date3(Datum) und @date4(Datum) sind die vier in Framework III implementierten Funktionen zur Änderung der Datumsanzeige. Jede Funktion stellt das durch @date festgelegte Datum als Text in einem anderen Datumsformat dar. Die Feststellung, daß das

"Datum als Text" abgebildet wird, ist in diesem Zusammenhang besonders wichtig. Das bedeutet, daß die Ergebnisse der vier Konvertierungsfunktionen nur Zeichenketten sind und daher nicht zu Berechnungen herangezogen werden können. Arithmetische Operationen sind nur mit der Funktion @date möglich. @date1 bis @date4 benötigen als Parameter eine datumsbestimmende Funktion, wie @date, @time, @datetime, @sumdate oder @today oder eine Referenz darauf.

Es folgen die vier Datumsformate:

Funktion	Format	Beispiel
@date1	TT.MM.JJJJ	02.05.1989
@date2	Monat JJJJ	Mai 1989
@date3	T.M.JJJJ	2.5.1989
@date4	T. Monat JJJJ	2. Mai 1989

Tabelle 7.5   Datumsformate

Beispiel: @date1(@today)

Ergebnis: Zeigt das heutige Datum im Format TT.MM.JJJJ.

Beispiel: @date2(@today)

Ergebnis: Zeigt das heutige Datum im Format Monat JJJJ.

@today

@today übernimmt das Datum und die Uhrzeit von der Systemuhr. Beides muß zuvor entsprechend eingestellt werden. Angezeigt wird nur der Datumsteil im @date-Format. Mit einer Datumsanzeigefunktion kann das Datum auch in jedem anderen Format dargestellt werden. Um eine Zeitanzeige zu erhalten, sind Zeitanzeigefunktionen nötig.

Syntax: @today

Beispiel: @today

Ergebnis: 02.05.1989 (aktuelles Datum der Systemuhr)

Beispiel: @date4(@today)

Ergebnis: 2. Mai 1989

@sumdate errechnet ein Datum, indem zu dem im ersten Parameter angegebenen Datum die Anzahl der im zweiten Parameter spezifizierten Tage hinzugezählt bzw. abgezogen wird. Der erste Parameter muß eine datumsbestimmende Funktion sein, also @date, @time, @sumdate oder @today.

Syntax: @sumdate(Datum,Tage)

Beispiel: @sumdate(@today,31)

Ergebnis: 02.05.1989 (unter der Annahme, daß das heutige Datum der 02.05.1989 ist)

Beispiel: @sumdate(@today,-31)

Ergebnis: 01.04.1989

@diffdate

@diffdate berechnet die Differenz in Tagen zwischen zwei Datumsangaben, die aus je einer der folgenden Funktionen bestehen müssen: @date, @time, @sumdate oder @today.

Syntax: @diffdate(Datum1,Datum2)

Beispiel: @diffdate(@today,@date(1989,1,1))

Liefert die Anzahl der seit dem 1. Januar 1989 verstrichenen Tage (121, wenn heute der 02. Mai 1989 ist).

Beispiel: @diffdate(@today,GEBURTSTAG.DIANA)

Ergebnis: Errechnet, wie viele Tage es noch bis zum nächsten Geburtstag von Diana sind, der in der Zelle GEBURTSTAG.DIANA angegeben ist.

@time

@time ist die zentrale Zeitfunktion ähnlich wie @date für Datumsangaben. Zu @time gehören die Parameter Stunden (0 bis 23), Minuten (0 bis 59), Sekunden (0 bis 59) und - optional - Hundertstelsekunden (0 bis 99). Werte außerhalb der Bereiche werden auf die jeweils nächste Einheit übertragen. Die @time-Darstellung hat das Format 13:30:45.99. Falls Sie die Parameter weglassen, verhält sich @time wie @today, das heißt, Datum und Uhrzeit werden von der Systemuhr übernommen.

Syntax: @time(Stunden,Minuten,Sekunden,Hundertstel)

Beispiel: @time(9,15,30)

Ergebnis: 09:15:30.00

Beispiel: @time

Ergebnis: 1. Jan. 1989 (unter der Annahme, daß der 1. Januar 1989 das aktuelle Datum ist)

@time1(Zeit), @time2(Zeit), @time3(Zeit) und @time4(Zeit) sind die Zeitformatfunktionen in Framework III. Mit ihrer Hilfe wird die Darstellung der Zeitangabe näher bestimmt. Jede Funktion zur Zeitanzeige verfügt über einen einzigen Parameter, der eine zeitbestimmende Funktion sein muß (nämlich @time, @datetime, @date, @today oder eine Referenz auf eine der Funktionen). Die Ergebnisse der Zeitformatfunktionen sind Zeichenketten, die die Uhrzeit im jeweiligen Format darstellen. Sie können folglich – anders als @time – nicht zu weiteren Berechnungen herangezogen werden.

Die vier Funktionen zur Zeitanzeige liefern die in Tabelle 7.6 dargestellten Formate:

Funktion	Format	Beispiel
@time1	hh:mm Uhr	18:30 Uhr
@time2	hh:mm h	21:30 h
@time3	hh:mm:ss.xx	21:30:45.15
@time4	hh:mm	21:30

Tabelle 7.6   Formate zur Zeitanzeige

Beispiel: @time1(@today)

Ergebnis: 13:30 Uhr (unter der Annahme, daß es 13.30 Uhr ist)

Beispiel: @time2(@today)

Ergebnis: 13:30 h

Beispiel: @time3(@today)

Ergebnis: 13:30:00.00

Beispiel: @time4(@today)

Ergebnis: 13:30

@datetime

@datetime ist eine kombinierte Datums-/Zeitfunktion, die es erlaubt, beide Angaben in einer Zelle einer Kalkulationstabelle zu speichern. Die Datums- und Zeitparameter müssen Datums- und Zeitfunktionen in Framework III (@date, @time, @sumdate, @today) oder Referenzen darauf sein. Nur der Datumsteil des @datetime-Wertes wird abgebildet, und zwar im @date-Format. Mit den Funktionen zur Datumsanzeige lassen sich unterschiedliche Datumsformate darstellen. Durch die Verwendung einer der Funktionen zur Zeitanzeige kann die Zeit im gewünschten Format angezeigt werden.

Syntax: @datetime(Datum,Zeit)

Beispiel: @datetime(@date(1989,5,2),@time(9,30,45))

Ergebnis: 02.05.1989

Beispiel: @date4(@datetime(@date(1989,5,2),@time(9,30,45)))

Ergebnis: 2. Mai 1989

Beispiel: @time3(@datetime(@date(1989,5,2),@time(9,30,45)))

Ergebnis: 09:30:45.00

Kapitel 8

Grafik

Am besten läßt sich eine Beziehung zwischen Zahlen visuell, eben grafisch, darstellen. Auch komplizierte statistische Beziehungen können mittels einer Grafik übersichtlich und prägnant ausgedrückt werden. In Framework III werden Grafiken mit folgenden Arbeitsschritten erstellt:

1. Ein leerer Frame wird angelegt, der die Grafik speichern soll. Der Frame-Name erscheint als Überschrift der Grafik.

2. Die Frame-Größe wird je nach gewünschtem Umfang der Grafik festgelegt.

3. Der Cursor wird in einen Tabellenkalkulations- oder Datenbank-Frame verschoben, und die Zellen oder Felder, die grafisch dargestellt werden sollen, werden markiert.

   Die Zeilen- und Spaltennamen dürfen auf keinen Fall hell unterlegt werden, da Framework III alle markierten Objekte als Daten zur Erstellung der Grafik nutzt.

4. Das Menü *Grafik* wird geöffnet, der Grafiktyp ausgewählt, die Zuordnung von Zeilen oder Spalten zu den Achsen wird bestimmt und die Option *Neue Grafik erstellen* aktiviert.

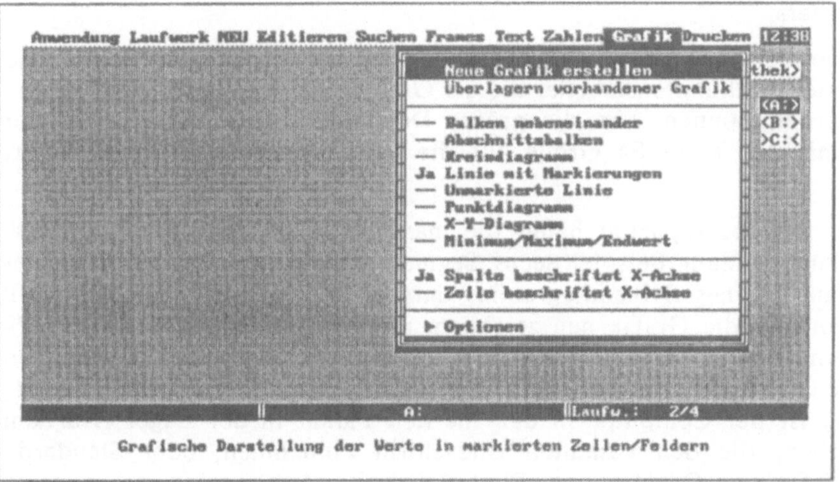

Bild 8.1   Das Menü Grafik

5. Der Cursor wird in den die Grafik aufnehmenden Frame verschoben, der Frame-Name markiert und anschließend die Return-Taste betätigt. Framework III weist automatisch eine Skalierung zu und fügt den Frame-Namen als Überschrift und die Spalten- und Zeilennamen als Achsenbezeichnungen ein.

6. Die Taste F9 Zoom wird angeschlagen, um die Grafik auf die volle Bildschirmgröße zu zoomen.

7. Das Erscheinungsbild der Grafik wird überprüft. Falls erforderlich, werden die Achsen neu benannt und die Skalierung mittels des Untermenüs *Optionen* im Menü *Grafik* angepaßt. Um die Grafik neu zu zeichnen, muß der Cursor wieder auf die Daten positioniert und die Option *Neue Grafik erstellen* aktiviert werden.

8. Die Grafik wird gespeichert und/oder gedruckt.

Hinweis: Falls Framework III einen Grafik-Frame automatisch anlegen soll, können die ersten zwei Arbeitsschritte übersprungen werden. In Punkt 5 wird der Cursor nicht zu einem neuen Frame verschoben, sondern einfach nach dem Aktivieren der Option Neue Grafik erstellen die Return-Taste betätigt. Framework III legt einen Frame entsprechender Größe für die Grafik an.

Größe, Details und Farbe

Nach der Angabe der Variablen für die Grafik werden Bildschirmdarstellung und Druckversion der Grafik von weiteren Faktoren beeinflußt. Dazu gehören die Frame-Größe, die Speicherkapazität des verwendeten Computers und die Art der Bildschirmdarstellung, des Monitors, Druckers oder Plotters.

Je kleiner der Frame ist, um so geringer ist die Anzahl der Zeilen und Spalten der Kalkulationstabelle, die als Grafik auf dem Bildschirm dargestellt werden können. Um die größte Darstellung zu erhalten, muß der Frame mit der Taste F4 Größe auf die volle Bildschirmgröße erweitert werden.

Von der Speicherkapazität hängt die maximale Grafikgröße ab. Mit 640 Kbyte können zum Beispiel sechs Segmente eines Kreisdiagramms oder sechs Balken eines Balkendiagramms dargestellt werden. Außerdem muß Framework III die Grafik neu zeichnen, um sie an den Drucker zu übergeben, und mit nur 640 Kbyte RAM können keine zusätzlichen Grafiken im Speicher abgelegt werden. Mit mehr als 640 Kbyte (erweiterter Hauptspeicher) ist der Computer in den meisten Fällen in der Lage, Grafiken zu erstellen, die den gesamten Bildschirm einnehmen, oder Standarddrucke auf einem Drucker oder Plotter auszuführen.

Die Bildschirmauflösung beeinflußt die Detailabbildung der Grafik. Falls der verwendete Computer über einen Farb-/Grafikadapter (CGA), EGA (*enhanced graphics adapter*) oder ein VGA (*video graphics array*) verfügt, wird die Grafik in hoher Auflösung dargestellt. Mit einem Monochromadapter können nur Grafiken mit niedriger Auflösung dargestellt werden. Kreis-, Linien- und Markierte-Punkte-Diagramme lassen sich nur ungenau wiedergeben.

Ein Farbmonitor wird benötigt, um die Grafiken in Farbe abzubilden; mit einem Monochrommonitor werden die Grafiken demgegenüber nur in einer einzigen Farbe dargestellt. Einige IBM-kompatible Computer, zum Beispiel der Compaq Portable, verfügen über hochauflösende Grafikfähigkeit, sind allerdings nur mit einem Monochrombildschirm ausgerüstet.

Vom verwendeten Drucker hängt, nicht aber von der Bildschirmdarstellung, die Qualität der ausgedruckten Grafik ab.

Auch die Größe, Auflösung und Farbe der gedruckten Grafiken variieren je nach Drucker.

Framework III unterstützt die meisten Drucker. Falls der Drucker mehr als 80 Spalten auf einer Seite drucken kann, können auch Grafiken bearbeitet werden, die auf dem Bildschirm nicht vollständig darstellbar sind.

Beim Druck einer Grafik durch Framework III wird diese neu erstellt, während sie an den Drucker übergeben wird. Falls nicht genügend Speicherkapazität zum Neuzeichnen der Grafik vorhanden ist, kann der Drucker die Grafik nicht ausgeben, und es erscheint eine Fehlermeldung auf dem Bildschirm. In diesem Fall müssen die anderen auf der Arbeitsfläche vorhandenen Frames aus dem Hauptspeicher entfernt und die Grafik mit der Taste F4 Größe verkleinert werden.

Framework III unterstützt auch die meisten Plotter. Plots (geplottete Grafiken) erscheinen in einer höheren Auflösung als gedruckte und unterliegen nicht - wie gedruckte Grafiken - der 64-Kbyte-Größenbegrenzung. Plots können, unabhängig vom installierten RAM, beliebig groß sein.

Framework III kann Grafiken anlegen und speichern, die zu groß sind, um vollständig auf dem Bildschirm abgebildet zu werden. Umfangreichere Grafiken können vor dem eigentlichen Druckvorgang auf dem Bildschirm nicht dargestellt werden.

Anlegen von Grafik-Frames

Eine Grafik kann nur in einen leeren Text-Frame gespeichert werden. Jede neue Grafik muß in einem eigenen Frame vorliegen. Falls Framework III eine neue Grafik in einen Frame zeichnen soll, der bereits eine Grafik enthält, wird die alte Grafik durch die neue ersetzt.

Ein leerer Grafik-Frame kann folgendermaßen angelegt werden: durch das Erstellen eines Konzepts oder durch die Wahl der Option *Frame:Leer/Text* aus dem Menü *Neu*.

Ist kein Grafik-Frame vorhanden, wird von Framework III automatisch ein leerer Frame erstellt, nachdem die Option *Neue Grafik erstellen* aus dem Menü *Grafik* aktiviert worden ist.

Auswahl der Daten für eine Grafik

Wenn eine Grafik aus einer Kalkulationstabelle angelegt wird, wird der Cursor in den Tabellenkalkulations-Frame verschoben und die Zellen für die graphische Darstellung mit Hilfe der Taste F6 Auswahl markiert. Die Zellen müssen aneinandergrenzend sein, hierbei braucht es sich jedoch nicht um vollständige Spalten oder Zeilen zu handeln.

Hinweis: Werden Daten für die Darstellung in einer Grafik ausgewählt, so muß sichergestellt werden, daß nur Daten markiert werden. Es dürfen keine Zeilen- oder Spaltenbezeichnungen eines Tabellenkalkulations-Frames bzw. Datensatz- oder Feldnamen einer Datenbank markiert werden, da Framework III diese Namen als Daten interpretieren würde.

Falls die darzustellenden Spalten nicht direkt aufeinanderfolgen, können Spalten und Zeilen hinzugefügt werden, in die dann die fraglichen Daten kopiert werden. Nachdem die Grafik angelegt ist, sollte überprüft werden, ob die neue Datenposition die Korrektheit der Kalkulationstabelle beeinträchtigt. Wenn dies der Fall ist, sollte der ursprüngliche Zustand wiederhergestellt werden.

Beim Anlegen einer auf einer Datenbank basierenden Grafik sollte zuerst die Datenbank gefiltert werden, damit nur die für die Grafik benötigten Datensätze bearbeitet werden. Wenn eine auf einer Datenbank basierende Grafik erstellt wird, werden, unabhängig von den ausgewählten Datensätzen und Feldern, alle aktiven Daten der Datenbank berücksichtigt. Falls die Daten durch Filtern und Sortieren der Datenbank nicht in benachbarten Datensätzen angeordnet werden können, sollten sie in der gewünschten Reihenfolge in eine andere Datenbank kopiert werden.

Auswahl des Grafiktyps

Der wichtigste Aspekt beim Erstellen einer Grafik mit Framework III betrifft die Auswahl einer geeigneten Grafikdarstellung, die sich nach den darzustellenden Daten richten sollte. Framework III stellt eine Auswahl von acht Grafikarten zur Auswahl. Ein Grafiktyp wird durch das Aktivieren der korrespondierenden Option des Menüs *Grafik* gewählt.

Balkendiagramm

Diese recht gebräuchliche Darstellung zeigt die Werte einer oder mehrerer Zeilen oder Spalten als vertikale Balken, wobei mehrere Balken auf der X-Achse nebeneinander positioniert sind. Die Höhe der Balken in Y-Richtung drückt die Zahlenwerte aus. Auf der horizontalen Ebene wird die unabhängige Variable (zum Beispiel Jahre) dargestellt, während vertikal die abhängige Variable (zum Beispiel Umsätze) erscheint.

Falls Sie mehrere Zeilen oder Spalten als Datenbasis auswählen, erscheint für jede weitere Zeile bzw. Spalte ein zusätzlicher Balken, der neben dem ersten positioniert ist. So lassen sich Wertvergleiche veranschaulichen, zum Beispiel die Umsätze verschiedener Außendienstmitarbeiter in den letzten fünf Jahren (Bild 8.2).

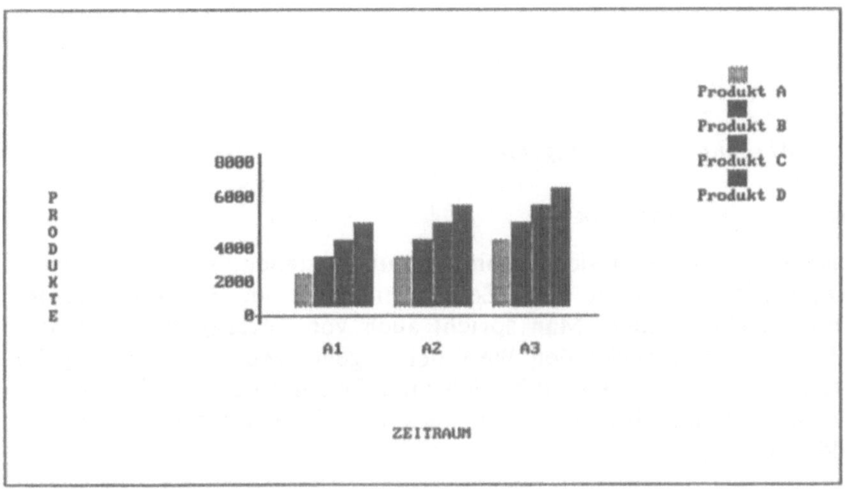

Bild 8.2   Balkendiagramm

Abschnittsbalkendiagramm

Die Darstellung eines Abschnittsbalkendiagramms ähnelt einem normalen
Balkendiagramm. Im Unterschied zu einem Balkendiagramm sind hier jedoch die Balken in Abschnitte unterteilt. Abschnittsbalkendiagramme eignen sich für die vergleichende Darstellung von unterschiedlichen Objekten und ihren Bestandteilen. So können beispielsweise die Gesamtver-
kaufszahlen und die Verkaufszahlen der einzelnen Produkte oder Verkäufer eines Unternehmens miteinander verglichen werden (Bild 8.3).

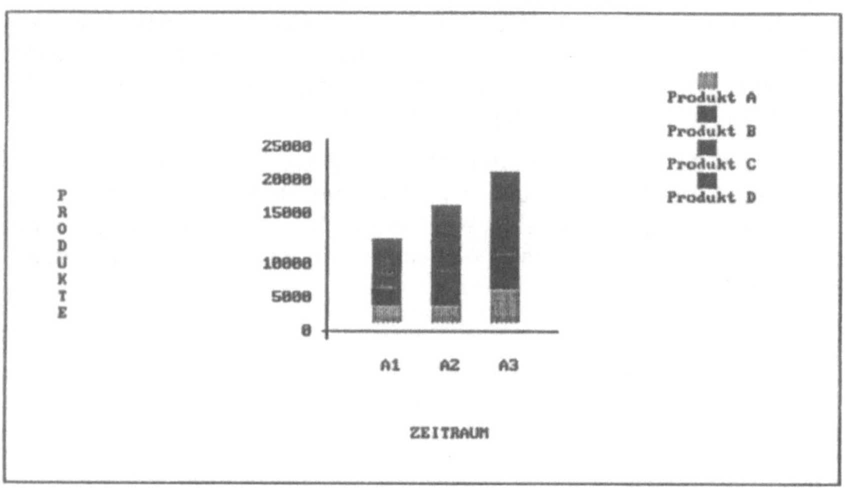

Bild 8.3   Abschnittsbalkendiagramm

Kreisdiagramm (Tortengrafik)

Mit Kreisdiagrammen läßt sich besonders gut darstellen, welchen prozen-
tualen Anteil die Datenwerte einer Zeile oder Spalte am Gesamtbetrag der
ausgewählten Zellen haben. Man spricht auch von Tortengrafiken, wobei
die Größe der Tortenstücke den Wert der zugehörigen Zeile oder Spalte
repräsentiert. Auf diese Weise läßt sich zum Beispiel der Anteil der einzelnen Verkäufer am Gesamtumsatz eines Geschäftsjahres veranschaulichen (Bild 8.4).

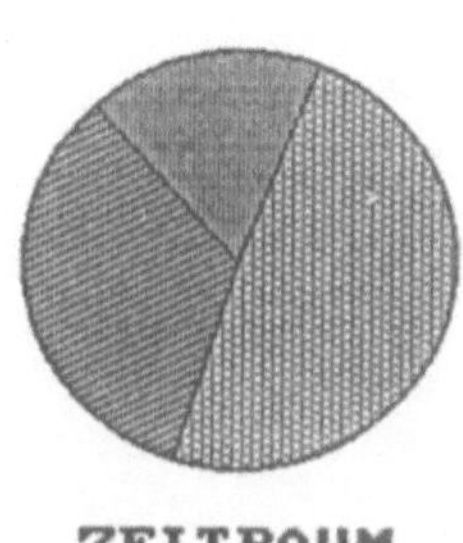

Bild 8.4   Kreisdiagramm

Neben den gewöhnlichen Kreisdiagrammen können in Framework III auch Kreisdiagramme erstellt werden, in denen ein oder mehrere Sektoren der Tortengrafik herausgezogen sind. Hierzu wird das Untermenü *Optionen* im Menü *Grafik* gewählt, die Unteroption *Absetzen der Sektoren* aktiviert und eine Zahl für die Spalte bzw. Zeile eingegeben, die abgesetzt dargestellt werden soll (1 zieht den Sektor mit den Daten aus Zeile 1 heraus usw.). Um alle Sektoren voneinander abzusetzen, wird -1 eingegeben. Zur Erstellung einer Grafik wird das Untermenü geschlossen, die Option *Kreisdiagramm* gewählt und anschließend die Option *Neue Grafik erstellen* aktiviert.

In Bild 8.5 ist ein Kreisdiagramm mit einem abgesetzten Sektor dargestellt.

Bild 8.5   Kreisdiagramm mit abgesetztem Sektor

Liniendiagramm

Bei dieser Grafikart werden die Werte aus einer oder mehreren Zeilen oder Spalten als miteinander verbundene Punkte dargestellt, so daß eine durchgehende Linie entsteht. Die Y-Achse repräsentiert die Größe der einzelnen Werte. Durch die Auswahl verschiedener Zeilen bzw. Spalten werden von Framework mehrere Linien (für jede Zeile bzw. Spalte eine) dargestellt. Liniengrafiken können mit Balken- oder Abschnittsbalkendiagrammen gemischt werden. Sie eignen sich insbesondere zum Trendvergleich über ein Zeitintervall hinweg, etwa um den Umsatz eines Verkäufers über einen bestimmten Zeitraum darzustellen (Bild 8.6).

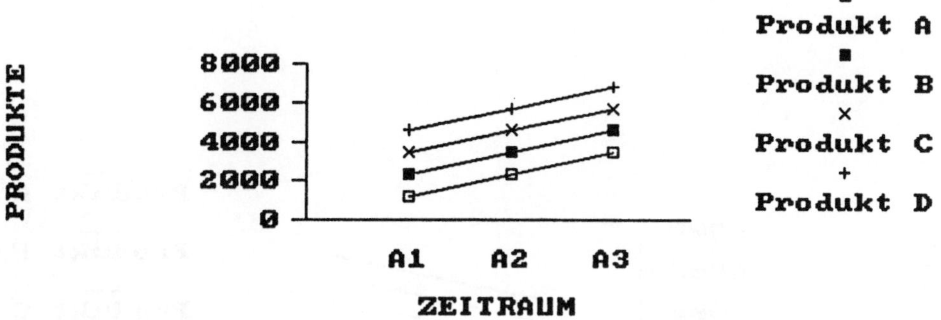

Bild 8.6   Liniendiagramm

Unmarkiertes Liniendiagramm

Ein unmarkiertes Liniendiagramm ist eine Liniengrafik ohne Markierungspunkte für die einzelnen Datenwerte. Es wird wie ein Liniendiagramm verwendet, ist dem Liniendiagramm aber bei Überlagerungen vorzuziehen (Bild 8.7).

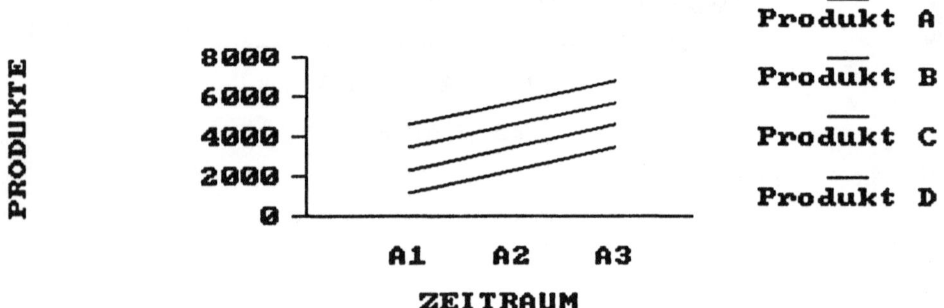

Bild 8.7   Unmarkiertes Liniendiagramm

Markierte-Punkte-Diagramm

Diese Darstellungsform entspricht einem Liniendiagramm, nur werden hierbei die einzelnen Punkte nicht miteinander verbunden (Bild 8.8).

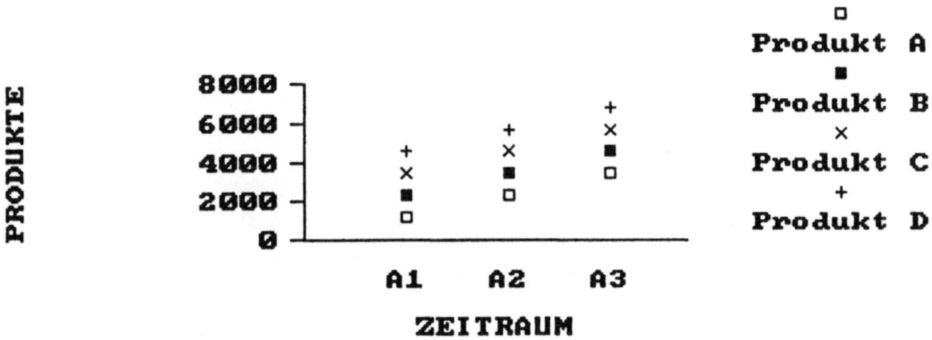

Bild 8.8   Markierte-Punkte-Diagramm (Punkte ohne Verbindungslinien)

X-Y-Diagramm

X-Y-Diagramme eignen sich zur Darstellung der Beziehung zweier Variablen aus benachbarten Spalten einer Kalkulationstabelle oder Datensätze einer Datenbank. Für jede ausgewählte Zeile einer Kalkulationstabelle bzw. für jeden Datensatz einer Datenbank zeichnet Framework einen Punkt im X-Y-Diagramm. Dabei bestimmt der Wert einer Spalte den Abstand des Punktes zur X-Achse, der Wert einer anderen Spalte stellt den Abstand desselben Punktes zur Y-Achse dar.

Eine Zeile zum Beispiel, die in beiden Spalten den Wert 10 enthält, führt zu einem Punkt mit den Koordinaten (10,10).

X-Y-Diagramme finden häufig bei statistischen Analysen Verwendung. Je dichter die Punkte an einer Geraden oder Kurve liegen, um so größer ist die Korrelation zwischen zwei Datenreihen, das heißt, um so besser läßt sich aus einem Wert der einen Datenmenge auf einen der anderen schließen. Verteilen sich die Punkte im X-Y-Diagramm hingegen wahllos, so liegt nur eine minimale Korrelation (oder überhaupt keine) vor.

Bild 8.9 zeigt eine positive lineare Korrelation. Die Punkte liegen (mehr oder weniger) auf einer Geraden, die ansteigt (nach rechts). Mit wachsendem X-Wert nimmt auch der Y-Wert zu. Das zweite Beispiel in Bild 8.10 zeigt eine negative, nicht-lineare Korrelation. Je größer der X-Wert wird, desto stärker nimmt der Y-Wert ab. In Bild 8.11 findet sich ein X-Y-Diagramm ohne erkennbare Korrelation.

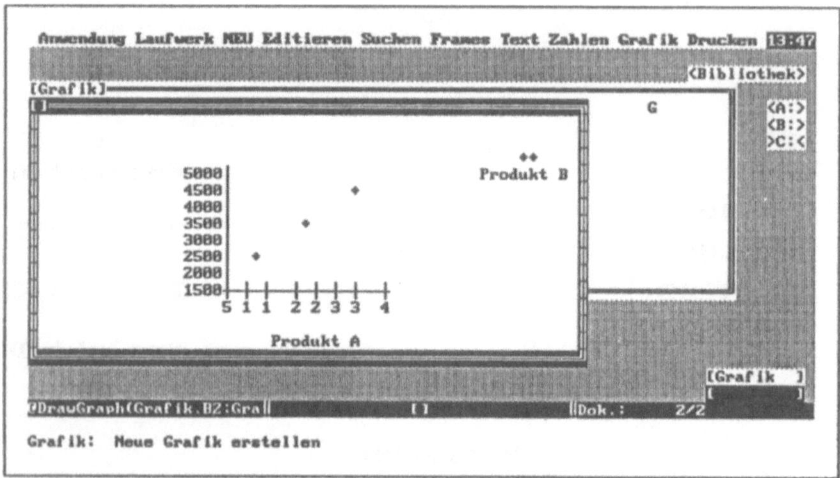

Bild 8.9   Grafik mit positiver linearer Korrelation

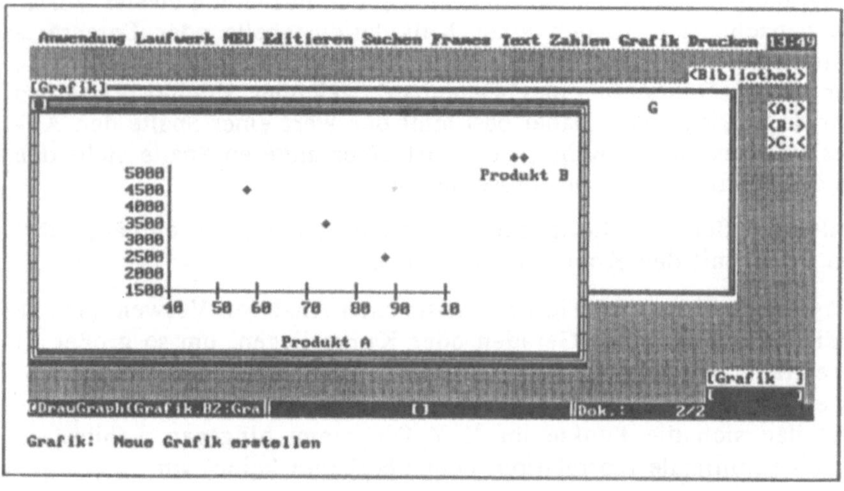

Bild 8.10   X-Y-Grafik mit negativer, nicht-linearer Korrelation

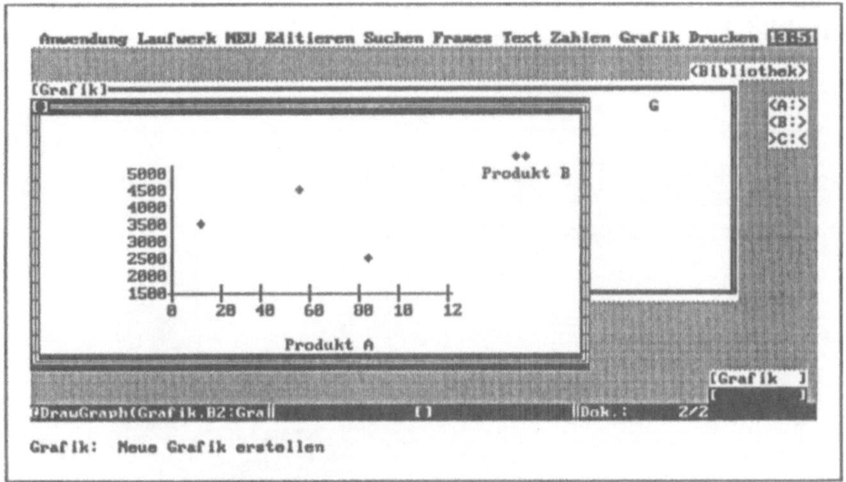

Bild 8.11   X-Y-Grafik ohne Korrelation

Minimum/Maximum/Endwert-Diagramm

Diese Grafikart ist für die Darstellung von Aktienkursen und ähnlichem geeignet.

Im Diagramm werden drei Markierungen in einer Spalte abgebildet. Die obere Marke repräsentiert den höchsten Preis, den eine Aktie erreicht hat. Die untere Markierung steht für den niedrigsten Preis, und die Markierung in der Mitte kennzeichnet den Preis am Ende des betrachteten Zeitintervalls.

Zur Erzeugung eines Minimum/Maximum/Endwert-Diagramms muß zuerst eine Kalkulationstabelle mit drei Zeilen für die drei Bestandteile (hoher Preis, niedriger Preis und Preis am Ende der Periode) angelegt werden. Die Kalkulationstabelle sollte wie die in Tabelle 8.1 aussehen.

	Mon	Die	Mit	Don	Fre
HOCH	8.12	8.25	8.37	8.50	8.75
NIEDRIG	7.88	8.00	8.00	8.12	8.12
ENDE	8.00	8.12	8.25	8.37	8.50

Tabelle 8.1   Kalkulationstabelle für ein Minimum/Maximum/Endwert-Diagramm

Anschließend werden die Spalten und Zeilen und ihre Namen markiert, das Menü *Grafik* aufgerufen, die Option *Minimum/Maximum/Endwert* aktiviert und die Grafik so erstellt. Ein Beispiel einer solchen Grafik findet sich in Bild 8.12.

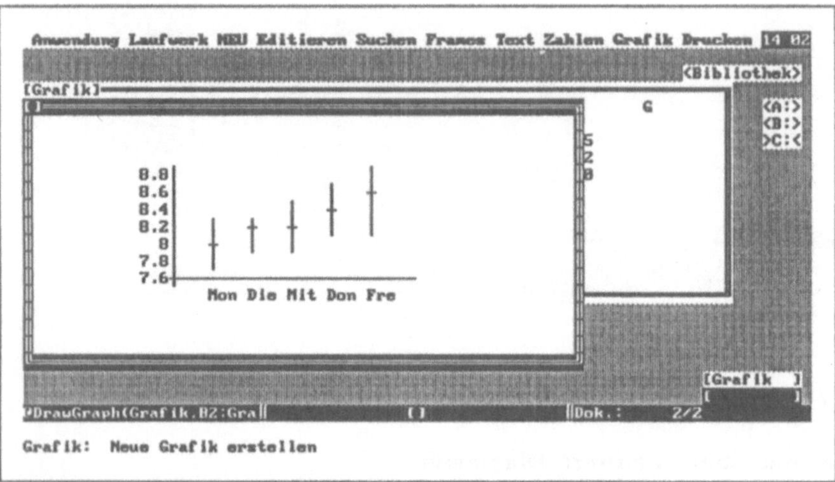

Bild 8.12   Minimum/Maximum/Endwert-Diagramm

X-Achsenfestlegung

Im Menü *Grafik* können Sie festlegen, ob die Zeilen- oder aber die Spaltenwerte der Kalkulationstabelle durch die X-Achse repräsentiert werden sollen. Schalten Sie entweder die Option *Spalte beschriftet X-Achse* oder die Option *Zeile beschriftet X-Achse* auf Ja. Standardmäßig werden die Zeilenwerte der X-Achse zugewiesen. Falls Ihnen eine Grafik unsinnig erscheint, sollten Sie überprüfen, ob die Zuordnung der Daten zur X-Achse richtig ist.

Manuelles Skalieren

Wird Framework angewiesen, eine Grafik zu zeichnen, skaliert das System die X- und Y-Achsen automatisch. Im Untermenü *Optionen* des Menüs *Grafik* können Sie die Skalierung der Y-Achse ändern (*Manuelle Skalierung Y-Achse*). Nach der Aktivierung der Option müssen die drei Werte (Minimalwert, Maximalwert und Inkrementierungswert für die Y-Achse) eingegeben werden. Hierbei muß nach jeder Eingabe die Return-Taste betätigt werden. Die Änderungen beziehen sich auf alle nachfolgenden

Grafikdarstellungen. Um vorhandene Grafiken zu modifizieren, müssen diese neu erstellt werden. Die Darstellung einer Grafik kann durch die Betätigung der Taste F9 Zoom auf die volle Bildschirmgröße erweitert werden. Dies hat jedoch keine Auswirkung auf die Druckgröße und -auflösung der Grafik. Die Grafik wird in voller Größe gedruckt, falls die Speicherkapazität des Rechners und das Leistungsvermögen des Druckers das zulassen.

Benennen von Diagrammen

Framework verwendet automatisch den Namen des die Grafik enthaltenden Frames als Bezeichnung der Grafik. Um die Bezeichnung einer Grafik zu ändern, wird der Cursor auf dem Frame-Namen positioniert, der die Grafik enthält, und ein neuer Namen wird eingegeben. Die Eingabe von Achsenbezeichnungen erfolgt durch diese Arbeitsschritte:

1. Sie öffnen das Menü *Grafik*, wählen das Untermenü *Optionen* aus und aktivieren die Unteroption *X-Achse, Titel*.

2. Sie geben die Bezeichnung ein, markieren die Option, betätigen die Return-Taste, geben die Bezeichnung erneut ein und betätigen nochmals die Return-Taste.

3. Der Vorgang wird für die Y-Achse wiederholt.

Framework III weist die Achsenbezeichnungen der nächsten Grafik zu, die gezeichnet wird. Soll die Grafik einer bereits vorhandenen hinzugefügt werden, wechseln Sie in die Kalkulationstabelle, spezifizieren die gewünschten Zellen neu und lassen Framework die Grafik im selben Frame neu erstellen.

Grafiken überlagern

Es gibt viele Anwendungen, bei denen es sinnvoll ist, mehrere Grafiken in einer Abbildung unterzubringen. Mit Framework III können Sie Balken- oder Abschnittsbalkendiagramme mit Linien-, unmarkierte-Linien- oder markierte-Punkte-Diagrammen überlagern. In Bild 8.13 werden die Daten zur Kennzeichnung des Gesamtverkaufs als Balken und die Daten zum Verkauf von Produkt A als markierte Linie dargestellt.

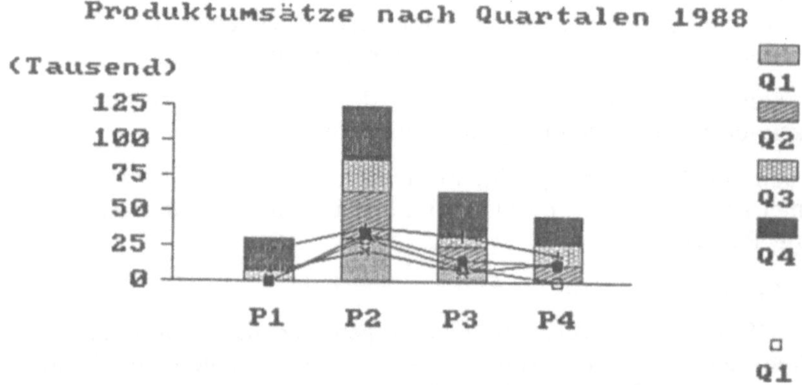

Bild 8.13   Ein von einem Liniendiagramm überlagertes Balkendiagramm

Um einer bereits existierenden Grafik eine neue hinzuzufügen, gehen Sie wie folgt vor:

1. Öffnen Sie das Untermenü *Optionen* im Menü *Grafik*, und aktivieren Sie die Option *Manuelle Skalierung Y-Achse*. Als nächstes überprüfen Sie die Daten und geben einen Maximalwert für die Y-Achse an. Danach wird in analoger Weise der niedrigste Y-Achsenwert spezifiziert. Abschließend wird der Parameter *Schrittweite der Skala* eingestellt.

2. Verschieben Sie den Cursor in die Kalkulationstabelle oder Datenbank, die die Daten für die erste Grafik enthält, markieren Sie die Daten, und legen Sie im Anschluß daran ein Balken- oder Abschnittsbalkendiagramm an. Überprüfen Sie nun die Grafik und nehmen Sie vor dem Erstellen der nächsten Grafik eventuell erforderliche Veränderungen vor.

3. Navigieren Sie in eine Kalkulationstabelle oder Datenbank und wählen Sie die Daten für die zweite Grafik aus. Diese Daten können von

denen der ersten Grafik verschieden sein; sie können auch aus einer anderen Kalkulationstabelle stammen. Die Anzahl der Werte, das heißt die Anzahl der Zeilen oder Spalten, muß jedoch bei beiden Grafiken identisch sein.

4. Wechseln Sie in das Menü *Grafik*, wählen Sie den Grafiktyp für die Überlagerung und anschließend die Option *Überlagern vorhandener Grafik*.

5. Positionieren Sie den Cursor auf den Rand des Frames, der die erste Grafik enthält, und betätigen Sie die Return-Taste. Framework überlagert die bisherige Darstellung mit der neuen Grafik.

Durch das Wiederholen der Schritte 4 und 5 können Sie weitere Grafiken hinzufügen. Bei zu vielen Grafiken wird die Darstellung allerdings unübersichtlich.

Um Daten aus mehreren Kalkulationstabellen oder Datenbanken graphisch darzustellen, müssen zuerst alle Daten einer Grafik in benachbarte Zeilen und Spalten einer einzigen Kalkulationstabelle oder Datenbank verschoben oder kopiert werden. Anschließend wird die Grafik auf die bekannte Weise erstellt.

Speichern und Drucken von Grafiken

Das Abspeichern einer grafischen Darstellung auf Diskette oder Festplatte erfolgt wie bei jedem anderen Frame auch. Der Cursor wird auf den Namen des Frames positioniert, der die Grafik enthält, und aus dem Menü *Laufwerk* wird entweder die Option *Zwischendurch abspeichern* oder die Option *Weglegen* gewählt. Durch das Betätigen der Tastenkombination Ctrl-Return stellt sich dasselbe Ergebnis ein.

Zum Ausdrucken einer Grafik auf Papier wird das Menü *Drucken* geöffnet und die Option *Ziel der Ausgabe* zur Auswahl eines Druckers oder Plotters gewählt. Anschließend wird der Cursor auf den Frame-Namen verschoben, und durch Aktivieren der Option *Starten* im Menü *Drucken* der Druckvorgang eingeleitet.

Eine Grafik kann auch innerhalb eines Textes eingefügt und zusammen mit diesem Dokument gedruckt werden. Hierzu wird der Grafik-Frame in einen Container-Frame verschoben (Kapitel 3).

Verschieben eines Grafik-Frames

Manchmal ist es wünschenswert, die Position eines Grafik-Frames auf der Arbeitsfläche zu verändern, so daß die Grafik beim Ausdruck an anderer Position erscheint.

Die vertikale Position der Grafik läßt sich durch die Optionen *Oberer Rand* bzw. *Unterer Rand* einstellen, und die horizontale Position wird durch die Einstellung *Rand links* reguliert. Die Optionen finden sich im Untermenü *Formateinstellungen* des Menüs *Drucken*.

Kapitel 9

Strukturieren von Informationen in Datenbank-Frames

Das Strukturieren von Informationen stellt den Schlüssel zur persönlichen Produktivität dar. Datenbank-Frames bilden ein leistungsstarkes Werkzeug zur Strukturierung und Speicherung von Informationen. Sie ermöglichen das Speichern, Sortieren, die Wiedergewinnung, Auswahl und Ausgabe von umfassenden Datenbeständen.

Framework III ist nicht für den Zweck gedacht, große Datenbanken aufzubauen, sondern eignet sich besonders für das professionelle Arbeiten mit kleineren Datenbanken. In diesem Fall ist die Bearbeitungszeit gering, und dem Anwender stehen vielfältige Bearbeitungsmöglichkeiten mittels einfach verständlicher Befehlsstrukturen zur Verfügung. Framework III ermöglicht auch den Zugriff auf dBASE II-, dBASE III-, dBASE III PLUS- und dBASE IV-Datenbanken. Falls Sie bereits mit den Eigenschaften von Text- und Tabellenkalkulations-Frames vertraut sind, werden Sie auch schnell den Umgang mit Datenbank-Frames erlernen.

In Datenbanken lassen sich zum Beispiel Namens- und Adreßlisten, Checklisten, Terminpläne, Literaturhinweise, Fußnotenlisten usw. ablegen.

Die Grundlagen einer Datenbank

Eine Datenbank ist eine Sammlung von Text- und numerischen Daten, die für die spätere Verwendung gespeichert sind. Die Elemente einer Datenbank sind die Datensätze und Felder. Jeder Datensatz besteht aus miteinander in Beziehung stehenden Daten, die in Feldern organisiert sind. Jedes Feld enthält eine einzige Information.

Die Datenbank-Frames in Framework III zeichnen sich - wie jede andere Datenbank auch - durch ein Rasterformat der Datensätze und Felder aus. Jede Zeile der Datenbank enthält einen Datensatz, und jeder Datensatz besteht wiederum aus mehreren Feldern. Die Feldlängen innerhalb eines Datensatzes können variieren, und die Länge eines bestimmten Feldes kann von Datensatz zu Datensatz unterschiedlich sein.

Analog den Zellen eines Tabellenkalkulations-Frames ist jedes Feld einer Datenbank ein eigener Frame und kann mehr als 32000 Zeichen aufnehmen.

Datenbank-Frames

Anlegen von Datenbank-Frames

Der erste Arbeitsschritt beim Anlegen eines Datenbank-Frames besteht
aus der Überlegung, welche Informationen gespeichert werden sollen und
wie viele Datensätze und Felder benötigt werden. Felder und Datensätze
können zu jedem Zeitpunkt hinzugefügt bzw. gelöscht werden, beim Anlegen einer Datenbank sollte jedoch die vorläufige Anzahl der Felder und
Datensätze möglichst genau festgelegt werden. Sie sollten die Felder und
Datensätze auf einem Blatt Papier zuerst zusammenstellen und erst anschließend Ihre Datenbank mit Framework III erstellen.

Steht die Anzahl der Datensätze und Felder fest, wird die Datenbank wie
ein Tabellenkalkulations-Frame angelegt. Es kann von einem Konzept
ausgegangen oder ein Datenbank-Frame angelegt werden. Hierzu wird das
Menü *Neu* geöffnet, die Zahl der Datensätze und Felder eingestellt und
anschließend die Option *Datenbank* aktiviert (Bild 9.1).

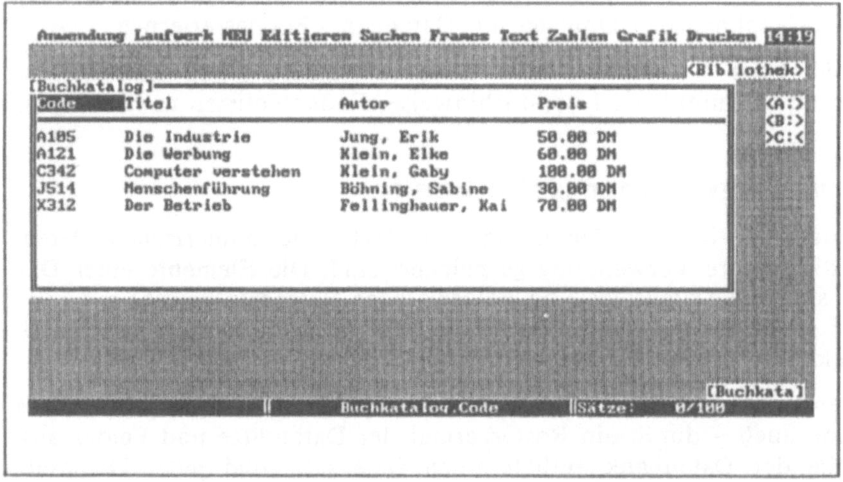

Bild 9.1   Ein Datenbank-Frame in Tabellendarstellung

Die Standardgröße eines Datenbank-Frames beträgt 50 Felder und 100
Datensätze. Diese Einstellung kann im Menü Neu mit den Optionen *Breite: # Spalten/Felder* und *Länge: # Zeilen/Sätze* geändert werden (bevor
die Option *Datenbank* aktiviert wird). Die Datenbank sollte nicht größer
als erforderlich sein, um nicht unnötigen Speicherplatz zu belegen.

Darstellung von Datenbank-Frames

Framework III stellt drei Möglichkeiten zur Darstellung von Datenbank-Frames zur Verfügung:

Tabellendarstellung

Gewöhnlich wird die Datenbank in der normalen Ansicht dargestellt, in der die Datensätze in Zeilen und die Felder in Spalten angeordnet sind.

Framework III weist noch zwei weitere Darstellungsarten auf - die Masken- und die dBASE-Darstellung.

Maskendarstellung

Mit Hilfe der Maskendarstellung kann die Position von Feldern auf dem Bildschirm oder auf dem Papier verändert werden. Einige Felder können gedruckt werden, während andere gar nicht erscheinen.

Zur Darstellung eines Datensatzes in der Maskendarstellung wird der Cursor auf ein Feld des Datensatzes positioniert und die Taste F10 Sicht betätigt. Die Darstellung ändert sich wie folgt:

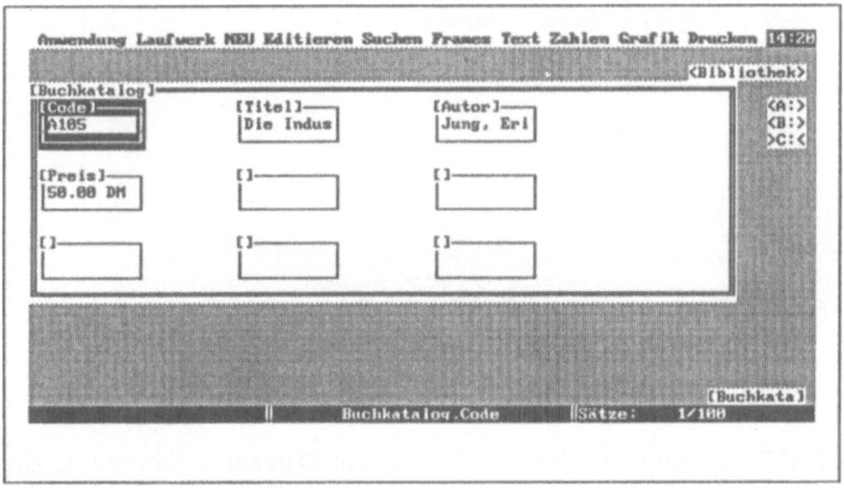

Bild 9.2   Maskendarstellung

In dieser Darstellung werden nur die Daten eines Datensatzes abgebildet. Um die Daten in jedem Feld einzusehen, muß der Cursor von Feld zu Feld verschoben werden. Markiert der Cursor ein Feld, kann dieses durch Betätigen der Return-Taste geöffnet und auch wieder geschlossen werden. Der geöffnete Feld-Frame kann mit der Taste F4 Größe in seinen Ausmaßen verändert werden. Der Datenwert für ein Feld erscheint im Fenster, das das Feld darstellt. Auf diese Art lassen sich alle benötigten Feld-Frames öffnen und bearbeiten.

Durch das Anschlagen der Tasten PgUp oder PgDn wird der vorherige bzw. nächste Datensatz angezeigt.

Eine Datenbank wird unter Beibehaltung der Maskendarstellung verlassen, indem die Aufwärts-Taste angeschlagen wird.

dBASE-Darstellung

Bei aktivierter dBASE-Darstellung können Daten wie bei dBASE-Datenbanken in die Datensätze eingegeben werden.

Um die Daten in dBASE-Darstellung anzuzeigen, muß der Cursor auf einem Feld positioniert werden, daß sich in der Maskendarstellung befindet, und anschließend die Taste F10 Sicht betätigt werden.

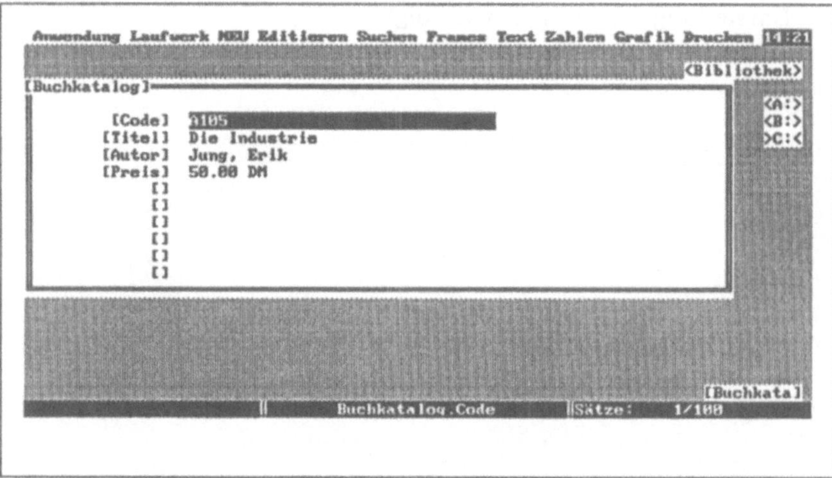

Bild 9.3   dBASE-Darstellung

In der dBASE-Darstellung wird jeweils nur ein Datensatz dargestellt. Die Felder werden untereinander (ein Feld in jeder Zeile) abgebildet. Die Feldnamen erscheinen links von den Feldinhalten.

Zur Dateneingabe in einen leeren Datensatz wird der Cursor in das erste Feld verschoben. Anschließend werden die Daten in den markierten Bereich eingegeben, und zum Abschluß wird die Return-Taste betätigt. Um ein Feld (ohne Eingabe von Daten) zu überspringen, muß die Return-Taste betätigt werden. Framework III verschiebt die Markierung automatisch in das folgende Feld. Nachdem alle Felder eines Datensatzes entweder mit Daten versehen oder übersprungen sind, wird die Markierung in das erste Feld des nächsten Datensatzes positioniert.

Nach beendeter Dateneingabe kann die dBASE-Darstellung durch die Betätigung der Taste F10 Sicht desaktiviert werden, wodurch Framework die Tabellendarstellung aktiviert.

Durch das Betätigen der Aufwärts-Taste kann der Datenbank-Frame unter Beibehaltung der dBASE-Darstellung verlassen werden.

Navigation in Datenbank-Frames

Die Navigation in einem Datenbank-Frame ist mit der in Tabellenkalkulations-Frames identisch (siehe Kapitel 6).

Benennen von Frames und Feldern

Den ersten Schritt im Umgang mit einem Datenbank-Frame bildet - wie bei jedem anderen Frametyp auch - die Eingabe eines Frame-Namens. Der Frame-Rand wird markiert, der Name eingegeben und die Return-Taste betätigt.

Als nächstes werden die Datenbankfelder benannt. Hierzu wird der Cursor oberhalb der horizontalen Linie zum ersten Feld verschoben, der Name eingegeben und die Tabulator-Taste angeschlagen, um das nächste Feld zu markieren. Dieser Vorgang wird so oft wiederholt, bis alle Felder der Datenbank benannt sind.

Zahlen- und Textformatierung

Diese Operationen erfolgen analog der Verwendung in Text- und Tabellenkalkulations-Frames (siehe Kapitel 5 und 6).

Festlegen der Feldgröße

Die Feldgröße wird wie die Spaltenbreite in Tabellenkalkulations-Frames eingestellt. Um ein Feld zu vergrößern, muß der Cursor auf dieses Feld positioniert, die Taste F4 Größe betätigt, das Feld mit Hilfe der Cursortaste Nach Rechts erweitert und zum Abschluß die Return-Taste betätigt werden. Das Feld kann bis zu 32000 Zeichen aufnehmen. Zur Verkleinerung eines Feldes wird statt der Cursortaste Nach Rechts die Cursortaste Nach Links verwendet.

Felder fixieren

In der Tabellendarstellung können ein oder mehrere Felder fixiert werden, so daß sie auf dem Bildschirm verbleiben, während andere Felder gerollt werden. Wenn ein Feld fixiert wird, wird auch seine Bezeichnung in der ersten Zeile der Datenbank fixiert. Datensätze in Datenbank-Frames können nicht fixiert werden.

Um ein Feld zu fixieren, muß die Bezeichnung des Feldes oder das unmittelbar rechts danebenliegende Feld markiert werden, das Menü *Editieren* geöffnet und die Option *Fixieren von Spalten/Zeilen* aktiviert werden. Alle Felder links vom markierten Feld werden fixiert. Um nur das erste Feld am linken Rand zu fixieren, wird der Cursor auf den Frame-Rand positioniert.

Die Fixierung wird wieder aufgehoben, indem die Option *Fixieren von Spalten/Zeilen* ausgeschaltet wird.

Editierschutz für Felder

Um die Daten in den Feldern vor versehentlichen Änderungen und Löschvorgängen zu schützen, wird der zu schützende Bereich markiert, das Menü *Editieren* geöffnet und die Option *Gegen Änderungen schützen* aktiviert. Hierdurch werden die Daten vor dem Löschen und Editieren geschützt. Felder und Datensätze können jedoch weiterhin gelöscht und verschoben werden, das Editieren von Formeln ist möglich.

Der Editierschutz wird durch das Desaktivieren der Option *Gegen Änderungen schützen* aufgehoben.

Hinzufügen und Entfernen von Datensätzen/Feldern

Felder und Datensätze werden einem Datenbank-Frame auf dieselbe Weise hinzugefügt bzw. aus diesem gelöscht wie Zeilen und Spalten in einem Tabellenkalkulations-Frame. Sollen Datensätze oder Felder hinzugefügt werden, muß der Cursor in die Zeile oberhalb oder links von der Stelle positioniert werden, an die ein oder mehrere Felder/Datensätze eingefügt werden sollen. Anschließend wird das Menü *Neu* geöffnet, die Option *Spalten/Felder: # einfügen* bzw. *Zeilen/Sätze: # einfügen* aktiviert und zum Abschluß die Return-Taste betätigt.

Zur Löschung von Datensätzen oder Feldern müssen diese entsprechend markiert, das Menü *Editieren* geöffnet, die Optionen *Spalten/Felder: Entfernen* bzw. *Zeilen/Sätze: Entfernen* aktiviert und zum Schluß die Return-Taste angeschlagen werden. Es wird eine Eingabeaufforderung abgebildet, die bejaht werden muß, um den Löschvorgang zu aktivieren.

Eingabe von Daten in Datenbank-Frames

Die Dateneingabe in Datenbank-Frames ist der in Tabellenkalkulations-Frames ähnlich.

Zu diesem Zweck muß ein Dateneingabeformat aus dem Untermenü *Auswahl des Eingabeformats* im Menü *Zahlen* ausgewählt werden (Bild 9.4).

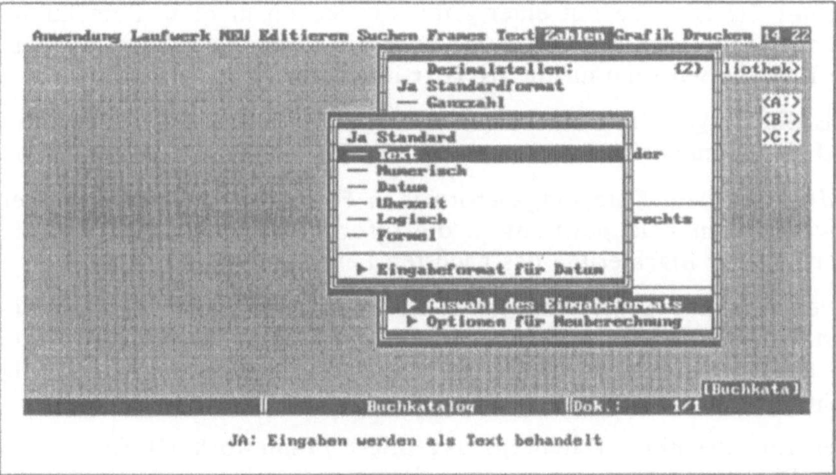

Bild 9.4   Auswahl des Eingabeformats

- *Text* wird für jeden alphanumerischen Text gewählt, mit dem keine Berechnungen angestellt werden sollen, zum Beispiel Namen, Telefonnummern oder Postleitzahlen.

- *Numerisch* ermöglicht die Eingabe von Zahlen und Text wie auch die Verwendung von Zahlen in Berechnungen.

- *Datum* gestattet die Eingabe von Zahlen im Datumsformat.

- *Uhrzeit* ermöglicht die Zahleneingabe in Stunden, Minuten, Sekunden und Hundertstelsekunden.

- *Logisch* wird für Daten verwendet, die als Ja/Nein oder Wahr/Falsch klassifiziert werden können.

- *Formel* erlaubt die Eingabe von FRED-Formeln in Felder, ohne daß die Taste F2 Formel Editieren betätigt werden muß.

- *Standard* ist die Framework III-Standardeinstellung. Anhand der Eingabe wird von Framework III eine Klassifizierung als Zeichenkette oder numerische Eingabe vorgenommen.

  Wenn die Eingabe mit einem Buchstaben beginnt, wird sie als Text aufgefaßt.

  Falls sie mit einer Zahl beginnt, setzt Framework voraus, daß es Daten für Berechnungen sind.

  Beginnt die Eingabe mit einer Zahl, die jedoch nicht in Berechnungen verwendet werden soll, muß zuvor die Leertaste betätigt werden. Die Eingabe wird daraufhin als Text interpretiert.

  Falls die Eingabe mit einem der Zeichen @ . + ( ) # $ ' / beginnt, wird sie als numerisch angesehen und im Formelbereich positioniert.

Standard ist mit dem Dateneingabeformat in Framework II identisch. Der Cursor wird in ein Feld positioniert, die Information eingegeben und die Tabulatortaste zur Markierung des nächsten Feldes betätigt.

Bei aktiver *Standard*-Einstellung im Menü *Zahlen* lassen sich die numerischen und Zeichenfelder voneinander unterscheiden: Numerische Werte sind in Datenbankfeldern rechtsbündig und Zeichenketten linksbündig ausgerichtet.

Nach der Eingabe eines Datentyps akzeptiert Framework III für das so definierte Feld keine Daten in anderen Formaten.

In Kapitel 6 finden sich weiterführende Informationen zu den Dateneingabeformaten.

Handhabung fehlender Daten

Falls zu einem Feld bei der Eingabe keine Daten vorhanden sind, kann dieses Feld leer bleiben; es sollte hier nicht die Zahl 0 eingegeben werden. Durch die Eingabe der Null können sich fehlerhafte Berechnungen ergeben. Wenn Framework III einen Bezug auf ein leeres Feld in einer Formel vorfindet, wird mit dem leeren Feld (und nicht mit dem Wert 0) gearbeitet. In allen anderen Fällen wird der Inhalt des Feldes als 0 angesehen.

Verlagern und Kopieren von Daten in einer Datenbank

Text kann aus einem Text-Frame in einen Datenbank-Frame verschoben oder kopiert werden. Dadurch können einer Datenbank Namen und Adressen oder auch anderer Text und Zahlen hinzugefügt werden, die anschließend sortiert werden können. Da die Verschiebung von Texten in

Datenbank-Frames nicht rückgängig gemacht werden kann, sollten die Texte immer kopiert werden. Nachdem der Text kopiert ist, kann der Originaltext gelöscht werden.

Datensätze sortieren

Framework III kann die Datensätze einer Datenbank in alphabetischer, numerischer, umgekehrter alphabetischer oder umgekehrter numerischer Reihenfolge sortieren. Die Prozedur ist einfach und sehr schnell.

Um Datensätze zu sortieren, muß der Cursor auf das Feld positioniert werden, das als Kriterium für den Sortiervorgang dienen soll. Im Anschluß daran wird das Menü *Suchen* geöffnet und die Option *Vorwärts (aufsteig.) sortieren* bzw. *Rückwärts (absteig.) sortieren* aktiviert. Mit der Option *Vorwärts (aufsteig.) sortieren* werden die Datensätze vom niedrigsten zum höchsten Wert sortiert (von 1 nach 10, von A nach Z), während die Option *Rückwärts (absteig.) sortieren* die Datensätze vom höchsten zum niedrigsten Wert hin ordnet.

Es können auch einzelne Datensätze nach einem Feld sortiert werden, ohne daß alle Datensätze berücksichtigt werden. Das ist allerdings nur möglich, falls die zu sortierenden Datensätze aufeinanderfolgend sind. Hierzu wird der Cursor auf das Feld positioniert, mit der Taste F6 Auswahl und den Cursortasten der zu sortierende Bereich markiert und die Sortierung gestartet. Es werden nur die markierten Datensätze sortiert. Falls sich die Datensätze nicht in aufeinanderfolgenden Positionen befinden, müssen sie zuvor verschoben werden.

Um Sortiervorgänge nach mehreren Feldern durchzuführen, wird zuerst die endgültige Reihenfolge, in der die Datensätze erscheinen sollen, festgelegt. Danach werden nach den einzelnen Feldern Sortiervorgänge ausgeführt. Als Beispiel soll eine Datenbank mit den Feldern GEBURTSTAG, NACHNAME und VORNAME dienen. Die Datensätze sollen nach dem Geburtstag und - als sekundäres Sortierkriterium - nach Nach- und Vornamen sortiert werden. Dazu wird zuerst die Option *Vorwärts (aufsteig.) sortieren* für das VORNAME-Feld aktiviert. Dadurch werden alle Datensätze nach Vornamen sortiert. Im Anschluß daran wird genauso mit dem NACHNAME-Feld verfahren. Hierdurch werden die Datensätze nach Nachnamen sortiert. Weisen mehrere Datensätze identische Nachnamen auf, so sind diese unter sich nach Vornamen geordnet. Abschließend wird das Verfahren noch einmal auf das Feld GEBURTSTAG angewendet. Insgesamt werden die Datensätze also nach dem Geburtstag sortiert. Bei mehreren Datensätzen mit gleichem Geburtstag wird der Nachname als sekundäres Sortierkriterium und - sollte dann immer noch keine Unterscheidung möglich sein - der Vorname als tertiäres Sortierkriterium herangezogen.

Suchen und Ersetzen von Daten

Framework III kann auch genutzt werden, um Textdaten oder numerische
Daten zu suchen und zu ersetzen. Hierzu wird der Cursor auf den Frame-
Rand positioniert und die Optionen *Suchen nach* bzw. *Ersetzen durch* im
Menü *Suchen* aktiviert (Kapitel 5).

Datenbankformeln

Datenbankformeln unterscheiden sich in einem wesentlichen Punkt von
Formeln in Kalkulationstabellen: Datenbankformeln können sich auf Felder beziehen, nicht aber auf Datensätze (Zeilen). In einer Datenbankformel müssen deshalb nur die verwendeten Felder angegeben zu werden.
Die automatische Neuberechnung ist beendet, wenn alle Formeln des aktuellen Datensatzes berücksichtigt wurden.

Es gibt drei Positionen, an denen Formeln in Datenbank-Frames eingegeben werden können:

- In den Formelbereich eines Datensatzfeldes;

- In den Formelbereich eines Feldnamens;

- In den Formelbereich des Datenbank-Frame-Randes.

Eine Formel im Feld eines Datensatzes wird als *lokale Formel* bezeichnet
und zur Berechnung eines Datenwertes für das Feld (unter Umständen auf
der Grundlage anderer Feldwerte) verwendet. Eine Formel im Namensbereich des Feldes wird als *Definitionsformel* bezeichnet und zur Berechnung der Datenwerte für das Feld in jedem Datensatz der Datenbank genutzt. Dabei kann das Feld in jedem Datensatz einen anderen Wert annehmen. Eine Definitionsformel setzt zelleneigene Formeln außer Kraft.

Eine im Frame-Rand positionierte Formel wird *Filterformel* genannt und
dient der Spezifikation von Auswahlkriterien für die Darstellung und Bearbeitung von Datensätzen.

Lokale Formeln

Um einen Feldwert durch eine lokale Formel zu berechnen, muß der
Cursor auf das Feld bzw. den Datensatz positioniert, die Taste F2 Formel
Editieren betätigt, die Formel eingegeben und die Return-Taste ange-
schlagen werden. Framework III gibt den berechneten Datenwert in das
Feld dieses Datensatzes ein. Eine lokale Formel besteht aus einem mathe-
matischen Ausdruck, der sich aus den Namen eines oder mehrerer Felder,
Zahlen, mathematischen Operatoren, @-Funktionen und/oder logischen
Operatoren zusammensetzt. Der folgende Ausdruck kann eine lokale For-
mel sein:

VERKAUF * 10%

Diese Formel multipliziert den Wert des Feldes VERKAUF für den angegebenen Datensatz mit 0.1 und fügt das Ergebnis in das bearbeitete Feld ein. Weitere Beispiele zu lokalen Formeln sind in Tabelle 9.1 dargestellt.

Formel	Bedeutung
(VERKAUF * 10%) + 500	Der Wert im spezifizierten Feld wird zu 10 Prozent des Wertes im Feld VERKAUF desselben Datensatzes plus 500.
PREIS / EINNAHMEN	Der Wert im spezifizierten Feld wird zum Wert im Feld PREIS, geteilt durch den Wert im Feld EINNAHMEN desselben Datensatzes.
@sqrt (VARIANZ)	Der Wert im spezifizierten Feld wird zum Quadrat des Wertes im Feld VARIANZ desselben Datensatzes.
@pi * RADIUS^2	Der Wert im spezifizierten Feld wird zu Pi mal dem Quadrat des Wertes im Feld RADIUS desselben Datensatzes.
@if (VERKAUF < 100000, VERKAUF * 10%, VERKAUF * 12%)	Falls der Wert im Feld VERKAUF desselben Datensatzes kleiner als 100000 ist, wird der Wert im spezifizierten Feld auf 10 Prozent des Wertes im Feld VERKAUF gesetzt; andernfalls wird der Wert auf 12 Prozent des Wertes im VERKAUF-Feld gesetzt.

Tabelle 9.1   Lokale Formeln

Definieren von Formeln

Um eine Formel auf die Felder aller Datensätze einer Datenbank anzuwenden, muß der Cursor auf den Namen des Feldes positioniert, die Taste F2 Formel Editieren betätigt, die Formel eingegeben und die Return-Taste angeschlagen werden. Framework III gibt den berechneten Datenwert in das Feld ein.

Eine Definitionsformel kann auf zwei Arten geschrieben werden: mit der @set-Funktion oder mit einem Zuweisungsoperator. Bei der Verwendung der @set-Funktion sind zwei Parametern anzugeben: ein Feldname und ein mathematischer Ausdruck zur Definition der Feldwerte. Die Parameter werden von Klammern umschlossen und durch Kommata voneinander getrennt. Es kann zum Beispiel folgende Formel eingegeben werden:

```
@set (KOMMISSION, VERKAUF * 12%)
```

Hierdurch werden die Werte des Feldes KOMMISSION zum Wert im Feld VERKAUF, multipliziert mit 0.12. Falls der Datensatz den Wert 100000 im VERKAUF-Feld aufweist, berechnet Framework III automatisch den Wert 12000 im Feld KOMMISSION. Bei der Eingabe eines neuen Wertes in das VERKAUF-Feld paßt Framework III das KOMMISSION-Feld an.

Eine einfachere Methode zur Eingabe von Formeln besteht darin, den Zuweisungsoperator := zusammen mit dem definierenden mathematischen Ausdruck zu verwenden:

```
KOMMISSION := VERKAUF * 12%
```

Diese Formel ist in ihrer Wirkung mit der ersten identisch.

Formel	Bedeutung
KOMMISSION := (VERKAUF * 10%) + 500	Der Wert im Feld KOMMISSION jedes Datensatzes wird zu einem Zehntel des Wertes im Feld VERKAUF, wobei der Wert 500 nach der Multiplikation addiert wird.
@set (AE, AUSGABE / EINNAHMEN)	Der Wert im Feld AE eines jeden Datensatzes wird gleich dem Wert im Feld AUSGABE, geteilt durch den Wert im Feld EINNAHMEN.
SD := @sqrt (VARIANZ)	Der Wert im Feld SD eines jeden Datensatzes wird gleich der Quadratwurzel des Wertes im Feld VARIANZ.
AREA := @pi * RADIUS^2	Der Wert im Feld AREA eines jeden Datensatzes wird gleich dem Ergebnis aus Pi mal dem Quadrat des Wertes im Feld RADIUS.
KOMMISSION := @if (VERKAUF < 100000, VERKAUF * 10%, VERKAUF * 12%)	Falls der Wert im Feld VERKAUF kleiner als 100000 ist, wird der Wert im Feld KOMMISSION auf 10 Prozent des VERKAUF-Wertes gesetzt; andernfalls werden die Werte im Feld KOMMISSION auf 12 Prozent des Wertes im Feld VERKAUF gesetzt.

Tabelle 9.2   Formeln definieren

Wie bei lokalen Formeln können in Definitionsformeln @-Funktionen und bedingte Ausdrücke verwendet werden (siehe Tabelle 9.2).

Filterformeln

Oft muß bekannt sein, welche Datensätze einer Datenbank bestimmte Kriterien erfüllen. Framework III ermöglicht eine solche Auswahl durch die Angabe eines oder mehrerer logischer Auswahlkriterien in einer Filterformel, die im Namensbereich des Datenbank-Frames vorliegt.

Um Datensätze durch eine Filterformel auszuwählen, muß der Cursor auf den Namen des Datenbank-Frames positioniert, die Taste F2 Formel Editieren betätigt, die Formel eingegeben und die Return-Taste angeschlagen werden.

Datensätze filtern

Framework III wählt nur die Datensätze aus, die die Bedingungen in der Filterformel erfüllen, und entfernt zeitweise alle anderen Datensätze vom Bildschirm.

Falls der Frame mit den ausgewählten Datensätzen gedruckt oder gespeichert werden soll, muß der Cursor auf den Frame-Namen positioniert und die entsprechenden Druck- oder Speicheroptionen müssen aktiviert werden.

Soll eine Kopie der ausgewählten Datensätze erstellt werden, muß eine leere Datenbank angelegt werden, die die ausgewählten Datensätze aufnehmen kann. Die Datensätze werden anschließend markiert, die Taste F8 Kopieren betätigt, der Cursor in den leeren Datenbank-Frame positioniert, die Zielstelle markiert und abschließend die Return-Taste betätigt.

Bei einem Ausdruck des Frames zu diesem Zeitpunkt werden nur diese Datensätze ausgedruckt.

Durch die Eingabe einer anderen Auswahlformel veranlaßt Framework III eine weitere Auswahl aus den gegenwärtig dargestellten Datensätzen und nicht aus dem gesamten Datenbestand.

Bild 9.5   Ursprüngliche und gefilterte Datenbank

Wiederherstellung gefilterter Datensätze

Um wieder alle Datensätze auf dem Bildschirm anzuzeigen, muß der Cursor auf den Frame-Namen positioniert, das Menü *Frames* geöffnet und die Option *Öffne alle* aktiviert werden. Da die Filterformel hierdurch nicht beeinflußt wird, kann eine erneute Filterung durch die Betätigung der Taste F5 Neuberechnung durchgeführt werden.

Die Datensätze können auch zurückgewonnen werden, indem die Filterformel gelöscht und die Return-Taste betätigt wird. Die Auswahl läßt sich im Anschluß daran allerdings nicht mehr wiederholen (nur durch eine erneute Eingabe der Formel).

Datensätze, die durch einen Sortiervorgang oder eine Filterung ermittelt wurden, können zur Hervorhebung fett formatiert werden, bevor die anderen Datensätze reaktiviert werden. Die Fettdarstellung läßt sich für alle Datensätze aufheben, indem der Cursor auf den Frame-Namen positioniert und die Option *Normalschrift* im Menü *Text* aktiviert wird.

Hinweis: Falls den Feldnamen eine bestimmte Formatierung zugewiesen wurde, wird diese ebenfalls gelöscht. In diesem Fall sollte die Fettdarstellung in den einzelnen Datensätzen entfernt werden.

Anlegen von Filterformeln

Es gibt zwei Möglichkeiten zum Entwickeln von Filterformeln, je nachdem ob eine oder mehrere Bedingungen für die Auswahl angegeben werden sollen.

Angabe einer Bedingung

Hierzu wird der Name eines Feldes eingegeben, gefolgt von einem logischen Operator und einem Datenwert bzw. Textausdruck, der die Bedingung darstellt. Zeichenfolgen müssen in Anführungszeichen angegeben werden.

Durch die Formel VERKAUF > 70000 werden beispielsweise alle Datensätze ausgewählt, die einen größeren Wert als 70000 im Feld VERKAUF aufweisen. Der Ausdruck STAAT = "D" wählt alle Datensätze aus, bei denen die Abkürzung für Deutschland im Feld STAAT eingetragen ist. Der Ausdruck STAAT <> "D" wählt alle Datensätze aus, bei denen im Feld STAAT ein anderer Staat als Deutschland enthalten ist. In Tabelle 9.3 sind einige Beispiele gültiger Formeln dargestellt, mit denen eine Bedingung für die Filterung ausgedrückt werden kann:

Formel	Wählt alle Datensätze aus, bei denen:
STADT = "FRANKFURT"	Stadt gleich Frankfurt ist
PRIORITÄT <> 4	Priorität ungleich 4 ist
KOMMISSION > 5000	Im Feld KOMMISSION ein größerer Wert als 5000 enthalten ist
PLZ < 5000	PLZ 4999 oder kleiner ist
NAME > "KLEIN"	Der Inhalt des Feldes NAME in alphabetischer Reihenfolge hinter KLEIN liegt
NAME < "KLEIN	Der Inhalt des Feldes NAME in alphabetischer Reihenfolge vor KLEIN liegt

Tabelle 9.3   Filterformel

Falls mehr als eine Bedingung in diesem Formeltyp angegeben wird, berücksichtigt Framework III nur den letzten Ausdruck. Durch die Verwendung von @-Funktionen lassen sich Formeln mit mehr als einer Auswahlbedingung anlegen.

Spezifizieren mehrerer Bedingungen zur Auswahl von Datensätzen

Diese Formeln beginnen mit einer @and-, @or- oder @if-Funktion.

Mit der Funktion @and werden die Datensätze ausgewählt, die alle angegebenen Bedingungen erfüllen. Es können beliebig viele Bedingungen spezifiziert werden, d.h., eine @and-Funktion kann eine beliebige Anzahl von Parametern aufweisen. Die Parameter müssen durch Kommata voneinander getrennt und in Klammern gesetzt werden. Die folgende Formel wählt zum Beispiel alle Datensätze aus, bei denen im Feld VERKAUF ein Wert größer als 50000 und kleiner als 200000 enthalten ist:

```
@and (VERKAUF > 50000, VERKAUF < 200000)
```

Die folgende Formel wählt die Datensätze aller Frankfurter Kunden aus, die für mehr als eine Millionen DM Bestellungen aufgegeben haben, aber seit dem 30. Juni 1988 nichts mehr bestellt haben:

```
@and (STADT = "FRANKFURT" , RECHNUNG > 1000000 , LETZTBEST < "01.07.88")
```

@or ermittelt alle Datensätze, die mindestens eine der in den Parametern enthaltenen Bedingungen erfüllen. Wie bei @and können Sie auch hier beliebig viele Parameter angeben, die durch Kommata voneinander getrennt werden müssen. Die Parameterliste muß in Klammern gesetzt werden.

Mit der Formel

```
@or(UMSATZ<50000,LETZTBEST<"01.01.1988")
```

wählen Sie die Kunden aus, deren Bestellungen einen Umsatz von weniger als 50000 ausmachen oder deren letzte Bestellung vor dem 1. Januar 1988 liegt. Die folgende Formel wählt alle Kunden aus, die entweder in Hamburg oder Hannover ansässig sind oder aber Typ-A-Kunden (sehr gute Kunden) sind.

```
@or(STADT="HAMBURG",STADT="HANNOVER",TYP="A")
```

@if steht zur Formulierung komplexer Auswahlkriterien zur Verfügung. Zu @if gehören drei Parameter. Ist der erste Parameter logisch wahr, so führt @if die im zweiten Parameter gegebene Anweisung aus. Andernfalls legt @if den dritten Parameter zugrunde.

Im folgenden Beispiel werden die Datensätze herausgesucht, bei denen im Feld UMSATZ ein Wert zwischen 50000 und 200000 steht:

```
@if(UMSATZ>50000,UMSATZ<200000)
```

Zur Ermittlung der Verkäufer, deren Umsatz zwischen 50000 und 200000 liegt, und zusätzlich der Mitarbeiter, die seit mindestens zehn Jahren beschäftigt sind, könnten Sie die folgende Formel verwenden:

```
@if(UMSATZ>50000,UMSATZ<200000,JAHRE>=10)
```

Bei dieser Filterung werden allerdings Mitarbeiter nicht ausgewählt, die mehr als zehn Jahre bei dem Unternehmen beschäftigt sind und gleichzeitig einen Umsatz von mehr als 200000 haben.

Sie können in einer Datenbankformel nicht nur eine, sondern beliebig viele @-Funktion nutzen. Die folgende Formel ermittelt beispielsweise die Datensätze aller Kunden im bayerischen Raum (Postleitzahl - PLZ - größer als 7999, also ab 8000), bei denen der Umsatz zwischen 50000 und 200000 liegt; zusätzlich werden alle Wiesbadener mit einem Umsatz von über 100000, aber unter 500000, ausgewählt:

```
@if(PLZ>7999,@and(UMSATZ>50000,UMSATZ<200000),          @and(STADT="WIESBADEN",
UMSATZ>100000,UMSATZ<500000))
```

In Tabelle 9.4 werden weitere Beispiele zu Datenbankformeln mit mehreren Auswahlkriterien vorgestellt.

Formel	**Wählt alle Datensätze aus, in denen:**
@and (AE<15, VERB<40%, WACHS>15%)	Das Verhältnis der Ausgaben und Einnahmen kleiner als 15 ist und die Verbindlichkeiten niedriger als 40% des Umsatzes sind und das Wachstum größer als 15% ist.
@or(AE<15, VERB<40%, WACHS>15%)	Das Verhältnis der Ausgaben und Einnahmen kleiner als 15 oder die Verbindlichkeiten kleiner als 40% des Umsatzes oder das Wachstum größer als 15% ist.
@or (@and (AE<15, VERB<40%),@and (WACHS>15%, VERB<40%))	Entweder ist das Ausgaben/Einnahmen-Verhältnis kleiner als 15 und die Verbindlichkeiten niedriger als 40% oder das Wachstum ist größer als 15% und Verbindlichkeiten niedriger als 40%.
@if (AE<15, VERB<40%, @and (WACHS>15%, VERB<40%))	Entspricht der obigen Formel.

Tabelle 9.4   Datenbankformeln mit mehreren Auswahlkriterien

Verändern der Feldposition

Um Felder auf dem Bildschirm neu anzuordnen, wird das Menü *Frames* geöffnet und die Option *Position frei wählbar* aktiviert. Anschließend wird die Taste F10 Sicht betätigt, um daß Feld in der Maskendarstellung anzeigen zu lassen. Danach wird der Cursor auf dem Feld positioniert, die Taste F3 Position angeschlagen und das markierte Feld mit Hilfe der Pfeiltasten verschoben. Wenn sich das Feld an der gewünschten Stelle befindet, wird die Return-Taste betätigt.

Das Verfahren eignet sich für die Einsichtnahme in Felder, die in der normalen Datenbankdarstellung weit auseinander liegen.

Beim Ausdruck der in Maskendarstellung angezeigten Felder wird die Unteroption *Ohne geschlossene Frames* im Untermenü *Optionen für Ausdruck* des Menüs *Drucken* aktiviert, wodurch geschlossene Felder nicht ausgedruckt werden. Die Feldnamen können gedruckt werden, indem die Option *Mit Frame-Namen* eingeschaltet wird.

Falls Sie Informationen ausdrucken wollen, die in ein vorgedrucktes Formular passen sollen, müssen Sie die Feldpositionen in der Maskendarstellung entsprechend verändern. Hierbei können Sie sich an der Statuszeile orientieren. Im rechten Bereich der Statuszeile erscheint die Zeilen- und Spaltenzahl, an denen das Feld positioniert ist. In Kapitel 10 finden Sie weitere Informationen zum Ausdruck und zu den Druckfunktionen.

Zugriff auf dBASE-Dateien

Mit Framework können Sie Datenbanken nutzen, die mit dBASE II, dBASE III, dBASE III PLUS und dBASE IV erstellt wurden. Die dBASE-Datei wird wie jeder Frame in Framework III auf die Arbeitsfläche geladen.

Falls die gesamte Datei verwendet werden soll, müssen Sie die Taste F5 Neuberechnung betätigen.

Um nur einzelne Felder der dBASE-Datenbank zu verwenden, können nicht benötigte Felder gelöscht werden, bevor die Taste F5 Neuberechnung betätigt wird. Wird die dBASE-Datei auf die Arbeitsfläche geladen, so sind der Frame-Rand und die Feldnamen, jedoch keine Daten sichtbar. An dieser Stelle können die Felder durch Auswahl der Option *Spalten/Felder: Entfernen* im Menü *Editieren* gelöscht werden. Anschließend wird die Taste F5 Neuberechnung betätigt. Framework III erstellt eine Formel und fügt den Inhalt der dBASE-Datei in einen Datenbank-Frame ein.

Falls nur ausgewählte Datensätze der Datei verwendet werden sollen, können die nicht benötigten Datensätze mit einer geeigneten Formel gefiltert werden, bevor die Taste F5 Neuberechnung betätigt wird.

Falls die dBASE-Datei zu umfangreich ist, um sie auf die Arbeitsfläche zu laden, können einzelne Datensätze nach Framework III übertragen werden. Dazu gibt es mehrere Möglichkeiten. Zum ersten kann die Datei geladen werden, wobei vor der Betätigung der Taste F5 Neuberechnung ein Teil der Zeilen oder Spalten gelöscht wird. Die zweite Möglichkeit besteht in der Aufteilung der Datei in kleinere Einheiten, die dann nacheinander bearbeitet werden (Kopieren und Löschen von Teilen). Zum dritten und letzten können bei der Funktion @dbasefilter (im Formelbereich des Frame-Randes) die Start- und Enddatensatznummern (die beiden letzten Parameter) verändert werden, um nur Teile der dBASE-Datenbank einzubeziehen.

Nach dem Laden der Datenbank (oder eines Teils davon) muß die Taste F5 Neuberechnung betätigt werden.

Teil 3

Framework III für Fortgeschrittene

Kapitel 10

Präzisionsdrucken

Einer der wichtigsten Schritte beim Erstellen eines Textes ist das Ausdrucken. Der Wert eines ausgedruckten Textes hängt wesentlich von seinem Erscheinungsbild ab.

Der Druckvorgang wird den meisten Anwendern am Anfang etwas kompliziert erscheinen, da es viele verschiedene Drucker gibt, die natürlich genauso viele Leistungsmerkmale und Druckkonventionen aufweisen. Nicht zuletzt verfügt auch der Text selbst über eine Vielzahl unterschiedlicher Attribute. Framework III vereinfacht den Druckvorgang in drei wesentlichen Punkten:

- Framework III bietet Standardeinstellungen für die meisten kommerziellen Texte an. Es können dadurch Briefe, Memos und Berichte ohne Änderung der Standardeinstellungen gedruckt werden.

- Framework III unterstützt alle üblichen Drucker durch Druckertreiberprogramme, deren Verwendung mit dem Installationsprogramm definiert wird. Es kann für jeden Text eine besondere Druckereinstellung spezifiziert werden.

- Framework III organisiert die vielfältigen Druckoptionen innerhalb eines übersichtlichen Menüs.

Wenn ein Drucker zum ersten Mal in Framework III installiert wird, werden Sie wahrscheinlich ein wenig experimentieren müssen, um die gewünschte Verbindung von Druckvarianten für die verschiedenen Textarten festzulegen. Es können verschiedene Ränder, Seitenlängen, Kopf- und Fußzeilen, Fußnoten und verschiedene andere druckbezogene Einstellungen vorgenommen werden. Nachdem Sie einmal mit den Druckmöglichkeiten vertraut sind, werden Sie feststellen, daß viele Texte mit nur wenigen Veränderungen gedruckt werden können. Falls Sie wiederholt bestimmte Formate verwenden, können diese in einer Druckformatvorlage gespeichert werden und brauchen nicht jedesmal neu erstellt zu werden.

Die Einhaltung der folgenden Regeln garantiert stets zufriedenstellende Druckergebnisse:

- Ordnen Sie aus mehreren Frames bestehende Texte in Container-Frames an.

- Verwenden Sie Druckformatvorlagen.

- Überprüfen Sie die Einstellungen vor jedem Druckvorgang.

Mit den Optionen des Menüs *Drucken* kann der Ausdruck von Text-Frames mühelos gesteuert werden. Die Druckoptionen sind schnell und leicht anzuwenden; durch die Möglichkeit der Einfügung von Steuercodes, die vor und hinter dem zu formatierenden Text erscheinen, stehen dem fortgeschrittenen Anwender speziellere Formatierungen zur Verfügung, beispielsweise die Wahl einer Schriftgröße oder -formatierung, die nicht in Framework III-Menüs implementiert ist.

Bild 10.1   Menü Drucken und Untermenüs

Notwendige Arbeitsschritte für den Druckvorgang

Jeder Frame in Framework III kann mittels derselben grundlegenden Arbeitsschritte gedruckt werden:

1. Der Frame wird auf dem Bildschirm formatiert. Verwenden Sie das Menü *Text* zur Einstellung des rechten und linken Randes und zur Textausrichtung. Falls der Text aus mehreren Frames besteht, sollten diese in einem Container-Frame in der richtigen Reihenfolge abgelegt werden.

2. Eine Druckvorlage wird ausgewählt, zusätzliche Druckoptionen bestimmt oder die Standardeinstellungen verwendet. Öffnen Sie das Menü *Drucken*, um die Kopf- und Fußzeilen, oberen und unteren Ränder, Zeilenzwischenräume usw. festzulegen. Falls Sie einen Laserdrucker verwenden, müssen zu diesem Zeitpunkt alle Fontbefehle (Schriftarten) eingegeben werden.

3. Überprüfen Sie anschließend die Druckeinstellungen. Um Überraschungen und unerwünschte Ergebnisse zu vermeiden, sollten Sie vor jedem Druckvorgang die Festlegungen im Menü *Text* und die Optionen des Menüs *Drucken* überprüfen.

4. Nun wird der zu druckende Frame ausgewählt. Soll nur ein Frame gedruckt werden, muß dessen Rand markiert werden. Sollen alle Frames eines Container-Frames gedruckt werden, muß der Rand des Container-Frames markiert werden. Durch die Auswahl bestimmter Frames druckt Framework III nur diese.

5. Die Option *Starten* im Menü *Drucken* wird aktiviert.

Druckeinstellungen

Die Flexibilität von Framework III kennzeichnet auch den Druckvorgang. Dies trifft vor allem dann zu, wenn aus mehreren Frames bestehende und in Container-Frames befindliche Texte gedruckt werden sollen. Um Vorteile aus der Leistungskraft des Druckvorganges in Framework III ziehen zu können, ist ein Verständnis der verschiedenen Ebenen der Druckeinstellungen notwendig. Die Ebenen lassen sich in hierarchischer Anordnung folgendermaßen darstellen:

- Standardeinstellungen

- Einstellung der Druckvorlagen

- Einstellungen für einen Container-Frame

- Einstellungen für einen Frame innerhalb eines Container-Frames

Ein Frame kann ohne Kenntnis der Druckeinstellungen gedruckt werden. Dies ist aufgrund der Standarddruckeinstellungen möglich, die verwendet werden, sofern keine andere Angabe erscheint. Die Festlegungen gelten automatisch für jeden zu druckenden Frame.

Bei der Änderung einer Einstellung für einen Frame erkennt Framework III, daß die vorgegebene Einstellung für diesen Frame nicht gelten soll. Soll beispielsweise ein Text-Frame mit dem Namen Bill eine obere Randeinstellung von 4 aufweisen, so wird Framework III durch die entsprechende Einstellung darüber in Kenntnis gesetzt, daß diese Randfestlegung verwendet werden soll (ansonsten aber die Standardeinstellungen gelten sollen). Der Text-Frame Bill übernimmt alle Standardeinstellungen außer der explizit geänderten.

Falls weitere Frames in den Text-Frame *Bill* eingefügt werden, übernehmen sie die Einstellungen von *Bill*, auch die geänderte Randeinstellung. Sie können natürlich jede Einstellung der im Text-Frame *Bill* enthaltenen Frames separat ändern. Solche lokalen Einstellungen beziehen sich jedoch nur auf den Frame, für den sie spezifiziert werden (und natürlich auf alle in diesem Frame enthaltenen Unter-Frames).

Sollen die Einstellungen für einen Frame auch auf andere Frames übertragen werden, so kann dies durch das Erstellen einer Druckformatvorlage geschehen. Das Anlegen und Verwenden von Druckformatvorlagen wird im weiteren Verlauf dieses Kapitels besprochen. Die Druckformatvorlage ist im Grunde eine von Fall zu Fall wechselnde Menge von Standardeinstellungen. Analog den Standardeinstellungen von Framework III muß die Druckformatvorlage für einen Frame spezifiziert werden. Erst anschließend kann angegeben werden, welche Einstellungen übernommen und welche unterdrückt werden sollen.

Ein Container-Frame wird auch als Eltern-Frame und die Unter-Frames als Kind-Frames bezeichnet. Durch das Ändern der Einstellungen für den Eltern-Frame werden auch die Einstellungen des Kind-Frames modifiziert. Wird der obere Rand des Frames *Bill* auf den Wert 5 gesetzt, so betrifft dies alle Unter-Frames von *Bill*.

Seitenanordnung

Die Anordnung von Text auf einer Druckseite wird durch die Optionen in den Menüs *Drucken* und *Text* gesteuert. Die Einstellungen im Menü *Drucken* betreffen die Position des Textes; die Randeinstellungen im Menü *Text* beziehen sich demgegenüber nur auf bestimmte Absätze eines Frames oder Textes. Während die Änderungen der Randeinstellungen auf dem Bildschirm dargestellt werden, sind die Einstellungen über das Menü *Drucken* erst im Ausdruck des Textes sichtbar.

Linker Einzug

Zuerst soll die horizontale Anordnung eines Textes (in diesem Fall eines
Frames) behandelt werden. Beim Drucken berechnet Framework III stets
den horizontalen Zwischenraum durch Zählen der Zeichenpositionen. Der
Bereich für den linken Seitenrand wird durch die Einstellung *Rand links*
im Untermenü *Formateinstellungen* des Menüs *Drucken* spezifiziert. Durch
den Wert 10 werden zehn Leerzeichen als linker Rand verwendet. Falls
eine Schriftart mit der Teilung 10 Zeichen pro Zoll (cpi, *characters per
inch*) verwendet wird, resultiert ein linker Rand von einem Zoll Breite.
Die Option *Rand links* muß auf den Wert 12 gesetzt werden, wenn ein
linker Rand von der Breite eines Zolls spezifiziert werden soll, und eine
Schriftart mit 12 Zeichen pro Zoll verwendet wird.

Hinweis: Die Option Links legt die horizontale Position von Kopf- und Fußzeilen fest.

Beim Ausdruck von Text-Frames muß bedacht werden, daß die Option
Linker Rand im Menü *Text* ebenfalls den Druckanfangspunkt einer Zeile
beeinflußt. Die Einstellung für *Linker Rand* wird zu der Einstellung von
Rand links addiert. Der Standardwert für den linken Rand beträgt 0. Wird
Linker Rand auf den Wert 10 gesetzt und weist *Rand links* ebenfalls den
Wert 10 auf, wird das erste Zeichen 20 Zeichen vom linken Papierrand
entfernt ausgegeben.

Zeilenbreite

Zusammen bestimmen die Einstellungen von *Rand links* und *Länge der
Zeile* (Menü *Drucken*) die Anzahl der Leerzeichen des rechten Randes.
Länge der Zeile beginnt bei *Rand links* und fährt mit der Zählung über
die gesamte Seitenbreite fort. Mit der Einstellung 10 für *Rand links* und
der Einstellung 65 für *Länge der Zeile* beginnt der Text zehn Zeichen
vom linken Seitenrand mit einer Zeilenlänge von 65 Zeichen. Das letzte
Zeichen einer Zeile befindet sich demnach bei der Spaltenposition 75. Es
wird ein rechter Rand von zehn Zeichen gelassen, falls eine 10-cpi-
Schriftart und ein Blatt mit einer Breite von 8,5 Zoll verwendet wird.

Bei der Verwendung einer anderen Font-Größe müssen die Optionen
Rand links und *Länge der Zeile* angepaßt werden. Beim Drucken von
Kalkulationstabellen und Datenbanken wird durch die Option *Länge der
Zeile* festgelegt, wie viele Spalten auf einem Blatt ausgedruckt werden.

Beim Druck von Text-Frames ist darauf zu achten, daß die Einstellungen
von *Linker Rand* (Menü *Text*) und *Länge der Zeile* (Menü *Drucken*) aufeinander abgestimmt sind, damit der Text über die gewünschte Zeilenlänge ausgedruckt wird.

Die Option *Länge der Zeile* bestimmt auch die Position von Kopf- und
Fußzeilen auf einer Druckseite.

Oberer und unterer Rand

Die vertikale Position des Textes wird durch die oberen und unteren Randeinstellungen gesteuert. Die Einstellung *Oberer Rand* im Untermenü *Formateinstellungen* des Menüs *Drucken* legt den oberen Rand der Seite fest. Die Standardeinstellung von sechs Zeilen erzeugt einen ein Zoll breiten Abstand zwischen Text und oberem Seitenrand. Durch Vergrößern des Randes wird der Text jeder Seite nach unten verschoben, und durch Verkleinern des oberen Randes wird der Text entsprechend weiter oben positioniert. Kopf- und Fußzeilen werden in den definierten Rändern gedruckt.

Die Option *Unterer Rand* wird analog verwendet. Für einen größeren Rand muß die Einstellung erhöht werden.

Zeilen pro Seite

Mit der Option *Anzahl Zeilen/Seite* wird die maximale Anzahl der Zeilen festgelegt, die auf einer Seite gedruckt werden können. Bei sechs Zeilen pro Zoll können auf einer elf Zoll langen Seite 66 Zeilen gedruckt werden. Die Standardeinstellung beträgt 66 Zeilen pro Seite und sollte auch bei der Verwendung eines Laserdruckers nicht verändert werden, da die Anzahl der Zeilen pro Seite durch den oberen und unteren Rand beeinflußt wird.

Überspringen von Zeilen auf der ersten Seite

Manchmal ist es erforderlich, einen breiteren oberen Rand auf der ersten Seite eines Berichtes oder Textes zu lassen. Hierzu wird die Option *Zeilenschaltungen vor Frame* im Untermenü *Druckersteuerung* des Menüs *Drucken* aktiviert, die Anzahl der Zeilen eingegeben und die Return-Taste betätigt; der Standardwert beträgt 0.

Anlegen von Kopf- und Fußzeilen

Kopf- und Fußzeilen sind wichtige Bestandteile eines Textes. In einem umfangreichen Bericht werden die Kapitel- oder Abschnittsüberschriften auf jeder Seite mit Hilfe von Kopf- und Fußzeilen dargestellt. Es können verschiedene Kopfzeilen für jeden Abschnitt des Berichtes angelegt werden. Die Berichtsüberschrift kann beispielsweise in einer Zeile und die Abschnittsüberschrift in einer anderen angegeben werden. Des weiteren kann eine Datumsangabe in Kopf- und Fußzeilen eingebaut werden (beispielsweise bei Entwürfen). Zusätzlich können die Seitennummern an alternierender Position in den Kopf- und Fußzeilen erscheinen. Framework III kann Kopf- und Fußzeilen automatisch anlegen, wodurch die Numerierung wie auch die Eingabe der Kopf- und Fußzeilen nicht mehr vom Anwender vorgenommen werden müssen.

Das Menü Drucken

Um eine Kopfzeile mit Hilfe der Druckoptionen anzulegen, muß das Menü *Drucken* geöffnet und die Option *Formateinstellungen* aktiviert werden. Es können die Einstellungen *Links*, *Rechts* und *Zentriert* für Kopfzeilentext gewählt werden. Um eine Position zuzuweisen, muß diese markiert werden, anschließend wird der Kopfzeilentext eingegeben und die Return-Taste betätigt.

Horizontale Ausrichtung

Die horizontale Anordnung des Kopfzeilentextes wird mittels der Optionen *Rand links* und *Länge der Zeile* im Untermenü *Formateinstellungen* bestimmt. Durch die Option *Rand links* wird der Abschnitt zwischen dem linken Papierrand und dem Beginn des linken Kopfzeilentextes definiert. Die Einstellung *Länge der Zeile* legt das Ende eines rechten Kopfzeilentextes fest. Ein zentrierter Kopfzeilentext wird an der Textzeilenmitte ausgerichtet.

Vordefinierte Textbausteine

Durch die Eingabe von vordefinierten Textbausteinen ist es möglich, Kopf- und Fußzeilen mit Seitenzahlen, den aktuellen Datums- und Zeitangaben, mehreren Zeilen und verschiedenen Kopfzeilen auf verschiedenen Seiten anzulegen. Textbausteine sind Begriffe, die von spitzen Klammern <> umschlossen sind. Die Textbausteine werden beim Druckvorgang ersetzt. Wird zum Beispiel *<seite>* in eine Kopfzeile eingegeben, so wird statt dessen auf jeder Seite eine Seitenzahl in arabischen Ziffern gedruckt. Alle Textbausteine und deren Druckergebnisse werden in Tabelle 10.1 dargestellt.

Textbausteine können allein oder in Verbindung mit anderem Kopfzeilentext verwendet werden. Um zum Beispiel Seitenzahlen zusammen mit dem Wort *Seite* zu drucken, muß *Seite <seite>* eingegeben werden.

Vertikale Positionierung

Kopf- und Fußzeilen werden innerhalb der oberen und unteren Ränder gedruckt. In diesem Bereich wird die vertikale Position einer Kopfzeile durch Veränderung der bei *Abstand von oben* (Untermenü *Formateinstellungen* im Menü *Drucken*) spezifizierten Zeilenanzahl bestimmt.

Hinweis: Falls der Wert von Abstand von oben größer als der Wert von Oberer Rand ist, wird die Kopfzeile nicht gedruckt.

Textbaustein	Druckergebnis
<seite>	Seitenzahl
<date>	Aktuelles Datum im Format 2. Mai 1989
<date1>	Aktuelles Datum im Format 02.05.1989
<date2>	Aktuelles Datum im Format Mai 1989
<date3>	Aktuelles Datum im Format 2.15.1989
<date4>	Aktuelles Datum im Format 2. Mai 1989
<time>	Aktuelle Zeit im Format 3:45 Uhr
<time1>	Aktuelle Zeit im Format 3:45 Uhr
<time2>	Aktuelle Zeit im Format 15:45 h
<time3>	Aktuelle Zeit im Format 3:45:23.15
<time4>	Aktuelle Zeit im Format 15:45
<return>	Wagenrücklauf, Zeilenumbruch
<gerade/ungerade>	Jede Eingabe links von der Markierung wird nur auf geraden Seiten, jede Eingabe rechts von der Markierung auf ungeraden Seiten gedruckt.

Tabelle 10.1   *Textbausteine und Druckergebnisse mit Datums- und Zeitformaten*

Mehrere Kopfzeilen

Für einen Frame können mehrteilige Kopfzeilen festgelegt werden. Hierzu muß für einen Teil der Kopfzeile eine der im Untermenü *Formateinstellungen* möglichen Positionen (*Links*, *Zentriert*, *Rechts*) spezifiziert werden, wobei weitere Teile bei den anderen Position eingefügt werden können.

Mehrzeilige Kopfzeilen

Es können auch Kopfzeilen über mehrere Textzeilen angelegt werden. Bei der Festlegung im *Drucken*-Menü muß zu diesem Zweck der Textbaustein *<Return>* verwendet werden.

```
ERSTE ZEICHNUNG
15.1.89
VERTRAULICH
```

Soll zum Beispiel diese Kopfzeile in der oberen linken Ecke jeder Seite erscheinen, so muß der folgende Eintrag bei der Option *Links* (in der Kopfzeilenspalte) im Untermenü *Formateinstellungen* eingegeben werden:

```
ERSTE ZEICHNUNG<Return>15.1.89<Return>VERTRAULICH
```

Alternierende Kopfzeilen

Framework III vermag auch Kopfzeilen an verschiedenen Positionen auf alternierenden Seiten zu drucken. Dies bietet sich für beidseitig zu bedruckende Blätter an, wenn zum Beispiel die Seitenzahl stets am äußeren Seitenrand erscheinen soll. Durch die Verwendung des Textbausteins *<gerade/ungerade>* können Kopfzeilen auf alternierenden Seiten gedruckt werden. Die Eingabe

```
Kapitel 3<gerade/ungerade>Seite <seite>
```

für den rechten Kopfzeilenteil druckt die Zeichenfolge *Kapitel 3* auf geradzahligen Seiten und das Wort *Seite* und eine Seitenzahl auf ungeradzahligen Seiten.

Textformatierung

Das Schriftformat in Kopfzeilen kann verändert werden. Zu diesem Zweck wird das Untermenü *Formateinstellungen* geöffnet, die Kopfzeilenoption aktiviert und der zu formatierende Text markiert. Anschließend wird die Tastenkombination Ctrl-T betätigt, um das Menü *Text* zu öffnen. Im Menü werden die gewünschten Formatoptionen gewählt und die Return-Taste betätigt.

Fußzeilen

Das Anlegen von Fußzeilen entspricht dem Erstellen von Kopfzeilen. Dieselben Regeln müssen beachtet und die entsprechenden Optionen spezifiziert werden.

Hinweis: Falls der Wert der Option Abstand von unten größer als der Wert von Unterer Rand ist, wird die Fußzeile nicht gedruckt.

Die Textteile von Fußzeilen werden in der gleichen Weise und unter Beachtung derselben Regeln wie bei Kopfzeilen eingegeben.

Automatische Seitennumerierung

Durch die Spezifikation des Textbausteins *<seite>* kann eine automatische Seitennumerierung aktiviert werden. Die Seitenzahl wird als arabisches Schriftzeichen gedruckt und kann an jeder beliebigen Position in einer Kopf- oder Fußzeile positioniert werden. Sie kann die gesamte Fuß- oder Kopfzeile bilden oder mit Text verbunden werden.

Um eine Seitenzahl in der oberen rechten Ecke mit Hilfe der Druckoptionen auszudrucken, muß das Untermenü *Formateinstellungen* geöffnet und die folgende Eingabe bei *Rechts* (Kopfzeilenspalte) vorgenommen werden:

```
<seite>
```

Um das Wort *Seite* vor der Seitenzahl zu drucken, muß folgender Text eingegeben werden:

```
Seite <seite>
```

Damit die Seitenzahlen am unteren Seitenende zentriert und von Bindestrichen umschlossen werden (wie "- 5 -"), muß folgende Eingabe im Feld Zentriert der Fußzeilenspalte erfolgen:

```
- <seite> -
```

Druckeranweisungen

Wenn die Schriftgröße oder -art verändert werden soll, muß eine entsprechende Anweisung an den Drucker übergeben werden. Solche Anweisungen werden als Druckersteuercodes oder auch als Escape-Codes bezeichnet. Da es sehr viele PC-Drucker auf dem Markt gibt und die Druckertechnologie sich schnell wandelt, müssen Softwarepakete in diesem Bereich flexibel sein. Framework III ermöglicht eine solche Flexibilität durch die Verbindung von Menüoptionen, Parametern und Druckbefehlen.

Es gibt zwei Möglichkeiten zur Übergabe von Druckersteuercodes an den Drucker:

1. Untermenü *Formateinstellungen*. Nach der Installation von Framework III und nachdem der Rechner auf einen Drucker konfiguriert ist, kann mühelos zwischen *Schrift komprimiert* und *Qualitätsschrift (NLQ)* im Untermenü *Formateinstellungen* ausgewählt werden. Wird keine der beiden Optionen gewählt, druckt Framework im Entwurfsmodus.

    Bei der Aktivierung eines Modus im Untermenü *Formateinstellungen* bezieht sich die Auswahl auf den gesamten Frame. Der Cursor muß nicht auf den Frame-Namen positioniert sein, um einen Modus für den Frame zu spezifizieren. Die ausgewählte Option wird zusammen mit dem Frame gespeichert und bei jedem Ausdruck berücksichtigt.

2. Untermenü *Druckersteuerung*. Durch die hierin enthaltenen Optionen können Escape-Sequenzen für zusätzliche Schriftarten und -auszeichnungen spezifiziert werden. Viele Matrixdrucker weisen zum Beispiel Proportional- und sehr breite Schriften auf, und auch die Mehrzahl der Laserdrucker unterstützt mehr als drei Schriftarten und Typen-

größen. Die meisten dieser Auszeichnungen können auf dem Bildschirm nicht dargestellt werden, bei einem Ausdruck jedoch erscheinen sie wie definiert. Hierzu muß die Option *Anfangen mit Steuerzeichen* im Untermenü *Druckersteuerung* aktiviert werden; anschließend wird der Steuercode eingegeben. Framework III sendet die Codes bei jedem Ausdruck des Frames zum Drucker. Die erforderlichen Codes sind im Druckerhandbuch aufgeführt.

Es kann auch eine Reihe von Steuercodes in die Option *Beenden mit Steuerzeichen* im Untermenü *Druckersteuerung* eingegeben werden. In dem Fall aktiviert der Drucker nach einem Ausdruck wieder diese Steuercodes.

Wird eine Reihe von Steuercodes in die Option *Anfangen mit Steuerzeichen* eingegeben, so gelten die Steuercodes für den gesamten Frame. Beide Steuercodesätze werden mit dem Frame gespeichert und bei jedem Ausdruck berücksichtigt.

Hinweis: Jede der angesprochenen Prozeduren kann durch Makros automatisiert werden. Das Anlegen, Speichern und Verwenden von Makros wird im weiteren Verlauf dieses Buches beschrieben.

Auswahl der Ausgabeeinheit

Falls mehrere Drucker (oder Plotter) an den Computer angeschlossen sind, sollte die Option *Ziel der Ausgabe* im Menü *Drucken* markiert und eine Ausgabeeinheit aktiviert werden. Soll die Ausgabe in eine DOS-Textdatei erfolgen, muß die Option *Textdatei für DOS* im gleichen Untermenü aktiviert werden.

Verschiedenartige Formatierung unterschiedlicher Frames

Da sich die Steuerung von Druckmodi auf einen gesamten Frame bezieht, ist es wichtig, einen Text auf verschiedene Frames aufzuteilen, wenn die Schriftgröße oder -auszeichnung verändert werden soll. Es ist nicht unüblich, mehrere Dutzend Frames in einen Container-Frame aufzunehmen, wenn verschiedenartige Formatierungen gefordert sind.

101	Meier	Wilfried	6200	Wiesbaden	06121/343434			
102	Müller	Alfred	6200	Wiesbaden	06121/34543	Maler	34	Reiten
103	Kleinucke	Martin	6200	Wiesbaden	06121/39678	Dichter	56	Malen
104	Wenick	Fred	6200	Wiesbaden	06121/678763	Buchhalter	34	Skifahren
105	Durstig	Joey	6200	Wiesbaden	06121/87432	Zeichner	23	Joggen
106	Silli	Britta	6200	Wiesbaden	06121/78345	Laufbursche	18	Gymnastik
107	Doldum	Eugen	6200	Wiesbaden	06121/125434	Programmierer	45	Skifahren
108	Adel	Tanja	6200	Wiesbaden	–	Zeichner	35	Lesen
109	Kammer	Stefan	6200	Wiesbaden	06121/223323	Buchhalter	23	Reiten
110	Kummer	Uschi	6200	Wiesbaden	06121/456453	Programmierer	43	Fußball
111	Arm	Manfred	6200	Wiesbaden	06121/671221	Buchhalter	54	Gymnastik
112	Lustig	Paul	6200	Wiesbaden	06121/909877	Programmierer	19	Skifahren
113	Komisch	Peter	6200	Wiesbaden	06121/655675	Programmierer	23	Tennis
114	Reich	Christian	6200	Wiesbaden	06121/775235	Zeichner	22	Weitsprung
115	Herbert	Heide	6200	Wiesbaden	06121/563456	Zeichner	52	Reiten
116	Schafer	Harald	6200	Wiesbaden	06121/230997	Elektriker	42	Reiten
117	Eden	Herbert	6200	Wiesbaden	06121/554638	Spieler	38	Fußball
118	Rehm	Maria	6200	Wiesbaden	06121/764090	Trainer	39	Tennis
119	Herrmann	Simone	6200	Wiesbaden	06121/676734	Maler	47	Tischtennis
120	Weichen	Elisabeth	6200	Wiesbaden	06121/767656	Dichter	28	Volleyball
121	Bender	Brigitte	6200	Wiesbaden	06121/88364	Arbeiter	47	Fußball
122	Schmidt	Andreas	6200	Wiesbaden	06121/768341	Aushilfe	45	Golf
123	Schuster	August	6200	Wiesbaden	06121/129064	Putzfrau	61	Marathon
124	Martin	Ute	6200	Wiesbaden	06121/663784	Lektor	28	Tanzen
125	Britten	Sonja	6200	Wiesbaden	06121/678234	Aushilfe	24	Reiten
126	Scheusal	Martin	6200	Wiesbaden	06121/664234	Autor	34	Fernsehen
127	Bitschfeld	Wilma	6200	Wiesbaden	06121/67234	Lehrer	65	Tanzen
128	Dimke	Detlef	6200	Wiesbaden	06121/442356	Aushilfe	45	Tennis
129	Euler	Bernd	6200	Wiesbaden	06121/66834	Lehrer	28	Golf
130	Holle	Heinz	6200	Wiesbaden	06121/454365	Autor	34	Gymnastik
131	Himmel	Elfriede	6200	Wiesbaden	06121/345357	Dichter	19	Lesen
132	Feuer	Marion	6200	Wiesbaden	06121/56436	Setzer	17	Spazierengehen
133	Frucht	Stefanie	6200	Wiesbaden	06121/633423	Aushilfe	32	Hundedressur
134	Demel	Eva	6200	Wiesbaden	06121/782345	Aushilfe	65	Malen
135	Schwab	Vanessa	6200	Wiesbaden	06121/334554	Aushilfe	34	Lesen
136	Stefanski	Susi	6200	Wiesbaden	06121/997434	Setzer	28	Joggen
137	Stukker	Bill	6200	Wiesbaden	06121/343456	Bereiter	49	Golf
138	Emmelhaus	Eddi	6200	Wiesbaden	06121/78235	Stallbursche	38	Tennis
139	Drauf	Dieter	6200	Wiesbaden	06121/235436	Jockey	54	Skifahren
140	Gànger	Samanta	6200	Wiesbaden	06121/343434	Reiter	34	Joggen
141	Sunbart	Jutta	6200	Wiesbaden	06121/346753	Tierpfleger	23	Wandern
142	Sänger	Sylvia	6200	Wiesbaden	06121/334434	Maschinist	46	Tischtennis
143	Hahn	Saraja	6200	Wiesbaden	06121/343444	Personalchef	34	Sprachen
144	Dachs	Udo	6200	Wiesbaden	06121/333334	Gehilfe	54	Studieren
145	Schimmel	Uwe	6200	Wiesbaden	06121/388463	Scharfschutze	49	Tanzen
146	Pfennig	Dorothea	6200	Wiesbaden	06121/673453	Nachtwachter	40	Golf
147	Reiter	Michael	6200	Wiesbaden	06121/435623	Hundefuhrer	32	Tischtennis
148	Viedel	Erika	6200	Wiesbaden	06121/673465	Wache	23	Sprachen
149	Frank	Peter	6200	Wiesbaden	06121/341241	Nachtwachter	45	Tanzen
150	Linssen	Tina	6200	Wiesbaden	06121/431121	Wache	56	Tanzen

Bild 10.2   Drucken umfangreicher Kalkulationstabellen mittels Tiling

Tips für spezielle Druckanwendungen

Aufspaltung einer Kalkulationstabelle zum Druck

Wenn Framework III eine Datenbank oder Kalkulationstabelle drucken
soll, die wegen ihres Umfangs nicht auf eine Seite paßt, so wird die soge-
nannte Tiling-Methode angewendet, um die Datenbank/Kalkulationstabel-
le in seitengroße Abschnitte zu teilen. Framework III beginnt in der oberen linken Ecke der Kalkulationstabelle, druckt die Abschnitte von oben
bis zur linken unteren Ecke der Kalkulationstabelle, springt um eine gesamte Seitenbreite nach rechts und druckt wieder von oben nach unten.
Der Ablauf wiederholt sich, bis die vollständige Kalkulationstabelle aus-

gedruckt ist. Die Option *Fixieren von Spalten/Zeilen* im Menü *Editieren* muß vor dem Ausdruck desaktiviert sein.

Die Reihenfolge des Druckvorganges ist in Bild 10.2 dargestellt.

Benutzerangepaßter Ausdruck von Datenbanken

Zum Druck einer vollständigen Datenbank (oder eines Teils daraus) ist es oftmals erforderlich, den Aufbau der Datenbank durch Neuanordnung der Felder zu verändern. Sollen vor dem Druckvorgang die Felder in jedem Datensatz neu positioniert werden, muß die Taste F10 Sicht betätigt werden, um die Frames in der Maskendarstellung darzustellen. Anschließend werden die Felder mit Hilfe der Taste F3 Position und der Cursortasten neu positioniert. Weitere Informationen hierzu finden Sie in Kapitel 9.

Drucken einer Titelseite

Die Titelseite eines Textes sollte in einem eigenen Frame gespeichert werden, da sich Kopf- und Fußzeilen wie auch Seitenzahlzuweisungen meist nicht auf die Titelseite beziehen. Wird die Titelseite im Titel-Frame des Inhaltsverzeichnisses positioniert, so kann der Titelseiten-Frame zwar im Container-Frame gespeichert werden, wird aber im Inhaltsverzeichnis nicht angezeigt.

Eine Titelseite wird angelegt, indem ein leerer Frame geöffnet und Text eingegeben wird. Falls keine Kopf- und Fußzeilen auf der Titelseite erscheinen sollen, müssen sie nur für nachfolgende Seiten spezifiziert werden.

Überspringen nicht benötigter Frames

Falls nicht alle Frames in einem Container-Frame gedruckt werden sollen, müssen die nicht für den Ausdruck gedachten Frames geschlossen werden, und die Option *Ohne geschlossene Frames* im Untermenü *Optionen für Ausdruck* wird aktiviert.

Seitennumerierung

Um eine korrekte Seitennumerierung in einem aus vielen Frames bestehenden Text festzulegen, müssen einige Optionen manuell bestimmt werden. Dies ist insbesondere dann nötig, wenn einige Frames nicht berücksichtigt werden sollen. Es ist empfehlenswert, die Seitennumerierung immer unmittelbar vor dem Ausdruck des Textes festzulegen, nachdem das Editieren und Formatieren abgeschlossen ist.

Hierzu wird der Frame in der Konzeptdarstellung angezeigt, die zu numerierenden Frames ausgewählt, das Menü *Frames* geöffnet und die Option *Zeigen des Seitenumbruchs* aktiviert. Anschließend sollte zuerst die

Numerierung des Konzepts überprüft werden und dann - falls keine Fehler aufgetreten sind - die Inhaltsdarstellung aktiviert und jeder Frame Seite für Seite überprüft werden. Insbesondere der Seitenumbruch sollte genau überprüft werden.

Nichtnumerierte Frames

Verfügt ein Text über Frames, die nicht numeriert werden sollen, zum Beispiel Grafiken und Kalkulationstabellen, so darf in diesen Frames die Markierung <seite> nicht verwendet werden.

Anordnung des Frames auf einer Seite

Soll ein Frame auf einer neuen Seite ausdruckt werden oder der Ausdruck des gesamten Frames auf einer Seite gehalten werden, muß der Cursor in das Untermenü *Druckersteuerung* verschoben und die Option *Mit Frame neue Seite beginnen* bzw. *Halte Frame auf einer Seite* aktiviert werden.

Paginierung

Falls die Seitennumerierung eines Frames mit einer bestimmten Seitenzahl beginnen soll, muß die Option *Neue Seiten-Nummer* im Untermenü *Druckersteuerung* (Menü *Drucken*) aktiviert, die Seitenzahl eingegeben und die Return-Taste betätigt werden.

Drucken einzelner Seiten

Beim Bedrucken einzelner Seiten (kein Endlospapier oder automatischer Papiereinzug) sollten Sie vor dem Beginn des Druckvorgangs die Option *Warten vor jeder Seite* im Menü *Drucken* aktivieren. Der Drucker pausiert sodann nach dem Ausdruck jeder Seite, während Sie das Papier neu einlegen.

Soll der Druckvorgang unterbrochen (beispielsweise zur erneuten Ausrichtung des Papiers im Drucker) werden, muß die Option *Pause* aktiviert werden. Der Druckvorgang wird nach dem Betätigen einer Taste wieder aufgenommen.

Drucken von ausgewählten Seiten

Zu diesem Zweck wird der Cursor in das Untermenü *Optionen für Ausdruck* positioniert, anschließend werden Seitennummern für *Anfangen mit Seite* und *Ende mit Seite* eingegeben, und zum Abschluß wird die Return-Taste angeschlagen. Die Standardwerte betragen 1 und 9999.

Drucken von Formeln

Zum Ausdruck von Formeln muß die Option *Nur Formeln* aktiviert werden.

Druck-Spooling

Die in Framework III neu implementierte Option *Im Hintergrund drucken* bewirkt, daß der Druckvorgang im Hintergrund abläuft, während auf der Arbeitsfläche weitergearbeitet werden kann. Framework III druckt die Frames in der Reihenfolge ihrer Übergabe an den Drucker. Bei der gleichzeitigen Übergabe mehrerer Frames werden sie in der Reihenfolge ausgedruckt, in der sie in den Verzeichnissen abgelegt sind.

Falls das Antwortverhalten des Systems bei einem Ausdruck im Hintergrund inakzeptabel wird, können die Tastaturoperationen durch die Verlangsamung des Datenflusses zum Drucker beschleunigt werden. Hierzu müssen Änderungen im Installationsprogramm vorgenommen werden.

Die Einstellung für die maximale Druckgeschwindigkeit beträgt 25, die für die geringste Druckgeschwindigkeit ist 0; die Standardeinstellung ist 5. Um die Tastaturoperationen zu beschleunigen, muß eine niedrigere Druckgeschwindigkeit eingestellt werden.

Drucken von Textspalten

Framework III ermöglicht das Ausdrucken von nebeneinander angeordneten Textspalten. Dabei wird der Text entweder vom unteren Ende einer Spalte am oberen Ende der nächsten Spalte auf der gleichen Seite (*snaked columns*) oder vom unteren Ende einer Spalte am oberen Ende der korrespondierenden Spalte der nächsten Seite (*parallel columns*) fortgeführt. Erstgenannter Spaltenumbruch wird in erster Linie in Zeitungen eingesetzt.

Framework III verfügt in der Bibliothek über das Makro Alt-F7, um Texte in Zeitungsspalten zu formatieren. Zur Verwendung des Makros muß die Tastenkombination Alt-F7 betätigt werden, woraufhin die folgenden Eingabeaufforderungen erscheinen:

- *Geben Sie die Anzahl der Zeilen pro Seite ein (oder RETURN für 51).* Geben Sie eine Zahl ein und betätigen Sie die Return-Taste.

- *Wieviele Zeichen pro Zoll (10=Pica, 12=Elite)?* Geben Sie 12 ein oder betätigen Sie die Return-Taste zur Übernahme des Standardwertes 10.

- *Wieviele Spalten (1-4)?* Sie geben 1, 2, 3 oder 4 ein und betätigen anschließend die Return-Taste.

● *Bei Textüberlauf automatisch neuen Seiten-Frame erstellen? (J/N)*
Betätigen Sie die Return-Taste für die Standardvorgabe J, oder Sie
geben N ein und legen die Seiten manuell an.

Framework III erstellt ein leeres Dokument mit dem Namen *Dokument*,
das einen Unter-Frame namens *Seite* für die erste Textseite enthält. Der
Unter-Frame *Seite* enthält die angegebene Anzahl der Spalten. Mit der
Texteingabe in die erste Spalte oder mit dem Kopieren einer vorhandenen
Textdatei in den formatierten Frame kann nun begonnen werden. Frame-
work III formatiert den eingegebenen Text automatisch in Spalten.

Etiketten drucken

Framework III ermöglicht auch das Ausdrucken von Etiketten in mehreren Spalten auf einer Seite. Es können beliebig viele Etiketten auf einer
Seite gedruckt werden. Das Verfahren ähnelt dem zur Erstellung von Serienbriefen mit der Ausnahme, daß jedes Etikett über einen eigenen For-
mat-Frame verfügen muß und daß alle Etikettenformat-Frames in einem
Container-Frame abgelegt werden müssen. Folgende Arbeitsschritte müssen ausgeführt werden:

1.	Eine Datenbank mit allen Namen und Adressen für die Etiketten
	wird (wie für eine Serienbriefaktion) angelegt.

2.	Ein Text-Frame wird erstellt, und diesem wird ein Name zugewie-
	sen. Der Text-Frame wird als Container-Frame verwendet.

3.	Ein weiterer Text-Frame wird innerhalb des Container-Frames ange-
	legt, der als Etikettenentwurfs-Frame verwendet wird. Die Namen
	der Felder, die als Etikett gedruckt werden sollen, werden eingege-
	ben und in der Position angeordnet, in der sie erscheinen sollen. Ein
	typischer Etikettenentwurf könnte folgendermaßen aussehen:

```
<OPTIONAL> <TITEL>
<VORNAME> <INITIALE> <NACHNAME>
<ADRESSE>
<PLZ> <STADT>
```

4.	Mit Hilfe der Taste F4 Größe und der Cursortasten wird die Etiket-
	tengröße bestimmt.

5.	Die Option *Position frei wählbar* im Menü *Frames* wird aktiviert.

6.	Mit Hilfe der Taste F3 Position und der Cursortasten wird der Eti-
	kettenentwurfs-Frame in die obere linke Ecke des Container-Frames
	verschoben.

7. Mittels der Taste F8 Kopieren werden genügend Kopien des Etiket-
    tenentwurfs-Frames erstellt, und die Kopien werden an die entspre-
    chenden Positionen verschoben. Ein typischer Container-Frame zum
    Ausdruck von drei Etiketten ist in Bild 10.3 dargestellt.

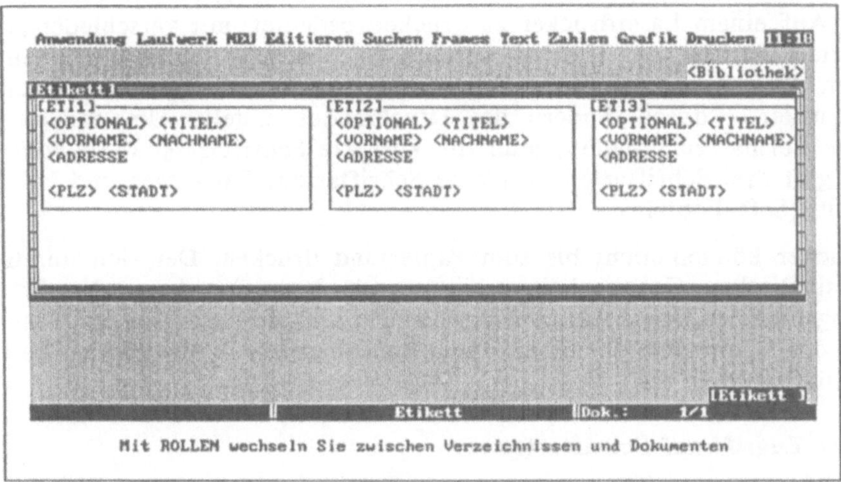

Bild 10.3   Container-Frame mit drei Etikettenentwurfs-Frames

8. Alle Unter-Frames werden hell unterlegt, und die Option *Namen an-
    zeigen* desaktiviert, während *Rahmen ausblenden* aktiviert wird (Me-
    nü *Frames*).

9. Bei hell unterlegtem Container-Frame wird das Untermenü *Format-
    einstellungen* im Menü *Drucken* geöffnet und die Breite der zu druk-
    kenden Seite bestimmt. Der linke, obere und untere Rand werden auf
    den Wert 0 und die Seitenlänge auf die Anzahl der Zeilen vom obe-
    ren Rand eines Etiketts bis zum oberen Rand des nächsten Aufkle-
    bers eingestellt.

Um die Etiketten zu drucken, muß zuerst sichergestellt werden, daß die
Aufkleber in den Drucker eingespannt sind und der Drucker eingeschaltet
ist. Anschließend werden die Datenbank- und Etikettenentwurfs-Frames
auf die Arbeitsfläche geladen. Der Namensbereich des Container-Frames
muß markiert, die Option *Etiketten-Druckdatei* im Menü *Anwendung* aktiviert und der Name des Datenbank-Frames eingegeben werden. Framework III druckt ein Etikett für jeden Datensatz der Datenbank.

Da Framework III alle Etiketten direkt aus dem Speicher druckt, ist es
nicht möglich, während dem Etikettenausdruck auf die Datenfernübertragung oder andere Funktionen zuzugreifen.

Drucken mit einem Laserdrucker

Laserdrucker verfügen über eine große Druckgeschwindigkeit, hohe Druckqualität und ein umfangreiches Sortiment von Schrifttypen, -größen, -auszeichnungen und Druckoptionen. Mit Framework III erzielen Sie auf einem Laserdrucker ein exzellentes Druckergebnis.

Um die gewünschten Ergebnisse zu erhalten, müssen zwei Punkte beachtet werden. Auf einem Laserdrucker zu drucken bedeutet, mit verschiedenen Schriftarten zu drucken. Hierbei werden Zeichen mit unterschiedlichen Formaten durch unterschiedliche Schriftarten und nicht - wie bei einem Matrixdrucker - durch Ändern des Druckmodus erstellt. Um das gewünschte Format zu erhalten, muß die korrekte Schriftart gewählt werden. Es gibt drei Schriftarten: residente Schriftarten, Cartridges und ladbare Fonts (Soft-Fonts).

Laserdrucker können nicht bis zum Papierrand drucken. Der sich durch die physikalischen Gegebenheiten einstellende Leerraum kann das Erscheinungsbild des Druckerzeugnisses beeinflussen und muß bei der Einstellung der Parameter für Kopf- und Fußzeilen sowie Textränder berücksichtigt werden.

Einfacher Zugriff auf Schriftarten

Falls Sie über einen Hewlett-Packard LaserJet oder einen vergleichbaren Drucker verfügen, ermöglicht Framework III den leichten Zugriff auf jede residente Schriftart. So kann beispielsweise die Schriftart Courier mit der Teilung 10 (Schrifthöhe 12 Punkt) und Line Printer mit der Teilung 16,66 verwendet werden. Damit der Zugriff auf die residenten Schriftarten gewährleistet ist, sollte jede Schriftart mit dem Installationsprogramm als eigener Drucker installiert werden. Hierdurch kann jedes Font im Untermenü *Ziel der Ausgabe* angegeben werden.

Sind ein oder mehrere Hewlett Packard Font-Cartridges vorhanden, gibt es noch mehr Auswahlmöglichkeiten. Framework III ermöglicht den Zugriff auf eine Vielzahl von Schrifttypen und -größen für jedes Cartridge über Druckertreiber. Verfügbar sind Treiber für die Cartridges A, B, F, G, Y und Z.

Bei der Installation der Treiber erscheinen Hilfebildschirme, von denen Hardcopies angefertigt werden können (Umschaltung-PrtSc). Diese Information kann bei einer späteren Anwendung genutzt werden, hier ein Beispiel zum Cartridge Z des HP Laserjet.

Primäre Fonts (Cartridge Z):

Normal   **Helvetica 12 pt**

Fett   Helvetica 12 pt fett
Kursiv   Helvetica 12 pt oblique
Fett/Kursiv   Helvetica 12 pt oblique
Komprimiert   Helvetica 8 pt

Alternative Fonts (Qualitätsdruck aktiviert)

1. Durchgestrichen   Helvetica 10 pt
2. Tiefgestellt   Helvetica 8 pt
2. Hochgestellt   Helvetica 14,4 pt fett

Bild 10.4   *Hilfe bei der Installation eines Cartridges*

In diesem Beispiel kann in Helvetica 12-Punkt-Normal oder -Fett gedruckt werden, indem eine der Optionen im Menü *Text* aktiviert wird.
Der Ausdruck erfolgt im 8-Punkt-Normalformat durch die Auswahl der
Option *Schrift komprimiert* im Untermenü *Formateinstellungen* (Menü
Drucken). Durch die Auswahl der Option *Qualitätsschrift* im selben Untermenü und Auswahl einer der anderen Optionen wird im 8-, 10- oder
14.4-Punkt-Normalformat gedruckt.

<u>Hinweis</u>: Falls Zeichen durchgestrichen bzw. tief- oder hochgestellt formatiert sind, muß die
Option Qualitätsschrift desaktiviert sein. Ist die Funktion eingeschaltet, wird das Alternativ-
format verwendet.

Verwendung von Druckersteuercodes

Gegenwärtig stellt Framework III noch keine Druckertreiberprogramme
für Soft-Fonts bereit. Sollten Sie über ein Soft-Font für einen Hewlett-
Packard- oder kompatiblen Laserdrucker verfügen, können Sie auf das
Font durch Eingabe eines Anfangs- und Endsteuercodes im Untermenü
Druckersteuerung zugreifen. Sie können Druckersteuerzeichen auch verwenden, um vom Hoch- auf das Querformat umzuschalten, um zusätzliche Fonts (neben den bereits im Untermenü *Ziel der Ausgabe* installierten) anzusteuern oder um Font-Befehle an andere Drucker als solche der
LaserJet-Serie zu übergeben.

Zur Eingabe eines Anfangssteuercodes wird die Option *Anfangen mit Steuerzeichen* im Untermenü *Druckersteuerung* bearbeitet. Zuerst wird der Escape-Code - {esc} - eingegeben. Anschließend wird der restliche für die Operation benötigte Steuercode eingegeben und die Return-Taste betätigt.

Um beispielsweise auf einem LaserJet II in Times Roman 12 im Querformat zu drucken, muß folgender Anfangssteuercode eingegeben werden:

{esc}&|1O{esc}(0U){esc}(s1p12h10v0s0b5T

Es muß immer der vollständige Steuercode eingegeben werden. Ansonsten kann es zu unvorhergesehenen Druckergebnissen kommen, da im Drucker noch andere Steuercodes aktiviert sein können.

Die Zusammensetzung von Steuercodes ist recht kompliziert, deshalb sollten sie sorgfältig eingegeben werden. Verwenden Sie die im Handbuch vorgegebenen Groß- und Kleinbuchstaben, und vermeiden Sie Leerzeichen.

Zusammen mit einem Anfangssteuercode sollte auch immer ein Endsteuercode eingegeben werden. Hierdurch wird der Drucker in seinen Ausgangszustand zurückversetzt.

Der Endsteuercode für den LaserJet lautet: {esc}E. Der LaserJet II wird auf seinen Zustand beim Start, der LaserJet und LaserJet Plus werden demgegenüber auf die Standardeinstellung zurückgesetzt.

Eingabe von Druckersteuercodes in Abkürzungen

Eine Möglichkeit zur Vermeidung der Eingabe umfangreicher Steuercodes besteht darin, die Steuercodes in Abkürzungen einzufügen. In diesem Fall übernimmt Framework III den Hauptteil der Arbeit. Die Verwendung von Abkürzungen ist hierbei den Makros vorzuziehen, da die Anzahl der Alt-Tastenkombinationen (zum Aufruf von Makros) begrenzt ist, und die Bezeichnungen der Abkürzungen die darin enthaltenen Steuercodes beschreiben können. In Tabelle 10.2 wird ein Bezeichnungsschema gezeigt, das dem Anwender das Erinnern an Abkürzungen für die Steuercodes erleichtert.

Schrifttyp	Auszeichnung	Orientierung	Teilung
C=Courier	M=Mittel	P=Portrait	8
L=Line Printer	F=Fett	L=Landscape	10
oder Letter Gothic			
H=Helvetica	K=Kursiv		12
T=Times Roman			14
			16.66

Tabelle 10.2   Bezeichnungsschema für Abkürzungen von Schrifttypen

Jede Abkürzung besteht aus vier den Schrifttyp, das Format, die Orientierung und die Teilung kennzeichnenden Teilen. Die Abkürzung CMP12 enthält den Code für Courier, Mittel, Portrait-Orientierung, wobei die Teilung 12 eingesetzt wird. Die Abkürzung LFL16.66 beinhaltet den Steuercode für Line Printer, Fett, Landscape-Orientierung und die Teilung 16.66.

Wechseln der Schriftarten in einem Text

Zur Veränderung der Schriftarten in einem Text gibt es zwei Möglichkeiten. Soll dieselbe Schriftart beibehalten und nur die Auszeichnung (wie zum Beispiel fett, kursiv oder unterstrichen) verändert werden, kann dies durch Markieren des Textes und Auswahl der entsprechenden Option aus dem Menü *Text* geschehen.

Sollen Schriftart oder -breite verändert werden, müssen die betreffenden Textabschnitte in einen neuen Frame positioniert werden. Danach werden die Steuercodes angegeben oder der entsprechende Drucker im Untermenü *Ziel der Ausgabe* gewählt und der Frame separat gedruckt. Bei der Verwendung von Steuercodes können diese mit dem Frame gespeichert und der vollständige Text in einem Container-Frame abgelegt werden.

Druckersteuercodes lassen sich problemlos in Verbindung mit den Optionen *Normalschrift*, *Fettdruck* und *Unterstreichen* im Menü *Text* verwenden. Die Option *Schrägschrift* führt bei einigen Druckern zur Unterstreichung und nicht - wie erwartet - zur Kursivschrift. Um mit Hilfe der Steuercodes die Kursivdarstellung zu erreichen, muß der Anfangssteuercode für Kursivschrift für die verwendete Schriftart eingegeben werden; der kursive Text muß demnach in einen separaten Text-Frame eingefügt werden.

Proportionale und nicht proportionale Schriftarten

Bei nicht proportionalen Schriftarten nehmen alle Zeichen den gleichen Raum ein. Gebräuchliche nicht proportionale Schriftarten sind Courier, Line Printer und Letter Gothic. Framework III unterstützt die nicht proportionalen Schriftarten vollständig: Die Zentrierung, rechtsbündige Ausrichtung und Bearbeitung einzelner Zeilen am Seitenende bzw. -anfang wird automatisch vorgenommen.

Bei proportionalen Schriftarten richtet sich der von einem Zeichen beanspruchte Raum nach der Breite des Zeichens. Zu den gebräuchlichen Proportionalschriftarten gehören Helvetica und Times Roman. Obwohl Framework III keine Proportionalschriften unterstützt, kann mit Framework III in Proportionalschrift erstellter Text ausgedruckt werden. Für Proportionalschriftarten gibt es in Framework III keine automatische Zentrierung oder Ausrichtung. Die Einstellungen müssen demnach von Hand vorgenommen werden. Da die Zeichen in der Proportionalschrift verschieden breit sind, läßt sich das nur mit großem Arbeitsaufwand bewerkstelligen.

Leerraum auf den Druckseiten

Laserdrucker können nicht bis an den Seitenrand drucken. Der LaserJet beispielsweise bedruckt die oberen beiden Zeilen oder die unterste Zeile auf einem Blatt nicht. Falls beim LaserJet der Modus zum Überspringen der Perforation aktiviert wird, beträgt dieser Leerraum drei Zeilen am oberen und unteren Rand der Seite.

Um den zusätzlichen Leerraum auf einem Blatt zu vermeiden, wird in Framework III der Modus bei der Initialisierung des LaserJets von den Druckertreibern automatisch desaktiviert.

Bei desaktivierter Einstellung zählt Framework die Zeilen vom oberen Seitenrand. Die Einstellung des oberen Randes auf den Wert 6 bedeutet in diesem Fall, daß Framework in der sechsten Zeile mit dem Druckvorgang beginnt.

Sollen Adreßaufkleber gedruckt werden, dürfte die aktivierte Einstellung zum Überspringen der Perforation nützlich sein.

Die zu übergebende Escape-Sequenz richtet sich danach, ob Sie Aufkleber in üblicher Größe oder LaserJet-Aufkleber drucken wollen. Beim LaserJet-Aufkleber besteht der oberste und unterste Aufkleber nur aus drei Zeilen.

Die Escape-Sequenz für Aufkleber in üblicher Größe lautet:

{esc}&|1L{esc}&16E{esc}&|54F

Um Aufkleber im LaserJet-Format zu drucken, muß folgende Sequenz eingegeben werden:

{esc}4&|1L{esc}&13E{esc}&|60F

Der erste Escape-Code aktiviert den Perforationsmodus, die beiden nachfolgenden legen den oberen Rand und die Anzahl der Zeilen pro Seite fest.

Nach dem Drucken der Aufkleber sollte {esc}E eingegeben werden, um den Drucker auf die Standardeinstellung zurückzusetzen.

Einsatz von Druckformatvorlagen

Durch das Erstellen von Druckformatvorlagen kann man viel Zeit sparen. Wenn Sie bestimmte Verbindungen von Druckoptionen oft verwenden, können Sie sich durch das einmalige Erstellen einer Druckformatvorlage ständig wiederholende Formatzuweisungen ersparen. Die Druckformatvorlage erhält einen Namen, der das Format kenntlich macht (zum Beispiel ANWEISUNG, SKRIPT oder BERICHT).

Die Verwendung der erstellten Druckformatvorlage ist anschließend mit nur einer Eingabe im Menü *Drucken* möglich. Nachdem das Druckformat für einen Text festgelegt ist, kann es mühelos als Druckformatvorlage gespeichert werden. Sie sollten für jedes häufig genutzte Druckformat eine Druckformatvorlage anlegen.

Um eine Druckformatvorlage zu erstellen, müssen die Formateinstellungen für einen Text gespeichert werden. Folgende Arbeitsschritte sind hierzu erforderlich:

1. Ein Text (in einem Text-Frame), der bereits alle in einer Druckvorlage zu speichernden Einstellungen enthält, wird auf die Arbeitsfläche geladen.

2. Dem Text-Frame wird ein neuer Name für die Druckformatvorlage zugewiesen.

3. Der Frame wird geöffnet und sein Inhalt gelöscht.

4. Die Aufwärts-Taste wird angeschlagen, um zum Frame-Rand zu gelangen, und anschließend werden die Tasten F7 Verlagern oder F8 Kopieren betätigt, um den Frame in die Bibliothek zu verschieben bzw. kopieren, wo er als Druckformatvorlage gespeichert wird.

5. Die Tasten Scroll Lock und Home werden angeschlagen, um in die Bibliothek zu wechseln. Durch das Betätigen der Taste Abwärts gelangt man in die Bibliothek, und mit Hilfe der Cursortasten bewegt man den Cursor an die Zielposition der Druckformatvorlage. Abschließend wird die Return-Taste betätigt.

Durch dieses Verfahren wird die Druckformatvorlage in die Bibliothek übertragen.

Zum Ausdruck eines oder mehrerer Frames mit einer Druckformatvorlage muß die Option *Muster für Druckformatvorlage* aus dem Menü *Drucken* aktiviert und der Name der Druckformatvorlage eingegeben werden. Framework III weist automatisch dem zu druckenden Frame die Einstellungen dieser Druckformatvorlage zu. Die Zuweisung wird erst wieder durch eine Änderung der Druckformatvorlage oder durch die Desaktivierung der Option *Muster für Druckformatvorlage* aufgehoben.

Hinweis: Falls einmalige Änderungen (Zeilenlänge, Kopfzeile usw.) in einem Text vorgenommen werden sollen, können diese unmittelbar vor dem Druckvorgang ausgeführt werden. Dazu wird der Text geladen und die Änderung vor dem Aktivieren des Druckvorganges (Starten im Menü Drucken) durchgeführt. Die Änderung bezieht sich nur auf den zu druckenden Text, hat jedoch keine Auswirkung auf die Druckformatvorlage.

Kapitel 11

Datenfernübertragung in Framework III

Die Datenfernübertragung in Framework III ermöglicht den Datenaustausch per Telefon mit allen gebräuchlichen Personal Computern, Mainframes, Systemen im Time-Sharing-Betrieb, Dt. Mailbox und M+T Börse und Online-Informationsdiensten wie beispielsweise AT-Mailbox 1200, AT-Mailbox 300 und AT-Dialog. Während der/dem Übermittlung/Empfang von Daten können Sie gleichzeitig mit Framework III weiterarbeiten. Des weiteren kann bei der Kommunikation mit Mainframes und Mikrocomputern eine Vielzahl der gebräuchlichen Terminals emuliert werden.

Arten der Datenfernübertragung in Framework III

Es gibt vier Modi des Datenfernübertragungssystems.

- *Einzelruf.* Die Telefonnummer und der Übertragungsparameter für jede Datenfernübertragungssitzung werden eingegeben. Dieser Modus eignet sich nur für vereinzelte Anrufe einer Remote-Empfangsstelle; für sich ständig wiederholende Anrufe in künftigen Sitzungen ist diese Prozedur zu langsam.

- *Häufiger Einzelruf.* Hierzu werden die Telefonnummer und Übertragungsparameter in einer Telecomm-Installationsdatei gespeichert. Zur Aktivierung einer Sitzung wird die Installationsdatei geladen und eine Menüoption gewählt. Die Übertragung erfolgt hierbei schneller als bei der zuvor beschriebenen Prozedur und eignet sich besonders für sporadische Gespräche mit derselben Empfangsstation.

- *Häufiger Ruf.* Eine .TCM-Installationsdatei wird als Option im Untermenü *Datenfernübertragung* (Menü *Anwendung*) installiert. Nach der Installation der Datei als Menüpunkt kann das Untermenü *Datenfernübertragung* geöffnet und der Menüpunkt aktiviert werden. Im Anschluß daran kann mit der Übertragung begonnen werden. Dieser Modus eignet sich für Teilnehmer, die oft angewählt werden.

- *Automatischer Ruf.* Hier wird ein Makro angelegt, das die .TCM-Datei aktiviert. Dieser Modus ist von allen vorgestellten der schnellste. Es wird einfach eine Tastenkombination angeschlagen, um die Datenfernübertragung zu aktivieren. Das Makro kann zur vollständigen oder teilweisen Automatisierung der Datenfernübertragungssitzung verwendet werden.

Sie können auch die Option *Rufnummer wählen* aktivieren, worauf der Computer eine Telefonnummer aus einer Telefonliste anwählt. Mit der Option kann außerdem bei einem Gespräch zwischen Stimm- und Datenkommunikation gewechselt werden.

Nach der Herstellung der Verbindung mit einem Remote-System (Empfangsstation) können Textdateien und binäre Dateien empfangen bzw. gesendet und andere Informationen übertragen werden. Obwohl Framework III eine Vielzahl von Kommunikationsoptionen zur Verfügung stellt, müssen in den seltensten Fällen die Parametereinstellungen nach dem Anlegen einer Datenfernübertragungsdatei für ein Empfangssystem noch einmal geändert werden.

Hinweise für Neulinge in der Datenfernübertragung

Falls Sie noch nicht mit der Datenfernübertragung vertraut sind, dürften Ihnen einige der im folgenden verwendeten Termini unbekannt sein. Die nachfolgenden Erklärungen einiger Begriffe sollen Ihnen das nötige Rüstzeug geben, damit Sie sich im Bereich der Datenfernübertragung zurechtfinden.

Was ist ein Modem?

Bevor Computer über Telefonleitungen kommunizieren können, müssen einige Hindernisse überwunden werden: Computer verwenden parallele, digitale Übertragungssignale, während Telefonsysteme serielle, analoge Signale nutzen. Die Daten werden in einem Computer demnach parallel (gleichzeitig) zwischen den verschiedenen Systemkomponenten ausgetauscht. In Telefonleitungen müssen die Daten jedoch seriell (nacheinander) übertragen werden. Um die Daten der Übertragungsweise einer Telefonleitung anzupassen, muß eine genaue Sequenzierung vorgenommen werden. Hierzu dient die serielle Schnittstelle des Computers. Die binären Ein-/Ausgabesignale des Systems müssen für die Übertragung im Telefonnetz in analoge Signale (Tonfrequenzen) umgewandelt werden. Am anderen Ende der Leitung müssen die Übertragungssignale anschließend wieder in ihre ursprüngliche Form transformiert werden. Das hierfür geeignete Gerät wird als *Modem* bezeichnet.

Modemarten

Es gibt nicht nur ein einziges Verfahren oder einen Standard für die Datenfernübertragung und daher unterschiedliche Modemarten. Modems für Mikrocomputer können nach ihrem Kommunikationsmodus (*synchron* oder *asynchron*), Datenpfad (*vollduplex*, *halbduplex* oder beides), Kommunikationsgeschwindigkeit (hoch, mittel, niedrig), Kommunikationsart (Sendemodus, Empfangsmodus oder beides), dem Modemprotokoll (Bell 103, Bell

113, Bell 212A, Racal-Vadic und andere), der Architektur (einzelnes Gerät oder interne Erweiterungskarte), Art der Verbindung zum Computer (direkt oder akustisch), der "Intelligenz" des Modems (Nur-Terminalemulation oder automatisches Wählen und Beantworten) und den weitergehenden Leistungsmerkmalen (zum Beispiel der Reaktion auf Tastaturbefehle) eingeteilt werden.

Kommunikationsmodi

Synchrone Modems senden Daten in langen, regelmäßigen Datenblöcken mit Bits, die den Anfang und das Ende jedes Blocks anzeigen. Durch die synchrone Kommunikation kann eine große Übertragungsgeschwindigkeit erreicht werden, sie wird oftmals für die Kommunikation zwischen Mainframes verwendet.

Asynchrone Modems senden und empfangen Daten in kurzen, aus einem Zeichen bestehenden Abschnitten. Bei den meisten Modems kennzeichnet ein Bit den Beginn der Übertragung eines Zeichens, und sieben Bits dienen der eigentlichen Zeichenübergabe. Ein oder zwei Bits (Stopbits) signalisieren anschließend, daß die Übermittlung des Zeichens abgeschlossen ist. Ein optionales Paritätsbit dient der Überprüfung, ob die Übertragung fehlerhaft war. Da synchrone Modems in der Handhabung kompliziert und auch teuer sind, nutzen die meisten Mikrocomputer die asynchrone Kommunikation.

Duplexmodus und Übertragungsgeschwindigkeit

Im Duplexmodus werden Daten gleichzeitig in beide Richtungen gesendet; im Halbduplexmodus werden sie demgegenüber jeweils nur in eine Richtung übertragen. Die Übertragungsgeschwindigkeit wird in Bits pro Sekunde (*bps*, Anzahl der in einer Sekunde übertragenen Binärstellen), auch als Baud bezeichnet, ausgedrückt. Eine Übertragungsgeschwindigkeit von 600 bps oder niedriger gilt als langsam, eine Übertragungsrate von 1200 bis 9600 bps zählt zum mittleren Geschwindigkeitsbereich, und ein Durchsatz von über 9600 bps wird dem Hochgeschwindigkeitsbereich zugerechnet. Die meisten Modems für die Datenfernübertragung zwischen PCs haben Durchsatzraten im Bereich zwischen 300 und 2400 bps. Framework III unterstützt Übertragungsgeschwindigkeiten bis zu 9600 bps.

Sende- (Originate) und Empfangsmodus (Answer)

Manche Modems arbeiten nur im Sende- bzw. nur im Empfangsmodus. Die teureren Modems können in beiden Modi betrieben werden. Modems können Informationen unabhängig davon übermitteln und empfangen, in welchem Modus (Originate oder Answer) sie gerade operieren. Die beiden kommunizierenden Modems müssen hierbei lediglich in unterschiedlichen Modi arbeiten.

Kommunikationsstandards

Früher erfolgte die PC-Kommunikation mit Übertragungsraten von entweder 300 oder 1200 bps, heutzutage erreichen die meisten Kommunikationsprozesse zwischen PCs eine Übertragungsgeschwindigkeit von 2400 bps oder höher.

Einige Modems unterstützen unterschiedliche Übertragungsgeschwindigkeiten und Protokolle; manche Modemarten erlauben allerdings nur eine oder zwei Geschwindigkeiten bzw. Protokolle.

Übertragungsparameter

Um miteinander kommunizieren zu können, müssen zwei Computer denselben Kommunikationsmodus, Duplexmodus sowie dieselbe Übertragungsgeschwindigkeit, Methode der Fehlererkennung, Anzahl der Datenbits, Methode zur Spezifikation des Anfangs und Endes eines Zeichens usw. aufweisen. Diese Spezifikationen nennt man *Übertragungsparameter*.

Kommunikationssoftware

Zur einfachen Online-Kommunikation zwischen Computern genügt ein Modem. Um anspruchsvollere Operationen durchzuführen, wird eine besondere Kommunikationssoftware benötigt. Die Software wird für die/den Datenübertragung/-empfang von Dateien, zum Speichern der Übertragungsparameter für jede Telefonnummer, zur Darstellung eines Verzeichnisses der gespeicherten Nummern, zur binären Datenübertragung, zum Speichern und zur Nutzung der Dateien (die häufig verwendete Befehle enthalten), zum Filtern der Steuerzeichen usw. verwendet.

Verwendung des Datenfernübertragungs-Frames

Das Datenfernübertragungssystem von Framework III vereinfacht die Kommunikation durch die Automatisierung vieler Prozeduren und ermöglicht außerdem deren Steuerung mit Hilfe von Menüoptionen. Falls Sie ein selbstwählendes Modem besitzen, können Sie eine Empfangsstelle oder einen Informationsdienst durch das Betätigen von nur drei Tasten oder mittels der Menüauswahl anwählen und mit der Empfangsstelle kommunizieren. Mit einem Framework III-Makro kann dieser Prozeß soweit automatisiert werden, daß nur noch die Makrotaste angeschlagen werden muß.

Beginn einer Datenfernübertragungssitzung

Eine Sitzung kann auf zwei Arten eingeleitet werden. Zum einen kann ein Menüpunkt aus dem Untermenü *Datenfernübertragung* (Menü *Anwendung*) gewählt werden. Zum anderen können die gewünschten Optionen im Untermenü *Konfigurieren/Initialisieren* aktiviert und anschließend die Option *Beginn/Fortsetzung der Übertragung* (Untermenü *Konfigurieren/Initialisieren*) gewählt werden.

Beim Start einer Sitzung legt Framework III automatisch einen Datenfernübertragungs-Frame an, falls kein Text-Frame markiert ist. Befindet sich der Cursor in einem auf die Arbeitsfläche geladenen Text-Frame, erfolgt eine Systemanfrage, ob der Frame für die Datenfernübertragung genutzt werden soll. Dessen Verwendung für die Übertragung ermöglicht das Speichern der über die Telefonleitung empfangenen Daten in einen bereits vorhandenen Text-Frame oder das Erstellen eines neuen Datenfernübertragungs-Frames.

Es kann jeweils nur ein Datenfernübertragungs-Frame aktiv sein. Während den meisten Datenfernübertragungs-Funktionen kann der Frame verlassen und mit Framework III weitergearbeitet werden. Der Frame braucht zu seiner Aktivierung nicht geöffnet zu sein, er muß jedoch in den Arbeitsspeicher geladen werden.

Arbeiten mit einem Datenfernübertragungs-Frame

Nach der Positionierung des Cursor in einen Datenfernübertragungs-Frame wird die Meldung *Datenfernübertragung aktiv* auf dem Bildschirm dargestellt. Der Frame kann jederzeit verlassen werden. Sobald der Cursor auf oder in den Datenfernübertragungs-Frame positioniert wird, erscheint die Meldung *Datenfernübertragung aktiv* erneut.

Während der Anmeldung bei einem Empfangssystem speichert Framework III automatisch die übertragenen und empfangenen Informationen im Datenfernübertragungs-Frame. Dieser Vorgang wird auch beim Verlassen oder Schließen des Datenfernübertragungs-Frame fortgesetzt. Beim erneuten Öffnen des Frames können die zwischenzeitlich übertragenen Daten eingesehen werden.

Nach ihrer Speicherung im Datenfernübertragungs-Frame können Daten ausgewählt, gelöscht, gedruckt, kopiert und verschoben werden. Hierbei spielt es keine Rolle, ob der Frame aktiv oder inaktiv ist.

Beenden einer Sitzung

Eine Datenfernübertragungs-Sitzung in Framework III wird durch das Aktivieren der Option *Übertragung beenden* im Untermenü *Datenfernübertragung* beendet. Bei der Beendigung einer Sitzung wird der Datenfernübertragungs-Frame desaktiviert, er verbleibt jedoch bis zu seiner Speicherung, Löschung oder Verwendung für eine andere Sitzung auf dem Bildschirm.

Verwendung eines selbstwählenden Modems

Obwohl das Framework III-Datenfernübertragungssystem mit einem manuell zu bedienenden Modem genutzt werden kann, können nur mit einem selbstwählenden und automatisch empfangenden Modem alle Möglichkeiten der Datenfernübertragung in Framework III voll ausgeschöpft werden.

Falls Sie ein selbstwählendes Modem verwenden, muß Framework III zuerst so konfiguriert werden, daß das Empfangssystem automatisch angewählt werden kann. Hierzu sind zwei Arbeitsschritte notwendig. Zuerst müssen die Telefonnummer, die Baudrate, die Anmeldungsinformation (Login-Information) und andere Übertragungsparameter in einer für die Datenfernübertragung bestimmten Installationsdatei gespeichert werden.

Anschließend wird dem Empfangssystem im Untermenü *Datenfernübertragung* ein Name zugewiesen. Nach der Ausführung der beiden Prozeduren kann das Empfangssystem jederzeit angerufen werden, indem die Option *Datenfernübertragung* im Menü *Anwendung* aktiviert und der Name des Empfangssystems eingegeben wird.

Anlegen einer Installationsdatei für die Datenfernübertragung

Zu diesem Zweck wird *Datenfernübertragung* im Menü *Anwendung* geöffnet und das Untermenü *Konfigurieren/Initialisieren* ausgewählt. Im Untermenü wird die Option *Konfiguration einstellen* aktiviert, die das Empfangssystem betreffenden Informationen eingegeben und diese unter einem anderen Namen auf Platte/Diskette gespeichert. Die einzelnen Arbeitsschritte sind im folgenden noch einmal dargestellt:

1. Das Untermenü *Datenfernübertragung* im Menü *Anwendung* wird geöffnet.

2. Der Menüpunkt *Konfigurieren/Initialisieren* wird gewählt.

3. Die Option *Konfiguration einstellen* wird gewählt. Es können Format-, Modem- und Konfigurationsoptionen spezifiziert werden (Bild 11.2).

4. In den Auswahlpunkt *Telefonnummer* muß die Telefonnummer des Empfangssystems eingegeben werden.

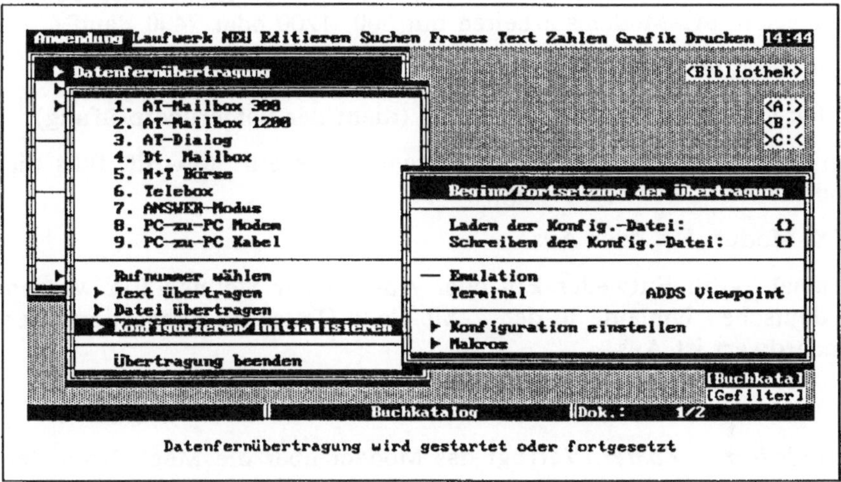

Bild 11.1   Das Untermenü Konfigurieren/Initialisieren

Bild 11.2   Das Untermenü Konfiguration einstellen

5.   Danach werden die verwendeten Übertragungsparameter eingegeben.

Die folgenden Optionen stehen zur Verfügung:

Format

Baudrate: 75, 110, 300, 1200, 2400, 4800, 9600, 19200 oder 38400. Die meisten PC-Modems arbeiten mit 300, 1200 oder 2400 Baud.

Daten-Bits: Entweder 7 oder 8.

Parität: Gerade, ungerade oder keine (dient der Fehlerüberprüfung).

Stop-Bits: Entweder 1 oder 2. Verwenden Sie ein Stop-Bit, falls die Baudrate nicht 110 bps beträgt.

TWX-Modus: Ein oder Aus.

National 7-Bit: Entweder Ein oder Aus. In der Stellung Ein werden die deutschen Umlaute in den 7-bit-Code (Datex-P) konvertiert. Der Standardwert ist Aus.

Modem

Wahlwiederhol-Zähler. Verfügt das Modem über die Möglichkeit der automatischen Wahlwiederholung, muß die Anzahl der Wiederholungen im Falle des Besetztzeichens eingegeben werden. Es können bis zu 99 Wiederholungen festgelegt werden.

Init.-Zeichen. Falls erforderlich, wird ein Init.-Zeichen eingegeben.

Präfix zur Telefonnummer. Der Befehl, den das Modem für die Rufnummernwahl und andere Informationen benötigt, wird eingegeben.

Direktverbindung. Entweder Ein oder Aus. Für die Kommunikation über Telefonleitung und Modem sollte Aus gewählt werden. Falls der PC direkt mit einem anderen Computer verbunden ist, muß Ein eingestellt werden.

Serielle Schnittstelle #. Entweder 1 oder 2. Die Einstellung sollte mit der Konfiguration des Computers übereinstimmen.

Telefonnummer. Hier erfolgt die Eingabe der Rufnummer des Empfangssystems oder der Servicestation.

Konfiguration

Stationsmodus. Entweder *Senden* (Originate) oder *Empfangen* (Answer). Die Option *Senden* sollte bei der Anwahl eines Empfangssystems gewählt werden, das in beiden Modi (Senden und Empfangen) arbeiten kann. Sollte jemand Ihr System anwählen, muß der Antwortmodus aktiviert sein. Nach dem Laden der Installationsdatei ANSWER.TCM wird die Spezifikation automatisch ausgeführt.

Passwort. Zur Zugriffssteuerung auf Ihr System (im Answer-Modus) sollten Sie ein Kennwort definieren und denjenigen anvertrauen, die auf Ihr System zugreifen sollen. Andernfalls hat jeder Benutzer Zugriff auf das System.

Zur Definition eines Kennwortes wird das Untermenü *Konfiguration einstellen* geöffnet und die Option *Passwort* in der Konfigurationsspalte gewählt. Das Kennwort wird eingegeben und anschließend die Return-Taste angeschlagen. Das Kennwort kann beliebig lang sein.

Nach der Festlegung eines Kennwortes bildet Framework bei der Systemanwahl eine Eingabeaufforderung ab. Der Anrufer kann die Angabe des korrekten Kennwortes dreimal versuchen.

REMOTE-Kontrolle. Mit dieser Einstellung wird ein Remote-Befehlssteuerzeichen bestimmt, das von anderen Computern zur unmittelbaren Befehlseingabe in Ihr System (und umgekehrt) genutzt werden kann. Der Standardwert ist Ctrl-R. Wenn das Remote-System das korrekte Remote-Befehlssteuerzeichen sendet, und sich das empfangende System im Answer-Modus befindet, wird eine Eingabeaufforderung zurückgegeben. Anschließend kann ein Befehl direkt eingegeben werden. Ohne die Angabe des Befehlssteuerzeichens ist die unmittelbare Befehlseingabe in ein angewähltes System nicht möglich.

CTRL-Zeichen: Entweder Ein oder Aus. In der Stellung Ein können Steuerzeichen an eine Empfangsstation gesendet werden; in der Stellung Aus werden Steuerzeichen als Menübefehle interpretiert.

Duplex: Entweder Vollduplex oder Halbduplex. Die meisten Online-Systeme arbeiten vollduplex.

Auto LF: Entweder Ein oder Aus. In der Stellung Ein wird nach jeder Eingabe eines Wagenrücklaufs ein Zeilenvorschub ausgeführt. Die Standardeinstellung ist Aus.

Die Baudrate, Daten-Bits, Parität, Stop-Bits und der Duplex-Modus müssen mit denen des Empfangssystems übereinstimmen. Bei Optionen mit mehreren Auswahlmöglichkeiten kann durch die Betätigung der Leertaste zwischen den Optionen umgeschaltet werden, bis die gewünschte erscheint. Bei Optionen, bei denen Daten einzugeben sind, wird die Option mit Hilfe der Return-Taste ausgewählt, die Daten werden eingegeben, und abschließend wird erneut die Return-Taste betätigt.

6. Alle Eingaben sollten auf Fehler überprüft werden, anschließend wird die Taste Aufwärts zum Verlassen des Untermenüs *Konfigurieren/Initialisieren* angeschlagen.

7. Soll die Empfangsstation ohne Speicherung der Telefonnummer und der Übertragungsparameter angerufen werden, muß die Option *Beginn/Fortsetzung der Übertragung* (Untermenü *Konfigurieren/Initia-*

lisieren) aktiviert werden. Zum Speichern der eingegebenen Informationen müssen folgende Arbeitsschritte ausgeführt werden:

8. Ein Makro wird angelegt, um die Telefonnummer, den Benutzernamen, das Kennwort oder andere Anmeldungsinformationen zu speichern. Die Option *Makros* wird gewählt, um das Untermenü *Makros* auf dem Bildschirm darzustellen. Die Makrozahl 10 ist für die Speicherung der Information einer automatischen Anmeldungsprozedur reserviert. Zur Editierung· der Makrozahl 10 wird die Tastenkombination Ctrl-F10 betätigt; der Makroinhalt wird anschließend in die Editierzeile eingegeben und die Return-Taste betätigt. Im Anschluß daran wird eine kurze Funktionsbeschreibung des Makros in der Kommentarspalte eingegeben und die Taste Aufwärts angeschlagen.

9. Zur Speicherung der Telefonnummer, der Anmeldungsinformationen und der die Kommunikation betreffenden Dateneingabe muß die Option *Schreiben der Konfig.-Datei* aktiviert werden.

Durch den Vorgang wird die Installationsdatei für die Datenfernübertragung angelegt. Um die Datei für den Anruf eines anderen Computers zu verwenden, muß die Option *Laden der Konfig.-Datei* aktiviert, der Name der Datei eingegeben und die Option *Beginn/Fortsetzung der Übertragung* aktiviert werden.

Erweiterung der Direktzugriffsmöglichkeiten

Ist eine Installationsdatei zur Datenfernübertragung vorhanden, kann dem Verzeichnis im Untermenü Datenfernübertragung ein Untermenüpunkt hinzugefügt werden. Hierzu sind die folgenden Arbeitsschritte erforderlich:

1. Framework III wird beendet.

2. SETUPFW wird hinter der DOS-Eingabeaufforderung eingegeben und die Return-Taste betätigt.

3. (2) SETUP VON A BIS Z wird ausgewählt.

4. Aus den dargestellten Möglichkeiten wird ein Speicherort für die Datei FWSETUP gewählt.

5. (3) DATENFERNÜBERTRAGUNG ird ausgewählt.

6. Die Auswahl wird je nach der Zahl der hinzuzufügenden Menüpunkte getroffen.

7. Der Name des Verzeichniseintrags und der Name der Installationsdatei zur Datenfernübertragung werden eingegeben.

8. H wird eingegeben, um zum Hauptmenü zurückzugelangen.

9. (7) NEUE EINTRÄGE SPEICHERN wird ausgewählt, um alle ge-
    troffenen Einstellungen zu speichern und auf die DOS-Ebene zu ge-
    langen.

Der Eintrag wird beim Neustart von Framework III im Datenfernübertragungsverzeichnis dargestellt.

Aktivieren vordefinierter Menüpunkte

Framework III verfügt im Datenfernübertragungsverzeichnis bereits über
sieben vordefinierte Auswahlpunkte. Hierzu gehören Optionen für die am
häufigsten verwendeten Datenfernübertragungsdienste in Deutschland:
*AT-Mailbox 300, AT-Mailbox 1200, AT-Dialog, Dt. Mailbox, M+T Börse,
Telebox* und *ANSWER-Modus.* Es gibt außerdem Optionen namens *PC-
zu-PC Modem* und *PC-zu-PC Kabel,* mit deren Hilfe die Anmeldung bei
jedem PC-Empfangssystem ausgeführt werden kann. Mittels der Option
ANSWER-Modus kann Framework III in den Antwortmodus umgeschaltet
werden.

Nutzung des Remote-Service

Zur Verwendung eines Menüpunktes für einen Remote-Service müssen
Sie sich zuerst an die Servicestation wenden, um eine Telefonnummer, einen Benutzernamen und/oder ein Kennwort zu erhalten. Nach dem Erhalt
der Informationen wird das Untermenü *Konfigurieren/Initialisieren* geöffnet, die Option *Laden der Konfig.-Datei* aktiviert und der Dateiname
der Empfangsstation eingegeben. Die Dateinamenerweiterung .TCM kann
weggelassen werden.

Nach dem Laden der Installationsdatei muß *Konfiguration einstellen* gewählt und die Telefonnummer eingegeben werden. Anschließend wird erneut das Untermenü *Konfigurieren/Initialisieren* geöffnet, die Unteroption *Makros* aktiviert und die Eintragung unter der Makronummer 10
modifiziert, indem die Telefonnummer, der Anwendername, das Kennwort und/oder andere Anmeldungsinformationen eingegeben werden.
Daraufhin wird erneut zum Untermenü *Konfigurieren/Initialisieren* gewechselt, die Unteroption *Schreiben der Konfig.-Datei* aktiviert und der
Name der Installationsdatei eingegeben. Nach dem Speichern kann eine
Option aus dem Menü *Datenfernübertragung* gewählt werden.

Kommunizieren mit einem anderen PC

Zu diesem Zweck wird das Untermenü *Konfigurieren/Initialisieren* geöffnet, die Unteroption *Konfiguration einstellen* aktiviert und der Dateiname
PCTOPC eingegeben. Nach dem Laden der Installationsdatei wird die Telefonnummer für den zu adressierenden PC eingegeben, und - falls erforderlich - werden einige Parametereinstellungen für den PC und die Emp-

fangsstation geändert. Anschließend wird erneut das Untermenü *Konfigu-rieren/Initialisieren* geöffnet, die Option *Makros* aktiviert und das Kennwort für die Empfangsstation eingegeben. Im Anschluß daran wird die Unteroption *Schreiben der Konfig.-Datei* gewählt.

Soll mit einem Empfangssystem mittels Auswahl der Option *PC-zu-PC Modem* (Untermenü *Datenfernübertragung*) kommuniziert werden, so muß der ursprüngliche Name der Installationsdatei (PCTOPC) eingegeben werden. Nach der Änderung wird ein anderer Dateiname bei der Option *Schreiben der Konfig.-Datei* angegeben und das Installationsprogramm zur Installation dieses Optionspunktes im Menü *Datenfernübertragung* eingesetzt. Hierdurch bleibt die Datei PCTOPC.TCM erhalten, die später wiederum zur Definition von Parameterdateien verwendet werden kann.

Nachdem die Verbindung zu einem Remote-Computer hergestellt ist, wird jede Tastatureingabe an das Empfangssystem übermittelt (und umgekehrt). Auch Text und binäre Dateien können zum Empfangssystem übertragen und von diesem empfangen werden.

Wechseln des Datenfernübertragungsverzeichnisses

Sollen in einer bereits erstellten Installationsdatei Parameter geändert werden, muß das Untermenü *Konfigurieren/Initialisieren* geöffnet, die Änderungen eingegeben und die Installationsdatei anschließend gespeichert werden.

Falls ein vollständiger Menüpunkt aus dem Verzeichnis gelöscht werden soll, muß Framework III beendet und zu DOS zurückgekehrt werden. Danach wird das Framework III-Installationsprogramm mittels SETUPFW geladen, die Optionen 2 (SETUP VON A BIS Z) und 3 (DATENFERN-ÜBERTRAGUNG) aktiviert und Leerzeichen für den Menüpunkt und den Dateinamen eingegeben. Mit der Betätigung der Taste H wird zum Hauptmenü zurückgekehrt, und anschließend wird die Option 7 (NEUE EINTRÄGE SPEICHERN) ausgewählt, um die Einstellungen zu speichern und zu DOS zurückzukehren.

Zum Löschen der alten Installationsdatei kann der folgende DOS-Befehl verwendet werden:

```
DEL <Laufwerksbuchstabe>:dateiname.TCM
```

Rufnummer wählen

Durch die Option *Rufnummer wählen* im Untermenü *Datenfernübertragung* steht dem Benutzer die Möglichkeit der Schnellwahl zur Verfügung.

Wird der Cursor auf eine Nummer auf der Arbeitsfläche (beispielsweise in einer Datenbank oder dem Verzeichnis in der Bibliothek) positioniert und die Option *Rufnummer wählen* aktiviert, wählt Framework III diese Telefonnummer, und der Benutzer wird über eine Meldung zur Abnahme des Telefonhörers und Betätigung der Leertaste aufgefordert. Beim Anschlagen der Leertaste wird der Sprechbetrieb hergestellt. Framework III kann jede in einem Tabellenkalkulations-, Datenbank- oder Datenfernübertragungs-Frame ausgewählte Telefonnummer anwählen.

Wechseln von der Sprach- zur Datenübertragung

Es besteht die Möglichkeit, eine Sprachübertragung ohne vorherige Unterbrechung und Neuwahl in eine Datenübertragung umzuwandeln. Hierzu müssen die Benutzer beider Kommunikationssysteme das Untermenü *Konfiguration einstellen* öffnen und die Option *Direktverbindung* aktivieren. Anschließend wird die Sitzung neu eingeleitet (über die Option *Beginnen/Fortsetzen der Übertragung*).

Im Anschluß daran muß der lokale Benutzer zur Aktivierung des ORIGINATE-Modus eine bestimmte Zeichenfolge eingeben und die Return-Taste betätigen. Der Benutzer des Remote-Systems muß ebenfalls eine Zeichenfolge eingeben und die Return-Taste betätigen, um den ANSWER-Modus zu aktivieren. Die einzugebenden Zeichenfolgen sind vom Modem abhängig und können im Modem-Handbuch nachgelesen werden.

Verwenden eines Auto-Antwort-Modems

Sollten Sie über ein Auto-Antwort-Modem verfügen, kann der Computer angewiesen werden, die eingehenden Anrufe automatisch anzunehmen und Text- und Dateiübertragungen vorzunehmen, ohne daß Ihre Aufmerksamkeit notwendig ist. Nachdem der Antwortmodus aktiviert wurde, antwortet Framework III auf Anfragen. Der Anrufer kann Daten übergeben, die nach der Herstellung einer Verbindung übertragen werden.

Verwendung eines manuellen Modems

Um Framework III mit einem manuellen Modem zu nutzen, muß die Telefonnummer jedes Empfangscomputers manuell eingegeben werden. Danach wird der Hörer auf die akustische Auflage des Modems gelegt und die Anmeldungsinformationen über die Tastatur eingegeben.

Durch das Speichern der Anmeldungsinformationen in einem Makro kann dieser Prozeß automatisiert werden. Antwortet die Empfangsstation auf den Anruf, können die Anmeldungsinformationen durch die Eingabe des Makrobefehls übertragen werden.

Nach der Herstellung der Verbindung mit einer Empfangsstation entsprechen alle folgenden Vorgänge denen bei einem Auto-Antwort-Modem.

Verwendung von Remote- und lokalen Befehlen

Eine Reihe von Befehlen kann verwendet werden, um grundlegende Funktionen des Empfangscomputers zu steuern.

Remote-Kontrolle

Falls vor jedem Befehl ein Remote-Steuerzeichen eingegeben wird, ermöglicht dies die Steuerung eines Empfangscomputers.

Das standardmäßig verwendete Remote-Steuerzeichen ist Ctrl-R. Zur Änderung des Zeichens wird das Untermenü *Konfiguration einstellen* geöffnet, die Option *REMOTE-Kontrollz.* aktiviert, das Steuerzeichen eingegeben und die Return-Taste betätigt.

Lokale Steuerzeichen

Wird vor einem Befehl ein lokales Steuerzeichen eingegeben, kann der eigene Computer auf diese Weise ohne Verlassen des Datenfernübertragungssystems gesteuert werden.

Das lokale Steuerzeichen ist Ctrl-Ins; es kann nicht geändert werden. Dieses Zeichen sollte immer verwendet werden, wenn die Verbindung zu dem Empfangscomputer hergestellt ist und einer der erlaubten Befehle (Überprüfen eines Laufwerks/Verzeichnisses, Beginn eines Text- oder Datei-Transfers, Wechseln des Protokolls usw.) ohne Unterbrechung der Verbindung ausgeführt werden soll.

Die Befehle hierfür sind in Tabelle 11.1 dargestellt:

Befehl	Parameter	Funktion
CD	Pfadname	Wechselt den Pfad.
CRCON		XMODEM-Fehlerkorrektur wird aktiviert.
CRCOFF		XMODEM-Fehlerkorrektur wird desaktiviert.
DIR	Dateiname	Zeigt Dateien im aktuellen Laufwerk an.
PROT		Überprüft das Protokoll für den Dateitransfer.
PROT<p>	Protokollname	Wählt ein Dateiübertragungsprotokoll aus.
READ	Dateiname	Liest und lädt eine Datei.
SEND	Dateiname	Übermittelt eine Datei unter Verwendung des aktuellen Protokolls.
TYPE	Dateiname	Die spezifizierte Datei wird auf dem Bildschirm ausgegeben. Die Datei wird unter Verwendung des aktuellen Protokolls empfangen.

Tabelle 11.1   Erlaubte Befehle

Übertragen von Text und Dateien

Die Übertragung von Texten und Dateien wird aus zwei Untermenüs des Menüs *Datenfernübertragung* aufgerufen: Dies sind die Optionen *Text übertragen* und *Datei übertragen*. Jede kann zur Übermittlung wie auch zum Empfang von Daten verwendet werden.

Daten als Text senden

Daten können entweder als Text (im ASCII-Code) oder als Datei (im binären Code) an die Empfangsstation übergeben werden. Falls die Daten als Text gesendet werden, wird die Frame-Struktur (daß heißt die Struktur der Zellen einer Kalkulationstabelle, die Datenbankstruktur, die Konzeptstruktur, die Struktur eines Text-Frames usw.) nicht übertragen. Es wird auch keine Fehlerüberprüfung durchgeführt. Werden die Daten in Form einer binären Datei gesendet, so bleibt die Frame-Struktur erhalten, und die übertragenen Daten werden auf Fehler untersucht. Die zu verwendende Methode hängt von den Umständen und der Art der beabsichtigten Informationsbearbeitung ab.

Die Informationen sollten in den folgenden Fällen als Text gesendet werden:

- Die Emfangsstation akzeptiert nur Text.

- Es ist keine Fehlerüberprüfung notwendig. Die Textübertragung ist schneller und eine Prüfung kann durch den Empfänger vorgenommen werden. Die Übertragung von Dateien ist langsamer und muß durch ein entsprechendes Protokoll überprüft werden.

- Es soll ein zusammenhängender Bereich von Textzeichen übertragen werden (wie zum Beispiel ein Textabschnitt).

- Es sollen nur die Textzeichen aus einem Bereich übertragen werden, der sowohl Textinformationen als auch Formatinformationen enthält (wie beispielsweise die Namen und Adressen einer Datenbank). Die Zieldatei liegt dann nicht im Datenbankformat vor.

Die Daten sollten in den folgenden Fällen in Form einer Datei übermittelt werden:

- Es sollen Dateien übertragen werden, die nur Nicht-Textdaten enthalten (wie zum Beispiel ein Framework III-Frame oder eine .COM- oder .EXE-Datei).

- Text soll mit automatischer Fehlerüberprüfung gesendet werden.

Textübertragung

Das Untermenü *Text übertragen* besteht aus zwei Teilen:

Bild 11.3   Das Untermenü Text übertragen

Textübertragung auf einen anderen Computer

Nach der Herstellung der Kommunikation mit einem anderen Computersystem kann eine vollständige Textpassage aus einem Frame an das Empfangssystem gesendet werden. Hierzu wird der Text markiert und die Option *Nur Text senden* aus dem Untermenü *Text übertragen* aktiviert. In diesem Fall kann entweder Text aus einem oder mehreren auf der Arbeitsfläche vorhandenen Frames oder der Inhalt von abgespeicherten Dateien übertragen werden. Framework III sendet nicht den vollständigen Frame oder die Datei, sondern nur den in ASCII-Text konvertierten markierten Inhalt. Falls eine Kalkulationstabelle oder Datenbank als Text übermittelt wird, werden nur die Daten und nicht die Formeln oder die Frame-Struktur übertragen. Wird eine auf Diskette/Platte gespeicherte Datei ausgewählt, lädt Framework III sie auf die Arbeitsfläche, konvertiert den Inhalt in ASCII-Text und sendet ihn an die Empfangsstation. Das Empfangssystem behandelt den Text wie bei der Texteingabe über die Tastatur. Die folgenden Upload/Senden-Optionen stehen zur Verfügung:

● *Nur Text senden*. Das spezifizierte Objekt wird in Text konvertiert und an die Empfangsstation übergeben.

● *Übertragung abbrechen.* Eine Übertragung wird abgebrochen. Framework III stellt hierzu eine Eingabeaufforderung dar.

● *Verzögerungszeit.* Es kann eine Verzögerungszeit von 0 bis 255 Millisekunden zwischen den ausgegebenen Zeichen spezifiziert werden, um die Übertragungsgeschwindigkeit - falls nötig - dem Empfangssystem anzupassen. Der Standardwert ist 0. Durch die Einstellung wird die Baudrate nicht beeinflußt, lediglich werden Pausen zwischen der Übertragung der einzelnen Zeichen eingefügt.

● *ECHO abwarten.* Der Standardwert ist Aus. Durch die Einstellung Ein wird angegeben, daß Framework III nach jedem gesendeten Zeichen auf ein Empfangssignal des Empfangssystems wartet.

● *Handshake mit CRLF.* Der Standardwert ist Ein. Der Zeilenende-Handshakemodus wird ein- oder ausgeschaltet. In aktivem Zustand wird beim Senden eines Wagenrücklaufzeichens (CR) der Empfang eines Zeilenumbruchszeichens (LF) abgewartet, bis das folgende Zeichen gesendet wird. Dieser Modus wird teilweise von Time-Sharing-Systemen erwartet.

● *Bestätigungszeichen.* Hierdurch wird die Angabe eines Zeichens ermöglicht, auf das Framework III vor der Übertragung der nächsten Zeile wartet. An eine Empfangsstation kann so Text übertragen werden, der die Antwort auf eine Eingabeaufforderung darstellt. Framework III wartet 20 Sekunden auf das Bestätigungszeichen und sendet anschließend - mit oder ohne erhaltenem Bestätigungszeichen - die nächste Zeile. Durch die Betätigung von Ctrl-Break während der 20 Sekunden wird die nächste Zeile im unmittelbaren Anschluß darauf übertragen. Die Standardvorgabe ist hier die Desaktivierung des Bestätigungszeichens, was durch "keinen" Eintrag in diesem Feld gekennzeichnet wird.

● *Löschen der Steuerzeichen.* Die Einstellung kann Ein oder Aus sein. In der Stellung Ein werden die Steuerzeichen aus dem an die Empfangsstation zu übertragenden Text gelöscht. Hiervon ausgenommen sind Wagenrücklauf (Ctrl M), Zeilenumbruch (Ctrl J) und das Tabulatorzeichen (Ctrl I). In der Stellung Aus werden alle Steuerzeichen übergeben. Der Standardwert ist Aus.

Folgende Arbeitsschritte müssen zur Textübermittlung an einen anderen Computer ausgeführt werden:

1. Die Empfangsstation wird angerufen und die Aufnahmebereitschaft hergestellt.

2. Die Taste Aufwärts wird zum Verlassen des Datenfernübertragungs-Frames betätigt. Der zu sendende Text wird markiert.

3. Das Untermenü *Datenfernübertragung* wird geöffnet und die Unteroption *Text übertragen* aktiviert. Die Upload/Senden-Optionen werden festgelegt.

4. Die Unteroption *Nur Text senden* wird ausgewählt. Die Meldung *Vorbereitung für Upload/Senden* erscheint auf dem Bildschirm. Nach dem Verschwinden der Bildschirmmeldung beginnt Framework III mit der Datenübertragung. Zu diesem Zeitpunkt kann der Quell-Frame verlassen werden, um andere Arbeiten auszuführen. Es kann auch zusätzlicher Text in den aktiven Frame eingegeben werden. Framework III sichert den neuen Text bis zur Beendigung der Übertragung und sendet ihn anschließend ebenfalls an die Empfangsstation.

Die Textübertragung ist beendet, wenn die Meldung *Upload/Senden beendet* erscheint.

Text empfangen

Es gibt zwei Möglichkeiten zum Textempfang von einem anderen System. Der Text kann in einen Datenfernübertragungs-Frame oder in eine Datei verschoben werden. In beiden Fällen werden die Optionen aus dem Untermenü *Text übertragen* (Download/Empfangen) verwendet. Im einzelnen stehen die folgenden Optionen zur Verfügung:

*   *Ablegen in Datei*. Die Werte Ein oder Aus können angegeben werden. In aktivem Zustand werden die übertragenen Texte in einer Datei oder in einem Frame gespeichert. Falls bei aktivierter Unteroption keine Datei spezifiziert wurde, legt Framework III eine neue Datei an, und der Dateiname kann angegeben werden.

*   *Name der Ablagedatei*. Mit der Unteroption läßt sich der Name der Ablagedatei bestimmen. Wurde bis zur Aktivierung der Option *Ablegen in Datei* kein Name eingegeben, erscheint eine diesbezügliche Eingabeaufforderung. Bei der Änderung des Dateinamens während des Datenempfangs schließt Framework III die aktuelle Datei unmittelbar und öffnet die neue.

*   *Größe Empfangs-Frame*. Ermöglicht die Angabe der maximalen Anzahl von Bytes, die in einem aktiven Datenfernübertragungs-Frame gespeichert werden können. Das Minimum ist hierbei 200, das Maximum 64000; der Standardwert beträgt 32000. Da der Datenfernübertragungs-Frame Speicherplatz belegt, ist es manchmal notwendig, einen kleineren Wert zu spezifizieren.

*   *Empfangskontrolle*. Der Standardwert ist Aus. In der Stellung Ein wird die Übertragungsrate des empfangenen Textes gesteuert. Framework III sendet ein Sonderzeichen (Ctrl-S) zum Empfangssystem, sobald der interne Puffer gefüllt ist. Hierdurch wird der Datenfluß ab-

gebrochen. Nachdem sich der Puffer wieder etwas geleert hat, wird ein weiteres Zeichen (Ctrl-Q) zur Wiederaufnahme der Textübertragung übergeben.

- *Stopzeichen.* Mit der Unteroption kann das Stopzeichen verändert werden. Bei aktivierter Empfangskontrolle und vollem Puffer fordert das Stopzeichen den sendenden Computer zur Beendigung der Textübertragung auf. Der Standard ist Ctrl-S.

- *Wiederaufnahmezeichen.* Das Wiederaufnahmezeichen kann geändert werden. Der Standard ist Ctrl-Q.

- *Zu ignorierende Zeichen.* Es können Zeichen spezifiziert werden, die Framework III beim Datenempfang von anderen Computern ignorieren soll. Die Zeichen sollten nacheinander als String eingegeben werden.

Speichern von Text in einem Datenfernübertragungs-Frame

Da alle empfangenen und übermittelten Textdaten einer Datenfernübertragungssitzung in einem Frame gespeichert werden, muß dem Frame vor der Aktivierung der Übertragung eine ausreichende maximale Größe zugewiesen werden. Hierzu wird die Unteroption *Größe Empfangs-Frame* aktiviert. Die Standardeinstellung ist 32000 Zeichen, der Maximalwert beträgt 64000 und der Minimalwert 200 Zeichen. Beim Überschreiten der Höchstgrenze werden die zusätzlichen Zeichen an das Ende des Frames positioniert, und Text am Anfang des Frames wird gelöscht, um Speicherplatz zu schaffen.

Die Option *Empfangskontrolle* kann aktiviert werden, um die Geschwindigkeit der Datenübertragung der Geschwindigkeit des Empfangssystems anzupassen. Im Bedarfsfall kann ein String mit zu ignorierenden Zeichen angegeben werden.

Abgesehen von diesen Einstellungen erfolgt der Vorgang der Textspeicherung in einem Datenfernübertragungs-Frame automatisch.

Speichern von Text in einer Datei

Nach der Herstellung der Verbindung zu einem Empfangssystem können die erhaltenen Daten mit Hilfe der Unteroption *Ablegen in Datei* in eine Datei auf Diskette/Platte gespeichert werden.

1. Die Option *Text übertragen* des Untermenüs *Datenfernübertragung* (Menü *Anwendung*) wird gewählt.

2. Die Unteroption *Empfangskontrolle* wird - falls erforderlich - aktiviert und *Zu ignorierende Zeichen* gewählt.

3. Die Unteroption *Name der Ablagedatei* wird markiert und der Name der Zieldatei eingegeben. Hierbei muß auch der Laufwerkskennbuchstabe angegeben werden.

4. Die Unteroption *Ablegen in Datei* wird aktiviert.

Framework III beginnt mit der Textübertragung in die angegebene Datei und beendet diesen Vorgang erst mit der Desaktivierung der Unteroption *Ablegen in Datei.*

Verwendung von Ctrl-PrtSc

Durch die Betätigung der Tastenkombination Ctrl-PrtSc läßt sich der Text schneller annehmen, während sich der Cursor im aktiven Datenfernübertragungs-Frame befindet. Sind die Unteroptionen *Ablegen in Datei* und Emulation aktiviert, wird der Inhalt des aktuellen Bildschirms in die Datei übertragen. Dieser Übertragungsvorgang wird erst nach der nochmaligen Betätigung von Ctrl-PrtSc desaktiviert.

Dateien übertragen

Dateien unterscheiden sich von Text. Binäre Dateien enthalten den binären Code, der vom Computer verstanden wird, und nicht den ASCII-Code von Textdateien (Quellcode und anderen Texten). Da der Binärcode nicht darstellbar ist, muß man bei der Übertragung sehr sorgfältig vorgehen, um Fehler zu vermeiden. Es gibt mehrere Methoden und Protokolle für die fehlerfreie Übertragung von binären Dateien. Bei allen werden die Daten in gleichlangen, zusammenhängenden Teilstücken übertragen und anschließend mit Hilfe eines Algorithmus die fehlerfreie Übertragung überprüft. Falls das System einen Fehler feststellt, wird der fehlerhafte Datenbereich erneut übertragen. Der Datenbereich wird nur nach einer fehlerfreien Übertragung vom Empfangssystem angenommen.

Zwischen der Übertragung von Text und der von Dateien gibt es wichtige Unterschiede. Framework III führt die Übertragung einer Datei von Diskette/Platte zu Diskette/Platte aus. Jede Datei muß demnach gespeichert sein, bevor sie übertragen werden kann. Bei der Übertragung einer Datei werden die Daten blockweise übergeben. Das Sende- und Empfangssystem müssen dasselbe Übertragungsprotokoll einsetzen. Jeder Datenbereich muß überprüft werden, bevor ein weiterer Datenbereich gesendet werden kann. Die Übertragung einer Datei unterbricht auch den normalen Dialog zwischen zwei verbundenen Computersystemen. Während des Dateitransfers können in Framework III keine anderen Operationen erfolgen.

Statt der Textdarstellung auf dem Bildschirm erscheinen in diesem Fall in der Statuszeile Meldungen zum Übertragungsvorgang. Kommt es während der Übertragung zu einem Fehler, wird der betroffene Datenbereich erneut angefordert. In der Statuszeile werden diese Datenbereiche dargestellt. Beim Auftreten von mehreren Übertragungsfehlern sollte eine vollständig neue Datenübertragung durchgeführt werden.

Die folgenden Arbeitsschritte sind für die Übertragung einer Datei zu einem anderen System erforderlich:

1. Der zu sendende Text muß in einer Datei auf Diskette/Platte gespeichert sein.

2. Die Verbindung zum anderen System wird hergestellt.

3. Das Untermenü *Datenfernübertragung* im Menü *Anwendung* wird geöffnet und die Unteroption *Datei übertragen* aktiviert.

Bild 11.4   Das Untermenü Datei übertragen

4. Ein verfügbares Dateiübertragungsprotokoll wird gewählt. Hierzu gibt es die folgenden Auswahlmöglichkeiten:

XMODEM ist das klassische von Ward Christianson entwickelte Public-Domain-Protokoll für Mikrocomputer und gleichzeitig das am weitesten verbreitete PC-Übertragungsprotokoll. Es ist kompatibel zu MODEM7, MODEM80 und anderen intelligenten Terminalprogrammen.

Batch XMODEM ist die Mehrdateienversion von XMODEM und unterstützt die Übertragung von mehreren Dateien unter Verwendung von Dateigruppenzeichen im Stapelverarbeitungsmodus. Der Empfangsstation werden mit den Dateiinhalten auch die Namen der übertragenen Dateien übergeben.

YMODEM ist ein anderes Mehrdateienprotokoll. Es übermittelt ein Dateiendezeichen am Ende der Datei. Beim Datenempfang kann *Ohne Bestätigung* aktiviert werden, falls der sendende Teilnehmer nicht auf das Bestätigungssignal warten soll. Falls nur eine einzige Datei über dieses Protokoll übergeben wird, muß die Option aktiviert sein.

Bei *Kermit* handelt es sich um ein bekanntes Public-Domain-Protokoll. Es weist zahlreiche programmierbare Leistungsmerkmale auf, wie zum Beispiel die asynchrone Kommunikation zwischen PC und Mainframe über einen asynchronen Protokoll-Konverter. Bei der Verwendung von Kermit zur Kommunikation mit einem IBM-Mainframe sollte die Option *IBM Großrechner* aktiviert sein. Hierdurch wartet Framework III nach der Übertragung einer Zeile auf das Bestätigungszeichen Ctrl-Q.

Crosstalk ermöglicht die Dateiübertragung mit Empfangssystemen, die mit einem Clink- oder Crosstalk-Kommunikationsprogramm betrieben werden.

Hayes Smartcom ermöglicht die Dateiübertragung mit Empfangssystemen, die mit einem Hayes Smartcom-Kommunikationspaket arbeiten.

Neben den zuvor genannten Optionen gibt es noch eine Option *Fehlerprüfung (CRC)*, mit deren Hilfe eine Fehlerprüfung durchgeführt bzw. unterdrückt werden kann. Die Option muß beim Empfang einer Datei von einem Kommunikationssystem, das eine andere Fehlerüberprüfungsfunktion als CRC für XMODEM-Übertragung aufweist, desaktiviert werden.

Durch die Option *Zeitlimit-Faktor* werden die Unterbrechungsfaktoren für den Dateitransfer verkürzt oder verlängert. Hierdurch können zwei kommunizierende Systeme aneinander angepaßt und auf die Betriebsbedingungen der Telefonleitung eingestellt werden. Die Option multipliziert den eingebauten Timeout-Faktor mit einem Faktor von 1 bis 9. Die Standardeinstellung ist 2.

5. Das Empfangssystem muß empfangsbereit sein. Falls der Benutzer des Empfangssystems die Empfangsbereitschaft seines Systems nicht hergestellt hat, muß ein Empfangssteuerzeichen eingegeben und das Empfangssystem durch die Eingabe der betreffenden Befehle für den Empfang einer Datei programmiert werden.

6. Die Option *Senden der Datei* aus dem Untermenü *Datei übertragen* wird gewählt.

7.   Der Name der zu übertragenden Datei wird eingegeben.

Framework III beginnt mit der Dateiübertragung.

Zur Unterbrechung einer Dateiübertragung wird die Tastenkombination
Ctrl-Break betätigt.

Empfang einer Datei

Zum Empfang einer Datei von einem anderen Computersystem müssen
die folgenden Arbeitsschritte ausgeführt werden:

1.   Zum Empfangssystem wird eine Verbindung hergestellt, und alle erforderlichen Einstellungen werden vorgenommen.

2.   Die Unteroption *Text übertragen* im Untermenü *Datenfernübertragung* wird gewählt.

3.   Das erforderliche Dateiübertragungsprotokoll wird gewählt.

4.   Es wird überprüft, ob der adressierte Computer zur Datenübertragung bereit ist. Hat der Benutzer des Remote-Systems den Computer
      nicht auf die Dateiübertragung vorbereitet, müssen Sie ein Empfangssteuerzeichen eingeben und das Empfangssystem für die Übertragung vorbereiten.

5.   Die Option *Empfangen der Datei* im Untermenü *Datei übertragen*
      wird ausgewählt.

6.   Der Name der zu empfangenden Datei wird eingegeben. Framework
      III beginnt mit der Dateiübertragung. Nach der Beendigung der
      Übertragung kehrt Framework III in den interaktiven Modus zurück.
      Zur Unterbrechung des Dateitransfers muß die Tastenkombination
      Ctrl-Break angeschlagen werden.

Definieren von Makros für die Datenfernübertragung

Makros eignen sich besonders für häufig verwendete Befehlsfolgen bei
der Datenfernübertragung. Zur Verwendung im Bereich der Datenfernübertragung können in Framework III Makros für die Tastenkombinationen Ctrl-F1 bis Ctrl-F10 definiert werden.

Hinweis: Die Definition von Makros für die Datenfernübertragung unterscheidet sich von der
Definition gewöhnlicher, in Framework III-Frames verwendeter Makros.

Makros für die Datenfernübertragung werden analog den anderen Makros
in Framework III ausgeführt, sie werden jedoch in Installationsdateien zur
Datenfernübertragung (.TCM) gespeichert und müssen in die Editierzeile
des Untermenüs *Makros* eingegeben werden.

Zur Definition eines Makros für die Datenfernübertragung müssen die folgenden Arbeitsschritte ausgeführt werden:

1. Die Unteroption *Konfigurieren/Initialisieren* im Untermenü *Datenfernübertragung* (Menü *Anwendung*) wird aktiviert und anschließend die Installationsdatei (.TCM) im Untermenü Konfigurieren/Initialisieren geladen.

2. Die Unteroption *Makros* wird im Untermenü *Konfigurieren/Initialisieren* ausgewählt (Bild 11.5).

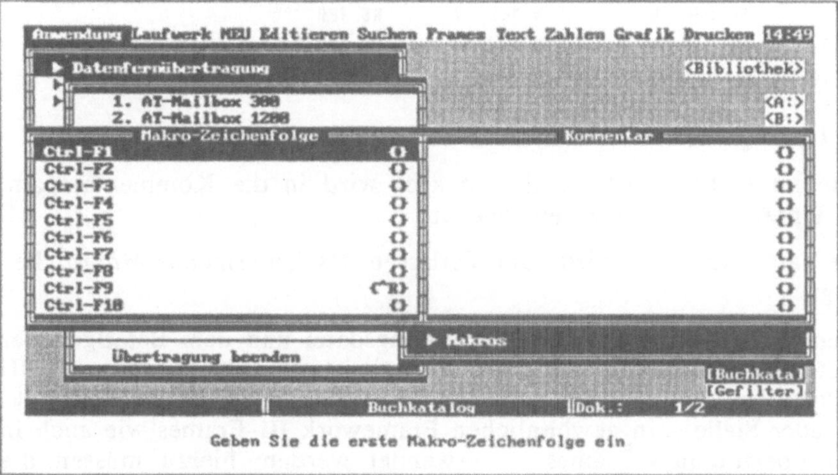

Bild 11.5   Das Untermenü Makros

Zwei Makros zur Datenübertragung sind für vordefinierte Anwendungen reserviert:

Ctrl-F1. Die Tastenkombination ist für die automatische Abmeldungssequenz reserviert.

Ctrl-*F10*. Die Tastenkombination ist für die automatische Anmeldungssequenz reserviert.

3. Das Makro wird ausgewählt und editiert; hierzu wird die Markierung in die Makrozeile verschoben und die Return-Taste betätigt; alternativ wird die dem Makro zugeordnete Funktionstaste angeschlagen.

4. Der Makroinhalt wird in die Editierzeile eingegeben. Hierbei müssen - falls erforderlich - die Codes aus Tabelle 11.2 eingearbeitet werden. Mit der Betätigung der Return-Taste wird der Vorgang abgeschlossen. Die Makrobefehle können nacheinander eingegeben werden; die einzelnen Befehle werden durch Trennzeichen (entsprechend

dem verwendeten Modem) voneinander getrennt. Jedes darstellbare
ASCII-Zeichen kann direkt eingegeben werden. Bei der Eingabe von
Steuercodes muß vor dem ASCII-Zeichen das Caret-Zeichen ^ einge-
geben werden. In Tabelle 11.2 sind die als Steuercodes verwendeten
Zeichen dargestellt.

```
NUL 00H ^@      BS 08H ^H      DLE 10H ^P      CAN 18H ^X
SOH 01H ^A      HT 09H ^I      DC1 11H ^Q      EM  19H ^Y
STX 02H ^B      LF 0AH ^J      DC2 12H ^R      SUB 1AH ^Z
ETX 03H ^C      VT 0BH ^K      DC3 13H ^S      ESC 1BH ^[
EOT 04H ^D      FF 0CH ^L      DC4 14H ^T      FS  1CH ^\
ENQ 05H ^E      CR 0DH ^M      NAK 15H ^U      GS  1DH ^]
ACK 06H ^F      SO 0EH ^N      SYN 16H ^V      RS  1EH ^^*
BEL 07H ^G      SI 0FH ^O      ETB 17H ^W      US  1FH ^_
* Geben Sie ^~ für diesen Steuercode ein.
```

Tabelle 11.2   Als Steuercodes verwendete ASCII-Zeichen

5. Eine kurze Beschreibung des Makros wird in die Kommentarspalte
    des Untermenüs *Makros* eingegeben.

6. Die Taste Aufwärts wird zum Verlassen des Untermenüs *Makros* be-
    tätigt.

Nach dem Laden der Datenfernübertragungsdatei und dem Betätigen der
Ctrl-Taste in Verbindung mit einer Funktionstaste führt Framework III
den Makroinhalt automatisch aus. Das Makro kann zu jedem Zeitpunkt
und an jeder Stelle - in gewöhnlichen Framework III-Frames wie auch in
Datenfernübertragungs-Frames - verwendet werden; hierzu müssen die
Ctrl- und eine Funktionstaste betätigt werden.

Codes für Datenfernübertragungs-Makros

Framework III stellt spezielle Codes zur Verfügung, die auf die Anforderungen der Datenfernübertragungsmakros abgestimmt sind. Die Codes
können nacheinander oder durch Leerzeichen voneinander getrennt in ein
Makro eingegeben werden, sie dürfen aber nicht durch ein Komma oder
einen Punkt getrennt werden (Tabelle 11.3).

Code	Funktion
@w	Wartet, bis eine Sekunde lang keine Zeichen empfangen wurden.
@Sstring@S	Wartet auf den String zwischen den beiden @S-Codes; es wird bis zur Übergabe des Strings oder bis zum Auftreten eines Timeout-Fehlers gewartet.
@Tc	Wartet, bis das Zeichen c empfangen wird.
@D{n}	Timeout-Fehler nach n Sekunden, wobei n eine Zahl von 0 bis 65 ist.
@Li	Verknüpft mit Makro i. Der Wert von i darf zwischen 0 und 9 liegen und verknüpft mit den Makros Ctrl-F1 (1) bis Ctrl-F9 (9). Bei der Angabe des Wertes 0 wird die Verknüpfung mit dem Makro Ctrl-F10 durchgeführt.
@@	Überträgt das Zeichen @.
^C	Sendet Ctrl-C.
^M	Sendet ein Wagenrücklaufzeichen (Return-Zeichen).
Backspace	Sendet ein Rückschritt-Zeichen.
M^Fi	Verknüpft mit dem Makro (entspricht @Li, bis auf die Behandlung des Wertes 0).
{Esc}	Sendet ein Escape-Zeichen.
{Return}	Sendet ein Return-Zeichen.
{Tab}	Übergibt ein Tabulatorzeichen.

Tabelle 11.3   Makrocodes zur Datenfernübertragung

Terminalemulation

Durch die Terminalemulation kann der PC ein Terminal imitieren (emulieren). Dies mag sich bei der Verwendung von Programmen als nützlich erweisen, die für ein bestimmtes Terminal geschrieben wurden. Mit Hilfe der Terminalemulation kann der PC verschiedene Softwareanforderungen erfüllen. Auch die PC-Tastatur stellt in diesem Fall die Tasten des emulierten Terminals bereit (siehe Framework III-Handbuch).

Zur Aktivierung des Terminalmodus muß das Untermenü *Konfigurieren/Initialisieren* geöffnet und die Option *Emulation* gewählt werden. Anschließend wird die Option *Terminal* markiert und die Return-Taste betätigt, bis das zu emulierende Terminal eingestellt ist. Die möglichen Optionen sind Digital VT-100, Televideo 925, IBM 3101, LSI ADM 3A und ADDS Viewpoint.

Nach der Aktivierung der Option *Emulation* arbeitet der PC während einer Kommunikationssitzung wie ein Terminal. Die Bildschirmdarstellung entspricht derjenigen des emulierten Terminals. Wird die Option *Emulation* ohne vorherige Herstellung der Kommunikation aktiviert, wird über ein auf dem Bildschirm dargestelltes Zeichen angedeutet, daß die Emulation mit dem Beginn der Datenfernübertragung einsetzt. Die Bildschirmdarstellung bleibt bis zum Beginn der Datenübertragung unverändert.

Die Terminalemulation wird durch die Betätigung der Ins-Taste oder der Tastenkombination Ctrl-Break desaktiviert. Framework III kehrt auf die Arbeitsfläche zurück und ermöglicht den erneuten Zugriff auf die Menüs. Die Emulation ist jedoch weiterhin aktiv, und Framework setzt die Interpretation der vom anderen System empfangenen Daten fort. Diese werden in einem verborgenen Bildschirmspeicher abgelegt. Über die Tastatur können währenddessen keine Informationen in den Datenfernübertragungs-Frame eingegeben werden.

Die Terminalemulation läßt sich durch die Auswahl der Unteroption *Beginn/Fortsetzung* der Übertragung im Untermenü *Konfigurieren/Initialisieren* wiederaufnehmen. Die neue Bildschirmdarstellung enthält dann alle im verborgenen Bildschirmspeicher abgelegten Informationen. Obwohl zur Konfiguration von Framework III fünf Terminaltypen bereits verfügbar sind, können durch den Neustart des Installationsprogramms weitere Terminalemulationsprogramme hinzugefügt werden.

Kapitel 12

Netzwerkmöglichkeiten in Framework III

Zwei Köpfe haben nicht immer, aber doch oft, die besseren Einfälle. Hier bietet sich der Einsatz von Framework III an, um aus dieser Tatsache Vorteile zu ziehen. Eine Person kann beispielsweise Briefe und Vermerke entwerfen, und eine andere (für die Textverarbeitung zuständige) Person kann sie überarbeiten und ausdrucken. Ein Mitarbeiter eines Planungsstabes kann Datenbanken und Kalkulationstabellen erstellen, die anschließend von einem anderen Mitglied regelmäßig aktualisiert werden.

Man kann natürlich Disketten auch untereinander austauschen, um so verschiedene Arbeitsschritte miteinander zu verknüpfen. Es gibt jedoch zwei neue Framework III-Funktionen, die diesen Vorgang wesentlich vereinfachen: Hierbei handelt es sich um die Optionen *Netzwerk-Mail* und *LAN* (netzwerkfähiges Framework III).

Mail-Funktion in Framework III

Durch die Option *Netzwerk-Mail* können Meldungen gesendet, empfangen und weitergeleitet werden. Ein Brief kann an einen Empfängerkreis adressiert werden, dessen Mitglieder ihn dann über das Netzwerk erhalten. Des weiteren können Textdateien und Frames automatisch übertragen oder empfangene Meldungen und Texte weitergeleitet werden.

In Abständen von wenigen Minuten überprüft Framework III, ob Netzwerknachrichten von anderen Netzwerkbenutzern gesendet wurden. Beim Erhalt einer Meldung wird diese bis zur Einsichtnahme im Mailbox-Laufwerk gespeichert. Dort finden sich Informationen zum Inhalt jeder Mail-Nachricht, und außerdem wird der Absender angegeben. Nach der Durchsicht einer Meldung kann sie in ein anderes Laufwerk/Verzeichnis übertragen, auf die Arbeitsfläche geladen, gelöscht oder an einen anderen Benutzer weitergeleitet werden. Dem Absender der Mail-Nachricht kann auch eine Antwort gesendet werden, wobei Framework III dessen Adresse automatisch einfügt. Falls eine Mail-Nachricht nach dem Öffnen des Mailbox-Laufwerks/Verzeichnisses nicht gespeichert wird, wird sie automatisch im "Papierkorb"-Unterverzeichnis abgelegt, in dem sie eine bestimmte Anzahl von Tagen verbleibt und anschließend gelöscht wird.

Die Framework-Mail läßt sich mit unterschiedlichen Netzwerken nutzen:

- Ein PC ist mit einem PC in einem lokalen Netzwerk verbunden.

- Ein PC ist mit einem PC über Telefonleitung und Modem verbunden.

● Ein PC ist mit einem lokalen Netzwerk über Telefonleitung und Modem verbunden.

● Zwei oder mehrere lokale Netzwerke sind über vernetzbare Hardware oder Telefonleitungen und Modems verbunden.

● Ein PC oder lokales Netzwerk ist an einen Mainframe, etwa von IBM oder DEC, angeschlossen.

● Ein PC oder lokales Netzwerk ist über einen Gateway-Server mit einem öffentlichen oder privaten paketvermittelnden Netzwerk verbunden, um Nachrichten auf andere Rechnerumgebungen oder Nachrichtenübertragungssysteme (wie M+T Börse) zu übertragen.

Eine übliche Netzwerkkonfiguration für Standalone-PCs sieht so aus, daß ein PC zwei oder mehreren PCs, die über Wählleitungen und Modems mit ihm verbunden sind, als Zentralstation dient, wie dies in Bild 12.1 verdeutlicht wird. Der Zentralrechner erfüllt für die anderen Teilnehmer des elektronischen Mail-Netzwerkes quasi die Aufgabe eines Postamtes.

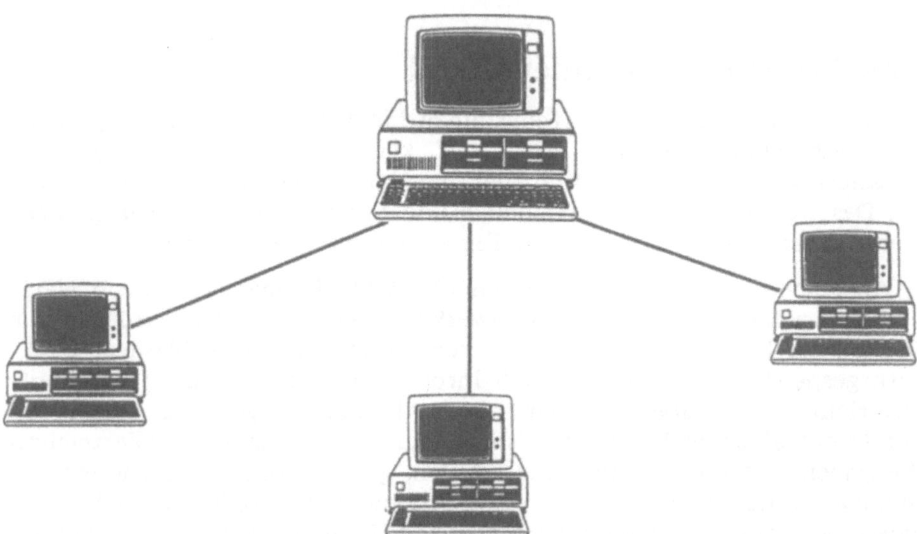

Bild 12.1   Standalone-PC-Netzwerk

Falls ein an ein lokales Netzwerk angeschlossener PC verwendet wird, kann direkt mit anderen Framework III-Benutzern kommuniziert werden. Hierzu muß die Netzwerk-Version von Framework III (Framework III-LAN) erworben und das darin enthaltene Programm FWMAIL installiert werden. Auf diese Weise kann auch mit Teilnehmern anderer lokaler Netzwerksysteme kommuniziert werden.

Zur Verwendung von Framework III auf einem Standalone-PC ist die Einplatzversion von Framework III, ein Modem und das optionale Softwarepaket MHS erforderlich. Falls Sie im Besitz der Tools sind, können Sie mit der Postfunktion von Framework III Texte an Benutzer senden, von ihnen erhalten oder weiterleiten; die anderen Benutzer müssen allerdings über MHS-kompatible Mail-Programme verfügen. MHS, ein Kürzel für *Message Handling Service*, wird von Action Technologies Inc. und Novell vertrieben.

Wie ersichtlich, handelt es sich bei Netzwerk-Mail um ein vielseitiges Kommunikations-Tool. Es macht zeitraubende Telefongespräche mit Arbeitskollegen überflüssig. Auch eignet es sich zur unternehmensinternen Kommunikation zwischen Mitarbeitern, Abteilungen oder Workgroups. Des weiteren kann Framework-Mail zum Meinungsaustausch zwischen den Mitgliedern von Projektgruppen und Einsatzstäben, die sich aus verschiedenen Unternehmensbereichen zusammensetzen, verwendet werden.

Installieren von Framework-Mail

Zur Nutzung von Framework-Mail muß zuerst einmal die Installation auf einem Rechner oder File-Server erfolgen. Hierzu wird das Programm FWMAIL ausgeführt. Mit dem Programm können Benutzernamen, Kennworte und elektronische Postadressen spezifiziert werden (Anhang A).

Lesen und Speichern von Mail-Nachrichten

Beim Erhalt einer Mail-Nachricht stellt Framework III eine Meldung auf dem Bildschirm dar.

Zum Lesen der Mail-Nachricht wird das Mailbox-Laufwerk/Verzeichnis geöffnet, die Nachricht markiert und die Return-Taste betätigt. Framework III bildet den Frame auf der Arbeitsfläche ab. Nach dem Lesen der Datei kann sie ohne weiteres gelöscht werden. Die Nachricht wird in diesem Fall vom Bildschirm und im Mailbox-Laufwerk/Verzeichnis gelöscht.

Mail-Nachrichten können in jedem Verzeichnis/Laufwerk wie jeder andere Frame auch gespeichert werden. Um ein Unterverzeichnis innerhalb der Mailbox anzulegen, muß der Cursor in die Mailbox positioniert, das Menü *Neu* geöffnet und die Option *Frame: Leer/Text* aktiviert werden.

Vor dem Schließen der Mailbox sollte geprüft werden, ob Mail-Nachrichten vorhanden sind (sie sind mit drei Querstrichen gekennzeichnet). Die Querstriche vor einer Mail-Nachricht bedeuten, daß sie noch nicht gespeichert wurde. Ohne anschließendes Speichern wird die so gekennzeichnete Meldung beim Schließen der Mailbox in den "Papierkorb" verschoben.

Mail-Nachrichten senden

Jede Mail-Nachricht setzt sich aus zwei Teilen zusammen: einem Header und dem eigentlichen Text und/oder der dazugehörigen Datei. Der Header enthält den Benutzernamen und die Zieladresse jedes Empfängers, die Rückgabeadresse, eine Zeit-/Datumsmarke und andere Informationen. Der Text wird als ASCII-Text gesendet. Teile der Meldung können aus beliebigen Daten (ASCII, binär oder verschlüsselt), Text-Frames, Kalkulationstabellen, Datenbank-Frames, Grafik-Frames, ASCII-Textdateien und ausführbaren Programmen bestehen.

Vor der Übermittlung einer Mail-Nachricht muß der Text vorbereitet werden. Handelt es sich um einen Frame, so muß er zuvor ausgewählt werden. Anschließend wird das Menü *Anwendung* geöffnet, das Untermenü *Netzwerk-Mail* ausgewählt und die Option *Senden* aktiviert. Framework III bildet eine Eingabeaufforderung ab; anschließend müssen die Adressen bei den Menüpunkten *Meldung an* und *Kopie an* und der Mail-Inhalt beim Unterpunkt *Betrifft* eingegeben werden (siehe folgenden Abschnitt).

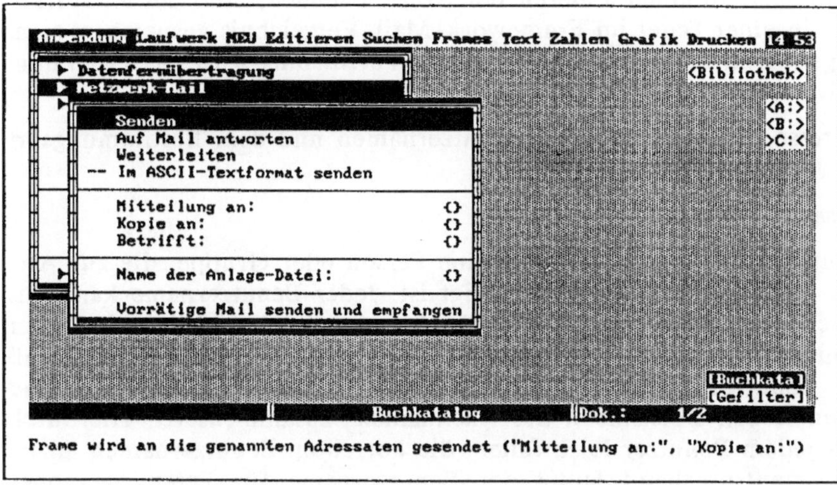

Bild 12.2   Untermenü Netzwerk-Mail

Soll die Mail-Nachricht an mehrere Adressen gesendet werden, müssen die Adressen durch Kommata voneinander getrennt werden. Jeder angegebene Empfänger erhält das Mail-Dokument und einen Hinweis auf die als Anlage gesendete Datei.

Falls Sie an ein lokales Netzwerk angeschlossen sind, wird die Mail-Nachricht unmittelbar nach dem Beenden der Eingabe des Mail-Inhalts übertragen. Bei der Verwendung eines Standalone-Computers mit Modem legt Framework III die Mail-Nachricht nach der Eingabe des Mail-Inhalts in einer Warteschlange ab, die sich auf der Festplatte befindet. Die Meldung wird erst gesendet, wenn der entsprechende Befehl aktiviert wird. In dieser Box können mehrere Mail-Nachrichten bis zur Herstellung der Netzwerkverbindung zwischengespeichert werden; sie können dann bei gegebener Netzwerkverbindung alle mit nur einem einzigen Anruf übertragen werden.

Bei der Verwendung eines Standalone-PCs wird die elektronische Post durch die Auswahl der Unteroption *Vorrätige Mail senden und empfangen* aktiviert. Framework III führt die anschließende Übertragung bzw. den Empfang automatisch aus. Beim Anschluß an ein lokales Netzwerk muß FWMAIL oder MHS gestartet werden, um die in einer Warteschlange abgelegten Meldungen zu übertragen bzw. zu empfangen.

Schreiben von Adressen

Um Meldungen an einen anderen Benutzer zu senden, muß dessen Adresse bereits in einer Datei im Framework-Mail-Verzeichnis gespeichert sein. Zur Eingabe von Benutzeradressen in das Verzeichnis wird das Programm FWMAIL gestartet.

Jede Adresse besteht aus einem Benutzernamen und dem Bestimmungsort und hat das folgende Format:

BENUTZERNAME @ BESTIMMUNGSORT

Ein Benutzername bezieht sich auf eine Person oder Gruppe, die zur Anwendung der Netzwerk-Mail berechtigt ist. Jeder Benutzername kann aus bis zu acht alphanumerischen Zeichen bestehen und darf innerhalb der Workgroup nur einmal vorkommen. Es ist beispielsweise denkbar, daß sich der Benutzername aus dem ersten Buchstaben des Vornamens und den ersten sieben Buchstaben des Nachnamens zusammensetzt. Hierdurch dürfte es jedem Benutzer leichtfallen, die korrekten Benutzernamen anzugeben. Dementsprechend lautet der Benutzername für Peter Alexander PALEXAND.

Der Bestimmungsort ist gewöhnlich der Name einer Workgroup. Die Workgroup kann aus einer Person, einer Gruppe oder beliebig vielen Benutzern bestehen. Die Namen von Workgroups können aus acht alphanumerischen Zeichen bestehen und Bindestriche enthalten. Jeder Name einer Workgroup darf im Netzwerk nur einmal vorkommen. Der Name des Benutzers *Henriette Haferkamp*, die der Workgroup *Verkauf* angehört, könnte im Verzeichnis wie folgt angegeben werden:

HHAFERKA @ VERKAUF

Senden von Anlagen

Soll mit einer Mail-Nachricht auch eine Datei übertragen werden, muß vor der Auswahl der Option *Senden* (Untermenü *Netzwerk-Mail*) die Option *Name der Anlage-Datei* gewählt werden. Anschließend wird der Name der Datei einschließlich der Laufwerksbezeichnung und des vollständigen Pfadnamens eingegeben. Die einer Meldung beigefügte Anlage kann beliebig umfangreich sein. Sollen mehrere Frames übertragen werden, müssen sie zuvor in einem Container-Frame zusammengefaßt werden.

Wird einer Meldung eine ASCII-Textdatei unter Verwendung eines Gateway hinzugefügt oder wird eine Meldung an einen Adressaten gesendet, der nicht über Framework III verfügt, so muß die Option *Im ASCII-Textformat senden* aktiviert werden. Hierdurch wird die Anlage im

ASCII-Format übermittelt. Binäre Dateien müssen stets als Anlagen gesendet werden. Bei der Übertragung von Framework III-Frames als Anlage wird die in den Frames enthaltene Information im vorliegenden Format übertragen, die Frame-Struktur wird jedoch zerstört.

Bei der Übertragung von Frames an andere Framework III-Benutzer muß die Option *Im ASCII-Textformat senden* zuvor desaktiviert werden. Hierdurch wird die Anlage im binären Format übertragen, und die Struktur eines jeden Framework III-Frames - ob Text-, Tabellenkalkulations-, Datenbank-, Konzept- oder Grafik-Frame - bleibt erhalten. Die Frames können demnach vom Empfänger als Frames genutzt werden.

Falls eine binäre Datei übertragen wird, die keine Framework III-Datei ist, wird die Datei nicht auf die Arbeitsfläche geladen. Es wird der vollständige Pfadname der Datei (Laufwerk, alle Unterverzeichnisse und vollständiger Dateiname) bei der Option *Name der Anlage-Datei* im Untermenü *Netzwerk-Mail* eingegeben. Hierdurch bleibt die Struktur von ausführbaren Programmen und Dateien erhalten, die auf anderen Systemen angelegt wurden.

Verwenden von Mail-Kurznamen

Um den Eingabeprozeß abzukürzen, können Abkürzungen der Empfängernamen und -adressen im Abkürzungsbereich der Bibliothek oder im Laufwerk/Verzeichnis der Systembibliothek gespeichert werden. Zur Übertragung von Meldungen müssen in diesem Fall nur noch die Abkürzungen angegeben werden. Falls Sie zum Beispiel oft Meldungen an den Sachbearbeiter *Peter Schmidt* in der Buchhaltungsabteilung senden, kann folgendermaßen eine Namensabkürzung erstellt werden:

1. Zuerst wird im Bibliotheksverzeichnis ein leerer Frame mit dem Namen *PeterS* angelegt.

2. Die vollständige Mailbox-Adresse von *PeterS* wird in den Frame eingegeben und anschließend auf die Arbeitsfläche zurückgekehrt.

3. Zur Verwendung der Mail-Namensabkürzung muß *PeterS* bei der Option *Meldung an* bzw. *Kopie an* eingegeben und die Tastenkombination Alt-Rückschritt betätigt werden.

Um Mail an eine Gruppe von Benutzern zu senden, muß ein leerer Frame mit der Abkürzung dieses Gruppennamens im Bibliotheksverzeichnis angelegt und der Name jedes Gruppenmitglieds in den Frame eingegeben werden. Zwischen zwei Namen muß ein Leerzeichen eingefügt werden.

Der Netzwerkadministrator kann die in einem Netzwerk häufig adressierten Namen (deren Eigen- und Gruppennamen) in der Systembibliothek des Netzwerks speichern.

Mail-Beantwortung und -Weiterleitung

Die Beantwortung einer Mail-Nachricht geschieht wie folgt:

1. Die Mail-Nachricht wird auf die Arbeitsfläche geladen.

2. Ein Frame wird angelegt, und in diesen wird die Antwort eingegeben.

3. Der die Antwort enthaltende Frame wird markiert.

4. Das Menü *Anwendung* und das Untermenü *Netzwerk-Mail* werden geöffnet und die Unteroption *Auf Mail antworten* ausgewählt.

5. Die Mail-Meldung, auf die geantwortet werden soll, wird ausgewählt.

6. Die von Framework III automatisch bei den Optionen *Meldung an*, *Kopie an* und *Betrifft* vorgenommenen Einträge werden auf ihre Richtigkeit überprüft und gegebenenfalls korrigiert. Anschließend wird die Return-Taste betätigt. Durch das Anschlagen der Taste End werden die Eingaben bestätigt.

Nach der Korrektur oder Bestätigung der letzten Eingabe überträgt Framework III die Antwort an die angegebene Adresse.

Zur Weiterleitung von empfangener Mail an einen anderen Teilnehmer sind die folgenden Arbeitsschritte erforderlich:

1. Die Meldung wird auf die Arbeitsfläche geladen.

2. Falls gewünscht, wird ein Frame angelegt und eine Meldung an den neuen Empfänger geschrieben.

3. Das Menü *Anwendung* wird geöffnet, dort das Untermenü *Netzwerk-Mail* gewählt und in diesem die Unteroption *Weiterleiten* aktiviert.

4. Im Anschluß an eine Eingabeaufforderung werden die Namen der Empfänger hinter den Optionen *Meldung an* und *Kopie an* eingegeben und der von Framework dargestellte Mail-Inhalt wird bestätigt oder geändert.

Anschließend leitet Framework III die Meldung an die angegebene Adresse weiter.

Senden von Mail an Benutzer, die Framework nicht verwenden

Die Verwendung der Option *Im ASCII-Textformat senden* ermöglicht die Übertragung von Mail an Benutzer, die nicht über Framework III verfügen, jedoch im Besitz eines kompatiblen MHS-Pakets sind, das das ASCII-Dateiformat lesen kann. Die Option muß vor der Übertragung der Mail-Nachricht aktiviert werden. Die resultierende Textdatei enthält den Text und das Format der Framework III-Dateien, aber keine Konzeptstruktur, Schriftarten, Formeln oder andere Framework III-spezifischen Attribute.

Senden von Mail von zu Hause oder unterwegs

Falls ihr Computer nicht an ein Netzwerk angeschlossen ist, können Sie dennoch Mail senden oder empfangen, solange eine Netzwerkverbindung per Modem und Telefonnetz möglich ist. Sie können die Optionen *Senden*, *Auf Mail antworten* und *Weiterleiten* wählen, ohne daß Sie an ein Modem angeschlossen sind. Framework speichert jede zu übermittelnde Mail-Nachricht in der Warteschlange für ausgehende Meldungen. Nach dem Anschluß an das Modem und Telefonnetz muß das Untermenü Netzwerk-Mail geöffnet und die Option *Vorrätige Mail senden und empfangen* im Untermenü *Netzwerk-Mail* ausgewählt werden. Framework sendet die in der Warteschlange gespeicherte Mail und überträgt die empfangene Mail in die Mailbox.

Lokale Netzwerk-Operationen

Die Netzwerk-Version (LAN) in Framework III ermöglicht die Kommunikation mit anderen Benutzern, falls diese über Framework III oder ein kompatibles Mail-Paket verfügen.

Die LAN-Version von Framework III unterstützt eine Vielzahl von lokalen Netzwerken wie Novell Advanced NetWare, IBM PCLAN, IBM Token Ring, 3Com und STARLAN von AT&T. Mit Hilfe eines Gateways können Sie auch Mail-Nachrichten zwischen Ihrem und einem anderen lokalen Netzwerk oder einem Mainframe-Computer übertragen. Die folgenden Prozeduren gelten für alle unterstützten lokalen Netzwerke.

Die LAN-Version ermöglicht die Verwendung von Framework III im lokalen Netzwerkbetrieb. Die standardmäßige Einplatzversion von Framework III gestattet einem Benutzer den Zugriff auf jeweils ein lokales Netzwerk. Die Framework III-LAN-Version ermöglicht beliebigen Benutzern den Zugriff auf das Netzwerk; es können maximal fünf Benutzer gleichzeitig auf das LAN zugreifen.

Zu den gemeinsam genutzten Ressourcen gehören Framework III-Mail, alle im Laufwerk/Verzeichnis der Systembibliothek gespeicherten Dateien und Peripheriegeräte wie zum Beispiel Drucker, Plotter, Modems und Laufwerke. Die nur Ihnen im LAN zur Verfügung stehenden Ressourcen beinhalten lokale Laufwerke und Peripheriegeräte, persönliche Wörterbücher, Makros, Abkürzungen und Druckvorlagen, die in Ihrer Bibliothek abgespeichert sind und eine persönliche Installationsdatei, falls Sie mit Hilfe des Installationsprogramms eine eigene Framework-Konfiguration statt der netzwerkweiten definiert haben.

Modi des gemeinsamen Zugriffs

Beim Arbeiten in einem lokalen Netzwerk verhindert Framework III, daß
zwei Benutzer gleichzeitig dieselbe Datei modifizieren und so einen nicht
definierten Zustand hervorrufen. Eine der Vorkehrungen von Framework
besteht in der Dateisperrung, wodurch nur einer Person die Speicherung
einer Datei möglich ist. Diese Sperrvorrichtung funktioniert folgendermaßen:

Bevor eine Datei von einer gemeinsam genutzten Diskette/Platte geladen
wird, muß ein Zugriffsmodus festgelegt werden, wodurch die eigenen
Rechte und die Rechte anderer Benutzer auf die Datei bestimmt werden.

● *Zugriffsrecht zum Schreiben/Sichern.* Das ist der Standardmodus.
  Das Laden einer Datei mit diesem Zugriffsrecht gibt Ihnen das
  Recht, die Datei zu laden und zu speichern (überschreiben). Andere
  Benutzer können die Datei nicht speichern (überschreiben), es ist ih-
  nen jedoch möglich, die Datei zu laden und eine Kopie auf der Ar-
  beitsfläche darzustellen.

● *Exklusiver Zugriff.* Mit dieser Einstellung kann eine Datei geladen
  werden; andere Benutzer können die Datei zu dieser Zeit nicht laden.
  Die Option sollte nur dann verwendet werden, wenn es wichtig ist,
  anderen Benutzern das Laden der Datei zu verwehren.

● *Zugriffsrecht zum Laden.* Mit Hilfe dieses Modus kann eine Datei
  geladen, aber nicht gespeichert und somit auch nicht überschrieben
  werden. Dieses Zugriffsrecht sperrt einen Frame nicht. Während die
  Datei auf der Arbeitsfläche geladen ist, kann sie editiert oder unter
  einem anderen Namen in ein anderes Verzeichnis oder einen anderen
  Text übertragen werden. Da das Recht zum Laden das Überschreiben
  einer Datei verhindert, kann die Option auch dann gewählt werden,
  falls ein anderer Benutzer den Modus zum Schreiben/Sichern für die
  Datei spezifiziert hat.

Laden von gemeinsam genutzten Dateien

Zum Laden einer gemeinsam genutzten Datei muß ein Nutzungsmodus
gewählt oder der Standardmodus (Recht zum Schreiben/Sichern) belassen
werden. Zum Aktivieren eines Modus müssen die zu ladenden Dateien
markiert, anschließend die Tastenkombination Alt-Return betätigt und die
gewünschte Option ausgewählt werden. Damit das Menü mit den Optionen zur gemeinsamen Nutzung beim Laden einer Datei automatisch auf
dem Bildschirm erscheint, muß das Menü *Laufwerk* geöffnet und die Option *Netzwerk-Datei: Zugriffsart abfragen* aktiviert werden. Die Einstellung bleibt während der aktuellen Sitzung aktiviert.

Sperrung von gemeinsam genutzten Frames aufheben

Die Sperre eines gemeinsam genutzten Frames kann dadurch aufgehoben werden, daß er von der Arbeitsfläche gelöscht wird. Beim Beenden von Framework wird die andere Benutzer betreffende Zugriffssperre aufgehoben. Die Sperrung des Frames wird auch durch die Änderung des Frame-Namens, durch die Verschiebung des Frames in einen anderen Text oder durch die Löschung des Frames und anschließende Rücknahme des Löschvorgangs desaktiviert. Wird ein gesperrter Frame in ein Verzeichnis kopiert, wird die Sperrung der Originaldatei aufgehoben und auf die neue Dateikopie übertragen.

Gemeinsam genutzte Drucker und Plotter

An einen Netzwerk-Server angeschlossene Drucker und Plotter können von jedem Netzwerkbenutzer verwendet werden. Hierzu muß die Einheit im Untermenü *Ziel der Ausgabe* im Menü *Drucken* markiert und anschließend der Druckvorgang durch Auswahl der Option *Starten* aktiviert werden. Bei der Aktivierung der Option *Starten* wird der Text hinter anderen zu druckenden Dateien in eine Warteschlange eingereiht. Nachdem ein Text an einen Netzwerkdrucker/-plotter geschickt wurde, kann auf ihn nicht mehr mit einem Framework III-Befehl zugegriffen werden. Um den Ausdruck des Frames zu verhindern oder seinen Status in der Druckerwarteschlange abzufragen, muß der Frame für den DOS-Zugriff geöffnet und die netzwerkeigenen Befehle verwendet werden.

Kapitel 13

Die Bibliothek

Die Bibliothek ist Ihr persönliches Toolkit in Framework III. Sie erleichtert die Automatisierung von Operationen, vereinfacht den Druckvorgang und paßt Framework III an Ihre Bedürfnisse an. Dieses Laufwerksverzeichnis sollte zum Speichern häufig verwendeter Informationen und Formeln verwendet werden.

Die Bibliothek ist ein der Arbeitsfläche zugeordneter Speicherbereich. Einige Tools der Bibliothek werden bereits mit Framework III geliefert, andere können selbst erstellt werden. Bei jedem Programmstart von Framework III wird der Bibliotheks-Frame in den Hauptspeicher geladen, so daß die Bibliotheks-Tools jederzeit zur Verfügung stehen. Im folgenden wird gezeigt, wie die Tools erstellt und verwendet werden. Hierbei handelt es sich um Makros, Abkürzungen, Zusammenfassungen, benutzerdefinierte Funktionen, Druckvorlagen und Textformate.

Makros

Makros sind aufgezeichnete Folgen von Tastenanschlägen, die durch eine Alt-Tastenkombination aktiviert werden. Sie sind das wichtigste Werkzeug zur Automatisierung von Operationen, wobei jede beliebige Folge von Tastenanschlägen als Makro gespeichert werden kann (hierzu gehören Tastenanschläge zum Anlegen und Löschen von Frames, zum Erstellen von Tabellenkalkulations- und Text-Frames und zur Aktivierung anderer Makros).

Makros können interaktiv erstellt werden, indem einfach die Betätigung der entsprechenden Tasten aufgezeichnet wird. Es ist auch möglich, Makroformeln zu schreiben und FRED-Funktionen einzufügen, für die keine Tastenanschläge verfügbar sind. Auf diese Weise können Makros auch zur Ausführung aller Operationen angelegt werden, die nicht durch die Aufzeichnung von Tastenanschlägen ausgeführt werden können.

Ein einfaches Makro

Zum Anlegen eines Makros für die automatische Eingabe des Firmennamens müssen die folgenden Arbeitsschritte ausgeführt werden:

1. Die Tastenkombination Ctrl-N, gefolgt von der Taste M, muß zur Aktivierung der Makroaufzeichnung betätigt werden.

2. Eine beliebige Alt-Tastenkombination wird angeschlagen, die als Makrobezeichnung dienen soll. In diesem Beispiel wird die Kombination Alt-I (für Investment GmbH) verwendet.

3. Der Makroinhalt wird eingegeben.

4. Durch die Betätigung der Tastenkombination Ctrl-Break wird die Makroaufzeichnung beendet. Framework III speichert das Makro automatisch im Bibliotheks-Frame. Die Bibliothek und damit das Makro werden durch die Betätigung der Tastenkombination Ctrl-Return gespeichert.

5. Das Makro wird für spätere Anwendungen dokumentiert: Hierzu wird der Bibliotheks-Frame und dort der Makrobereich geöffnet. Der Cursor wird rechts neben den Makroeintrag positioniert und ein Semikolon und dahinter eine Kurzbeschreibung des Makros eingegeben.

Zur Aktivierung des Makros muß der Cursor an die gewünschte Frame-Position bewegt und die entsprechende Alt-Tastenkombination, in diesem Fall Alt-I, betätigt werden.

Formelmakro

Während in den Inhaltsbereich eines Text-Frames keine ausführbare Framework III-Funktion eingegeben werden kann, ist die Eingabe in den Formelbereich möglich. Zum Anlegen eines Makros, das die aktuelle Systemzeit ausgibt, müssen die folgenden Arbeitsschritte ausgeführt werden:

1. Ein leerer Frame muß angelegt und der Makroname in den Namensbereich des Frames eingegeben werden. In diesem Fall wird der Name {Alt-T} verwendet.

2. Die Makroformel wird in den Formelbereich eingegeben: Hierzu wird die Taste F2 Formel editieren angeschlagen und die folgende Formel eingegeben:

```
@performkeys("Zeit: "&@time1(@today))
```

3. Das Bibliotheks-Laufwerksverzeichnis wird geöffnet und der Makro-Frame in dieses verschoben. Hierzu wird der Cursor auf den Frame-Namen gesetzt, die Taste F7 Verlagern angeschlagen und die Taste Scroll Lock betätigt. Anschließend wird der Cursor in den Makrobereich bewegt, in dem das Makro gespeichert werden soll, und ab-

schließend die Return-Taste betätigt. Die Makros müssen nicht in numerischer bzw. alphanumerischer Reihenfolge gespeichert werden.

4. Das Makro wird dokumentiert. Hierzu wird der Cursor rechts neben dem Makronamen {Alt-T} positioniert, ein Semikolon und dahinter beispielsweise folgende Kurzbeschreibung eingegeben:

```
{Alt-T} ; Aktuelle Uhrzeit einfügen
```

5. Durch die Betätigung der Taste Scroll Lock wird zur Arbeitsfläche zurückgekehrt.

Zur Ausführung des Makros wird die Tastenkombination Alt-T betätigt.

Makro zum Anlegen eines Memoformats

Im folgenden Beispiel wird ein Makro für einen Text-Frame und ein Memoformat angelegt, das durch nur einen Tastenanschlag aktiviert wird. Mit Ausnahme der Eingabe der Makroformel gleichen die hierzu nötigen Arbeitsschritte denen im vorherigen Beispiel.

1. Ein leerer Frame wird angelegt und der Makroname in den Namensbereich des Frames eingegeben. In diesem Fall wird die Tastenkombination {Alt-M} eingegeben.

2. Die Formel wird in den Formelbereich eingegeben: Hierzu wird die Taste F2 Formel editieren betätigt und die nachfolgende Formel eingefügt. Wegen der Länge der Formel wurde eine Unterteilung in mehrere Zeilen vorgenommen. Die Kommentare hinter den Semikola enthalten Hinweise zu den Operationen der einzelnen Zeilen.

```
@performkeys("{ctrl-n}f"&          ; Legt einen leeren Frame an.
"{in}{ctrl-t}z{ctrl-t}f"&          ; Aktiviert Zentrierung und Fettdarstellung.
"MEMO{RETURN}"&                    ; Gibt die Überschrift ein.
"{ctrl-t}n{ctrl-t}a"&              ; Linksbündig und Fettdarstellung desaktivieren.
"{return}"&                        ; Überspringt eine Zeile.
"AN      : {return}"&              ; Gibt die Zeile AN ein.
"VON     : {return}"&              ; Gibt die Zeile VON ein.
"BETREFF : {return}"&              ; Gibt die Zeile BETRIFFT ein.
"DATUM   : " & @date1(@today) &    ; Gibt Datumszeile und -formel ein.
"{return}{return}"&                ; Überspringt zwei Zeilen.
"{ctrl-home}"&                     ; Bewegt den Cursor an Seitenanfang.
"{ctrl-10}{dnarrow}{leftarrow}"    ; Bewegt den Cursor neben die AN-Zeile.
)                                  ; Ende der Formel.
```

3. Der Makro-Frame wird in die Bibliothek verschoben.

4. Das Makro wird dokumentiert. Hierzu wird der Cursor rechts neben den Makronamen {Alt-M} positioniert und ein Semikolon und eine kurze Tätigkeitsbeschreibung wie zum Beispiel

```
{Alt-M} ; Memo anlegen
```

eingegeben.

5. Durch das Betätigen der Taste Scroll Lock gelangt man auf die Arbeitsfläche zurück.

Das Makro wird durch die Betätigung der Tastenkombination Alt-M aktiviert. In Bild 13.1 ist ein mit Hilfe eines Makros erstelltes Memoformat dargestellt.

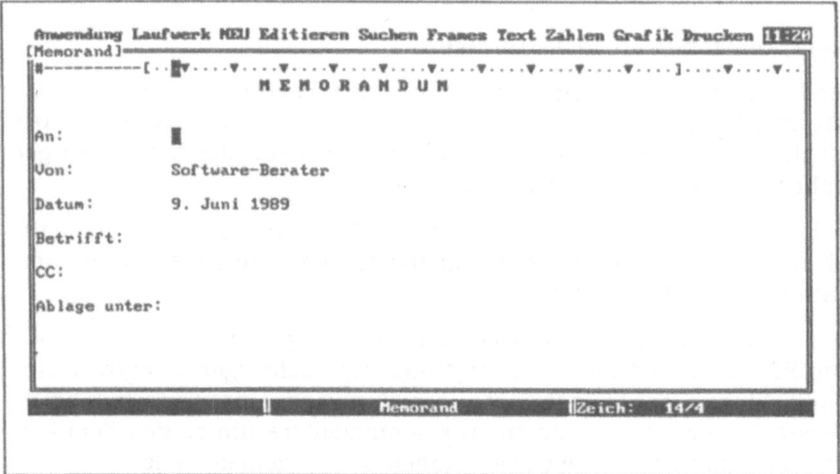

Bild 13.1   Ein mit Hilfe eines Makros angelegtes Memoformat

Hinweis: Framework III verfügt in der Bibliothek über ein Memo und einen Brief, die durch die Betätigung der Tastenkombination Alt-F6 aktiviert werden können.

Vordefinierte Makros

Framework III enthält zehn im Bibliotheks-Laufwerksverzeichnis gespeicherte Makros, die sich bei einer Vielzahl von Aufgaben als nützlich erweisen.

Zur Aktivierung dieser Makros müssen die in Tabelle 13.1 dargestellten Alt-Tastenkombinationen betätigt werden.

Tastenkombination	Funktion
Alt-F1	Ruft die Bibliothek auf.
Alt-F2	Suchen- und Ersetzen-Makro.
Alt-F3	Gibt das aktuelle Datum ein.
Alt-F4	Gibt die Druckbreite einer Kalkulationstabelle oder Datenbank ohne Rand- und Offsetwerte an.
Alt-F5	Überprüft den verfügbaren Speicherbereich und stellt den Wert auf dem Bildschirm dar.
Alt-F6	Erstellt ein Memo oder einen Brief.
Alt-F7	Dient der Spaltenverarbeitung.
Alt-F8	Errechnet die Gesamtsumme der in einer Spalte einer Kalkulationstabelle enthaltenen Zahlen. Der Cursor wird unterhalb der letzten in die Berechnung einzubeziehenden Zahl positioniert und die Tastenkombination Alt-F8 betätigt.
Alt-F9	Entfernt das Zeichen Wagenrücklauf vom Zeilenende.
Alt-F10	Auf der Arbeitsfläche erscheint ein Taschenrechner.

Tabelle 13.1   *In Framework III zur Verfügung stehende Makros*

Löschung von Makros

Es gibt zwei Möglichkeiten, um Makros zu löschen. Zum einen kann ein leeres Makro über ein zu löschendes Makro - unter Verwendung derselben Alt-Tastenkombination - aufgezeichnet werden. Das leere Makro wird auch als *Nullmakro* bezeichnet. Es löscht das ursprüngliche Makro, die Alt-Tastenkombination bleibt jedoch im Bibliotheks-Frame gespeichert.

Um ein Makro und die ihm zugeordnete Alt-Tastenkombination zu löschen, wird der Cursor in den Bibliotheks-Frame verschoben, das Makro markiert und die Del-Taste angeschlagen.

Abkürzungen

Abkürzungen sind wie Makros eine Folge von Tastenanschlägen, sie werden jedoch anders aktiviert. Eine Abkürzung kann nur unter Verwendung von Buchstabentasten eingegeben werden, wobei Framework III die Eingabe automatisch vervollständigt.

Zum Anlegen einer Abkürzung muß das Menü *Neu* geöffnet und die Option *Makro/Abkürzung* aktiviert werden. Anschließend wird die Abkürzung eingegeben, die Return-Taste betätigt, die zu speichernden Tastenanschläge eingegeben und die Tastenkombination Ctrl-Break betätigt. Zur ihrer Aktivierung wird die Abkürzung eingegeben und die Tastenkombination Alt-Rückschritt betätigt. Framework III löscht die eingegebene Abkürzung im Text und ersetzt sie durch die aufgezeichneten Tastenanschläge.

So kann ein Makro, das den Firmennamen Investment GmbH einfügt, folgendermaßen als Abkürzung erstellt werden:

1. Zu betätigen ist Ctrl-N M, um die Aufzeichnung der Abkürzung zu aktivieren.

2. Ein oder mehrere Buchstaben werden als Namensbezeichnung der Abkürzung eingegeben und anschließend die Return-Taste betätigt. In diesem Fall wird IVM für Investment GmbH eingegeben.

3. Der Inhalt der Abkürzung - hier Investment GmbH - wird eingegeben.

4. Zur Beendigung der Aufzeichnung wird die Tastenkombination Ctrl-Break angeschlagen. Framework III speichert die Abkürzung in der Bibliothek.

5. Die Abkürzung wird wie ein Makro dokumentiert.

Zur Nutzung der Abkürzung wird der Cursor an die Zielposition bewegt, die Abkürzung eingegeben und die Tastenkombination Alt-Rückschritt betätigt. Um eine Abkürzung zu löschen, muß sie im Bibliotheksverzeichnis markiert und die Del-Taste betätigt werden.

Das anschließende Verfahren verdeutlicht die Ähnlichkeiten zwischen Makros und Abkürzungen. Das {Alt-F3}-Makro aus dem Makro-Frame wird in den in der Bibliothek gespeicherten Abkürzungs-Frame kopiert. Anschließend wird der Name der Abkürzung geändert. Der Cursor wird in einen leeren Text-Frame auf die Arbeitsfläche verschoben und im Anschluß daran zuerst das {Alt-F3}-Makro und dann die Abkürzung ausgeführt. Beide sollten das Gleiche bewirken, nämlich das Einfügen des aktuellen Datums. Abschließend sollte die Abkürzung im Bibliotheks-Frame wieder gelöscht werden.

Abkürzungen können in der gleichen Weise wie Makros verwendet werden; dies gilt auch für die darin enthaltenen Formeln. Während die Anzahl der Alt-Tastenkombinationen für Makros begrenzt ist, gibt es beliebig viele Abkürzungsmöglichkeiten. Es sind aber Situationen denkbar, in denen die Verwendung eines Makros einer Abkürzung vorzuziehen ist. Da die Aktivierung von Abkürzungen durch die Eingabe von darstellbaren Zeichen und die anschließende Betätigung der Tastenkombination Alt-Rückschritt erfolgt, muß der Cursor zur Ausführung der Abkürzung in einem auf der Arbeitsfläche befindlichen Frame positioniert sein. Eine Abkürzung kann nicht von der leeren Arbeitsfläche aus aktiviert werden. Makros werden demgegenüber durch eine nicht darstellbare Alt-Tastenkombination aktiviert, und zur Ausführung des Makros muß kein Frame geöffnet sein. Aus diesem Grund sollten Funktionen, die neue Frames anlegen, in Makros (und nicht in Abkürzungen) gespeichert werden. Es ist auch einfacher, Makros statt Abkürzungen in andere Makros und Abkürzungsformeln einzufügen.

Zusammenfassung

Zusammenfassungen sind Zeichen- und numerische Konstanten, die unter bestimmten Namen in einem eigenen Bereich der Bibliothek gespeichert sind. Bei der Verwendung einer Zusammenfassung in einer Formel ersetzt Framework III den Namen bei der Ausführung der Formel durch die Zeichen- oder numerischen Konstante. Zusammenfassungen ähneln Abkürzungen mit der Ausnahme, daß sie in Formeln Verwendung finden, während Abkürzungen im Inhaltsbereich eines Frames genutzt werden.

Ein Beispiel hierfür ist die in Framework III enthaltene Zusammenfassung MWST. Wird der Umsatzsteuersatz in einem Frame benötigt, so fügt Framework den Wert in jede Kalkulationstabelle oder Formel ein, in denen die Bezeichnung MWST erscheint.

Zur Erzeugung einer Zusammenfassung wird ein leerer Frame angelegt und der Name der Zusammenfassung als Frame-Name eingegeben. Der Zeichen- oder numerische Wert wird in den Inhaltsbereich geschrieben und der Frame anschließend in den in der Bibliothek enthaltenen Frame *Zusammenfassung* kopiert. Es läßt sich beispielsweise eine Zusammenfassung erstellen, die den Namen eines Unternehmens eingibt:

1. Ein leerer Frame wird angelegt und der Name der Zusammenfassung - in diesem Fall FIRMNAME - als Frame-Name eingegeben.

2. Der Text der Zusammenfassung wird in den Inhaltsbereich eingegeben. Anschließend wird die Taste F9 Zoom betätigt und Investment GmbH eingegeben.

3. Der Frame wird in den Zusammenfassung-Frame der Bibliothek ver-
    schoben. Der Frame-Name wird zu diesem Zweck hell unterlegt und
    die Taste F7 Verlagern angeschlagen. Anschließend wird die Taste
    Scroll Lock betätigt, zur Zielstelle im Zusammenfassung-Bereich na-
    vigiert und die Return-Taste angeschlagen.

4. Die Zusammenfassung wird für den künftigen Gebrauch dokumen-
    tiert. Bei Zusammenfassungen mit eindeutigen Namen dürfte der Na-
    me allein schon eine ausreichende Gedächtnisstütze sein. Falls eine
    Dokumentation jedoch erforderlich ist, wird der Cursor rechts neben
    die Zusammenfassung positioniert, ein Semikolon eingegeben und ei-
    ne kurze Tätigkeitsbeschreibung angefügt.

5. Durch die Betätigung der Taste Scroll Lock gelangt man wieder auf
    die Arbeitsfläche zurück.

Zur Ausführung einer Zusammenfassung wird der Zusammenfassung-Na-
me in eine Formel eingegeben. Sie wird bei der Verwendung der Formel
aktiviert.

Beim Öffnen des Frames *Zusammenfassung* in der Bibliothek werden Sie
auf vordefinierte Zusammenfassungen stoßen: *Ihr Name*, *Ihre Adresse 1*,
Ihre Adresse 2, *Ihre Firma*, *Firmenadresse 1* und *Firmenadresse 2* und
MWST. Die Zusammenfassungen finden in den Formeln des Makros {Alt-
F6} Verwendung, um Namen und Adressen in anwenderspezifische Texte
einzufügen.

Zusammenfassungen eignen sich für variierende Werte, die in mehreren
Makro-, Kalkulationstabellen- oder Datenbankformeln verwendet werden.
Durch die Wertänderung in nur einer Formel können alle Formeln, in de-
nen die Zusammenfassung erscheint, aktualisiert werden.

Benutzerdefinierte Funktionen

Benutzerdefinierte Funktionen müssen vom Framework III-Benutzer selbst
angelegt werden. Sie können in der gleichen Weise wie alle anderen
FRED-Funktionen verwendet werden. Eine benutzerdefinierte Funktion
wird durch das Speichern einer Formel im Formelbereich und des Funktionsnamens im Namensbereich eines Frames erstellt. Die Funktion wird
durch die Eingabe des Klammeraffezeichens @ und des Frame-Namens in
einer anderen Formel aktiviert.

Es soll beispielsweise angenommen werden, daß jeden Monat eine Statistik namens PROD erstellt werden muß, die in mehreren Kalkulationstabellen verwendet wird. Die Statistik bringt ein Verhältnis zum Ausdruck,
das sich aus der Gesamtzahl der produzierten Einheiten (VOLUMEN),
geteilt durch die Anzahl der fehlerhaften Einheiten (AUSSCHUSS), zu-

sammensetzt. Statt monatlich in jede Kalkulationstabelle die neuen Werte von VOLUMEN, AUSSCHUSS und PROD eingeben zu müssen, können alle Kalkulationstabellen auf einmal aktualisiert werden. Hierzu werden die jeweiligen Monatswerte für VOLUMEN und AUSSCHUSS im *Zusammenfassung*-Frame gespeichert und eine benutzerdefinierte Funktion zur Berechnung von PROD in allen Kalkulationstabellenformeln verwendet. Zur Erstellung der Funktion sind die folgenden Arbeitsschritte erforderlich:

1. Ein leerer Frame wird angelegt und der Name der benutzerdefinierten Funktion - hier PROD - in den Namensbereich des Frames eingegeben.

2. Die Formel der Funktion wird in den Formelbereich eingegeben. Hierzu wird die Taste F2 Formel editieren betätigt und

VOLUMEN/AUSSCHUSS

eingegeben.

3. Der Funktions-Frame wird in die Bibliothek verschoben.

4. Die Funktion wird für spätere Anwendungen dokumentiert. Hierzu wird der Cursor im Bibliotheks-Frame rechts neben den Namen der Zusammenfassung positioniert, ein Semikolon eingegeben und eine kurze Tätigkeitsbeschreibung der Funktion angefügt.

5. Durch die Betätigung der Taste Scroll Lock gelangen Sie zur Arbeitsfläche zurück.

Um die Funktion anzulegen, wird das Klammeraffezeichen @ und anschließend der Frame-Name eingegeben. In diesem Fall wird die benutzerdefinierte Funktion @PROD eingetragen. Zur Ausführung der Funktion wird der Funktionsname mit dem Klammeraffezeichen in den Formelbereich eingegeben und die Formel aktiviert.

Benutzerdefinierte Funktionen können einfach, wie im Beispiel, aber auch so komplex wie die anspruchsvollsten FRED-Programme sein. Da benutzerdefinierte Funktionen von der FRED-Programmierung abhängig sind, können äußerst leistungsstarke benutzerdefinierte Funktionen angelegt werden (Kapitel 14).

Druckvorlagen

Auch die Druckvorlagen werden in der Bibliothek gespeichert. Auf sie wurde bereits in Kapitel 10 eingegangen. Druckvorlagen ersparen viel Zeit und Mühe. Mit Hilfe von Druckvorlagen kann die Option *Mit Frame-Namen* im Untermenü *Optionen für Ausdruck* (im Menü *Drucken*) automatisch desaktiviert werden und braucht somit nicht vor jedem Ausdruck von Hand ausgeschaltet zu werden. Sie eignen sich auch für den Entwurfsdruck eines Text mit doppeltem Zeilenabstand. Außerdem ermöglichen sie die Speicherung von Drucker- und Schriftartencodes wie auch von Kopf-/Fußzeilen, Seitenformaten von umfangreichen Texten wie Büchern, Handbüchern oder aus mehreren Kapiteln bestehenden Berichten.

Benutzerangepaßte Textformate

Die Tastenkombination {Alt-F6} ist reserviert. Das so aufgerufene Makro erstellt am unteren Bildschirmrand ein Menü mit Optionen zum Anlegen von Leerformaten für Memos, Geschäftsbriefe und private Briefe. Durch das Editieren der Frames im Makro-Frame {Alt-F6} können Sie eigene Textformate erstellen. So kann zum Beispiel die zur Erstellung eines Memoformats erforderliche Formel den eigenen Wünschen entsprechend modifiziert werden. Es ist möglich, im Menü zusätzliche Optionen anzulegen, indem eine Kopie des Format-Frames erstellt, der Name, die Formel und die Tätigkeitsbeschreibung verändert und der neue Frame unter {Alt-F6} gespeichert wird. Der Frame-Name erscheint anschließend bei der Betätigung der Tastenkombination Alt-F6 in der Menüzeile. Bei der Verwendung von abgekürzten Frame-Namen können bis zu acht Formatoptionen in der Menüzeile gespeichert werden (Bild 13.2).

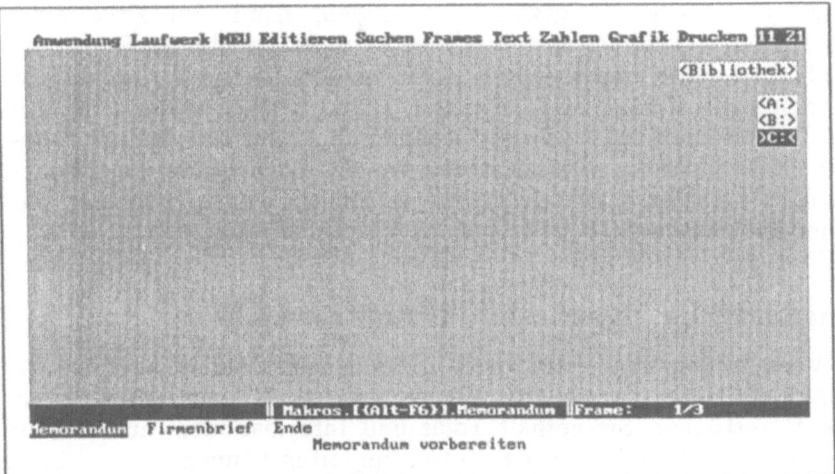

Bild 13.2   Menüzeile des Makros {Alt-F6}

Zum Editieren eines beliebigen Frames mit dem Makro {Alt-F6} muß der
Frame {Alt-F6} ausgewählt, das Menü *Editieren* geöffnet und die Option
Änderungen zulassen aktiviert werden. Der Name jedes Frames wird in
der Menüzeile dargestellt. Die Namen können wie alle anderen Frame-
Namen editiert werden. Bei markiertem Frame-Namen erscheint der Fra-
me-Inhalt als Beschreibung in der Meldungszeile unterhalb des Menüs.
Der Inhalt kann durch die Betätigung der Taste F9 Zoom abgebildet werden. Die Beschreibung muß kurz sein, damit sie in eine Zeile paßt. Die
Formel in jedem Frame definiert das Textformat. Sie kann durch das Anschlagen der Taste F2 Formel editieren und das anschließende Betätigen
der Taste F9 Zoom auf dem Bildschirm dargestellt werden.

Falls nur der Name oder die Adresse in einer Vorlage modifiziert werden
sollen, kann dies durch das Editieren der Unter-Frames des *Zusammenfassung*-Frames bewerkstelligt werden. Soll jedoch an einer Vorlage eine
andere Einstellung verändert werden, muß die Formel des Format-Frames
editiert werden. Hierzu wird der Frame auf die Arbeitsfläche geladen. Es
ist ratsam, sich die Wirkungsweise der Formel vor deren Modifikation zu
veranschaulichen, damit es nicht zu unerwünschten Ergebnissen kommt.
Nachdem die Änderungen vorgenommen wurden, kann die Formel folgendermaßen überprüft werden: Der Frame-Name wird markiert und die
Taste F5 Neuberechnung betätigt, während sich der Frame auf der Arbeitsfläche befindet. Entspricht die neue Formel Ihren Vorstellungen,
wird der Frame wieder unter {Alt-F6} in der Bibliothek gespeichert.

Speichern des modifizierten Bibliothek-Frames

Bei jeder Änderung der Bibliothek sollte der resultierende Bibliotheks-Frame auf Diskette/Platte gespeichert werden, damit im Falle eines Stromausfalls oder Computerabsturzes eine aktuelle Version verfügbar ist. Die Speicherung sollte zweckmäßigerweise im unmittelbaren Anschluß an die vorgenommene Veränderung erfolgen. Hierzu wird der Rand des Bibliotheks-Frames markiert und die Tastenkombination Ctrl-Return betätigt. Falls die Bibliothek modifiziert und vor der Beendigung von Framework III noch nicht auf Diskette/Platte gespeichert wurde, erscheint eine entsprechende Abfrage.

Verwendung der Systembibliothek im LAN

Bei der Verwendung von Framework III in einem lokalen Netzwerk ist auf der Arbeitsfläche ein weiteres Verzeichnis, die Systembibliothek des Netzwerkes, verfügbar. Sie enthält Tools und Informationen, auf die alle an das Netzwerk angeschlossenen Benutzer zugreifen können.

Sie können die Tools der Systembibliothek wie die Ihrer eigenen Bibliothek nutzen. Die Systembibliothek unterscheidet sich von Ihrer Bibliothek nur darin, daß Änderungen nur durch den Netzwerkadministrator möglich sind. Falls Sie auch anderen Netzwerkteilnehmern die Nutzung der von Ihnen erstellten Tools ermöglichen wollen, müssen die Modifikationen vom Netzwerkadministrator in die Systembibliothek übernommen werden.

Kapitel 14

Die Programmiersprache FRED

In den vorherigen Kapiteln wurde schon verschiedentlich auf die Programmiersprache FRED eingegangen. So wissen Sie bereits, daß FRED (Abkürzung für *Frame Editor*) in Formeln für Kalkulationstabellen und Datenbanken zum Einsatz kommt. FRED ist aber mehr als nur eine Formelsammlung. Bei FRED handelt es sich vielmehr um eine strukturierte Programmiersprache. Obwohl FRED zum Teil über die Leistungsstärke einer Hochsprache wie BASIC oder PASCAL verfügt, sind die Syntaxregeln nicht komplizierter als bei einem herkömmlichen Tabellenkalkulationsprogramm.

Mit FRED können Kalkulationstabellen und Berichte automatisiert, benutzereigene Funktionen hinzugefügt, Framework III modifiziert und neue Anwendungsprogramme, die eigenständig oder zusammen mit Framework III ablaufen, entwickelt werden.

In diesem Kapitel kann keine umfassende Darstellung der Programmierung in FRED erfolgen; es sollen nur die wichtigsten Aspekte behandelt werden. Erfahrungen mit anderen Programmiersprachen sind für den Umgang mit FRED nicht erforderlich, wenngleich sie von Vorteil sind.

FRED-Programme werden im Formelbereich von Frames abgelegt. Hierbei kann es sich um nur einen Ausdruck handeln, ebenso ist aber auch die Eingabe von bis zu 32000 Zeichen in mehreren Ausdrücken möglich. FRED-Programme können noch umfangreicher sein, da ein Programm in einem Frame auf Programme/Formeln in anderen Frames - oder anderen Programmdateien - Bezug nehmen kann.

Einen der Grundpfeiler von FRED bilden die @-Funktionen. FRED verfügt über mehr als 170 vordefinierte Funktionen, von denen jede ein Programm enthält, das über einen Funktionsnamen aufgerufen werden kann. Die @-Funktionen können separat verwendet oder in Formeln und Programme eingebaut werden. Eine Liste der Funktionen findet sich in Anhang E.

Framework III ermöglicht das Erstellen und Deklarieren von benutzerdefinierten Funktionen, die in Formeln und Programmen verwendet werden können. Eine benutzerdefinierte Funktion wird in einen Frame eingegeben, dessen Name - mit vorangestelltem Klammeraffezeichen @ - zum Funktionsnamen wird. Die Frame-Formel definiert die Funktion. FRED-Programme können so entwickelt werden, daß sie automatisch Parameter oder Argumente an benutzerdefinierte Funktionen übergeben.

FRED ermöglicht auch die Steuerung des Programmflusses einschließlich der Schleifenbildung. Hierzu stehen Funktionen vom Typ *if/then/else* und *while/do* zur Verfügung, die bedingte Verzweigungen darstellen. FRED ermöglicht auch die Deklaration und Bezugnahme auf lokale Variablen und die automatische Neuberechnung von Programmen aus anderen Programmen heraus.

Der Programmiersprache FRED stehen alle Leistungsmerkmale von Framework III zur Verfügung. Die Funktionalität der Konzepterstellung oder Schachtelung von Frames erlaubt beispielsweise das schrittweise, strukturierte Programmieren mit FRED, wobei der Überblick über die einzelnen Programmteile gewährleistet ist. Jeder Frame kann auf einen anderen Frame Bezug nehmen, so daß ein Teil eines FRED-Programmes einen Programmteil in einem anderen Frame aufrufen kann. Des weiteren können Zusammenfassungen zu Datenbanken und Kalkulationstabellen in einem Frame gespeichert werden, in dem sie modifiziert und aktualisiert werden; Programme und Kalkulationstabellen können dann darauf Bezug nehmen. Jeder Frame-Typ kann zusammen mit FRED verwendet werden. Auch lassen sich alle Textverarbeitungsmöglichkeiten von Framework III zur Editierung von Kommentaren in FRED-Programmen nutzen, und außerdem können unterschiedliche Auszeichnungen verwendet werden.

FRED verfügt auch über Möglichkeiten zum Austesten eines Programmes einschließlich dem Einzelschrittbetrieb und der Variablenüberprüfung. Des weiteren gibt es zum Hinweis auf Syntaxfehler mehr als hundert Syntaxfehlermeldungen.

Grundelemente von FRED

Die Programmiersprache FRED besteht aus drei Grundelementen, nämlich *Werten*, *Referenzen* und *Operatoren*.

FRED-Werte

Bei der Neuberechnung einer FRED-Formel oder eines -Programmes wird ein Wert erzeugt, der in den Inhaltsbereich eines Frames übertragen wird. Der Wert kann einfach nur eine Zahl oder aber auch ein umfassender Text bzw. eine Abfolge von Operationen sein, die auf ein anderes Programm außerhalb von Framework III zugreifen und Daten berechnen bzw. in Framework importieren. FRED kennt vier verschiedene Werte: *interne Werte*, *Zahlen*, *Zeichenketten* und *Konstanten*.

- *Interne Werte.* Hierunter fallen die numerischen Werte, die der Computer zwar speichert und für Berechnungen benutzt, die aber nicht dargestellt werden. Framework bearbeitet interne Werte mit einer Genauigkeit von 15 Stellen und einem Dezimalexponenten im Bereich von -63 bis +63.

- *Zahlen.* Bei diesen handelt es sich um die sichtbaren numerischen Werte, die von FRED entweder als Ganz-, Dezimalzahlen oder in technisch/wissenschaftlicher Notation geschrieben werden. Framework III konvertiert sie anschließend gemäß den im Menü *Zahlen* verfügbaren Formaten.

- *Zeichenketten.* Zeichenketten sind Textwerte und müssen in FRED-Programmen immer in Anführungszeichen eingeschlossen sein. Zeichenketten können aus bis zu 32000 Zeichen bestehen. FRED behandelt alle von Anführungszeichen umschlossenen Zeichen, Symbole, Leerzeichen und Ziffern als Textdaten oder Zeichenketten. Strings (Zeichenketten) können mit Hilfe des Operators & miteinander verknüpft werden.

- *Konstanten.* Konstanten sind in FRED vordefinierte Werte, die entweder das Ergebnis einer Formel darstellen oder als Eingabewerte in Formeln dienen. Konstanten beginnen in Framework mit dem Nummernzeichen #. FRED verwendet logische Konstanten (#YES, #NO, #TRUE, #FALSE), Positionskonstanten (in der Funktion @unit), Grafikkonstanten (im Zusammenhang mit @drawgraph), Formelkonstanten, Makrokonstanten (nur im Zusammenhang mit der Funktion @echo) und Fehlerkonstanten. Letztere enden mit einem Ausrufezeichen (#N/A!, #VALUE!, #REF!, #DIV/0!, #NUM!, #NULL!, #TBD! und #NAME!).

Referenzen

Referenzen übertragen den Inhalt oder Wert eines Frames in den aufrufenden Frame. Der Vorteil bei der Verwendung von Referenzen in Formeln und Programmen liegt darin, daß sie den aktuellen Wert einer Zelle - auch bei einer Veränderung - automatisch liefern; hierdurch erübrigt sich die erneute und wiederholte Eingabe von Daten.

Referenzen können sich auf einzelne Zellen/Frames oder auf Zell- oder Frame-Blöcke, *Bereiche* genannt, beziehen. Die Referenz muß den vollständigen Pfadnamen des/der Frames/Zelle oder des aufgerufenen Bereichs angeben. Beim Aufruf eines verschachtelten Frames muß die Referenz demnach alle Frame-Namen in der Reihenfolge der zu durchlaufenden Schachtelungsebenen enthalten, so daß ein Pfad zum gewünschten Frame hergestellt wird. Die Frame-Namen müssen in der Pfadangabe durch Punkte voneinander getrennt werden (z.B. *Buch.Kapitel1.Teil2*). Ein

Bereich kann aus einem Zellblock in nur einem Frame bestehen (wie zum
Beispiel VERKAUF88.A1:VERKAUF88.E5) oder sich über mehrere Frames (VERKAUF88.A1:VERKAUF89:E5) erstrecken. Referenzen auf einen Frame- bzw. Zellbereich geben den Pfadnamen der/des obersten linken Zelle/Frames des Bereiches an, gefolgt von einem Doppelpunkt und
dem Pfadnamen der/des unteren rechten Zelle/Frames. Die Frame-Namen
und Zellkoordinaten müssen entweder mit einem Buchstaben anfangen
oder von eckigen Klammern umschlossen sein.

Wie Sie bereits im Zusammenhang mit Tabellenkalkulations-Frames gese-
hen haben, sind die Referenzen in der Programmiersprache FRED entweder absolut oder relativ.

● *Absolute Referenzen* beziehen sich stets auf dieselbe Zelle oder Zell-
  koordinate, d.h. auf denselben Frame.

● *Relative Referenzen* beziehen sich auf die relative Position von Zellen
  oder Zellkoordinaten. Beim Kopieren einer relativen Referenz an eine andere Position in einer Kalkulationstabelle verändert sie sich,
  während eine absolute Referenz erhalten bleibt.

Operatoren

Bei den Operatoren handelt es sich um Symbole, die bestimmen, was mit
Werten und Referenzen in einer FRED-Formel oder einem Programm geschehen soll. Hierbei geht es einerseits um die Art der Operation (zum
Beispiel Addition) und zum anderen um die Reihenfolge, in der Operationen ausgeführt werden. In FRED gibt es vier Arten von Operatoren:

● Arithmetische Operatoren: * / + -

● Stringoperatoren: &

● Relationale Operatoren: > < = >= <= <>

● Andere Operatoren: < % , " . : {} []

Wie in allen Programmiersprachen gibt es auch in FRED Prioritätsregeln
bei der Abarbeitung dieser Operatoren (Kapitel 7).

Syntax

Unter der Syntax versteht man die Regeln, nach denen die Bestandteile
von Programmen miteinander verbunden werden. Hierbei handelt es sich
um Grammatikregeln, die zur Positionierung von Werten, Referenzen und
Operatoren in Formeln und Programmen verwendet werden. Die Grund-
regel der FRED-Syntax ist äußerst einfach: Eine FRED-Formel oder Programm ist eine Folge von Ausdrücken, die durch Kommata voneinander
getrennt sind.

Wie Sie schon bei der Behandlung von Kalkulationstabellenformeln sehen
konnten, ist die FRED-Syntax besonders flexibel. Mit Ausnahme von
Ziffern und Bezeichnern können in jede FRED-Formel Leer-, Tabulator-
und Wagenrücklaufzeichen eingegeben werden. Die Programmzeilen müssen nicht numeriert werden und können aus bis zu 255 Zeichen bestehen.
Das mit FRED erstellte Programm in einem Frame kann maximal 32000
Zeichen enthalten.

Ausdrücke

Das syntaktische Basiselement ist der Ausdruck. Ein Ausdruck besteht aus
Werten und/oder Referenzen und Operatoren, die eine logische Einheit
darstellen. Es folgen einige Beispiele:

```
2 + 2
@sum(B3:E3) - F3
(A40 + A42 + A44) / (B40 + B42 + B44)
"Das ist der Anfang " & "vom Ende."
```

Funktionssyntax

FRED-Funktionen verfügen über einige spezifische Syntaxregeln; sie dürfen überall dort, wo Ausdrücke zulässig sind, aufgerufen werden. Der
Aufruf erfolgt durch die Eingabe des Funktionsnamens mit vorangestelltem Klammeraffezeichen @. Beim Aufruf der Funktion wird die Verar-
beitungskontrolle vom Programm auf die Funktion übertragen, die im
Anschluß daran neu berechnet wird. Nach der Durchführung der Neuberechnung wird der neue Wert mit der Programmkontrolle an das aufrufende Programm übergeben.

Die meisten Funktionen verfügen über ein Argument, das von Klammern
umschlossen wird und unmittelbar hinter dem Funktionsnamen steht.
Weist eine Funktion mehrere Argumente auf, so werden sie in den Klammern durch Kommata voneinander getrennt. Ein Beispiel hierfür ist
@sum(1,2,3,4). Falls eine Funktion optionale Parameter aufweist, können
für weggelassene Parameter Kommata eingegeben werden, falls diese in
der Mitte der Parameterliste stehen. Befindet sich ein solcher leerer Parameter am Ende der Parameterliste, kann er (mit dem korrespondierenden
Komma) einfach weggelassen werden.

@list-Ausdrücke

Manchmal erweist es sich als nützlich, die Reihenfolge festzulegen, in der
Ausdrücke berechnet werden. FRED verfügt zu diesem Zweck über die
Funktion @list. In eine @list-Funktion können beliebig viele Parameter,
von Klammern umschlossen und durch Kommata voneinander getrennt,
eingegeben werden. FRED berechnet die Ausdrücke in der Reihenfolge

der Parameter. Der Wert der @list-Funktion entspricht dem Wert des letzten Ausdrucks der Liste. Die folgende Funktion liefert den Wert 6, da dies der Wert des letzten Ausdrucks in der Liste (18 geteilt durch 3) ist:

```
@list(2+2,"Hallo",@sum(B3:E3),18/3)
```

Kommentare

FRED ermöglicht das Einfügen von Kommentaren in Programme. Die Kommentare dienen ausschließlich der Dokumentation und werden nicht ausgeführt. Durch kurze und prägnante Kommentare wird ein Programm wesentlich verständlicher.

Um Kommentare in FRED-Programme einzufügen, wird ein Semikolon und anschließend der Kommentartext eingegeben. Das Semikolon bedeutet, daß alles, was in dieser Zeile rechts vom Semikolon steht, Kommentar und somit nicht ausführbar ist. Steht ein Semikolon in Anführungszeichen, wird es als Bestandteil einer Zeichenkette angesehen.

Fehlermeldungen

Beim Auftreten eines Fehlers erzeugt Framework einen kurzen Warnton und gibt eine Fehlermeldung aus, aus der die fehlerhafte Programmstelle und die Art des Fehlers hervorgeht.

Neuberechnung

Die Neuberechnung bildet einen wesentlichen Bestandteil von Programmen. Durch den Berechnungsprozeß wird aus den Werten, Referenzen und Operatoren in einem FRED-Programm ein neuer Wert ermittelt. Wird der Computer zur Neuberechnung eines Programmes veranlaßt, so werden auf der Grundlage der FRED-Syntaxregeln alle im Programm spezifizierten Referenzen, Werte und Funktionen ausgewertet, die durch die Operatoren spezifizierten Operationen ausgeführt und ein Wert berechnet.

Wertreferenzen

Jeder Frame hat in FRED einen internen Wert; dies gilt auch für neue Frames, deren Wert #N/A! ist. Eine Referenz auf einen Frame bezieht sich auf dessen Wert. Enthält ein FRED-Programm eine Referenz auf einen Frame oder eine Zelle, wird FRED angewiesen, dem betreffenden Frame bzw. der Zelle den Wert zu entnehmen und ihn als Teil der Neuberechnung in das Programm einzubringen.

@-Referenzen

In FRED gibt es auch @-Referenzen. Eine @-Referenz bewirkt, daß der Frame oder die Zelle, auf die Bezug genommen wird, zuerst neu berechnet und der ermittelte Wert erst anschließend übertragen wird. So kann FRED beispielsweise angewiesen werden, einen neuen Wert an eine Kalkulationstabelle oder ein anderes Programm zu übergeben, die Neuberechnung der/des Kalkulationstabelle/Programmes durchzuführen und anschließend das Ergebnis an das aufrufende Programm zurückzugeben.

Regeln für die Variablenspeicherung

Bei der Neuberechnung eines FRED-Programmes hängt es von gewissen Regeln ab, ob der resultierende Wert in den in der Formel angegebenen Frame gespeichert wird. Der Wert wird gespeichert, falls der Frame leer ist oder bereits über einen Wert verfügt. Das Ergebnis wird nicht gespeichert, falls der Frame vom Benutzer eingegebenen Text enthält oder ein Container-Frame ist.

Enthält der Frame eingegebenen Text oder handelt es sich um einen Container-Frame und ist der Wert numerisch, so wird er als interner Wert abgelegt. Falls es sich bei dem Wert um Text handelt, der nicht im Inhaltsbereich gespeichert wird, geht der Wert ohne die Neuberechnung des Frames als Bestandteil eines @-Funktionsaufrufs verloren.

Berechnete Werte in Kalkulationstabellenzellen können nicht direkt editiert werden. Framework III ermöglicht jedoch das Editieren des Inhalts von Text-Frames, in denen eine Zeichenkette gespeichert ist. Hierdurch können Programme genutzt werden, die das Anlegen von Text-Frames (zum Beispiel Serienbriefen) und deren anschließendes Editieren ermöglichen.

Anlegen von Menüs in FRED

FRED ermöglicht das Erstellen von eigenen Menüs. Da die meisten Menüs über eine Baumstruktur verfügen, bei der ein Menüaufruf sich in weitere Untermenüs verzweigt, eignet sich die dynamische Konzepterstellung von Framework III hervorragend zur Erstellung von Menüs. Zum Anlegen von Menüs sind die folgenden Arbeitsschritte erforderlich: Die gewünschte Menüstruktur wird in einen Konzept-Frame eingegeben, und anschließend wird die FRED-Funktion @menu genutzt. @menu erfordert als Parameter den Namen eines Konzept-Frames. Wurden die einzelnen Menüpunkte zum Beispiel in einen Konzept-Frame AUSWAHL eingegeben, so werden sie durch die Verwendung der Funktion @menu(AUSWAHL) als Menü behandelt.

Die mit FRED erstellten Menüs weisen viele Eigenschaften der normalen Menüs in Framework III auf: Die Menüwahl erfolgt durch die Eingabe des ersten Buchstabens des Menünamens, am unteren Bildschirmrand erscheinen einzeilige Hilfsmeldungen, die Tasten Aufwärts und Abwärts dienen der Navigation zwischen den Menüoptionen, und die Betätigung der Return-Taste bewirkt die Auswahl einer Menüoption.

Die Funktion @performkeys

Die Funktion @performkeys (kurz @pk) ist eine besonders nützliche FRED-Funktion. Sie führt die in ihrem Ausdruck aufgelisteten Tastenanschläge aus, als ob sie über die Tastatur eingegeben würden. Der Ausdruck @pk("{ctrl-uplevel}{ctrl-n}fTEXT{return}{F9}") führt zum Beispiel die Tastenanschläge aus, die den Cursor in den Namensbereich des aktuellen Frames positionieren ({ctrl-uplevel}), das Menü Neu öffnen ({ctrl-n}), einen leeren Text-Frame anlegen (f), den Namen TEXT in den Frame-Namen eingeben und den Text-Frame abschließend auf die volle Bildschirmgröße zoomen ({F9}). Die Tastenbezeichnungen müssen von Anführungszeichen umschlossen werden.

Tastenbezeichnungen in Framework III

Die Tastenbezeichnungen in Framework III-Formeln und FRED-Programmen können aus einer beliebigen Kombination von Groß- und/oder Kleinbuchstaben bestehen, sie müssen jedoch korrekt eingegeben und von geschweiften Klammern umschlossen werden. Falls es sich um Textwerte handelt, müssen die Tastenbezeichnungen in einem Ausdruck von Anführungszeichen eingeschlossen sein wie zum Beispiel bei *@pk("{ctrl-n}f")*. In Tabelle 14.1 wird die korrekte Schreibweise der Tastenbezeichnungen dargestellt.

```
*{uparrow}        *{return}      {cont}        {ctrl-break}
*{downarrow}      {scroll-lock}  {wait}        {ctrl-prtsc}
*{leftarrow}      *{del}         {null}        {ctrl -}
*{rightarrow}     *{tab}         {all} = alle Tasten
*{home}           {backtab}      {alt-backspace}
                  oder
                  {shift-tab}
*{end}            *{backspace}   {shift-f5}    {alt-return}
*{pgup}           {esc}          {shift-f7}    {alt-break}
*{pgdn}           *{ins}         {shift-f8}    *{in}
                                               oder
                                               {dnlevel}
*{out}            {f1}    {f2}...{f10} {f11} {f12}
oder
{uplevel}
```

__Hinweis__: Alle mit einem Asteriskzeichen versehenen Tastenbezeichnungen können mit der Ctrl-Taste kombiniert und folgendermaßen geschrieben werden: {ctrl-uparrow}.

Tabelle 14.1   Korrekte Schreibweise der Tastenbezeichnungen

Auch die Buchstabentasten (A bis Z), Zifferntasten (0 bis 9) und Funktionstasten (F1 bis F12) können mit der Ctrl- oder Alt-Taste kombiniert werden, wie zum Beispiel bei {ctrl-a}, {alt-b}, {ctrl-9} und {alt-f10}.

Druckfunktionen in Framework III

In älteren Framework-Versionen wurden Druckfunktionen anstelle oder zusammen mit den Optionen des Menüs *Drucken* verwendet. Mit den erweiterten Möglichkeiten des Menüs *Drucken* in Framework III erübrigen sich die Druckfunktionen; einzig in FRED-Programmen finden sie noch Verwendung. Obwohl der Aufruf von Optionen des Menüs *Drucken* aus einem FRED-Programm heraus möglich ist, sollten die Druckfunktionen dennoch verwendet werden, da sie bessere Resultate gewährleisten. Die Druckfunktionen können in einem FRED-Programm berechnet und ausgewertet werden, wohingegen die Optionen des Menüs *Drucken* als Textstrings behandelt werden.

Im folgenden finden Sie eine Beschreibung der Framework III-Druckfunktionen und ihrer Standardeinstellungen zusammen mit den entsprechenden Optionen des Menüs *Drucken*.

Funktion: @tm(), top margin

Erklärung: Stellt den oberen Rand ein. Der obere Rand besteht aus der Anzahl der Zeilen zwischen dem Blattrand und der ersten Druckzeile. Bei der Verwendung der Standardeinstellung 6 beginnt der Ausdruck bei Zeile 7.

Standard: 6

Beispiel: @tm(4)

Äquivalente Optionen im Menü Drucken: Formateinstellungen-Kopfzeilen-Oberer Rand.

Funktion: @bm(), bottom margin

Erklärung: Legt den unteren Rand fest. Der untere Rand besteht aus der Anzahl der Zeilen zwischen der letzten Druckzeile und dem unteren Blattrand.

Standard: 6

Beispiel: @bm(3)

Äquivalente Optionen im Menü Drucken: Formateinstellungen-Fußzeilen-Unterer Rand.

Funktion: @pl(), page length

Erklärung: Legt die Seitenlänge fest. Die Seitenlänge ergibt sich aus der Anzahl aller auf einer Seite druckbaren Zeilen (66 Zeilen bei einer 11-Zoll-Seite, 84 bei einer 14-Zoll-Seite).

Standard: 66

Beispiel: @pl(33)

Äquivalente Optionen im Menü Drucken: Formateinstellungen-Druckbild-Anzahl Zeilen/Seite.

Funktion: @lm(), left margin

Erklärung: Stellt den linken Rand ein. Der linke Rand ergibt sich aus der Anzahl der Leerzeichen zwischen dem linken Blattrand und dem ersten Druckzeichen. Bei einer Standardeinstellung von 10 wird das erste Zeichen in Spalte 11 gedruckt.

Standard: 10

Beispiel: @lm(20)

Äquivalente Optionen im Menü Text: Text-Linker Rand.

Funktion: @ll( ), *line length*

Erklärung: Legt die Zeilenlänge fest. Die Zeilenlänge ergibt sich aus der Anzahl der Leerzeichen von der äußersten linken bis zur äußersten rechten Druckposition (einschließlich).

Standard: 65

Beispiel: @ll(80)

Äquivalente Optionen im Menü Drucken: Formateinstellungen-Druckbild-Länge der Zeile.

Funktion:@hc(), header centered

Erklärung: Bestimmt den zu zentrierenden Teil der Kopfzeile. Die Kopfzeile wird zwischen den Einstellungen für den linken Rand und der Zeilenlänge zentriert. Der in Klammern gesetzte Text muß von Anführungszeichen umschlossen sein. #EVEN oder #ODD kann als zweiter Parameter angegeben werden, wodurch Framework III zum Ausdruck des Kopfzeilenteils nur auf geraden bzw. nur auf ungeraden Seiten angewiesen wird: @hc("text",#EVEN). Ohne die Angabe von #ODD bzw. #EVEN wird die Kopfzeile auf allen Seiten ausgegeben.

Standard: -

Beispiel: @hc("text")

Äquivalente Optionen im Menü Drucken: Formateinstellungen-Kopfzeilen-Zentriert.

Funktion: @hl(), header left

Erklärung: Bestimmt den linken Teil der Kopfzeile. In allem anderen entspricht der Befehl dem Befehl @hc().

Standard: -

Beispiel: @hl("text")

Äquivalente Optionen im Menü Drucken: Formateinstellungen-Kopfzeilen-Links.

Funktion: @hr(), header right

Erklärung: Bestimmt den Teil der Kopfzeile, der rechtsbündig ausgerichtet wird. Alles andere entspricht dem Befehl ·@hc.

Standard: -

Beispiel: @hr("text")

Äquivalente Optionen im Menü Drucken: Formateinstellungen-Kopfzeilen-Rechts.

Funktion: @fc(), footer centered

Erklärung: Bestimmt den zentrierten Teil der Fußzeile. Alles andere entspricht dem Befehl @hc.

Standard: -

Beispiel: @fc("text")

Äquivalente Optionen im Menü Drucken: Formateinstellungen-Fußzeilen-Zentriert.

Funktion: @fl(), footer left

Erklärung: Bestimmt den linken Teil der Fußzeile. Alles andere entspricht dem Befehl @hc.

Standard: -

Beispiel: @fl("text")

Äquivalente Optionen im Menü Drucken: Formateinstellungen-Fußzeilen-Links.

Funktion: @fr(), footer right

Erklärung: Bestimmt den rechten Teil der Fußzeile. Alles andere entspricht dem Befehl @hc.

Standard: -

Beispiel: @fr("text")

Äquivalente Optionen im Menü Drucken: Formateinstellungen-Fußzeilen-Rechts.

Funktion: @hp(), header position

Erklärung: Bestimmt die Position der Kopfzeile. Im Parameter wird die Zeilennummer (vom Seitenanfang gezählt) angegeben, in der die Kopfzeile ausgedruckt wird.

Standard: 3

Beispiel: @hp(2)

Äquivalente Optionen im Menü Drucken: Formateinstellungen-Kopfzeilen-Abstand von oben.

Funktion: @fp(), footer position

Erklärung: Legt die Position der Fußzeile fest. Im Parameter wird die Zeilennummer bestimmt (vom Seitenende gezählt), in der die Fußzeile gedruckt wird.

Standard: 3

Beispiel: @fp(4)

Äquivalente Optionen im Menü Drucken: Formateinstellungen-Fußzeilen-Abstand von unten.

Funktion: @hf(), header/footer

Erklärung: Bestimmt die Anfangsseite für Kopf- und Fußzeilen. Im Parameter wird die erste Seite angegeben, auf der Kopf- und Fußzeilen gedruckt werden sollen.

Standard: 1

Beispiel: @hf(2)

Äquivalente Optionen im Menü Drucken: Formateinstellungen-Kopfzeilen-Beginn auf Seite.

Funktion: @pn, page numbering

Erklärung: Schaltet die automatische Seitennumerierung ein. Die Funktion kann als Parameter zu den Kopf- und Fußzeilenbefehlen verwendet werden. Der Befehl @pn verfügt nicht über Parameter.

Standard: -

Beispiel: @hc(@pn)

Äquivalent: Textbaustein <seite>

Funktion: @kp, keep page

Erklärung: Druckt den gesamten Text im aktuellen Frame auf einer Seite aus. Der Text wird demnach, falls möglich, auf einer Seite gehalten.

Standard: -

Beispiel: @kp

Äquivalente Optionen im Menü Drucken: Druckersteuerung-Halte Frame auf einer Seite.

Funktion: @np(), new page

Erklärung: Legt fest, daß der aktuelle Frame auf einer neuen Seite beginnt; der Parameter ist optional. Bei der Verwendung des Parameters ist die darin angegebene Nummer die Seitennummer der neuen Seite.

Standard: -

Beispiel: @np(10)

Äquivalente Optionen im Menü Drucken: Druckersteuerung-Neue Seiten-Nummer/Mit Frame neue Seite beginnen.

Funktion: @sp(), spacing

Erklärung: Bestimmt den Zeilenabstand. Die im Parameter enthaltene Zahl bestimmt den Abstand zwischen den Zeilen: 1 für einfachen, 2 für doppelten und 3 für dreifachen Zeilenabstand usw.

Standard: 1

Beispiel: @sp(2)

Äquivalente Optionen im Menü Drucken: Formateinstellungen-Druckbild-Zeilenabstand.

Funktion: @sk(), skip

Erklärung: Legt die Anzahl der vor dem Druck der ersten Zeile eines Frames zu überspringenden Zeilen fest. Die Einstellung ist nur am Anfang eines Frames möglich.

Standard: -

Beispiel: @sk(10)

Äquivalente Optionen im Menü Drucken: Druckersteuerung-Zeilenschaltungen vor Frame.

Funktion: @st(s)

Erklärung: Legt die Druckerinitialisierung fest. Der Text im Stringteil des Befehls kann zum Senden von optionalen Befehlen an den Drucker genutzt werden.

Standard: -

Beispiel: @st(text)

Äquivalente Optionen im Menü Drucken: Druckersteuerung-Anfangen mit Steuerzeichen.

Arbeiten mit FRED

Eine Möglichkeit, sich mit FRED-Programmen vertraut zu machen, besteht in der Beschäftigung mit den in Framework III vorhandenen Programmen. Beim Öffnen des Bibliotheks-Frames und der anschließenden Auswahl des Makrobereichs wird durch das Markieren von {Alt-F6} und der nachfolgenden Betätigung der Tasten F2 Formel editieren und F9 Zoom das folgende Programm dargestellt. Es dient der Erstellung eines Memoformats.

```
;ERSTELLT FRAME, DEFINIERT FUSSZEILEN-FORMAT
@echo(#off),
@performkeys("{ctrl-uplevel}{ctrl-n}f{f4}{f4}{return}Memorand{return}" &
            "{ctrl-d}ffz- <Seite> -{return}{esc}{dnlevel}"),
;KOPF
@performkeys("M E M O R A N D U M{ctrl-3}{return}{ctrl-t}l11{return}{ins}e-11{re-
turn}"),
@performkeys("An:            {return}{return}" &
            "Von:            "&Ihr Name&"{return}{return}" &
            "Datum:          " & (@date4(@date)) & "{return}{return}" &
            "Betrifft:       {return}{return}" &
            "CC:             {return}{return}" &
            "Ablage unter: "),
;RANDEINSTELLUNGEN
@performkeys("{ctrl-t}l0{return}{ins}e0{return}{return}{return}"),
;POSITIONIERT DIE ÜBERSCHRIFT, POSITIONIERT DEN CURSOR UND BEENDET
@performkeys("{ctrl-home}{F6}{end}{ins}f{ins}z{ctrl-3}{dnarrow}{end}"),
@quitmenu, @echo(#on)
```

Im folgenden sollen die einzelnen Zeilen des Programms näher betrachtet
werden.

Die erste Zeile ist eine Kommentarzeile, in der beschrieben wird, was die
Aufgabe des Makros ist. Die folgende Zeile desaktiviert die Darstellung
der Befehlsabarbeitung.

In den @performkeys-Anweisungen wird zuerst der Cursor in das Menü
Neu positioniert (Ctrl-NF) und ein leerer Text-Frame angelegt. Anschließend wird der Frame vergrößert {F4}{F4} und der Name *Memorand* eingegeben. Die Tastenbezeichnungen im @performkeys-Ausdruck müssen
von Anführungszeichen umschlossen werden, und durch die Verwendung
des Stringverkettungsoperators & wird der Ausdruck in der Folgezeile
fortgesetzt.

Die nächste Zeile öffnet das Untermenü *Formateinstellungen* im Menü
Drucken (Ctrl-DFFZ) und fügt die Seitenzahl (- <Seite> -) als zentrierten
Fußzeilenteil ein. Der Cursor wird dann wieder auf den Frame-Namen
und anschließend in den Frame verschoben.

Hinter dem Kommentar KOPF wird die Überschrift MEMORANDUM
am linken Rand eingegeben, drei Zeilen gesprungen {Ctrl-3}{Return}, das
Menü *Text* geöffnet und der linke Rand auf 11 ({Ctrl-TL}11) sowie der
Absatzeinzug auf -11 (e-11) eingestellt.

Die erste Zeile der nächsten @performkeys-Funktion gibt die Überschrift
An: am linken Rand aus, verschiebt den Cursor zwölf Zeichen nach
rechts, fügt zwei Wagenrücklaufzeichen ein und überspringt dadurch eine
Zeile.

Die nächste Programmzeile ist für die Ausgabe der Überschrift *Von:* am linken Rand verantwortlich; der Cursor wird um elf Zeichen nach rechts verschoben und der Textstring zwecks der Einfügung eines Variablennamens (*&Ihr Name&*) unterbrochen, beendet die Zeile und überspringt die Folgezeile. Der Verknüpfungsoperator & wird verwendet, um die Variable an den Textstring anzufügen.

Die Datumszeile gibt die Zeichenkette *Datum:* am linken Rand aus; bewegt den Cursor um neun Zeichenpositionen nach rechts, unterbricht den String, um das aktuelle Datum im Datumsformat 4 einzufügen (*& (@date4(@date))*), fährt in der Bearbeitung des Zeichenstrings fort, beendet die Zeile und überspringt die nächste Zeile.

Die folgenden drei Zeilen geben die Zeichenketten *Betrifft:*, *CC:* und *Ablage unter:* im gleichen Format aus.

Hinter dem Kommentar RANDEINSTELLUNGEN wird der linke Rand auf den Wert 0 ({Ctrl-T}L0{return}) und auch der Absatzeinzug auf den Wert 0 ({ins}E0{return}) eingestellt. Die übernächste Zeile verschiebt den Cursor an den oberen Frame-Rand ({Ctrl-Home}), markiert die Zeile ({F6}{end}), öffnet das Menü *Text* und aktiviert die Option *Fettdruck* ({ins}f), zentriert die Überschrift ({ins}z), verschiebt den Cursor um drei Zeilen nach unten ({Ctrl-3}{dnarrow}) und positioniert ihn an das Zeilenende ({end}). Danach wird diese @performkeys-Funktion durch ein Anführungszeichen und eine schließende Klammer beendet. Ein Komma trennt die Funktionen voneinander.

Die letzte Zeile enthält zwei Funktionen, die die Menüfunktion (@quitmenu) beenden und die Darstellung der Befehlsabarbeitung (@echo(#ON)) wieder aktivieren.

Sie sollten von diesem Programm eine Kopie erstellen und damit experimentieren, um sich mit der Programmierung in FRED vertraut zu machen. Um den Frame zu kopieren, wird der Cursor auf den Konzeptpunkt im Bibliotheks-Frame positioniert, die Taste F8 Kopieren betätigt, die Tastenkombination Ctrl-Aufwärts und abschließend die Return-Taste angeschlagen, um die Kopie auf die Arbeitsfläche zu laden. Mit Hilfe der Taste F9 Zoom wird der Frame vergrößert. Durch die Betätigung der Tasten F2 Formel editieren und F9 Zoom gelangen Sie zum Programm.

Das Programm kann modifiziert werden, indem der eigene Name statt der Variablen *Ihr Name* in der Zeile *Von:* eingegeben oder auch ein anderes Datumsformat zugewiesen wird. Man kann auch versuchen, einen am oberen Seitenrand zentrierten Firmennamen einzufügen, wobei die Überschrift MEMORANDUM einige Zeilen darunter angeordnet werden soll.

Nachdem Sie sich genügend mit dem Programm beschäftigt haben, sollten Sie in der gleichen Weise weitere in der Bibliothek abgelegte Makroprogramme nachvollziehen und bearbeiten.

Weitere Schritte in der FRED-Programmierung

Framework III ist ein Werkzeug, das dem Benutzer für verschiedene Verwendungsmöglichkeiten zur Verfügung steht. Das Programmieren in FRED ist eine Möglichkeit davon. Es bildet eine natürliche Weiterführung der in den Kalkulationstabellenformeln verwendeten Methodik. Sie sollten sich auf jeden Fall gründlich mit der FRED-Programmierung beschäftigen, da sie Ihnen die Entwicklung eigener Anwendungen ermöglicht.

Mehr zur FRED-Programmierung finden Sie im Handbuch Programmierung zu Framework III.

In Anhang E ist eine vollständige Liste aller FRED-Funktionen und ihrer Syntax enthalten.

Teil 4

Anwendungen

Kapitel 15

Erstellen von Schriftstücken

Trotz ihrer vielseitigen Verwendungszwecke sind Text-Frames in Framework III leicht zu handhaben. Im folgenden werden fünf gebräuchliche Textverarbeitungserzeugnisse vorgestellt: Memos, Geschäftsbriefe, Berichte, im Mischdruck erstellte Formbriefe (Serienbriefe) und Adreßetiketten. Außerdem finden einige Methoden zur Automatisierung von vorformulierten Briefformaten Erwähnung.

Memos

Insbesondere die Überschriften, die dem schnellen Lesen eines Memos dienen, erschweren dessen Abfassung. Framework III verfügt jedoch über Möglichkeiten, mit deren Hilfe sich ein Memo einfach anlegen läßt.

Ein einfaches Memo

Zum Erstellen eines gebräuchlichen Memos-Formats müssen die folgenden Arbeitsschritte ausgeführt werden:

1. Ein leerer Frame wird angelegt. Dazu wird Ctrl-N F angeschlagen und in den Frame-Namensbereich ein Name eingegeben.

2. Die Taste F9 Zoom wird betätigt, um den Cursor in den Frame zu positionieren und ihn auf die volle Bildschirmgröße zu zoomen.

3. Eine Überschrift wird angelegt. Hierzu wird die Tastenkombination Ctrl-T Z betätigt, MEMO eingegeben und anschließend die Return-Taste zweimal angeschlagen.

4. Die *An:*-Zeile wird erstellt. Hierzu wird *An:* eingegeben, die Tab-Taste zweimal nacheinander angeschlagen, der Name des Empfängers eingefügt und die Return-Taste zweimal betätigt.

5. Die *Von:*-Zeile wird erstellt. Zu diesem Zweck wird *Von:* eingegeben, die Tab-Taste zweimal hintereinander angeschlagen, der Name des Absenders eingefügt und die Return-Taste zweimal betätigt.

6. Die *Betrifft:*-Zeile wird angelegt. Hierzu wird *Betrifft:* eingegeben, die Tab-Taste betätigt, der Inhalt des Memos eingefügt und die Return-Taste zweimal angeschlagen.

7. Die *Datum:*-Zeile wird erstellt. Zu diesem Zweck wird *Datum:* eingegeben, die Tab-Taste zweimal nacheinander angeschlagen, das aktuelle Datum eingefügt und die Return-Taste zweimal betätigt.

8. Der Memotext wird eingegeben.

9. Das Memo wird auf Rechtschreibung überprüft. Hierzu werden die
    entsprechenden Optionen des Untermenüs *Wortprüfung* im Menü *Anwendung* eingesetzt.

10. Der Text wird gespeichert. Der Cursor wird auf den Frame-Namen
    bewegt und die Taste F8 Kopieren betätigt. Anschließend wird die
    Taste Scroll Lock angeschlagen, der Cursor an die gewünschte Position im Datei-Laufwerksverzeichnis verschoben und die Return-Taste
    betätigt.

11. Das Memo wird gedruckt. Hierzu wird Ctrl-D F zur Überprüfung
    der Formateinstellungen betätigt. Durch die Betätigung Tasten Aufwärts und O können die *Optionen für den Ausdruck* überprüft werden. Durch das Anschlagen der Tasten Aufwärts und S wird mit dem
    Druckvorgang begonnen.

Das Memo wurde in einem einfachen Format erstellt. Genauso ist es
denkbar, daß ein Firmenname am Beginn des Memos zentriert und der
Begriff MEMO zum linken Seitenrand hin verschoben wird. Das Format
kann auch um zusätzliche Überschriftenzeilen ergänzt werden.

Speichern eines Memoformats

Zur Vereinfachung der Texteingabe kann ein Memoformat gespeichert,
bei Bedarf geladen und vordefinierte Platzhalter beim Erstellen des Memos durch Text ersetzt werden. In Framework III ist dies auf dreierlei
Art möglich: das leere Memo wird auf Diskette/Platte gespeichert, ein
Makro wird erstellt oder ein FRED-Programm wird entwickelt, das aus
einem Menü heraus aufgerufen werden kann.

Speichern eines vordefinierten Memos auf Diskette/Platte

Zum Erstellen eines vordefinierten Memos wird ein Text-Frame angelegt,
diesem ein Name zugewiesen, die verschiedenen Stichpunkte des Memos
(An, Von, Betrifft, Datum usw.) eingegeben und der Frame anschließend
auf Diskette/Festplatte kopiert. Zur Verwendung des Formats wird der
Frame auf die Arbeitsfläche geladen, der Frame-Name geändert und die
aktuellen Informationen eingegeben (Inhalt, Datum und Text). Der Frame-Name muß vor der Speicherung des Memos geändert werden, da das
vordefinierte Format ansonsten überschrieben wird. Diese Methode läßt
sich zwar leicht anwenden, sie ist jedoch relativ langsam in der Ausführung.

Anlegen eines Makros

Die Erstellung eines Makros für ein leeres Format ist zwar schwieriger als das vorherige Verfahren, gewährleistet jedoch eine schnellere Ausführung und leichte Handhabung. Zuerst sollte man sich das gewünschte Format überlegen und im Anschluß daran die genaue Abfolge der zum Erstellen des Memoformats notwendigen Tastenanschläge (für das Anlegen eines leeren Frames, für die Einstellung der Ränder und Tabulatorpositionen, zur Zentrierung der Überschrift, zur Festlegung der Schriftart oder zur Verschiebung des Cursors an die gewünschte Stelle in der An-Zeile usw.) auf einem Blatt Papier vermerken. Anschließend wird das Makro aufgezeichnet. Hierzu wird die Option *Makro/Abkürzung* im Menü *Neu* ausgewählt, die Alt-Tastenkombination für das Makro angeschlagen, die genaue Abfolge der vorher auf dem Papier skizzierten Tastenanschläge eingegeben und abschließend die Tastenkombination Ctrl-Break betätigt, die die Makroaufzeichnung beendet und das Makro im Bibliotheks-Frame speichert. Zur Verwendung des Formats wird die bei der Makroaufzeichnung angegebene Alt-Tastenkombination betätigt. Nach der Makroausführung wird die Information in der An-Zeile eingegeben.

Erstellen eines FRED-Programms

Auch dieses Verfahren ist schwieriger als die zuerst vorgestellte Methode, entschädigt die aufgewendete Mühe aber durch eine benutzerfreundliche Handhabung. Anhand der in Framework III enthaltenen Beispielformate kann man sich einen Überblick über die Funktionsweise der Anwendung verschaffen. Hierzu wird die Tastenkombination Alt-F6 betätigt und die Option *Memorandum* ausgewählt, die im Meldungsbereich am unteren Bildschirmrand erscheint. Das FRED-Programm legt einen Frame an und führt - wie ein Makro - eine Reihe von Tastenanschlägen aus, die das Memoformat erstellen. Zur Darstellung des FRED-Programmes auf dem Bildschirm wird der Cursor auf den Frame-Namen *Memorandum* positioniert, die Taste F2 Formel editieren zum Öffnen des Formelbereichs angeschlagen, und anschließend wird die Taste F9 Zoom betätigt, um die Formel auf die volle Bildschirmgröße zu zoomen. Falls Sie mit der FRED-Programmierung noch nicht vertraut sind, dürften die im Programm enthaltenen Funktionen und Anweisungen auf den ersten Blick verwirrend erscheinen. Durch die geringfügige Veränderung des Standardprogrammes und Umbenennung des Frames können Sie jedoch Ihr eigenes Format als Menüpunkt im Bibliotheks-Frame speichern. Die Erklärung der hierzu nötigen Arbeitsschritte findet sich in Kapitel 13.

Geschäftsbriefe

Die auf Briefkopfpapier gedruckten Geschäftsbriefe verfügen gewöhnlich über ein einfacheres Format als Memos, wodurch sich das separate Speichern eines diesbezüglichen Formats erübrigt. Dennoch bedeutet die Verwendung von Makros, Fuß- und Kopfzeilen eine große Arbeitserleichterung beim Erstellen von Geschäftsbriefen.

Zum Anlegen eines Geschäftsbriefes im Blocksatz sind die folgenden Arbeitsschritte erforderlich:

1. Zuerst wird ein leerer Frame angelegt. Hierzu wird die Tastenkombination Ctrl-N und anschließend die Taste F betätigt und in den Namensbereich des Frames ein Name eingegeben.

2. Die Taste F9 Zoom wird angeschlagen, um den Cursor in den Frame zu verschieben, wobei dieser auf die volle Bildschirmgröße gezoomt wird.

3. Das Datum wird eingegeben. Die Return-Taste wird mehrmals hintereinander betätigt, bis sich der Cursor an der gewünschten Anfangsposition des Briefes befindet. Anschließend wird die Tastenkombination Alt-F3 angeschlagen. Hierdurch wird ein Standardmakro in Framework III aktiviert, das das aktuelle Datum der Systemuhr einfügt.

4. Die Adresse wird eingefügt. Der Name und die Adresse des Empfängers werden eingegeben. Am Ende jeder Zeile wird die Return-Taste angeschlagen. Nach der Eingabe der letzten Adreßzeile wird die Return-Taste zweimal betätigt.

5. Eingabe der Anrede. Hier kann beispielsweise *Sehr geehrte Damen und Herren,* eingefügt werden. Im Anschluß daran wird die Return-Taste zweimal betätigt.

6. Der Brieftext wird eingegeben. Hierbei wird die Return-Taste nicht am Ende jeder Zeile betätigt, sie wird jedoch am Ende jedes Absatzes angeschlagen.

7. Falls der Brief länger als eine Seite ist, wird der Kopfzeilentext für die nachfolgenden Seiten festgelegt. Hierzu wird das Untermenü *Formateinstellungen* (Menü *Drucken*) geöffnet, die Unteroption *Kopfzeilen:Links* aktiviert und der gewünschte Kopfzeilentext wie zum Beispiel

P. Bäcker an T. Hagen<return>2. Mai 1989<return>Seite <Seite>

eingegeben. Anschließend wird die Unteroption *Beginn auf Seite* ausgewählt und der Wert 2 eingegeben. Beim Ausdruck erscheint die

Kopfzeile mit den entsprechenden Seitennummern auf der zweiten und allen weiteren Seiten wie folgt:

```
P. Bäcker an T. Hagen
2. Mai 1989
Seite 2
```

8. Die Grußfloskel wird eingegeben. Die gewünschte Floskel wird eingefügt und die Return-Taste drei- bis fünfmal betätigt, damit für die Unterschrift ein genügender Freiraum bleibt.

   Falls Sie des öfteren dieselbe Grußfloskel verwenden, kann sie der Einfachheit halber in einem Makro gespeichert werden. Hierzu wird der Cursor an den linken Rand bewegt, die Option *Makro/Abkürzung* im Menü *Neu* gewählt, eine Alt-Tastenkombination zur Speicherung des Makronamens - zum Beispiel Alt-C - betätigt, der Text eingegeben, und durch das Betätigen der Tastenkombination Ctrl-Break wird die Makroaufzeichnung beendet. Eine übliche Grußfloskel könnte folgendermaßen aussehen:

```
Mit freundlichen Grüßen



Thomas Hagen
Leiter der Verkaufsabteilung
```

   Das hierfür erforderliche Makro wird durch die folgende Abfolge von Tastenanschlägen angelegt:

```
Alt-C Mit freundlichen Grüßen <Return> <Return> <Return>Thomas Hagen <Return>Leiter
der Verkaufsabteilung <Return> Ctrl-Break
```

   Zur Ausführung des Makros wird die Tastenkombination Alt-C angeschlagen.

9. Die Rechtschreibung wird überprüft. Hierzu wird die Option *Beginn der Wortprüfung* (Menü *Laufwerk*) ausgewählt und entsprechend den Anweisungen zur Erstellung eines einfachen Memoformulars (Schritt 9) weiterverfahren.

10. Der Brief wird auf Diskette/Platte gespeichert. Hierzu wird der Cursor auf den Frame-Namen positioniert, die Taste F8 Kopieren zur Aktivierung des Kopiervorgangs angeschlagen, anschließend wird die Taste Scroll Lock betätigt und der Cursor an die gewünschte Position im Datei-/Laufwerksverzeichnis verschoben. Durch die Betätigung der Return-Taste wird der Kopiervorgang abgeschlossen.

11. Der Geschäftsbrief wird gedruckt. Zu diesem Zweck wird die Tastenkombination Ctrl-D und die Taste F angeschlagen, um die Formateinstellungen zu überprüfen. Anschließend werden die Tasten Aufwärts und O zur Überprüfung der Ausgabeeinstellungen angeschlagen. Durch das Betätigen der Tasten Aufwärts und S wird der Druckvorgang schließlich aktiviert.

Berichte und Angebote

Berichte und Angebote können natürlich die unterschiedlichsten Formate und Größen aufweisen. Die grundlegenden Arbeitsschritte zu ihrer Erstellung unterscheiden sich von Fall zu Fall aber nur unwesentlich. Die meisten Berichte und Angebote können durch die folgenden Arbeitsschritte angelegt werden:

1. Zuerst sollten Sie sich in groben Zügen überlegen, was in Ihrem Bericht enthalten sein soll. Sie können zu diesem Zweck einen Konzept-Frame verwenden oder die einzelnen Gliederungspunkte auf einem Blatt Papier notieren.

2. Ein Konzept-Frame wird erstellt. Hierzu wird die Tastenkombination Ctrl-N und anschließend die Taste K betätigt und in den Namensbereich ein Name eingegeben.

3. Das Konzept und ein Inhaltsverzeichnis werden angelegt. Der Cursor wird in die erste Zeile bewegt, durch die Betätigung der Tastenkombination Ctrl-T und der Taste Z wird die Zentrierung eingeschaltet. Anschließend wird das Wort INHALT eingegeben und die Return-Taste betätigt. Als nächstes werden die zum ersten Gliederungspunkt gehörigen Unterpunkte 1.2 und 1.3 gelöscht, so daß nur der Gliederungspunkt 1.1 übrigbleibt. Hierdurch wird Freiraum zwischen dem Gliederungspunkt INHALT und dem zweiten Gliederungspunkt geschaffen. Im Anschluß daran wird der Cursor zum zweiten Gliederungspunkt verschoben und die erste Überschrift des Inhaltsverzeichnisses eingegeben. Falls Unterüberschriften erscheinen sollen, müssen diese in Unterpunkten eingegeben werden. Sollen Daten aus Kalkulationstabellen oder Grafiken in den Abschnitt übertragen werden, so müssen hierfür mehrere Unterpunkte erstellt werden; andernfalls werden die nicht benötigten Unterpunkte gelöscht. Dieser Vorgang wird in den nachfolgenden Zeilen für jede Überschrift wiederholt, die im Inhaltsverzeichnis erscheinen soll. Nach der Beendigung der Eingaben wird durch die Betätigung der Tastenkombination Ctrl-F und der Taste D die Durchnumerierung der Namen desaktiviert.

4. Eine Titelseite wird erstellt. Hierzu wird der Cursor in die INHALT-
    Zeile verschoben und die Taste F9 Zoom betätigt, um den Frame zu
    öffnen. Anschließend wird der Text eingegeben. Mit der Option
    Zentrieren und den entsprechenden Formatoptionen im Menü *Text*
    läßt sich das gewünschte Erscheinungsbild des Berichts erstellen. Eine
    gebräuchliche Titelseite ist in Bild 15.1 dargestellt.

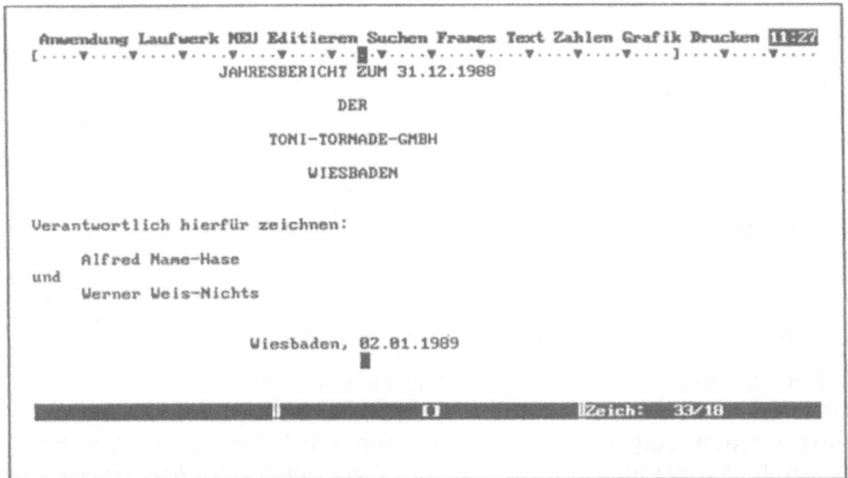

Bild 15.1   Titelseite eines Berichts

Durch die Betätigung der Taste Aufwärts gelangen Sie wieder auf die
Konzeptebene.

5. Die Kopf- und Fußzeilen des Berichts werden festgelegt. Hierzu
    wird der Cursor in den Namensbereich des Container-Frames ver-
    schoben, die Tastenkombination Ctrl-D und die Taste F zum Öffnen
    des Untermenüs *Formateinstellungen* angeschlagen und die Kopf-
    und Fußzeilen eingegeben. In Bild 15.2 findet sich ein beispielhafter
    Eintrag.

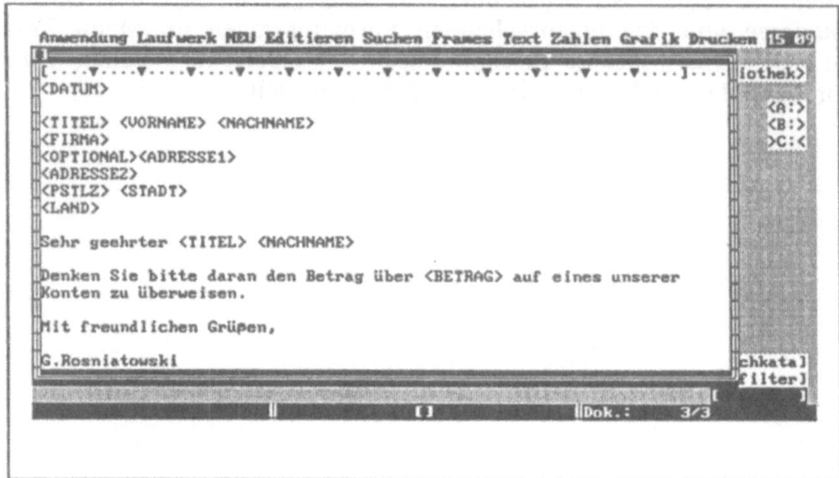

Bild 15.2   Kopf- und Fußzeilenformat für einen Bericht

6. Der Berichtstext wird eingegeben. Hierzu wird der Cursor zu Punkt 2 verschoben, und die Sätze und Absätze für den ersten Berichtsabschnitt werden eingegeben. Der Vorgang wird für jeden Abschnitt wiederholt. Verwenden Sie die Option *Zwischendurch abspeichern* zur periodischen Speicherung des Textes.

7. Grafiken und Tabellen werden in den Bericht übertragen. Falls der Bericht tabellarische Informationen aus einem Framework III-Tabellenkalkulations- oder Datenbank-Frame enthalten soll, kann die gewünschte Information aus dem Quell-Frame kopiert und in den Text-Frame eingefügt werden. Soll eine Framework III-Grafik oder eine funktionale Kalkulationstabelle eingefügt werden, so muß diese im Konzept in einen separaten Frame eingefügt werden. Hierzu wird der Cursor auf den Gliederungspunkt positioniert, in dem die Grafik oder Kalkulationstabelle erscheinen soll, anschließend wird die Taste F10 Sicht zum Öffnen des Frames betätigt. Nun wird die Tastenkombination Ctrl-N und die Taste F angeschlagen, um einen leeren Frame anzulegen, und im Anschluß daran wird die vollständige Grafik oder Kalkulationstabelle in den neuen Frame kopiert. Falls der Name der Grafik oder Kalkulationstabelle nicht im Inhaltsverzeichnis erscheinen soll, muß der Frame-Name editiert werden, um den Namen zu löschen. Enthält der Bericht aus anderen Softwareprodukten importierte Informationen, sollten die Fremdformatdateien zuerst in einen separaten Frame übertragen, anschließend die gewünschten Da-

ten kopiert und in den Text-Frame an entsprechender Stelle eingefügt werden.

8. Die Rechtschreibung wird überprüft. Zu diesem Zweck wird der Cursor in den Namensbereich des Container-Frames verschoben und die Rechtschreibüberprüfung ausgeführt. Sie können die Rechtschreibüberprüfung für den vollständigen Text ausführen lassen, die einzelnen Frames können aber auch nacheinander überprüft werden.

9. Der Bericht wird mit Seitennummern versehen. Hierzu wird die Konzeptdarstellung aktiviert und der Cursor auf den zweiten Gliederungspunkt positioniert. Anschließend wird die Tastenkombination Ctrl-D und die Taste D zur Aktivierung der Druckersteuerung betätigt und die Unteroption *Mit Frame neue Seite beginnen* ausgeführt. Der Vorgang wird für jeden Gliederungspunkt wiederholt, der auf einer neuen Seite beginnen soll. Im Anschluß daran wird zum ersten Gliederungspunkt, der Text enthält, zurückgekehrt, das Untermenü *Druckersteuerung* erneut geöffnet und die Option *Neue Seiten-Nummer* auf den Wert 1 eingestellt Falls andere Konzeptpunkte eine unterschiedliche Numerierung aufweisen sollen, muß dieser Vorgang wiederholt werden.

Im Anschluß daran werden alle Gliederungspunkte, die durchgehend numeriert werden sollen, durch das Betätigen der Taste F6 Auswahl markiert. Der Gliederungspunkt INHALT, die oberhalb des Gliederungspunktes befindlichen Konzeptpunkte, die Text enthalten, und andere leere Gliederungspunkte werden nicht hell unterlegt. Anschließend wird die Tastenkombination Ctrl-F und die Taste Z betätigt, um die Option *Zeigen des Seitenumbruchs* (Menü *Frames*) auszuwählen. Das Konzept wird nun auf dem Bildschirm mit der Numerierung dargestellt. Es ist ratsam, jeden Gliederungspunkt zu zoomen und den Seitenumbruch jedes Frames zu überprüfen. Falls erforderlich, wird ein Seitenumbruch durch das Betätigen von Ctrl-E und N ausgeführt. Anschließend werden die Konzeptpunkte erneut ausgewählt, und die Option *Zeigen des Seitenumbruchs* wird ausgeschaltet und anschließend wieder aktiviert, um den Text neu zu paginieren. Wiederholen Sie den Vorgang so lange, bis der Seitenumbruch und die Numerierung Ihren Vorstellungen entspricht.

10. Der fertiggestellte Bericht wird auf Diskette/Platte gespeichert. Hierzu wird der Cursor auf den Namen des Container-Frames positioniert und die Tastenkombination Ctrl-Return angeschlagen.

11. Die Titelseite wird gedruckt. Zu diesem Zweck wird die Taste F10 Sicht betätigt, um den Konzept-Frame in der Inhaltsdarstellung abzubilden. Anschließend wird der mit INHALT bezeichnete Frame ausgewählt. Ctrl-D und F wird zur Überprüfung der Formateinstel-

lungen angeschlagen. Im Anschluß daran werden die Tasten Aufwärts und O betätigt, um die Ausgabeeinstellungen zu überprüfen; falls notwendig, wird die Option *Mit Frame-Namen* desaktiviert. Durch das Betätigen der Tasten Aufwärts und S erfolgt der Ausdruck der Titelseite.

12. Das Inhaltsverzeichnis wird gedruckt. Hierzu wird die Taste F10 Sicht angeschlagen, um den Konzept-Frame in der Konzeptdarstellung abzubilden. Alle nicht im Inhaltsverzeichnis gewünschten Unterpunkte werden geschlossen. Mit Hilfe der Taste F6 Auswahl werden alle Gliederungspunkte, die im Inhaltsverzeichnis erscheinen sollen, ausgewählt. Durch die Betätigung der Tastenkombination Ctrl-D und der Taste F können die Formateinstellungen überprüft werden. Anschließend erfolgt durch die Auswahl der Option *Starten* (Menü *Drucken*) der Ausdruck des Inhaltsverzeichnisses (Kapitel 4).

13. Die ersten Seiten werden probeweise ausgedruckt. Der erste Gliederungspunkt, der Berichtstext enthält, wird ausgewählt, die Tastenkombination Ctrl-D und die Taste F wird betätigt und die Formateinstellungen überprüft. Durch die anschließende Betätigung der Tasten Aufwärts und O wird das Untermenü *Optionen für Ausdruck* geöffnet, und die Option *Ende mit Seite* wird auf 2 eingestellt. Im Anschluß daran wird der Ausdruck durch das Betätigen der Tasten Aufwärts und S eingeleitet. Die Kopf- und Fußzeilen, Seitennumerierung, Formateinstellungen und Textanordnung werden überprüft und, falls erforderlich, revidiert.

14. Der Berichtstext wird gedruckt. Hierzu wird die Taste F10 Sicht betätigt, um den Konzept-Frame in der Inhaltsdarstellung abzubilden. Mit Hilfe der Taste F6 Auswahl werden alle aufeinanderfolgend zu druckenden Gliederungspunkte ausgewählt. Anschließend werden Ctrl-D und F angeschlagen und die Formateinstellungen überprüft. Das Untermenü *Optionen für Ausdruck* wird geöffnet und hinter der Option *Ende mit Seite* der Wert 9999 eingegeben. Durch die Betätigung der Tasten Aufwärts und S wird der Berichtstext ausgedruckt.

Ein im Mischdruck erstellter Formbrief

Der Mischdruck ist eine der zeitsparendsten Methoden in der Textverarbeitung und eignet sich besonders für Formbriefe. Das im folgenden Beispiel erläuterte Verfahren kann für nahezu jeden auszudruckenden Formbrief verwendet werden. Die folgenden Arbeitsschritte sind erforderlich:

1. Ein Datenbank-Frame wird angelegt, der alle Informationen enthält. Die Tastenkombination Ctrl-N wird betätigt, um das Menü *Neu* zu öffnen. Die Satzbreite wird auf 12 und die Anzahl der Datensätze

auf 3 eingestellt. Die Option *Datenbank* wird ausgewählt, die Return-Taste betätigt und DB als Frame-Name eingegeben. Die Feldnamen werden definiert und die Feldgröße entsprechend den Vorgaben in Tabelle 15.1 festgelegt.

Feldname	Größe
DATUM	18
TITEL	20
VORNAME	18
NACHNAME	18
FIRMA	20
ADRESSE1	20
ADRESSE2	20
STADT	15
LAND	5
PSTLZ	5
BETRAG	10

Tabelle 15.1   Feldnamen und -größen in der Serienbrief-Datenbank

Die Daten werden gemäß den Vorgaben in den Tabellen 15.2 bis 15.4 in die drei Datensätze eingegeben.

Feldname	Größe
DATUM	5. Juni 1988
TITEL	Herr Dr.
VORNAME	Gerd
NACHNAME	Müller
FIRMA	Datapro
ADRESSE1	Zimmer 101
ADRESSE2	Frankfurterstr.12
STADT	Berlin
LAND	Berlin
PSTLZ	1000
BETRAG	124.50 DM

Tabelle 15.2   Daten des ersten Datensatzes

Feldname	Größe
DATUM	5. Juni 1988
TITEL	Frau Abt.lt.
VORNAME	Gerda
NACHNAME	Baumann
FIRMA	Datamerge
ADRESSE1	Zimmer 121
ADRESSE2	Dortmunderstr.2
STADT	Frankfurt
LAND	Hessen
PSTLZ	6000
BETRAG	66 DM

Tabelle 15.3   Daten des zweiten Datensatzes

Feldname	Größe
DATUM	5. Juni 1988
TITEL	Frau Dipl. Ing.
VORNAME	Elke
NACHNAME	Klein
FIRMA	Prodata
ADRESSE1	Zimmer 222
ADRESSE2	Schwalbacherstr.72
STADT	Wiesbaden
LAND	Hessen
PSTLZ	6200
BETRAG	2258 DM

Tabelle 15.4   Daten des dritten Datensatzes

Nachdem die Datenbank erstellt ist, sollte sie auf Diskette/Platte gespeichert werden.

2. In einem Text-Frame wird ein Formbrief erstellt, in dem die Feldnamen, die im Brief gemischt werden sollen, markiert sind. Anschließend wird die Tastenkombination Ctrl-N und die Taste F betätigt, der Begriff LTR in den Frame-Namen eingefügt und der folgende Text in den Frame eingegeben:

```
<OPTIONAL>Titel <TITEL>
<VORNAME> <NACHNAME>
<OPTIONAL>Adresse1 <ADRESSE1>
<ADRESSE2>

<PSTLZ> <STADT>                                        <DATUM>
<OPTIONAL>Land <LAND>


Sehr geehrte/r <TITEL> <NACHNAME>;


Es steht noch eine Rechnung über <BETRAG> offen. Wir bitten Sie, den Betrag auf ei-
nes unserer Konten zu überweisen.


Hochachtungsvoll




Peter Wengl
Rechnungsstelle
```

Die Markierung <OPTIONAL> neben den Feldnamen TITEL, ADRESSE1 und LAND verhindert, daß Framework III eine Leerzeile druckt, falls in diesen Feldern keine Daten vorliegen.

Nach der Eingabe des Briefes sollte er auf Platte/Diskette gespeichert werden.

3. Die Untermenüs *Formateinstellungen* und *Druckersteuerung* werden geöffnet und die Einstellungen überprüft.

4. Während beide Frames auf die Arbeitsfläche geladen sind, wird der Cursor auf den Namen des Text-Frames positioniert, die Option *Text mischen mit* (Menü *Anwendung*) gewählt, der Name des Datenbank-Frames (DB) eingegeben und abschließend die Return-Taste betätigt.

Framework III druckt für jeden der in der Datenbank angegebenen Adressaten einen Brief aus, wobei die aktuellen Format- und anderen Einstellungen im Menü *Drucken* berücksichtigt werden. Die Daten werden an den im Formbrief spezifizierten Positionen eingefügt. Beachten Sie, daß die Feldnamen der Datenbank mit den Bezeichnungen der Platzhalter im Formbrief unbedingt übereinstimmen müssen.

Mischdruck bei Briefumschlägen

Falls Sie über einen Drucker verfügen, der Briefumschläge bearbeiten kann, können dieselbe Datenbank und Mischtechniken verwendet werden, um die Adressen auf Briefumschläge zu drucken. Hierzu muß ein neuer Text-Frame angelegt und benannt werden, und die folgenden Mischdruckmarkierungen müssen eingegeben werden:

```
<FIRMA>
z.Hd. <TITEL> <VORNAME> <NACHNAME>
<OPTIONAL>Adresse1 <ADRESSE1>
<ADRESSE2>

<PSTLZ> <STADT>
<LAND>
```

Im Anschluß daran wechseln Sie zum Menü *Drucken* und öffnen das Untermenü *Formateinstellungen*, Der Option *Rand links* wird der Wert 30, der Option *Anzahl Zeilen/Seite* der Wert 25 zugewiesen, und die Option *Oberer Rand* wird auf 14 eingestellt. Anschließend wird der Cursor in den Namensbereich des Text-Frames positioniert, die Option *Text mischen mit* im Menü *Anwendung* aktiviert, der Name der Datenbank (DB) eingegeben und die Return-Taste betätigt. Framework III druckt die Umschläge analog den Formbriefen aus.

Drucken von Adreßetiketten

Die zuvor erstellte Datenbank läßt sich auch zum Druck von Adreßetiketten verwenden. Hierzu sind die folgenden Arbeitschritte erforderlich:

1. Ein leerer Text-Frame wird angelegt, dem der Name *Etikett* zugewiesen wird. Dies wird der Container-Frame.

2. Ein weiterer Text-Frame wird erstellt, benannt, und die folgenden Markierungen werden eingegeben:

```
<FIRMA>
z.Hd. <TITEL> <VORNAME> <NACHNAME>
<OPTIONAL>Adresse1 <ADRESSE1>
<ADRESSE2>

<PSTLZ> <STADT>
<LAND>
```

3. Mit Hilfe der Taste F4 Größe und der Pfeiltasten wird der Text-Frame auf die Druckgröße der Etiketten reduziert.

4. Durch die Betätigung der Taste F7 Verlagern wird der Frame in den Container-Frame verschoben.

5. Durch das Betätigen der Taste F3 Position und der Pfeiltasten wird der Frame in die obere linke Ecke des Container-Frames positioniert.

6. Durch das Anschlagen der Taste F8 Kopieren werden von dem Frame zwei Kopien erstellt, die anschließend am oberen Frame-Rand nebeneinander angeordnet werden.

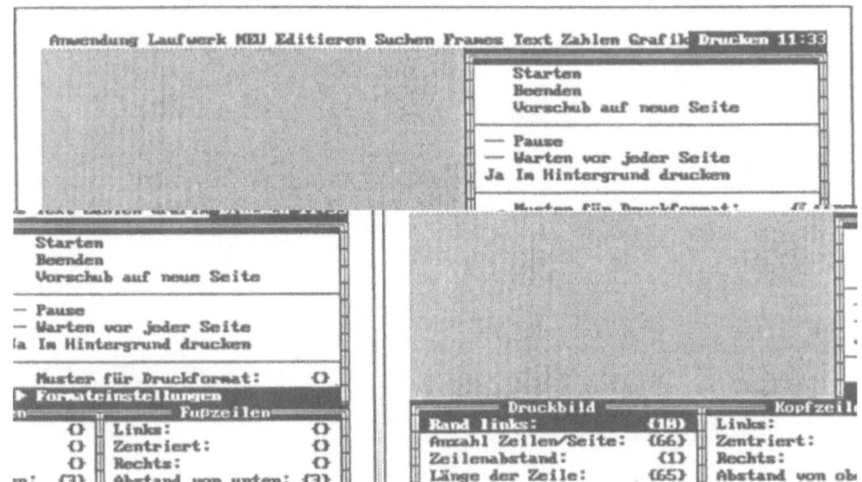

Bild 15.3   Das Menü Drucken:Formateinstellungen

7. Das Menü *Drucken* und dort das Untermenü *Formateinstellungen* werden geöffnet und die Breite entsprechend der Breite der zu druckenden Seite eingestellt. Der linke Rand wird auf den Wert 0, der obere und untere Rand wird auf den Wert 1, und die Anzahl der Zeilen pro Seite wird auf die Anzahl der Zeilen auf einem leeren Etikett festgelegt. In Bild 15.3 sehen Sie dieses Menü

Zum Druck der Etiketten müssen die leeren Etiketten in den Drucker gelegt und dieser eingeschaltet werden. Anschließend wird die Datenbank und der Etikettenentwurfs-Frame auf die Arbeitsfläche geladen, der Cursor auf den Namen des Container-Frames positioniert, die Option *Etiketten-Druckdatei* im Menü *Anwendung* ausgewählt und der Name der Datenbank (DB) eingegeben. Framework III druckt für jeden Datensatz in der Datenbank ein Etikett aus.

Kapitel 16

Tabellenkalkulation in der Praxis

Im folgenden sollen drei Anwendungen im Bereich der Tabellenkalkulation betrachtet werden: eine Amortisationsrechnung, eine Break-Even-Analyse und ein Finanzplanungsmodell. Die Anwendungen sind als Anregungen und Lehrbeispiele gedacht, nicht als gebrauchsfertige Lösungen.

Erstellen einer Amortisationsrechnung

Im ersten Beispiel geht es um einen Tilgungsplan für ein Darlehen. Hierbei sind der Darlehensbetrag, der Zinsfuß und der Zeitraum gegeben, in dem das Darlehen einschließlich der Zinsen zu tilgen ist. Gesucht wird der Betrag, der monatlich zur Tilgung zu zahlen ist.

Bei der Aufgabe kommt es dem Anwender zugute, daß Framework eine eingebaute finanzmathematische Funktion zur Bestimmung der monatlichen Ratenhöhe besitzt: @pmt. Mit der Funktion wird der Ratenbetrag berechnet, der die Basis für den Tilgungsplan darstellt. Um das Beispiel anschaulicher zu machen, soll davon ausgegangen werden, daß ein Darlehen in maximal 36 Monaten zu tilgen ist.

Der in Form einer Kalkulationstabelle erstellte Tilgungsplan soll wie folgt
aussehen:

```
AMORTISATIONSPLANUNG

============================================================
Darlehenssumme           10000
Zinsfuß                   14,24%
Laufzeit in Monaten         36
Ratenbetrag              342,94 DM
Erste Rate               20. Januar 1989
============================================================

                        Zins-     Zins-     Tilgungs-   Rest-
Nr.   Datum   Betrag    fuss      anteil    anteil      schuld
---   -----   ------    -----     ------    ---------   ------
              342,94    14,24%                          10000
 1    Jan     342,94    14,24%    118,67    224,28      9775,72
 2    Feb     342,94    14,24%    116,01    226,94      9548,79
 3    Mar     342,94    14,24%    113,31    229,63      9319,15
 4    Apr     342,94    14,24%    110,59    232,36      9086,80
 5    Mai     342,94    14,24%    107,83    235,11      8851,69
 6    Jun     342,94    14,24%    105,04    237,90      8613,78
 7    Jul     342,94    14,24%    102,22    240,73      8373,06
 8    Aug     342,94    14,24%     99,36    243,58      8129,47
 9    Sep     342,94    14,24%     96,47    246,47      7883,00
10    Okt     342,94    14,24%     93,54    249,40      7633,60
11    Nov     342,94    14,24%     90,59    252,36      7381,24
12    Dez     342,94    14,24%     87,59    255,35      7125,89
13    Jan     342,94    14,24%     84,56    258,38      6867,51
14    Feb     342,94    14,24%     81,49    261,45      6606,06
15    Mar     342,94    14,24%     78,39    264,55      6341,51
16    Apr     342,94    14,24%     75,25    267,69      6073,82
17    Mai     342,94    14,24%     72,08    270,87      5802,95
18    Jun     342,94    14,24%     68,86    274,08      5528,87
19    Jul     342,94    14,24%     65,61    277,33      5251,54
20    Aug     342,94    14,24%     62,32    280,62      4970,91
21    Sep     342,94    14,24%     58,99    283,95      4686,96
22    Okt     342,94    14,24%     55,62    287,32      4399,63
23    Nov     342,94    14,24%     52,21    290,73      4108,90
24    Dez     342,94    14,24%     48,76    294,18      3814,71
25    Jan     342,94    14,24%     45,27    297,68      3517,04
26    Feb     342,94    14,24%     41,74    301,21      3215,83
27    Mar     342,94    14,24%     38,16    304,78      2911,05
28    Apr     342,94    14,24%     34,54    308,40      2602,65
29    Mai     342,94    14,24%     30,88    312,06      2290,59
30    Jun     342,94    14,24%     27,18    315,76      1974,83
31    Jul     342,94    14,24%     23,43    319,51      1655,32
32    Aug     342,94    14,24%     19,64    323,30      1332,02
33    Sep     342,94    14,24%     15,81    327,14      1004,89
34    Okt     342,94    14,24%     11,92    331,02       673,87
35    Nov     342,94    14,24%      8,00    334,95       338,92
36    Dez     342,94    14,24%      4,02    338,92         0,00
------------------------------------------------------------
Gesamtzins                        2345,95
```

Bild 16.1   Tilgungsplan mit Werten

Erforderliche Arbeitsschritte

Nachfolgend sind die Arbeitschritte zum Erstellen der Kalkulationstabelle aufgelistet:

1. Legen Sie die Anzahl der Zeilen und Spalten fest, und erstellen Sie einen Tabellenkalkulations-Frame.

2. Geben Sie den Frame-Namen, den Tabellenkopf und die Spaltenüberschriften ein.

3. Setzen Sie die Neuberechnung auf *Manuell*, und geben Sie die Formeln und die Anfangswerte für den Darlehensbetrag, den Zinsfuß, die Anzahl der Raten, die monatliche Ratenhöhe und das Datum der ersten Zahlung in den Tabellenkopf ein.

4. Verwenden Sie die Funktion @fill zur fortlaufenden Numerierung der Zellen der Spalte A von 1 bis 36 (Nummern der Raten).

5. Geben Sie die zwölf Monatsnamen ab dem Monat der ersten Rate in Spalte B ein, und duplizieren Sie die Namen über den erforderlichen Bereich von Spalte B.

6. Geben Sie in die erste Zeile jeder Spalte die finanzmathematischen Formeln ein; hierzu muß vor jeder Eingabe die Taste F2 Formel editieren betätigt werden. Schlagen Sie anschließend die Taste F5 Neuberechnung zur Überprüfung der Formeln an.

7. Kopieren Sie die Formeln mit Hilfe der Taste F6 Auswahl in die übrigen Zellen der Kalkulationstabelle.

8. Lassen Sie die Tabelle neu berechnen.

9. Geben Sie eine Formel ein, um die Gesamtzinssumme des Darlehens zu ermitteln.

10. Abschließend werden die Schriftarten, Zahlenformate und Abstände zwischen den Spalten eingestellt, und die Kalkulationstabelle wird auf Diskette/Platte gespeichert.

Um mit der Kalkulationstabelle einen Amortisationsplan zu erstellen, müssen die Werte für den Darlehensbetrag, den Zinsfuß, die Laufzeit (in Monaten) und den Zeitpunkt der ersten Ratenzahlung eingegeben werden.

Detaillierte Arbeitsschritte zum Aufbau der Tabelle

Nachfolgend sollen die für das Anlegen der Kalkulationstabelle erforderlichen Arbeitsschritte im Detail behandelt werden.

Zunächst öffnen Sie das Menü *Neu* und setzen *Breite: # Spalte/Felder*
auf 7 und *Länge: # Zeilen/Sätze* auf 52. Anschließend wird die Option
Tabellenkalkulation gewählt.

Geben Sie dem Frame den Namen AMORTISATION. Der Frame soll die
vollständige Amortisationsrechnung aufnehmen. Bewegen Sie den Cursor
in den Frame, und geben Sie die in Tabelle 16.1 dargestellten Informationen (Text und Zahlen) ein.

Hinweis: Um möglichst viele Spalten auf einer Seite anzuordnen und dennoch genügend Platz
für die Spaltenüberschriften zu haben, erstreckt sich die Tabellenüberschrift wie auch die Spaltenüberschriften über mehrere Zellen. Bei leeren Zellen kann der Text über zwei oder mehrere
Zellen hinweg eingegeben werden.

Zelle	Inhalt
A1	AMORTISATIONSPLANUNG
A2-G2	(bleibt leer)
A3-G3	===
A4	Darlehenssumme
D4	10000
A5	Zinsfuß
D5	14.25% (Passen Sie ggf. das Zahlenformat an)
A6	Laufzeit in Monaten
D6	36
A7	Ratenbetrag
A8	Erste Rate
A9	===
A10-G10	(bleibt leer)

Tabelle 16.1   Anfangswerte der Zellen

Bei einigen Zellen ist es notwendig, das Zahlenformat zu ändern, um die
gewünschte Darstellung zu erzielen. Nach der Eingabe der Informationen
sieht der Tabellenkopf der Kalkulationstabelle wie der in Bild 16.2 dargestellte aus:

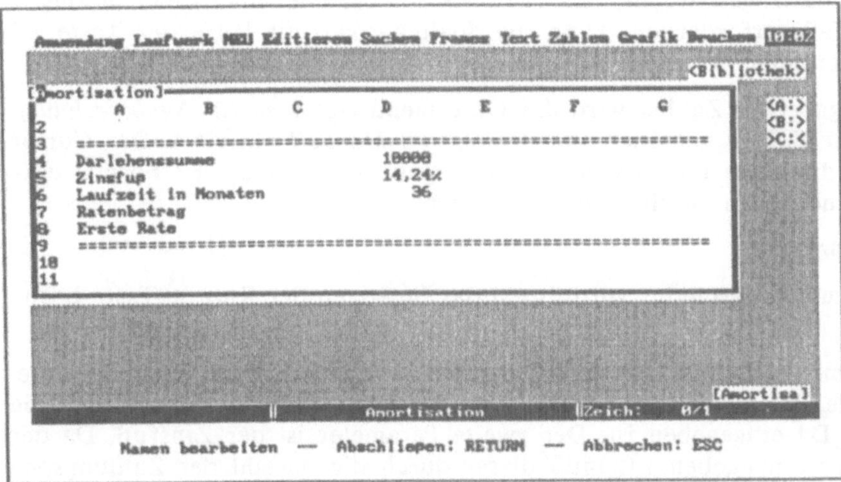

Bild 16.2   *Tabellenkopf der Kalkulationstabelle*

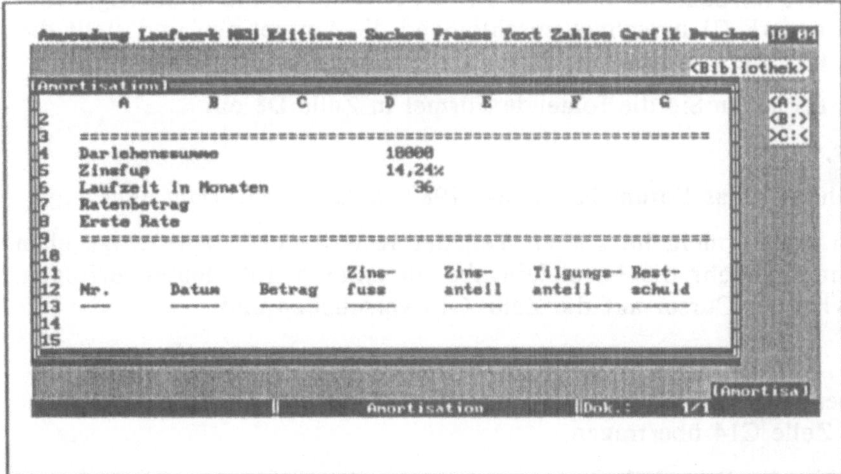

Bild 16.3   *Spaltennamen und Trennzeilen*

Bevor Sie fortfahren, sollte die bisher erstellte Arbeit abgespeichert werden. Hierzu betätigen Sie entweder die Tastenkombination Ctrl-Return oder Sie öffnen das Menü *Laufwerk* und wählen die Option *Zwischendurch abspeichern.*

Anschließend werden in den Zeilen 11 bis 13 die Spaltenüberschriften eingegeben. Um die gestrichelte Linie zu erstellen, wird zuerst die Leertaste einmal angeschlagen, und dann werden die Gleichheitszeichen eingegeben. Falls erforderlich, kann die Spaltengröße mit Hilfe der Taste F4 Größe verändert werden.

Zur Eingabe der Zahlen wird das Untermenü *Optionen für Neuberechnung* im Menü *Zahlen* geöffnet und die Option *Manuell* aktiviert. Der Cursor wird in die Zelle D7 verschoben. Betätigen Sie die Taste F2 Formel editieren, und geben Sie die folgende Formel ein:

```
@pmt(D4,D5/12,D6)
```

Der Formeleditiermodus wird durch das Betätigen der Return-Taste beendet.

Die Formel berechnet die Höhe der monatlich zu zahlenden Darlehensrate. Der erste Parameter bezieht sich auf die Gesamthöhe des Darlehens, die in Zelle D4 eingegeben ist. Der zweite Parameter ist der Zinsfuß. Da der Jahreszins einzugeben ist, muß dieser durch die Anzahl der Zahlungsperioden pro Jahr (hier 12 Monate) dividiert werden. Der dritte Parameter (in Zelle D6) spezifiziert die Laufzeit, d.h. die Anzahl der Monate, über die sich der Tilgungsplan erstreckt. Sobald sich einer der Parameter verändert, wird die Ratenhöhe neu errechnet. Falls eine Neuberechnung durchgeführt werden soll, muß die Taste F5 Neuberechnung betätigt werden. Framework III berechnet anschließend die Formel neu und stellt das Ergebnis in Zelle D7 dar.

Als nächstes geben Sie die folgende Formel in Zelle D8 ein:

```
@date(1989,1,20)
```

Hierdurch wird das Datum 20. Januar 1989 im Standardformat angezeigt.

Nachdem die Formeln im oberen Teil der Kalkulationstabelle eingegeben sind, kann nunmehr die Formeleingabe im unteren Tabellenteil erfolgen. Hierzu wird der Cursor auf die Zelle C14 verschoben und

```
D7
```

eingegeben. Mit der Formel wird der Wert von Zelle D7 (die monatliche Rate) in Zelle C14 übertragen.

Ebenso wie die Ratenhöhe müssen noch die Werte für den Zinsfuß und den Darlehensbetrag aus dem Tabellenkopf in den unteren Tabellenbereich verschoben werden. Zur Übertragung des Zinsfusses in Zelle D14 muß dort folgendes eingegeben werden:

```
D5
```

Für den Darlehensbetrag geben Sie in Zelle G14

```
D4
```

ein.

Als nächstes soll in Spalte A die fortlaufende Numerierung der Raten erscheinen. Hierzu wird in Zelle A11

```
@fill(A15:A50,1,1)
```

eingegeben.

Mit der Formel werden die Zellen A15 bis A50 mit fortlaufenden Nummern, bei 1 beginnend, gefüllt. Hierbei muß die Funktion @fill außerhalb des Bereichs stehen, auf den sie sich bezieht. Falls Sie sie beispielsweise in den Formelbereich der Zelle A15 eingeben, kann die Berechnung nicht ordnungsgemäß erfolgen.

In die Spalte B werden anschließend die Monatsbezeichnungen eingegeben. Es ist am einfachsten, in die Zellen B15 bis B26 Abkürzungen der zwölf Monatsnamen einzutragen und die Kurznamen mit Hilfe der Taste F6 Auswahl in die Bereiche von B27 bis B38 und von B39 bis B50 zu kopieren.

Für die Spalte C benötigen Sie eine Formel, die den Betrag für die monatliche Ratenhöhe in alle Zellen der Spalte kopiert. Hierzu wird die folgende Formel verwendet, die in Zelle C15 eingegeben wird:

```
@if(G14<=0,0,C14)
```

Die Formel wird für alle übrigen Spalten genutzt. Sie weist Framework III an, den Wert von Zelle C15 auf 0 zu setzen, falls die Restschuld des vorhergehenden Monats (Zelle G14) 0 ist. Andernfalls wird der Zelle C15 der Wert von Zelle C14 zugewiesen.

Beim Kopieren der Formel in die restlichen Zellen von Spalte C bewirken die relativen Zellreferenzen, daß der Ratenbetrag in jede weitere Zelle kopiert wird, bis die Restschuld den Wert 0 erreicht.

Die nachfolgende Formel wird in Zelle D15 eingegeben. Falls notwendig, wird das Zahlenformat angepaßt:

```
@if(G14<=0,0,D14)
```

Hierdurch wird der Wert für den Zinsfuß aus Zelle D14 in Zelle D15 kopiert, solange die Restschuld nicht den Wert 0 aufweist.

Die Formel für den Zinsfuß wird in alle Zellen der Spalte D kopiert (Tabelle 16.1).

Nun benötigen Sie eine Formel, die den Zinsanteil jeder Rate ausrechnet und wiederum das Ende der Zahlungsreihe erkennt. Schreiben Sie in Zelle E15:

```
@if(G14<=0,0,G14*D15/12)
```

Die Formel hat folgende Bedeutung: Solange noch eine Restschuld besteht, multipliziere diese (G14) mit dem monatlichen Zinsfuß (Jahreszinsfuß D15, geteilt durch 12 Monate), um den Zinsanteil zu ermitteln.

Neben dem Zinsanteil ist auch der Tilgungsanteil von Interesse. Man erhält ihn, indem von der Amortisationsrate der Zinsanteil subtrahiert wird. Tragen Sie in Zelle F15

```
@if(G14<=0,0,C15-E15)
```

ein.

Schließlich soll noch die Restschuld errechnet werden. Zu diesem Zweck wird der Tilgungsanteil der laufenden Rate (F15) von der vorherigen Restschuld (G14) abgezogen. Das Ergebnis erscheint in der Zelle für die neue Restschuld (G15). In G15 ist folgendes einzugeben:

```
@if(G14<=0,0,G14-F15)
```

Die Kalkulationstabelle sollte nun folgendes Aussehen haben:

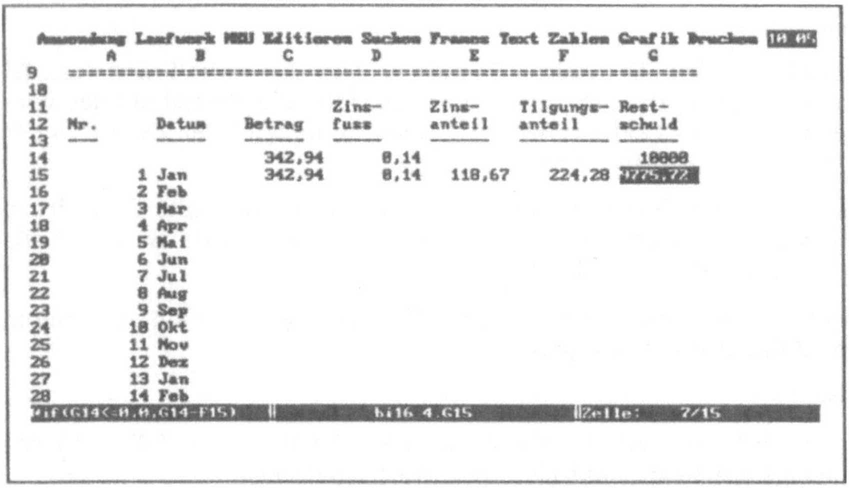

Bild 16.4   Kalkulationstabelle mit einigen eingetragenen Werten

Sicherheitshalber sollte an dieser Stelle erneut die Option *Zwischendurch abspeichern* im Menü *Laufwerk* aktiviert werden.

Nachdem fast alle Formeln erstellt sind, müssen sie nun in alle Zeilen der Kalkulationstabelle kopiert werden.

1. Zuerst wird der Cursor auf die Zelle C15 positioniert, und mit Hilfe der Taste F6 Auswahl, der Cursortasten und der Return-Taste werden die Zellen C15 bis einschließlich G15 hell unterlegt.

2. Anschließend wird die markierte Zeile in alle anderen Zellen kopiert. Hierzu wird die Taste F8 Kopieren betätigt.

3. Der Markierungsbalken wird um eine Zeile nach unten bewegt (auf Zeile 16), die Taste F6 Auswahl betätigt und anschließend drei- bis viermal die Taste PgDn angeschlagen, bis alle Zeilen zwischen 16 und 50 hell unterlegt sind. Im Anschluß daran wird die Return-Taste zweimal angeschlagen, um die Auswahl zu beenden und die Formeln zu kopieren.

Falls Neuberechnung noch auf *Manuell* eingestellt ist, werden in den Zielbereich die ursprünglichen Werte dupliziert. In diesem Fall betätigen Sie nach der Beendigung des Kopiervorgangs die Taste F5 Neuberechnung. Nun erscheinen die neuen Zellwerte.

Vor weiteren Arbeitsschritten sollten die Werte der Kalkulationstabelle überprüft werden. So ist darauf zu achten, daß die Restschuld in Zeile 50 den Betrag 0.00 erreicht und daß sich der Zinsanteil umgekehrt proportional zum Tilgungsanteil verhält. Beim Auftreten von Fehlern müssen die Formeln erneut überprüft werden. Hierbei ist insbesondere auf die korrekte Syntax und zutreffende Zellreferenzen zu achten.

Als nächstes wird die Formel zur Berechnung der Gesamtzinssumme eingegeben:

1. Bewegen Sie den Cursor auf die Zeile 51, betätigen Sie die Leertaste und ziehen Sie eine durchgehende gestrichelte Linie über alle Zellen.

2. Verschieben Sie den Cursor auf die Zeile 52, und geben Sie in die Zelle A52 den Text Gesamtzinssumme ein.

3. Fügen Sie in Zelle E52 die Formel

`@sum(E15:E50)`

ein.

Die Formel addiert die Werte aller Zellen von E15 bis E50.

Durch die Eingabe der Formel am Ende der Kalkulationstabelle wird diese bei jeder Neuberechnung automatisch aktiviert. Die nahezu fertiggestellte Kalkulationstabelle hat nun folgendes Erscheinungsbild:

AMORTISATIONSPLANUNG

```
==================================================================
Darlehenssumme              10000
Zinsfuß                     14,24%
Laufzeit in Monaten            36
Ratenbetrag                 342,94 DM
Erste Rate                  20. Januar 1989
==================================================================
```

Nr.	Datum	Betrag	Zins-fuss	Zins-anteil	Tilgungs-anteil	Rest-schuld
		342,94	14,24%			10000
1	Jan	342,94	14,24%	118,67	224,28	9775,72
2	Feb	342,94	14,24%	116,01	226,94	9548,79
3	Mar	342,94	14,24%	113,31	229,63	9319,15
4	Apr	342,94	14,24%	110,59	232,36	9086,80
5	Mai	342,94	14,24%	107,83	235,11	8851,69
6	Jun	342,94	14,24%	105,04	237,90	8613,78
7	Jul	342,94	14,24%	102,22	240,73	8373,06
8	Aug	342,94	14,24%	99,36	243,58	8129,47
9	Sep	342,94	14,24%	96,47	246,47	7883,00
10	Okt	342,94	14,24%	93,54	249,40	7633,60
11	Nov	342,94	14,24%	90,59	252,36	7381,24
12	Dez	342,94	14,24%	87,59	255,35	7125,89
13	Jan	342,94	14,24%	84,56	258,38	6867,51
14	Feb	342,94	14,24%	81,49	261,45	6606,06
15	Mar	342,94	14,24%	78,39	264,55	6341,51
16	Apr	342,94	14,24%	75,25	267,69	6073,82
17	Mai	342,94	14,24%	72,08	270,87	5802,95
18	Jun	342,94	14,24%	68,86	274,08	5528,87
19	Jul	342,94	14,24%	65,61	277,33	5251,54
20	Aug	342,94	14,24%	62,32	280,62	4970,91
21	Sep	342,94	14,24%	58,99	283,95	4686,96
22	Okt	342,94	14,24%	55,62	287,32	4399,63
23	Nov	342,94	14,24%	52,21	290,73	4108,90
24	Dez	342,94	14,24%	48,76	294,18	3814,71
25	Jan	342,94	14,24%	45,27	297,68	3517,04
26	Feb	342,94	14,24%	41,74	301,21	3215,83
27	Mar	342,94	14,24%	38,16	304,78	2911,05
28	Apr	342,94	14,24%	34,54	308,40	2602,65
29	Mai	342,94	14,24%	30,88	312,06	2290,59
30	Jun	342,94	14,24%	27,18	315,76	1974,83
31	Jul	342,94	14,24%	23,43	319,51	1655,32
32	Aug	342,94	14,24%	19,64	323,30	1332,02
33	Sep	342,94	14,24%	15,81	327,14	1004,89
34	Okt	342,94	14,24%	11,92	331,02	673,87
35	Nov	342,94	14,24%	8,00	334,95	338,92
36	Dez	342,94	14,24%	4,02	338,92	0,00

```
Gesamtzins                              2345,95
```

Bild 16.5   Kalkulationstabelle kurz vor der Fertigstellung

Der vorletzte Arbeitsschritt besteht darin, das Erscheinungsbild der Tabelle zu überprüfen und, falls erforderlich, zu korrigieren. Mit Hilfe der Taste F4 Größe kann gegebenenfalls die Spaltenbreite angepaßt werden, und durch die Verwendung der Optionen *Linksbündig*, *Rechtsbündig* und *Zentriert* lassen sich die Zahlenpositionen innerhalb der Spalten verändern. Schließlich muß die Kalkulationstabelle noch auf Platte/Diskette gespeichert werden. Falls Sie die Kalkulationstabelle sofort nutzen möchten, sollten Sie die Option *Zwischendurch abspeichern* aktivieren. Benötigen Sie die Tabelle vorläufig nicht, wählen Sie die Option *Weglegen* im Menü *Laufwerk*.

Verwendung eines Tilgungsplanes

Zum Erstellen eines Tilgungsplans wird der Cursor in den Frame AMOR-TISATION verschoben, anschließend die Darlehenshöhe, der Zinsfuß, die Laufzeit und das Datum der ersten Rate eingegeben und die Taste F5 Neuberechnung betätigt.

Sie sollten auch andere Tilgungspläne erstellen, indem Sie die Variablen der Darlehensberechnung verändern. Es sollte jedoch bedacht werden, daß bei 52 Zeilen nur 36 Zahlungsperioden berechnet werden. Sollen zusätzliche Zeilen eingefügt werden, so müssen die Formeln entsprechend verändert und auch die Formel für den Gesamtzins angepaßt werden.

Zum Ausdruck des Tilgungsplanes wird der Cursor nach dessen Berechnung auf den Frame-Namen positioniert, das Menü *Drucken* geöffnet und die Option *Starten* aktiviert.

Erstellen einer Break-Even-Analyse

Break-Even-Analysen sind neben Amortisationsrechnungen ein klassisches Beispiel für den Einsatz von Kalkulationstabellen. Das Ziel einer Break-Even-Analyse ist es, herauszufinden, wie hoch das Verkaufsvolumen eines Produktes sein muß, damit sich nicht nur die Produktentwicklung amortisiert, sondern das Produkt darüber hinaus auch Gewinn abwirft. Gesucht ist somit der Punkt, bei dem sich Produktkosten und Erlöse ausgleichen. Mit jedem weiteren verkauften Exemplar macht ein Unternehmen Gewinne. Tabellenkalkulations- und Grafik-Frames eignen sich vorzüglich für diese Art der Was-Wenn-Analyse.

In Framework empfiehlt es sich, für eine Break-Even-Analyse die folgenden drei Frames zu nutzen:

1. Ein Tabellenkalkulations-Frame dient der Aufnahme der Parameter.

2. Ein zweiter Tabellenkalkulations-Frame stellt den Kapitalrücklauf und die Gewinne bei unterschiedlichen Volumina dar.

3. Ein Grafik-Frame stellt die Daten des zweiten Tabellenkalkulations-Frames grafisch dar und zeigt den Punkt, an dem sich Kosten und Einnahmen ausgleichen (Break-Even-Punkt oder Gewinnschwelle).

Erstellen der ersten Kalkulationstabelle

Der erste Frame enthält die Daten, die für eine Break-Even-Analyse notwendig sind. Hierzu müssen sechs Informationen eingegeben werden:

1. Die Höhe der Anfangsinvestition

2. Die gewünschte Verzinsung der Anfangsinvestition

3. Die Fixkosten der Produktion

4. Die variablen Stückkosten

5. Der Verkaufspreis pro Einheit

6. Der Bruttogewinn pro Stück (Erlös - variable Stückkosten)

Es können unterschiedliche Absatzvolumina zugrunde gelegt werden.

1. Zur Erstellung des ersten Frames wird das Menü *Neu* geöffnet und die Spaltenanzahl auf 2 und die Zeilenanzahl auf 15 eingestellt. Anschließend wird die Option *Tabellenkalkulation* gewählt und BE1 (für Break-Even-Analyse Frame Nr. 1) eingegeben.

2. Der Cursor wird in den Frame verschoben und Spalte A erweitert, damit sie die Überschriften aufnehmen kann. Anschließend werden die in Tabelle 16.2 enthaltenen Daten in die Kalkulationstabelle eingegeben:

	A	B
1	BREAK-EVEN-ANALYSE	
2	(bleibt leer)	
3	===	
4	Anfangsinvestition (DM)	2230000
5	Gewünschte Kapitalverzinsung	19%
6	Kapitalrücklauf (DM)	
7	(bleibt leer)	
8	Fixkosten (DM)	250000
9	Variable Stückkosten (DM)	12.80
10	Verkaufspreis pro Stück (DM)	18.50
11	Bruttogewinn pro Stück (DM)	
12	(bleibt leer)	
13	Unteres Absatzlimit (1000 Stück)	50
14	Absatzvolumeninkrement (1000 Stück)	25
15	===	

Tabelle 16.2   Benennen der BE1-Kalkulationstabelle

3. In den Tabellenkalkulations-Frame BE1 müssen zwei Formeln eingegeben werden. Zum einen ergibt sich der gewünschte Kapitalrücklauf

aus der Anfangsinvestition, multipliziert mit der angestrebten Kapitalverzinsung. Zu dieser Berechnung wird die Zelle B6 hell unterlegt, die Taste F2 Formel editieren betätigt und die folgende Formel in den Formelbereich eingegeben:

B4*B5

Außerdem muß der Bruttogewinn pro Stück berechnet werden, der sich aus dem Verkaufspreis pro Stück, abzüglich den variablen Stückkosten ergibt. Hierzu wird die Zelle B11 markiert, die Taste F2 Formel editieren angeschlagen und die folgende Formel in den Formelbereich eingegeben:

B10-B9

Damit ist der Tabellenkalkulations-Frame BE1 vollständig ausgefüllt, und Sie sollten ihn durch das Aktivieren der Option *Zwischendurch abspeichern* auf Diskette/Platte abspeichern.

Erstellen der zweiten Kalkulationstabelle

Nun wird die zweite Kalkulationstabelle angelegt. Hierzu wird das Menü *Neu* geöffnet, die Breite auf sechs Spalten und die Länge auf vier Zeilen eingestellt, die Option *Tabellenkalkulation* gewählt und die Return-Taste betätigt. Als Frame-Name wird der Ausdruck BE2 eingegeben. Anschließend wird der Cursor in den Frame verschoben und die in Tabelle 16.3 enthaltenen Daten eingegeben:

	A	B	C	D	E	F
1	Umsatz					
2	===
3	Kapitalrücklauf					
4	Gewinn					

Tabelle 16.3   Benennen der Kalkulationstabelle BE2

Als nächstes müssen die Formeln für die Verkaufsvolumina eingegeben werden. Hierzu wird der Cursor auf den Formelbereich positioniert, und die Formeln werden in die Zellen eingefügt (Tabelle 16.4).

Zelle	Formel	Ergebnis
B1	BE1.B13	Unteres Absatzlimit aus BE1
C1	B1+BE1.B14	Nächste Absatzstufe
D1	C1+BE1.B14	Nächste Absatzstufe
E1	D1+BE1.B14	Nächste Absatzstufe
F1	E1+BE1.B14	Nächste Absatzstufe

Tabelle   16.4 Eingabe der Formeln in die Kalkulationstabelle BE2

<u>Hinweis</u>: Damit die Formeleingabe nicht für alle Zellen wiederholt werden muß, empfiehlt es sich, die Formel in die erste Zelle einzufügen und sie anschließend in die übrigen Zellen zu kopieren. In Tabelle 16.4 kann beispielsweise in die Zelle C1 die folgende Formel eingegeben werden:

```
B1 + BE1.$B14
```

Anschließend wird die Formel in Zelle C1 markiert und unter Verwendung der Taste F8 Kopieren in die Zellen D1, E1 und F1 kopiert.

Der Kapitalrücklauf wird in der Zelle B6 des Frames BE1 berechnet. Um den Betrag in den Frame BE2 zu übertragen, wird in die Zelle B3 des Frames BE2 die folgende Formel eingegeben:

```
BE1.$B$6
```

Das Zeichen $ vor einer Zellreferenz teilt dem System mit, daß es sich um eine absolute und nicht um eine relative Referenz handelt.

Der Gesamtgewinn (also nicht der Stückgewinn) ergibt sich aus dem Bruttogewinn, abzüglich den Fixkosten. Die folgende in die Zelle B4 eingegebene Formel bewirkt die Berechnung:

```
BE1.$B$11*B1*1000-BE1.$B$8
```

Der Frame BE2 hat nun folgendes Aussehen:

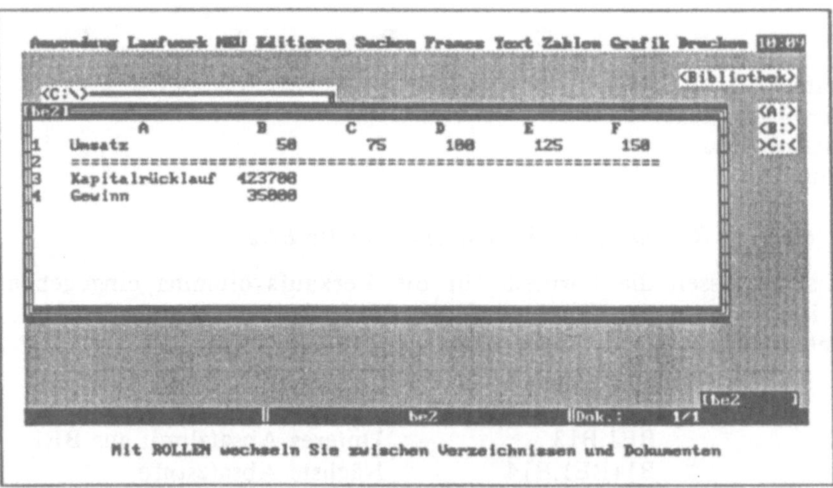

Bild 16.6   Der halbfertige Tabellenkalkulations-Frame BE2

Zur Fertigstellung der Kalkulationstabelle werden die Formeln aus den Zellen B3 und B4 in die verbleibenden Zellen der Zeilen 3 und 4 kopiert.

1. Hierzu wird die Taste F6 Auswahl betätigt, mit dem Cursor werden
    die Zellen B3 und B4 hell unterlegt, und abschließend wird die Re-
    turn-Taste angeschlagen.

2. Die Taste F8 Kopieren wird betätigt.

3. Der Cursor wird in Spalte C verschoben und nochmals die Taste F6
    Auswahl angeschlagen. Im Anschluß daran werden die Spalten D, E
    und F markiert und die Return-Taste zweimal betätigt.

4. Nach der Eingabe der Formeln wird die Taste F5 Neuberechnung
    betätigt. Die fertige Kalkulationstabelle sollte der in Bild 16.7 darge-
    stellten entsprechen.

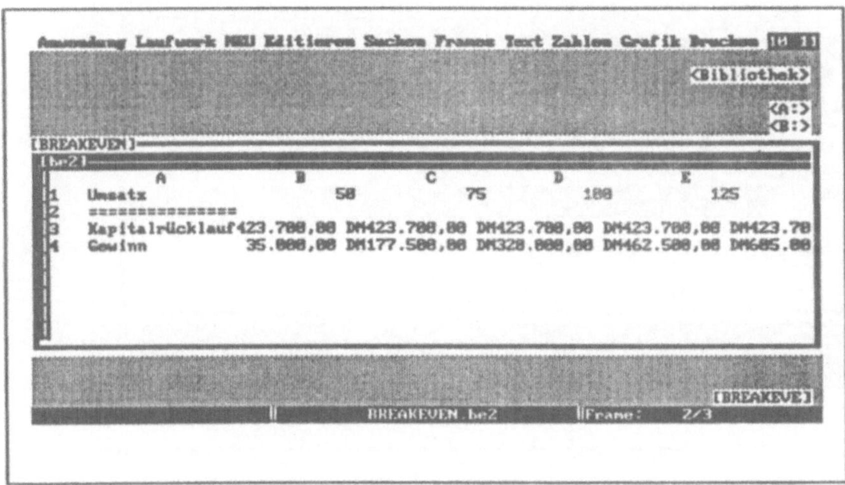

Bild 16.7   Die komplette Kalkulationstabelle BE2

Falls sich bei Ihrer Tabelle Abweichungen ergeben, sollten Sie die Formeln überprüfen. Sind Sie mit dem Ergebnis zufrieden, so sollten Sie den
Frame mit Hilfe der Option *Zwischendurch abspeichern* auf Diskette/Plat-
te ablegen.

Anlegen der Grafik

Nun liegen alle Daten vollständig vor, und Sie können sich dem letzten
Teil der Aufgabe, der Grafik, zuwenden. Die Break-Even-Analyse läßt
sich am besten durch eine Liniengrafik darstellen, bei der die eine Linie
die Umsätze bei unterschiedlichen Verkaufsvolumina darstellt, während
die andere den Gewinn ausweist. Im Schnittpunkt der beiden Linien liegt
der Break-Even-Punkt.

In diesem Beispiel soll aber nicht der Umsatz gegen den Gewinn, sondern
der Kapitalrücklauf gegen den Gewinn aufgetragen werden. Der Schnittpunkt beschreibt dann die Stückzahl, die produziert und verkauft werden
muß, um die gewünschte Verzinsung von 19 % der Anfangsinvestition zu
erreichen.

Zum Anlegen der Grafik wird das Menü *Neu* geöffnet und ein leerer
Frame angelegt. Als Frame-Name wird BREAK-EVEN-ANALYSE angegeben. Der Name dient gleichzeitig als Titel der Grafik. Anschließend navigieren Sie in den Frame BE2 und markieren den Zellbereich von B3
(linke obere Ecke) bis F4 (rechte untere Ecke).

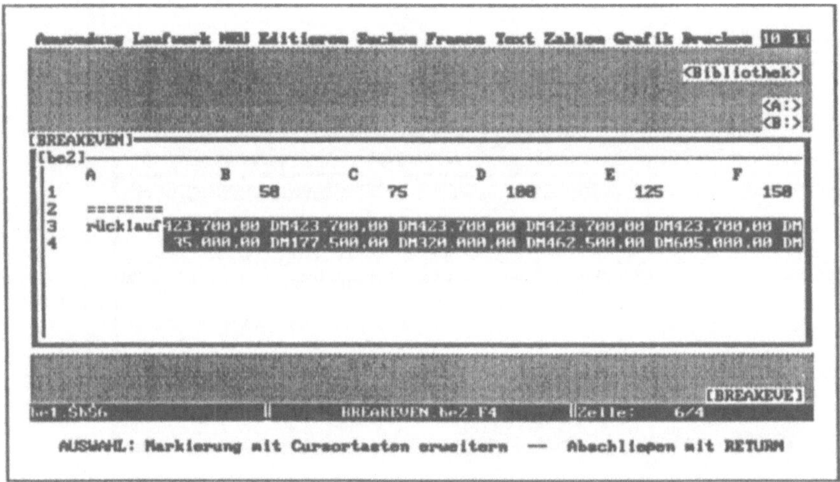

Bild 16.8   Auswahl der Daten für den Grafik-Frame

Während die Zellen hell unterlegt bleiben, betätigen Sie die Tastenkombination Ctrl-G, um das Menü *Grafik* zu öffnen. Vergewissern Sie sich, daß
die Option *Zeile beschriftet X-Achse* aktiviert ist. Öffnen Sie anschließend das Untermenü *Optionen*, und geben Sie die Achsenbeschriftungen
ein. Wählen Sie die Beschriftung *Absatzmenge* für die X-Achse und
Gewinn für die Y-Achse.

Anschließend kehren Sie zum Hauptmenü *Grafik* zurück und wählen die
Option *Neue Grafik erstellen*. Nachdem Framework III zur Spezifikation
eines Frames für die Grafik auffordert, wird der Cursor in den leeren
Frame mit dem Namen BREAK-EVEN-ANALYSE verschoben und anschließend die Return-Taste angeschlagen. Framework III erstellt die folgende Grafik:

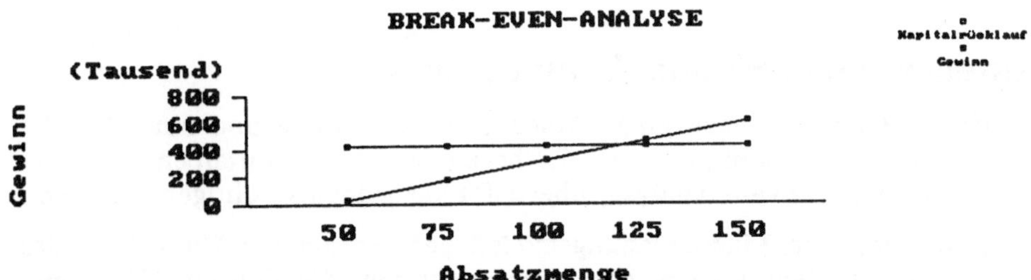

Bild 16.9   Liniengrafik für Break-Even-Analyse

Falls Sie eine grafische Darstellung ohne Titel bevorzugen, lassen Sie die
Grafik in einem leeren Frame ohne Namen erstellen. Hierzu werden die
in die Grafik zu übertragenden Daten der Kalkulationstabelle hell unterlegt, das Menü *Grafik* geöffnet und die Menü- und Untermenüeinstellun-
gen vorgenommen. Bei der Systemanfrage nach einem Frame, in dem die
Grafik abgelegt werden soll, wird die Return-Taste angeschlagen. Framework III erstellt einen leeren Frame, in dem die Grafik erscheint. Durch
die Aktivierung der Option *Zwischendurch abspeichern* wird die Grafik
auf Platte/Diskette gesichert.

Anlegen des Container-Frames

Der letzte Arbeitsschritt besteht darin, die drei Frames in einen Container-Frame zu übertragen. Hierzu wird das Menü *Neu* geöffnet und ein
leerer Frame angelegt, dem der Name BREAKEVEN zugewiesen wird.
Die drei Frames BE1, BE2 und BREAK-EVEN-ANALYSE werden in
dieser Reihenfolge in den Frame übertragen. Im Anschluß daran wird der
Container-Frame auf Platte/Diskette gespeichert.

Nutzung der Break-Even-Analyse

Zur Nutzung einer Break-Even-Analyse wird der Cursor in den Frame
BE1 verschoben und die Ausgangsdaten in die Zellen B4, B5, B8, B9,
B10, B13 und B14 eingegeben. Framework III berechnet automatisch die
Werte für die Zellen B6 und B11. Anschließend wird der Cursor in den
Frame BE2 bewegt und die Taste F5 Neuberechnung betätigt. Während
der Zellbereich mit den Werten für die Grafik noch hell unterlegt ist, be-
tätigen Sie die Taste Ins. Hierdurch gelangen Sie in das Menü *Grafik*, wo
Sie die entsprechenden Einstellungen vornehmen können. Falls Sie seit der
letzten Break-Even-Analyse keine neue Grafik erstellt haben, sind die
Einstellungen erhalten geblieben. Andernfalls müssen Sie die Optionen

Linie mit Markierungen und *Zeile beschriftet X-Achse* erneut einstellen und die Beschriftungen für die X- und Y-Achse eingeben. Anschließend wählen Sie die Option *Neue Grafik erstellen*, verschieben den Cursor auf den Frame Break-Even-Analyse und betätigen die Return-Taste.

Erstellen eines Finanzplanungsmodells

Das dritte Beispiel - nach einer Amortisationsrechnung und einer Break-Even-Analyse - ist komplizierter. Es beruht zwar auf denselben Prinzipien wie die Break-Even-Analyse, übertrifft sie jedoch in einigen Punkten.

Bei dem folgenden Finanzplanungsmodell geht es um die Ermittlung des Betrags an Fremdkapital und der Wachstumsraten, die sich ein Unternehmen unter Zugrundelegung bestimmter Annahmen leisten kann. Diese Ausgangsdaten setzen sich aus dem Verschuldungsgrad, dem Zinsfuß für kurzfristige und langfristige Verbindlichkeiten und einer Dividendenauszahlung zusammen. Mit Hilfe des Modells soll errechnet werden, wieviel Wachstum für ein Unternehmen gesund ist.

1.   Zuerst wird das Menü *Neu* geöffnet und die Breite der Kalkulationstabelle auf sechs Spalten und die Länge auf 52 Zeilen eingestellt. Anschließend wird die Option *Tabellenkalkulation* markiert und die Return-Taste betätigt. Als Name des Frames soll WACHSTUM gewählt werden.

2.   Der Cursor wird in den Tabellenkalkulations-Frame verschoben und im Untermenü *Optionen für Neuberechnung* (Menü *Zahlen*) *Manuell* eingestellt. Anschließend werden die Zeilen- und Spaltenbezeichnungen gemäß den Vorgaben von Bild 16.10 eingegeben und der Frame auf Diskette/Platte gespeichert.

```
Finanzplanungstabelle

===========================================================
Bilanzstruktur      1. Jahr  2. Jahr  3. Jahr  4. Jahr  5. Jahr
===========================================================
Eigenkapital (EK)
Neues EK
Summe EK

Verschuldungsvolumen

Fremdkapital (FK)
Lauf. Verbind.
Mittelfr. Verbind.
Zinssatz
Langfr. Verbind.
Zinssatz
Summe FK

FK/EK-Verhältnis

Summe Aktiva

===========================================================
Erfolgsrechnung      1. Jahr  2. Jahr  3. Jahr  4. Jahr  5. Jahr
===========================================================
Gewinn vor Zinsen
und Steuern
Bruttorendite

Zinslast


Steuersatz


Steuerabgabe

Gewinn nach Steuern

Dividende %
Bardividende

Gewinnthesaurierung


EK-Rentabilität


Zuwachsrate
```

Bild 16.10 Kalkulationstabelle WACHSTUM

3. Als nächstes müssen die Ausgangsdaten eingegeben werden. Um das
    Beispiel nachzuvollziehen, verwenden Sie die nachfolgend aufgeliste-
    ten Werte. Für die DM enthaltenden Zeilen wird im Menü *Zahlen*
    das Währungsformat mit 0 Dezimalstellen eingestellt. Für die Zeilen
    15 und 17 ist das Prozentformat, ebenfalls mit 0 Dezimalstellen, zu
    wählen. Nach der Eingabe der Werte empfiehlt es sich, den Frame
    auf Platte/Diskette abzuspeichern.

Anschließend werden die Formeln in Spalte B eingegeben. In Zeile 18 (Summe FK) findet sich die Summe der kurz-, mittel- und langfristigen Verbindlichkeiten.

1. Die in Zelle B18 einzugebende Formel lautet:

`B13+B14+B16`

2. Das Verhältnis von Fremdkapital zu Eigenkapital (FK/EK-Verhältnis) in Zeile 20 als Gradmesser für den Verschuldungsgrad ergibt sich aus Summe Fremdkapital dividiert durch die Summe Eigenkapital. Stellen Sie das Zahlenformat der Zellen B20 bis einschließlich F20 auf das Standardformat mit zwei Nachkommastellen ein, und geben Sie in Zelle B20 die folgende Formel ein:

`B18/B8`

3. Den Passiva als Summe aus Eigen- und Fremdkapital steht die Summe Aktiva in Zeile 22 gegenüber. Geben Sie in Zelle B22 die folgende Formel ein:

`B18+B8`

4. Die Bruttorendite in Zeile 29 bezeichnet den Gewinn vor Zinslasten und Steuern, dividiert durch die Aktiva. Legen Sie das Zahlenformat der Zellen B29 bis F29 auf Prozent mit zwei Dezimalstellen fest, und geben Sie in Zelle B29 folgende Formel ein:

`B28/B22`

5. In Zeile 31 wird die Zinslast auf Fremdkapital errechnet. Der Wert ergibt sich als Summe der mittelfristigen Verbindlichkeiten mal dem diesbezüglichen Zinssatz plus den langfristigen Verbindlichkeiten mal dem korrespondierenden Zinssatz. Diese Formel wird in Zelle B31 eingegeben:

`(B14*B15)+(B16*B17)`

6. In Zeile 33 (ohne Bezeichnung) gehört die Berechnung des Gewinns vor Steuer, d.h. des Gewinns vor Zinslast und Steuer (Zeile 28) minus den Zinslasten. Geben Sie in Zelle B33 diese Formel ein:

`B28-B31`

7. In Zeile 35 wird der Steuersatz errechnet, der sich aus den Steuerabgaben (Zeile 38), dividiert durch den Gewinn vor Steuer (Zeile 33), ergibt. Das Zahlenformat für die Zellen B35 bis einschließlich F35 wird auf Prozent mit 0 Dezimalstellen eingestellt. Die in Zelle B35 einzugebende Formel lautet:

`B38/B33`

8. Der Gewinn nach Steuer in Zeile 40 errechnet sich, indem die Steuerabgaben (Zeile 38) vom Gewinn vor Steuer (Zeile 33) subtrahiert werden. In Zelle B40 wird eingegeben:

B33-B38

9. Der Dividendensatz (Anteil der Dividende am Gewinn nach Steuer) in Zeile 42 errechnet sich als Quotient von Bardividende (Zeile 43) und Gewinn nach Steuer (Zeile 40). Legen Sie für die Zellen B42 bis F42 das Zahlenformat Prozent mit zwei Dezimalstellen fest, und geben Sie in Zelle B42 ein:

B43/B40

10. Der im Unternehmen verbleibende Gewinn in Zeile 45 ergibt sich aus dem Gewinn nach Steuer, abzüglich der Bardividende. Die Formel in Zelle B45 lautet:

B40-B43

11. In Zeile 48 wird die Eigenkapitalrentabilität als Quotient des Gewinns nach Steuer durch das Eigenkapital berechnet. Sie sollten die Zellen B48 bis einschließlich F48 auf das Zahlenformat *Prozent* mit zwei Dezimalstellen setzen. In Zelle B48 wird diese Formel eingegeben:

B40/B8

12. In Zeile 51 wird die Zuwachsrate berechnet, indem der im Unternehmen verbleibende Gewinn mit 1 minus der Bardividende multipliziert wird. Das Zahlenformat für die Zellen B51 bis einschließlich F51 wird auf Prozent mit 0 Dezimalstellen festgelegt. In Zelle B51 wird die folgende Formel eingegeben:

B48*(1-B42)

Nun sollte die Kalkulationstabelle folgendes Aussehen haben:

Finanzplanungstabelle

```
==========================================================================
Bilanzstruktur      1. Jahr     2. Jahr     3. Jahr    4. Jahr     5. Jahr
==========================================================================
Eigenkapital (EK)
Neues EK
Summe EK            625.000 DM

Verschuldungsvolumen

Fremdkapital (FK)
Lauf. Verbind.      525.000 DM
Mittelfr. Verbind.  130.000 DM
Zinssatz                  14%
Langfr. Verbind.    154.000 DM
Zinssatz                  13%
Summe FK            809.000 DM

FK/EK-Verhältnis          1,29

Summe Aktiva      1.434.000 DM


==========================================================================
Erfolgsrechnung     1. Jahr     2. Jahr     3. Jahr    4. Jahr     5. Jahr
==========================================================================
Gewinn vor Zinsen
und Steuern         175.000 DM
Bruttorendite            12,20%

Zinslast             38.220 DM
                    --------------
                    136.780 DM

Steuersatz                36%


Steuerabgabe         48.900 DM

Gewinn nach Steuern  87.880 DM

Dividende %               0,00%
Bardividende              0 DM
                    --------------
Gewinnthesaurierung  87.880 DM
                    ==============

EK-Rentabilität          14,06%
                    ==============

Zuwachsrate              14,06%
                    ==============
```

Bild 16.11 Die halbfertige Kalkulationstabelle WACHSTUM

Als nächstes müssen die Formeln in die Spalte C der Kalkulationstabelle eingegeben werden. Einige Zellen in Spalte C übernehmen Werte aus Spalte B, in andere müssen Formeln aus Spalte B kopiert werden. In manche Zellen sind neue Formeln einzugeben.

Die Zelle C7 beispielsweise (neues Eigenkapital) erhält ihren Wert aus Zelle B45 (im Unternehmen verbleibender Gewinn). Der Wert von C8 (Summe des Eigenkapitals) ergibt sich als Summe des Eigenkapitals des Vorjahres plus dem neuen Eigenkapital. Der Begriff Verschuldungsvolumen gibt an, wieviel Fremdkapital noch aufgenommen werden kann, ohne daß das spezifizierte FK/EK-Verhältnis überschritten wird. Das Verschuldungsvolumen ergibt sich aus dem FK/EK-Verhältnis des Vorjahres mal dem Eigenkapital (Summe EK) minus dem Fremdkapital (Summe FK) des Vorjahres.

Die Formeln für Spalte C sind im folgenden aufgelistet. Die Spalten D bis F brauchen nicht neu eingegeben zu werden, sondern lassen sich durch Kopieren anlegen.

Zelle	Formel
C7	B45
C8	C7+B8
C10	B20*C8-B18
C13	B13+(C10-(C14-B14)-(C16-B16))
C14	B14
C15	B15
C16	B16
C17	B17
C18	C13+C14+C16
C20	B20
C22	C18+C8
C28	C29*C22
C29	B29
C31	(C14*C15)+(C16*C17)
C33	C28-C31
C35	B35
C38	C35*C33
C40	C33-C38
C42	B42
C43	C42*C40
C45	C40-C43
C48	C40/C8
C51	C48*(1-C42)

Tabelle 16.5   *Eingabe der Formeln*

Nach der Eingabe aller Daten in Spalte C sieht die Kalkulationstabelle
wie folgt aus:

`Finanzplanungstabelle`

Bilanzstruktur	1. Jahr	2. Jahr	3. Jahr	4. Jahr	5. Jahr
Eigenkapital (EK)					
Neues EK		87.880 DM			
Summe EK	625.000 DM	712.880 DM			
Verschuldungsvolumen		113.752 DM			
Fremdkapital (FK)					
Lauf. Verbind.	525.000 DM	638.752 DM			
Mittelfr. Verbind.	130.000 DM	130.000 DM			
Zinssatz	14%	14,00%			
Langfr. Verbind.	154.000 DM	154.000 DM			
Zinssatz	13%	13,00%			
Summe FK	809.000 DM	922.752 DM			
FK/EK-Verhältnis	1,29	1,29			
Summe Aktiva	1.434.000 DM	1.635.632 DM			

Erfolgsrechnung	1. Jahr	2. Jahr	3. Jahr	4. Jahr	5. Jahr
Gewinn vor Zinsen					
und Steuern	175.000 DM	199.606 DM			
Bruttorendite	12,20%	12,20%			
Zinslast	38.220 DM	38.220 DM			
	136.780 DM	161.386 DM			
Steuersatz	36%	35,75%			
Steuerabgabe	48.900 DM	57.697 DM			
Gewinn nach Steuern	87.880 DM	103.689 DM			
Dividende %	0,00%	0,00%			
Bardividende	0 DM	0 DM			
Gewinnthesaurierung	87.880 DM	103.689 DM			
EK-Rentabilität	14,06%	14,55%			
Zuwachsrate	14,06%	14,55%			

*Bild 16.12 Kalkulationstabelle WACHSTUM nach der Formeleingabe in
Spalte C*

Speichern Sie den Frame auf Diskette/Platte ab. Anschließend können die
Formeln in die übrigen Zellen kopiert werden.

1. Hierzu wird der Cursor auf die Zelle C7 positioniert, die Taste F6
    Auswahl betätigt, und anschließend wird die Pfeiltaste Nach Unten
    mehrmals angeschlagen, um die Zellen C7 bis einschließlich C52 zu
    markieren. Abschließend wird die Auswahl durch das Betätigen der
    Return-Taste beendet.

2. Um die Formeln zu kopieren, betätigen Sie die Taste F8 Kopieren.
    Anschließend wird der Cursor auf Spalte D verschoben, die Taste F6
    Auswahl angeschlagen, der Cursor zu Spalte F bewegt und abschlie-
    ßend die Return-Taste zweimal betätigt.

    Falls Sie auf automatische Neuberechnung geschaltet haben, füllt sich
    die Kalkulationstabelle. Bei aktiver manueller Neuberechnung betäti-
    gen Sie dazu die Taste F5 Neuberechnung.

3. Die Arbeitsschritte 1 und 2 werden für die Zeilen 27 bis 52 wieder-
    holt.

Finanzplanungstabelle

Bilanzstruktur	1. Jahr	2. Jahr	3. Jahr	4. Jahr	5. Jahr
Eigenkapital (EK)					
Neues EK		87.880 DM	103.689 DM	122.343 DM	144.352 DM
Summe EK	625.000 DM	712.880 DM	816.569 DM	938.912 DM	1.083.264 DM
Verschuldungsvolumen		113.752 DM	134.216 DM	158.361 DM	186.849 DM
Fremdkapital (FK)					
Lauf. Verbind.	525.000 DM	638.752 DM	772.967 DM	931.328 DM	1.118.177 DM
Mittelfr. Verbind.	130.000 DM	130.000 DM	130.000 DM	130.000 DM	130.000 DM
Zinssatz	14%	14,00%	14,00%	14,00%	14,00%
Langfr. Verbind.	154.000 DM	154.000 DM	154.000 DM	154.000 DM	154.000 DM
Zinssatz	13%	13,00%	13,00%	13,00%	13,00%
Summe FK	809.000 DM	922.752 DM	1.056.967 DM	1.215.328 DM	1.402.177 DM
FK/EK-Verhältnis	1,29	1,29	1,29	1,29	1,29
Summe Aktiva	1.434.000 DM	1.635.632 DM	1.873.537 DM	2.154.240 DM	2.485.442 DM

Erfolgsrechnung	1. Jahr	2. Jahr	3. Jahr	4. Jahr	5. Jahr
Gewinn vor Zinsen und Steuern	175.000 DM	199.606 DM	228.639 DM	262.895 DM	303.314 DM
Bruttorendite	12,20%	12,20%	12,20%	12,20%	12,20%
Zinslast	38.220 DM	38.220 DM	38.220 DM	38.220 DM	38.220 DM
	136.780 DM	161.386 DM	190.419 DM	224.675 DM	265.094 DM
Steuersatz	36%	35,75%	35,75%	35,75%	35,75%
Steuerabgabe	48.900 DM	57.697 DM	68.077 DM	80.323 DM	94.773 DM
Gewinn nach Steuern	87.880 DM	103.689 DM	122.343 DM	144.352 DM	170.321 DM
Dividende %	0,00%	0,00%	0,00%	0,00%	0,00%
Bardividende	0 DM	0 DM	0 DM	0 DM	0 DM
Gewinnthesaurierung	87.880 DM	103.689 DM	122.343 DM	144.352 DM	170.321 DM
EK-Rentabilität	14,06%	14,55%	14,98%	15,37%	15,72%
Zuwachsrate	14,06%	14,55%	14,98%	15,37%	15,72%

Bild 16.13 Kalkulationstabelle WACHSTUM nach Kopieren der Formeln in die Spalten D bis F

Beim Auftreten von Fehlermeldungen sollten die Formeln überprüft werden. Falls in einigen Zellen Asteriskzeichen * erscheinen, bedeutet das, daß die Zellenbreite nicht ausreicht, um den errechneten Wert darzustellen. In diesem Fall bewirkt eine vergrößerte Spaltenbreite die Darstellung der Zahl auf dem Bildschirm.

Als nächstes wird das Erscheinungsbild der Kalkulationstabelle überprüft und gegebenenfalls verändert.

1. Die Spaltenüberschriften der Zeilen 4 bis einschließlich 25 werden kopiert.

2. Mit Hilfe der Taste F4 Größe werden die Spalten erweitert, die Asteriskzeichen enthalten, und andere werden verkleinert, bis sich zwischen jeder Zahlenspalte nur noch ein Leerzeichen befindet.

3. Wenn das Aussehen der Kalkulationstabelle Ihren Vorstellungen entspricht, wird der Frame auf Platte/Diskette gespeichert. Die fertige Kalkulationstabelle entspricht der in Bild 16.14 dargestellten.

```
Finanzplanungstabelle für fünf Geschäftsjahre

=================================================================================
Bilanzstruktur       1. Jahr     2. Jahr      3. Jahr      4. Jahr      5. Jahr
=================================================================================
Eigenkapital (EK)
Neues EK                         87.880 DM   103.689 DM   122.343 DM   144.352 DM
Summe EK            625.000 DM  712.880 DM   816.569 DM   938.912 DM 1.083.264 DM

Verschuldungsvolumen            113.752 DM   134.216 DM   158.361 DM   186.849 DM

Fremdkapital (FK)
Lauf. Verbind.      525.000 DM  638.752 DM   772.967 DM   931.328 DM 1.118.177 DM
Mittelfr. Verbind.  130.000 DM  130.000 DM   130.000 DM   130.000 DM   130.000 DM
Zinssatz                   14%      14,00%       14,00%       14,00%       14,00%
Langfr. Verbind.    154.000 DM  154.000 DM   154.000 DM   154.000 DM   154.000 DM
Zinssatz                   13%      13,00%       13,00%       13,00%       13,00%
Summe FK            809.000 DM  922.752 DM 1.056.967 DM 1.215.328 DM 1.402.177 DM

FK/EK-Verhältnis        1,29        1,29         1,29         1,29         1,29

Summe Aktiva      1.434.000 DM 1.635.632 DM 1.873.537 DM 2.154.240 DM 2.485.442 DM


=================================================================================
Erfolgsrechnung      1. Jahr     2. Jahr      3. Jahr      4. Jahr      5. Jahr
=================================================================================
Gewinn vor Zinsen
und Steuern         175.000 DM  199.606 DM   228.639 DM   262.895 DM   303.314 DM
Bruttorendite           12,20%      12,20%       12,20%       12,20%       12,20%

Zinslast             38.220 DM   38.220 DM    38.220 DM    38.220 DM    38.220 DM
                    ---------------------------------------------------------------
                    136.780 DM  161.386 DM   190.419 DM   224.675 DM   265.094 DM

Steuersatz                 36%      35,75%       35,75%       35,75%       35,75%

Steuerabgabe         48.900 DM   57.697 DM    68.077 DM    80.323 DM    94.773 DM

Gewinn nach Steuern  87.880 DM  103.689 DM   122.343 DM   144.352 DM   170.321 DM

Dividende %             0,00%       0,00%        0,00%        0,00%        0,00%
Bardividende              0 DM        0 DM         0 DM         0 DM         0 DM

Gewinnthesaurierung  87.880 DM  103.689 DM   122.343 DM   144.352 DM   170.321 DM
=================================================================================

EK-Rentabilität        14,06%      14,55%       14,98%       15,37%       15,72%
=================================================================================

Zuwachsrate               14%         15%          15%          15%          16%
=================================================================================
```

Bild 16.14 Die fertige Kalkulationstabelle WACHSTUM

Zur Nutzung des Finanzplanungsmodells werden die aktuellen Werte in
Spalte B eingegeben, und anschließend wird die Taste F5 Neuberechnung
betätigt, um die Neuberechnung zu veranlassen.

Wiederholen von Zeilennamen in mehrseitigen Kalkulationstabellen

Falls Sie die vorliegende Kalkulationstabelle drucken wollen, werden Sie möglicherweise feststellen, daß sie für eine 80spaltige Seite zu umfangreich ist. Drucken Sie die Tabelle, so wie sie ist, aus, so druckt Framework III drei oder vier der Jahres-Spalten auf der ersten und die verbleibenden Spalten auf der zweiten Seite.

Framework III kann jedoch angewiesen werden, die Zeilennamen auf der zweiten Seite zu wiederholen. Zu diesem Zweck wird die Zelle B2 markiert und die Option *Fixieren von Spalten/Zeilen* im Menü *Editieren* aktiviert.

Kapitel 17

Anlegen einer Datenbank

Datenbanken unterscheiden sich zwar in vielen Aspekten, sie verfügen aber alle über dieselben Grundstrukturen. In diesem Kapitel soll das Verfahren zur Erstellung einer Datenbank behandelt werden. Obwohl ein einfaches Beispiel verwendet wird, kann die erstellte Datenbank dennoch eine große Informationsmenge effizient verwalten und an die unterschiedlichsten Bedürfnisse angepaßt werden. Außerdem werden die grundlegenden Strukturprinzipien deutlich, die bei jedem Anlegen einer benutzerspezifischen Datenbank zu beachten sind.

Datenbank oder Kalkulationstabelle?

Vor dem Anlegen der Datenbank sollten Sie sich überlegen, ob ein Tabellenkalkulations-Frame für Ihre Aufgabe nicht besser geeignet ist.

Sowohl Tabellenkalkulations- als auch Datenbank-Frames können Texte und Zahlen bearbeiten. Falls sich Daten jedoch vorrangig aus Zahlen zusammensetzen, sollten Sie einem Tabellenkalkulations-Frame den Vorzug geben. Umgekehrt ist ein Datenbank-Frame am geeignetsten, falls hauptsächlich Textdaten vorliegen.

Kalkulationstabellen sind am effizientesten, wenn Formeln eingegeben werden, die sich auf einzelne Zellen beziehen. Ein Beispiel hierfür wäre eine Formel, die die Zellwerte einer Zeile/Spalte zur Berechnung der Werte einer anderen Zeile/Spalte heranzieht.

Datenbank-Frames können problemlos alle in einer Spalte enthaltenen Felder und Datensätze (Zeilen) bearbeiten, sie können jedoch nicht auf einzelne Zellen zugreifen. Für das Sortieren, Auswählen (Filtern) oder die Neuanordnung von Daten sind Datenbank-Frames am geeignetsten.

Falls beide Operationen - die Bearbeitung einzelner Zellen wie auch Sortier- und Suchvorgänge - erforderlich sind, sollten die Arbeitsprozeduren zwischen einer Datenbank und einer Kalkulationstabelle aufgeteilt und beide anschließend verknüpft werden (Kapitel 18).

Überblick über die erforderlichen Arbeitsschritte

Die grundlegenden Arbeitsschritte zum Anlegen der Datenbank sind:

1. Die Struktur der Datenbank sollte gründlich geplant werden, so daß
    sie auch künftigen Anforderungen Rechnung trägt. Hierzu gehören
    die Entscheidungen, welche Einträge die Felder und Datensätze ent-
    halten und welche Operationen ausgeführt werden sollen.

2. Im Menü *Neu* wird die Anzahl der Felder und Datensätze festgelegt
    und anschließend ein leerer Datenbank-Frame angelegt.

3. Der Frame, die Felder und die Datensätze werden benannt.

4. Die Feldbreite wird angepaßt und die Datenformate entsprechend
    den einzufügenden Daten eingestellt.

5. Die Option zur automatischen Neuberechnung (Untermenü *Optionen
    für Neuberechnung* im Menü *Zahlen*) wird desaktiviert, und die Da-
    ten werden in die Felder und Datensätze eingegeben.

6. Die Formeln werden in den Formelbereich der Feldüberschriften
    eingefügt.

7. Abschließend wird die automatische Neuberechnung wieder einge-
    schaltet und die Funktionsweise der Datenbank ausprobiert.

Erstellen der Datenbank

Im Beispiel finden sich die in den meisten Datenbanken genutzten Merkmale wie Felder für Vorname, Nachname, Adresse, Stadt, Land, Postleitzahl, Telefonnummer und diverse Statusinformationen. Es sind auch
Nummerncodes für das Sortieren der Datensätze und für andere Zwecke
enthalten. Die Beispieldatenbank besteht aus 14 Feldern und 22 Datensätzen. Die maximale Anzahl der Datensätze in einer Datenbank richtet sich
nach der Hauptspeicherkapazität Ihres Rechners.

Erstellen eines Datenbank-Frames

Hierzu sind die folgenden Arbeitsschritte nötig:

1. Das Menü *Neu* wird geöffnet und die entsprechenden Parameter auf
    14 Felder und 22 Datensätze eingestellt. Anschließend wird die Opti-
    on *Datenbank* gewählt. Nach dem Erscheinen eines leeren Daten-
    bank-Frames auf dem Bildschirm wird die Bezeichnung KUNDEN in
    den Frame-Rand eingegeben.

2. Als nächstes werden die Datenfelder entsprechend den Vorgaben in
    Bild 17.1 benannt.

NUMMER	VORNAME
NACHNAME	STRASSE/NR
ORT	LAND
TELEFON	FIRMA
LETZTEBEST	BESUCHSFREQ
LETZTERANRUF	LETZTERBESUCH
BEMERKUNGEN	

Bild 17.1   *Eingabe der Feldbezeichnungen*

Es sollte darauf geachtet werden, daß ein Feld zur fortlaufenden Numerierung der Datensätze eingefügt wird, das nach ausgeführten Sortier- oder Filtervorgängen die Anordnung der Datensätze in der ursprünglichen Reihenfolge wieder ermöglicht. Es empfiehlt sich, eine solche Spalte namens NUMMER als erstes Feld anzulegen.

3. Anschließend werden mit Hilfe der Taste F4 Größe und der Pfeiltasten die Feldbreiten entsprechend den einzugebenden Daten eingestellt.

4. In den Menüs *Text* und *Zahlen* werden die Optionen zur Einstellung der Text- und Zahlenformate der Felder ausgewählt.

Eingabe in das Feld NUMMER

Vor der eigentlichen Dateneingabe wird Framework III angewiesen, die Zeilen als 101 bis 122 zu numerieren. Anstatt alle Zahlen per Hand einzugeben, kann hierzu die Funktion @fill genutzt werden, die die Numerierung automatisch durchführt. Es wird das Menü *Neu* geöffnet und die Option *Frame: Leer/Text* zum Anlegen des die Formeln aufnehmenden Frames gewählt. Der Frame wird benannt - hier @fill -, der Cursor in den Frame verschoben, die Taste F2 Formel editieren betätigt und anschließend die folgende Formel eingegeben:

```
@fill(KUNDEN.NUMMER,101,1)
```

Im Anschluß daran wird die Return-Taste angeschlagen.

Die Funktion @fill weist Framework an, das Feld NUMMER in der Datenbank KUNDEN ab 101 in Einerschritten zu numerieren. Der Name der Datenbank muß angegeben werden, da das zu bearbeitende Feld nicht in dem Frame enthalten ist, der die Formel enthält.

Sollten Sie Datensätze hinzufügen, entfernen oder umstellen und das Feld KUNDEN.NUMMER neu numerieren wollen, so wird der Frame @fill markiert und die Taste F5 Neuberechnung betätigt. Die Einträge im Feld NUMMER werden automatisch neu ab 101 numeriert.

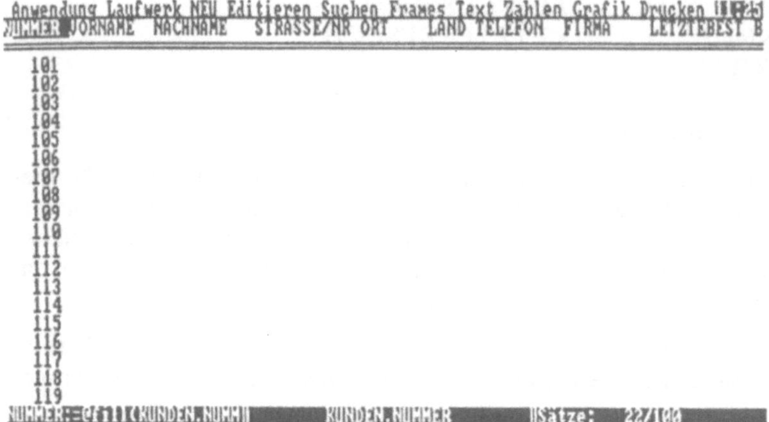

Bild 17.2   @fill numeriert die Zeilen 101 bis 122

Nach der Numerierung können Daten eingegeben werden.

Eingabe der übrigen Daten

Die Daten können in die Felder und Datensätze in beliebiger Reihenfolge
eingegeben werden. Hierbei werden entweder die Datenwerte selbst oder
lokale Formeln zu deren Berechnung eingegeben. Nicht benötigte Felder
können leer bleiben. In alle Felder, die in Formeln als Referenzen dienen,
sollten jedoch Daten eingegeben werden. Dies trifft auch für Felder zu,
die durchsucht, sortiert oder gefiltert werden sollen. Datensätze, die keine
Daten enthalten, sollten am Ende der Datenbank erscheinen.

Eingabe eines Datums

Zur Eingabe von Datumswerten muß das betreffende Datumseingabeformat im Untermenü *Eingabeformat für Datum* (Menü *Zahlen*) aktiviert
werden (Kapitel 6).

Hinweis: Falls Sie mit Framework II vertraut sind, werden Sie die Funktion @date kennen, die
bei einer Sortierung in chronologischer Reihenfolge zur Datumseingabe zu verwenden war. In
Framework III erübrigt sich das. Mit der Verwendung der Datumseingabeformate im Untermenü Eingabeformat für Datum erkennt Framework III, daß der 1.1.89 nach dem 6.7.88 kommt.

Eingabe von Definitionsformeln

Nach der Eingabe der Daten in die Beispieldatenbank müssen die Formeln in den Formelbereich der Feldnamen eingegeben werden. Wie Sie bereits wissen, gibt es in Framework III zwei Möglichkeiten zur Eingabe von Definitionsformeln:

1. Mit der Funktion @set:

```
@set(PROVISION,UMSATZ*12%)
```

2. Über den Zuweisungsoperator:

```
PROVISION:=UMSATZ*12%
```

Nach der Eingabe einer Formel kann diese überprüft werden, ohne daß die gesamte Datenbank neu berechnet werden muß. Hierzu wird der Cursor auf den betreffenden Datensatz positioniert und die Taste F5 Neuberechnung betätigt.

Nach der Eingabe aller Definitionsformeln können Sie abschließend das Erscheinungsbild der Datenbank Ihren Wünschen entsprechend verändern.

NUMMER	VORNAME	NACHNAME	STRASSE/NR	ORT	LAND
101	Joseph	Wachsmann	Parkstr. 3	Ogenheim	D
102	Thomas	Anders	Kowenweg 1	Hochholz	D
103	Tina	Turner	Flachgasse 2	Rodelshafen	D
104	K. O.	Schmidt	Hauptstr. 100	Gusberg/Höhe	D
105	Günther	Nöll	Angusstr. 49	Heppenheim	D
106	Edelhard	Neumann	Jungplatz 6	Jungendorf	D
107	Alfons	Hadegard	Raststr. 38	Weinbergsau	D
108	Maria	Jakobs	Zyzikweg 4	Hohenlohen	D
109	Hugo	Strasser	Am Hang	Pahlwik	D
110	Ralph	Knoblauch	Germanenweg 3	Pfuhlheim	D
111	Ottfried	Weber	Grenzstr. 54	Rosenumsicht	D
112	F. A.	Meyer	Konsulweg 6	Harburg/Elpel	D
113	Annette	Karpow	Kammerstr. 19	Rodrigo/Rodriga	D
114	Ben	Haar	Haarstr. 12h	Haar b. München	D
115	Holger	Müller	Marienweg 16	Kohlmeistern	D
116	Claudia	Bohner	Oberstr. 115	Hahlenrode	D
117	Kevin	Kalopse	Unterried 8	Guggenheim	D
118	Anton	Thomas	Rastplatz 3	Wachtelberg	D
119	Margot	Schmitt	Kohlestr. 22	Rabeslohen	D
120	Kai-Uwe	Maier	Waldstr. 203	Marktesheides	D
121	Peter	Marlow	Königweg 1	Märchenland	D
122	Dieter	Kroner	LIchtenstr. 3	Untersteilsheim	D

TELEFON	FIRMA	LETZTEBEST	BESUCHSFREQ	LETZTERANRUF
06754/8765	Unicar	20.02.86	3/Jahr	20.02.86
08798/6	Schrat	15.01.86	1/Jahr	01.01.85
034523/453	CBT	12.03.86	4/Jahr	13.03.86
07586/31457	K.O.-Mat	19.06.86	1/Monat	25.06.86
06754/654790	Glöckner	20.06.86	3/Jahr	01.01.85
04653/048764	Klapp KG	01.04.86	4/Jahr	01.04.86
07845/0949	Rent-a-Dent	12.03.86	4/Jahr	13.03.86
035523/451	Sigma	20.02.86	3/Jahr	20.02.86
04653/048764	Helio	12.03.86	4/Jahr	13.03.86
08798/671	Abgas 2000	20.02.86	3/Jahr	20.02.86
07845/0949	ABC Trade	04.05.86	3/Jahr	03.05.86
089064/3107	GE-EM-BE-HA	03.04.86	3/Jahr	03.04.86
04653/048764	Ride-a-Pleit	12.03.86	4/Jahr	13.03.86
08976/640987	N&U	19.06.86	1/Monat	25.06.86
07845/0949	Unikum	20.02.86	3/Jahr	20.02.86
08798/671	AöV	04.05.86	3/Jahr	03.05.86
02798/6	Kalo GmbH	13.04.86	nie	13.04.86
06754/4309	Zoff & Co.	31.05.86	4/Jahr	31.05.86
04653/048764	Global	12.03.86	4/Jahr	13.03.86
08798/671	Rambo	10.06.86	5/Jahr	28.02.86
089064/3107	M.A.U.	01.04.86	4/Jahr	01.04.86
04653/048764	Apulso	19.06.86	3/Jahr	20.02.86

Bild 17.3   Die fertige Datenbank

Formatieren der Datenbank

Die Ausrichtung der Überschriften und Daten durch die Anpassung der
Feldbreiten wird mit Hilfe der Taste F4 Größe und der Cursortasten vorgenommen. Zur Veränderung der Datenausrichtung in den Feldern werden die Optionen *Linksbündig*, *Rechtsbündig* oder *Zentriert* im Menü
Zahlen ausgewählt.

Zum Einfügen von Zeilen zwischen den Spaltenbezeichnungen und Daten wird der Cursor auf einen Feldnamen positioniert, das Menü *Neu* geöffnet und die Option *Zeilen/Sätze: # einfügen* gewählt. Anschließend wird unterhalb des Feldnamens eine gestrichelte Linie eingegeben. Dies läßt sich schneller bewerkstelligen, indem die Ctrl-Taste betätigt und bei niedergehaltener Taste die Anzahl der einzugebenden Zeichen spezifiziert wird. Im Anschluß daran wird die gewünschte Buchstaben- oder Zeichentaste angeschlagen. Um beispielsweise zehn Bindestriche einzufügen, wird zuerst die Tastenkombination Ctrl-10 betätigt und anschließend die Bindestrich-Taste angeschlagen.

Soll eine Schriftauszeichnung geändert werden, zum Beispiel in Kursivdarstellung, wird die Taste F6 Auswahl betätigt, um den zu verändernden Text zu markieren. Anschließend wird das Menü *Text* geöffnet und die gewünschte Auszeichnungsart gewählt.

Kapitel 18

Interagierende Frames

Die in Framework III gegebene Möglichkeit zur Verknüpfung von Frames erlaubt ein nahtloses Verbinden von unterschiedlichen Informationsarten und Aufgabenbereichen. Man braucht demnach nicht zwischen verschiedenen Softwarepaketen zu wechseln, um eine Aufgabe zu erledigen. In diesem Kapitel werden drei Beispiele funktional verknüpfter Frames vorgestellt: ein Serienbrief, ein interaktiver Finanzbericht und ein kommerzielles Honorarberechnungssystem.

Serienbrief

Beim Serienbrief werden Texte aus verschiedenen Quelldateien im Mischdruck erstellt. Diese Methode eignet sich neben der Abfassung von Briefen auch zur Berichterstellung.

Serienbriefe sind beispielsweise Briefe an verschiedene Personen, die teilweise identische Inhalte besitzen und Informationen aus zwei Dateien enthalten: Eine Datei enthält den Namen, die Adresse und andere Informationen zu den einzelnen Adressaten. In der zweiten Datei ist ein Formbrief mit Platzhaltern abgelegt, in die Name, Adresse, Anrede und andere adressatenspezifische Informationen eingefügt werden. Zum Anlegen von Serienbriefen in Framework III sind die folgenden Arbeitsschritte erforderlich:

1. In einen Datenbank-Frame werden die Informationen zu jedem Adressaten eingegeben. In der Datenbank ist ein Datensatz für Daten eines jeden Adressaten reserviert; die Informationen (zum Beispiel Vorname, Nachname, Straße, Wohnort usw.) werden in separate Felder eingegeben (Kapitel 9).

2. In einem Text-Frame wird ein Formbrief erstellt. An jeder Briefstelle, an der Informationen aus der Datenbank eingefügt werden sollen, wird der Name des betreffenden Datenbankfeldes, von spitzen Klammern umschlossen, eingegeben. Der Briefkopf könnte beispielsweise folgendermaßen aussehen:

```
<FIRMA>
<TITEL> <VORNAME> <NACHNAME>
<ADRESSE>

<PLZ> <STADT>
<LAND>
Sehr geehrte/r <TITEL> <NACHNAME>,
```

Falls zu einigen Adressaten Informationen fehlen, muß die Markierung
<OPTIONAL> eingefügt werden, damit keine Leerzeichen bzw. Leerzeilen
an dieser Stelle eingefügt werden. Sind zum Beispiel in der Datenbank,
die Kundenadressen enthalten soll, nur in einigen Datensätzen Firmennamen angegeben (weil ein Teil der Kunden Privatpersonen sind), sollte die
folgende Eingabe erfolgen:

```
<OPTIONAL> <FIRMA>
<TITEL> <VORNAME> <NACHNAME>
<ADRESSE>

<PLZ> <STADT>
<LAND>
```

3.   Sowohl der Text- als auch der Datenbank-Frame werden auf die Ar-
     beitsfläche geladen.

4.   Der Cursor wird auf den Namensbereich des Text-Frames positio-
     niert.

5.   Die Option *Text mischen mit* im Menü *Anwendung* wird ausgewählt,
     der Name des Datenbank-Frames eingegeben und anschließend die
     Return-Taste angeschlagen.

Framework III druckt an jeden in der Datenbank gespeicherten Adressaten einen Brief, wobei die aktuellen Formatoptionen und Druckeinstellungen verwendet werden.

Sollen die eingefügten Daten eine besondere Auszeichnung (fett, kursiv
usw.) erhalten, wird einfach der Name des Datenfeldes entsprechend formatiert.

Die Serienbrief-Funktion kann mit Dateien von jedem in Framework III
importierbaren Datenbankprogramm verwendet werden. In Kapitel 9 finden Sie Hinweise zum Import von Daten.

Erstellen eines interaktiven Finanzberichts

Der interaktive Finanzbericht besteht aus sechs miteinander verknüpften Tabellenkalkulations-Frames. Verändert sich ein Wert in einem Frame, so ändern sich auch die auf diesen Wert bezogenen Werte in den anderen Frames.

Im folgenden soll ein Finanzbericht für die Firma Auto 2000 erstellt werden, deren Umsatzvolumen sich aus drei Ertragsbereichen zusammensetzt: der Neuwagen-, der Gebrauchtwagen- und der Serviceabteilung.

Die Berichtsstruktur sieht so aus, daß für jede Abteilung eine Kalkulationstabelle angelegt wird, in die Daten eingetragen werden. Anschließend erstellt Framework III drei Finanzberichte (für jede Abteilung einen) und drei weitere Finanzberichte für das Gesamtunternehmen. Von den drei Unternehmensberichten ist einer nach den Abteilungen und die beiden anderen sind nach Quartalen untergliedert. Der gesamte Finanzbericht erfordert einen Text-Frame zur Aufnahme des Berichtskopfes, sechs Tabellenkalkulations-Frames und einen Container-Frame.

Anlegen des Berichtskopfes

Der erste Frame, der angelegt werden soll, ist der Text-Frame. Er soll FKOPF heißen und ist in Bild 18.1 dargestellt.

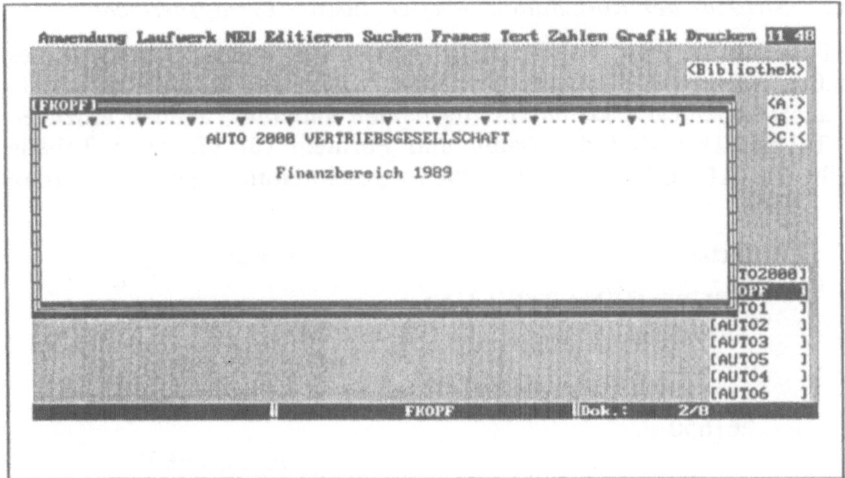

Bild 18.1   Berichtskopf eines interaktiven Finanzberichtes

Anlegen der Kalkulationstabellen für jede Abteilung

Der zweite, dritte und vierte Frame verfügen jeweils über sechs Spalten
und 19 Zeilen. Sie weisen die gleichen Spalten- und Zeilenbeschriftungen
und identische Formeln auf. Die Tabellenstruktur ist in Bild 18.2 abgebildet.

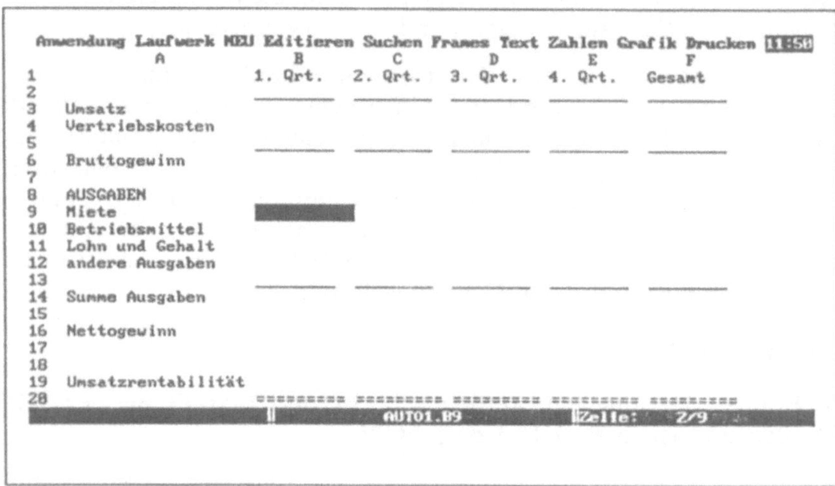

Bild 18.2   Struktur der Kalkulationstabellen für die Ertragsbereiche

Da die Formeln in den drei Kalkulationstabellen identisch sind, ist es
zweckmäßig, zuerst eine Tabelle anzulegen, von dieser Kopien zu erstellen und anschließend die Daten für die beiden anderen Tabellen einzugeben. In Tabelle 18.1 sind die Daten und Formeln für die erste Tabelle
dargestellt, die AUTO1 (Auto 2000, Neuwagenabteilung) genannt werden
soll.

Zelle	Daten	Formeln
A1	NEUWAGENABTEILUNG	
B3	250000	
C3	259000	
D3	213540	
E3	261650	
F3		@sum(B3:E3)
B4	137500	
C4	142450	
D4	117447	
E4	143908	
F4		@sum(B4:E4)

B6		B3-B4
B9	10000	
B10	10000	
B11	26000	
B12	5000	
B14		@sum(B9:B12)
B16		B6-B14
B19		B16/B3

Tabelle 18.1   Daten und Formeln für den Frame AUTO1

Nach der Eingabe der Daten und Formeln wird der Inhalt der Zellen B6
bis einschließlich B19 in die Spalten C, D, E und F kopiert. In Zelle F9
wird die Formel @sum(B9:E9) eingegeben und in die Zellen F10, F11 und
F12 kopiert. Im Anschluß daran wird durch das Betätigen der Taste F5
Neuberechnung die Kalkulationstabelle neu berechnet, und der Frame
wird auf Diskette/Platte gespeichert. Die fertige Kalkulationstabelle sollte
nun der Darstellung in Bild 18.3 entsprechen.

Anwendung Laufwerk NEU Editieren Suchen Frames Text Zahlen Grafik Drucken 11 52

	A	B	C	D	E	F
1	NEUWAGENABTEILUNG	1. Qrt.	2. Qrt.	3. Qrt.	4. Qrt.	Gesamt
2						
3	Umsatz	250000	259000	213540	261650	984190
4	Vertriebskosten	137500	142450	117447	143908	541305
5						
6	Bruttogewinn	112500	116550	96093	117742	442885
7						
8	AUSGABEN					
9	Miete	10000	10000	10000	10000	40000
10	Betriebsmittel	10000	10000	10000	10000	40000
11	Lohn und Gehalt	26000	26000	26000	26000	104000
12	andere Ausgaben	5000	5000	5000	5000	20000
13						
14	Summe Ausgaben	51000	51000	51000	51000	204000
15						
16	Nettogewinn	61500	65550	45093	66742	238885
17						
18						
19	Umsatzrentabilität	24,6%	25,3%	21,1%	25,5%	24,3%
20		========	========	========	========	========

AUTO1.A1   Zelle: 1/1

Bild 18.3   Fertige Kalkulationstabelle für Frame AUTO1

Zum Anlegen des Tabellenkalkulations-Frames AUTO2 wird eine Kopie
von AUTO1 erstellt, der Frame-Name in AUTO2 geändert und anschließend die in Tabelle 18.2 enthaltenen Daten eingegeben. Abschließend
wird die Kalkulationstabelle neu berechnet.

Zelle	Daten	Formeln
A1	GEBRAUCHTWAGENABTEILUNG	
B3	147000	
C3	155453	
D3	171181	
E3	165903	
F3		@sum(B3:E3)
B4	74500	
C4	77727	
D4	85591	
E4	82951	
F4		@sum(B4:E4)
B9	10000	
B10	8000	
B11	24700	
B12	5000	

Tabelle 18.2   Daten und Formeln für Frame AUTO2

Nach der Eingabe von Daten und Formeln wird der Inhalt der Zellen B6 bis B19 in die Spalten C, D, E und F kopiert. In die Zelle F9 wird die Formel @sum(B9:E9) eingegeben und diese anschließend in die Zellen F10, F11 und F12 kopiert. Die Kalkulationstabelle wird neu berechnet und auf Diskette/Platte gespeichert. Die fertige Kalkulationstabelle sollte wie die in Bild 18.4 gezeigte aussehen.

Bild 18.4   Fertige Kalkulationstabelle für den Frame AUTO2

Der Frame AUTO3 wird wie AUTO2 erstellt. Die in Tabelle 18.3 dargestellten Daten werden hierzu eingegeben, der Inhalt der Zellen B6 bis B19
wird in die restlichen Spalten kopiert, die Kalkulationstabelle neu berechnet und der Frame gespeichert.

Zelle	Daten	Formeln
A1	SERVICEABTEILUNG	
B3	223454	
C3	218783	
D3	201369	
E3	224787	
F3		@sum(B3:E3)
B4	22345	
C4	21878	
D4	20137	
E4	22479	
F4		@sum(B4:E4)
B9	10000	
B10	14000	
B11	110000	
B12	5000	

Tabelle 18.3   Daten und Formeln für Frame AUTO3

Die fertige Kalkulationstabelle AUTO3 sieht wie folgt aus:

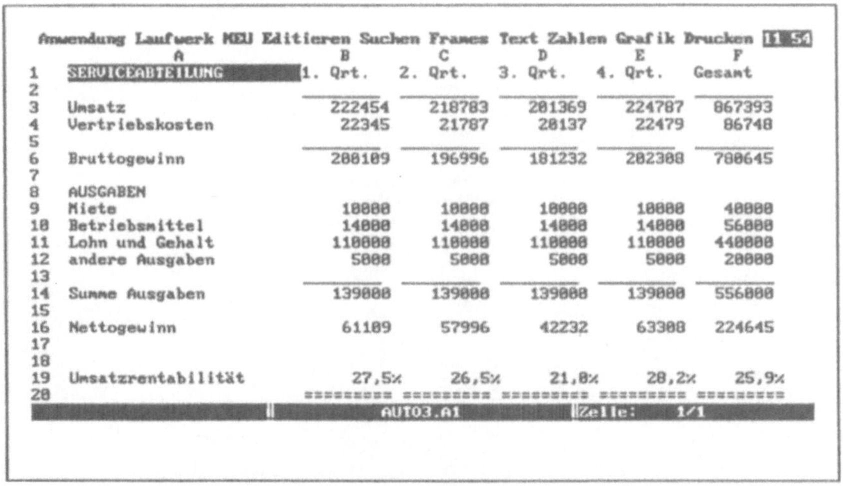

```
Anwendung Laufwerk NEU Editieren Suchen Frames Text Zahlen Grafik Drucken  11:54
               A                B          C          D          E          F
 1  SERVICEABTEILUNG          1. Qrt.    2. Qrt.    3. Qrt.    4. Qrt.    Gesamt
 2
 3  Umsatz                     222454     218783     201369     224787     867393
 4  Vertriebskosten             22345      21787      20137      22479      86748
 5
 6  Bruttogewinn               200109     196996     181232     202308     780645
 7
 8  AUSGABEN
 9  Miete                       10000      10000      10000      10000      40000
10  Betriebsmittel              14000      14000      14000      14000      56000
11  Lohn und Gehalt            110000     110000     110000     110000     440000
12  andere Ausgaben              5000       5000       5000       5000      20000
13
14  Summe Ausgaben             139000     139000     139000     139000     556000
15
16  Nettogewinn                 61109      57996      42232      63308     224645
17
18
19  Umsatzrentabilität          27,5%      26,5%      21,8%      28,2%      25,9%
20
                               AUTO3.A1              Zelle:     1/1
```

Bild 18.5   Fertige Kalkulationstabelle für Frame AUTO3

Anlegen einer Kalkulationstabelle für die Jahresbilanz

Die Kalkulationstabelle AUTO4 soll sowohl die Jahresbilanzen der drei
Abteilungen als auch die des gesamten Unternehmens enthalten. Zum Erstellen von Frame AUTO4 wird eine Kopie des Frames AUTO1 angefertigt, der Frame-Name in AUTO4 geändert und alle numerischen Daten
sowie die Spalte F gelöscht. Anschließend werden die Daten und Formeln
gemäß der Vorlage in Tabelle 18.4 eingegeben:

Zelle	Daten	Formeln
A1	ABTEILUNGEN	
B1	NEUWAGEN	
C1	GEBRAUCHTWAGEN	
D1	SERVICE	
E1	GESAMT	
E3		B3+C3+D3

Tabelle 18.4   Daten und Formeln für Frame AUTO4

Als nächstes geben Sie die Formel AUTO1.F3 in Zelle B3 ein und kopieren sie in die Zellen B4 bis B16. Die Meldung #N/A! entfernen Sie aus
den Zellen, die keine Werte enthalten. Schreiben Sie die Formel
AUTO2.F3 in die Zelle C3 und kopieren Sie die Formel in die Zellen C4
bis C16; für AUTO3.F3 wird der Vorgang in Spalte D (Zellen D3 bis
D16) wiederholt. Nun schreiben kopieren Sie die Formel B16/B3 in die
Zellen C19, D19 und E19. Die Formel aus Zelle E3 wird nach E4 bis E16
kopiert. Die fertige Kalkulationstabelle sollte mit der in Bild 18.6 dargestellten identisch sein.

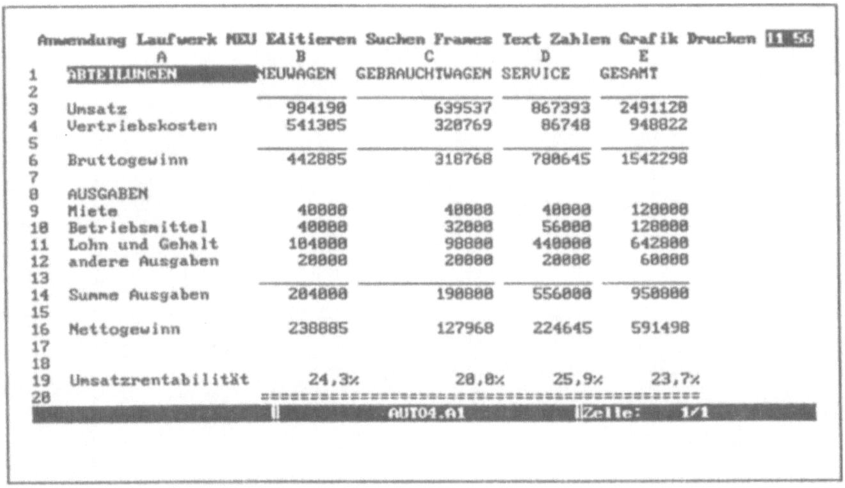

Anwendung Laufwerk NEU Editieren Suchen Frames Text Zahlen Grafik Drucken 11:56

	A	B	C	D	E
1	ABTEILUNGEN	NEUWAGEN	GEBRAUCHTWAGEN	SERVICE	GESAMT
2					
3	Umsatz	984190	639537	867393	2491120
4	Vertriebskosten	541305	320769	86740	948822
5					
6	Bruttogewinn	442885	318768	780645	1542298
7					
8	AUSGABEN				
9	Miete	40000	40000	40000	120000
10	Betriebsmittel	40000	32000	56000	128000
11	Lohn und Gehalt	104000	98000	440000	642000
12	andere Ausgaben	20000	20000	20000	60000
13					
14	Summe Ausgaben	204000	190000	556000	950000
15					
16	Nettogewinn	238885	127968	224645	591498
17					
18					
19	Umsatzrentabilität	24,3%	20,0%	25,9%	23,7%
20					

AUTO4.A1 Zelle: 1/1

Bild 18.6 Kalkulationstabelle mit den Jahresbilanzen der Abteilungen

Anlegen einer Kalkulationstabelle für die Quartalsbilanz

Der Tabellenkalkulations-Frame AUTO5 gibt einen Überblick über den Quartalserfolg (Umsatz, Gewinn vor Steuer und Umsatzrentabilität) des Unternehmens. Zum Anlegen der Kalkulationstabelle wird ein Tabellenkalkulations-Frame mit sechs Spalten und sieben Zeilen erstellt und ihm der Name AUTO5 zugewiesen. Die in Bild 18.7 dargestellten Zeilen- und Spaltenbezeichnungen werden eingefügt; desgleichen werden die in Tabelle 18.5 enthaltenen Formeln eingegeben.

Zelle	Formeln
B4	AUTO1.B3+AUTO2.B3+AUTO3.B3
B5	AUTO1.B16+AUTO2.B16+AUTO3.B16
B7	B5/B4

Tabelle 18.5 Formeln für Frame AUTO5

Hinweis: In Zeile 7 muß das Zahlenformat Prozent mit einer Nachkommastelle eingestellt werden.

Die Formeln in den Zellen B4, B5 und B7 werden in die Spalten C, D, E und F kopiert. Die Tabelle wird neu berechnet und gespeichert. In Bild 18.7 ist die fertige Kalkulationstabelle dargestellt.

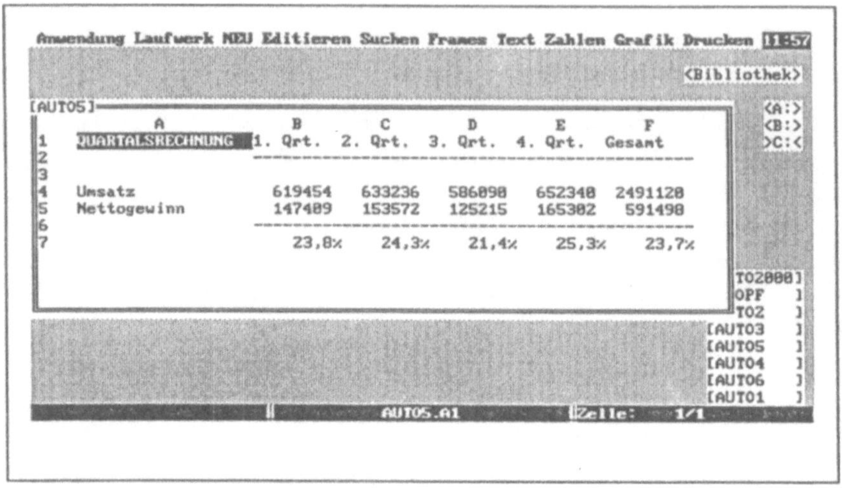

Bild 18.7   Fertige Kalkulationstabelle mit Quartalsbilanz

Kalkulationstabelle zur Umsatzrentabilität des Gesamtunternehmens

Der Tabellenkalkulations-Frame AUTO6 bietet einen Überblick über die Umsatzrenditen nach Abteilungen und Quartalen. Zum Erstellen der Kalkulationstabelle wird ein Tabellenkalkulations-Frame mit sechs Spalten und sieben Zeilen angelegt und AUTO6 genannt. Die in Bild 18.8 dargestellten Zeilen- und Spaltenbezeichnungen werden eingegeben; außerdem werden die Formeln entsprechend der Vorlage in Tabelle 18.6 eingefügt.

Zelle	Formeln
B3	AUTO1.B19
B4	AUTO2.B19
B5	AUTO3.B19
B7	AUTO5.B7

Tabelle 18.6   Formeln für den Frame AUTO6

Anschließend werden die in Spalte B enthaltenen Formeln in die Spalten C, D, E und F kopiert, die Tabelle neu berechnet und auf Diskette/Platte gesichert. Die fertige Kalkulationstabelle sollte mit der in Bild 18.8 dargestellten identisch sein.

```
Anwendung Laufwerk NEU Editieren Suchen Frames Text Zahlen Grafik Drucken 11:58

                                                            <Bibliothek>
[AUTO6]                                                                :>
            A              B         C         D         E        F     :>
1  QUARTALSRECHNUNG   1. Qrt.  2. Qrt.  3. Qrt.  4. Qrt.  Gesamt        :<
2
3  Neuwagenverkauf        24,6%     25,3%     21,1%     25,5%    24,3%
4  Gebrauchtwagenverkauf  16,9%     19,3%     22,1%     21,2%    28,8%
5  Service                27,5%     26,5%     21,8%     28,2%    25,9%
6
7  Auto 2000 Gesamt       23,8%     24,3%     21,4%     25,3%    23,7%
                                                                    8]
                                                                     ]
                                                                     ]
                                                           [AUTO3    ]
                                                           [AUTO5    ]
                                                           [AUTO4    ]
                                                           [AUTO6    ]
                                                           [AUTO1    ]
          !              AUTO6.A1            Zelle:    1/1
```

Bild 18.8   Kalkulationstabelle mit Umsatzrenditen nach Abteilungen

Anlegen eines Container-Frames

Der letzte Arbeitsschritt beim Erstellen der interaktiven Kalkulationsta-
belle besteht in der Übertragung aller Frames in einen Container-Frame.
Hierzu wird ein leerer Text-Frame namens AUTO2000 angelegt. An-
schließend werden die Frames in der folgenden Reihenfolge in diesen
Frame verschoben: FKOPF, AUTO1, AUTO2, AUTO3, AUTO4, AU-
TO5, AUTO6. Im Anschluß daran wird der Frame gespeichert.

Nutzung des interaktiven Finanzberichts

Zur Nutzung des interaktiven Finanzberichts werden die aktuellen Daten
in die Frames AUTO1, AUTO2 und AUTO3 eingegeben und anschließend die Neuberechnung der Kalkulationstabelle durchgeführt. Hierzu
wird der Namensbereich des Container-Frames (AUTO2000) hell unterlegt und die Option *Manuell* im Untermenü *Optionen für Neuberechnung*
im Menü *Zahlen* aktiviert. Nach der Dateneingabe in die Frames AUTO1,
AUTO2 und AUTO3 wird der Cursor auf den Namensbereich des Container-Frames positioniert und die Taste F5 Neuberechnung betätigt.

Der gesamte Finanzbericht erstreckt sich beim Ausdruck über mehrere
Seiten. Zum Druck wird der Cursor nacheinander auf jeden Frame-Namen (außer AUTO1) positioniert; alternativ dazu kann die Auswahl durch
die Verwendung der Taste F6 Auswahl getroffen werden. Anschließend
wird das Untermenü *Druckersteuerung* im Menü *Drucken* geöffnet und die

Unteroption *Mit Frame neue Seite beginnen* aktiviert. Im Anschluß daran wird der Cursor in das Untermenü *Optionen für Ausdruck* verschoben, die Unteroption *Mit Frame-Namen* desaktiviert, zum Hauptmenü zurückgekehrt und die Option *Starten* ausgewählt.

Erstellen eines Honorarberechnungssystems

Das Honorarberechnungssystem ermöglicht die Erstellung verschiedenartiger Berichte aus einem Datenbank-Frame, der mit einem Tabellenkalkulations-Frame verknüpft ist: Aus der Datenbank wird auf eine Kalkulationstabelle zugegriffen.

Das System dient der Ermittlung von Arbeitszeiten und Tätigkeiten. Außerdem wird der Name des Mitarbeiters und auch der Name des Kunden registriert. Das Honorarberechnungssystem überwacht, welche Zeit für eine Aufgabe aufgewendet wird und stellt diese dem Kunden - je nach Arbeitstarif des Mitarbeiters - in Rechnung. Das System nutzt einen Text-Frame, einen Tabellenkalkulations-Frame und einen Datenbank-Frame.

Anlegen des Berichtskopfes

Zuerst wird ein Text-Frame für den Berichtskopf angelegt. Diesem wird der Name KOPF1 zugewiesen, der Inhalt wird eingegeben und der Frame auf Diskette/Platte gespeichert.

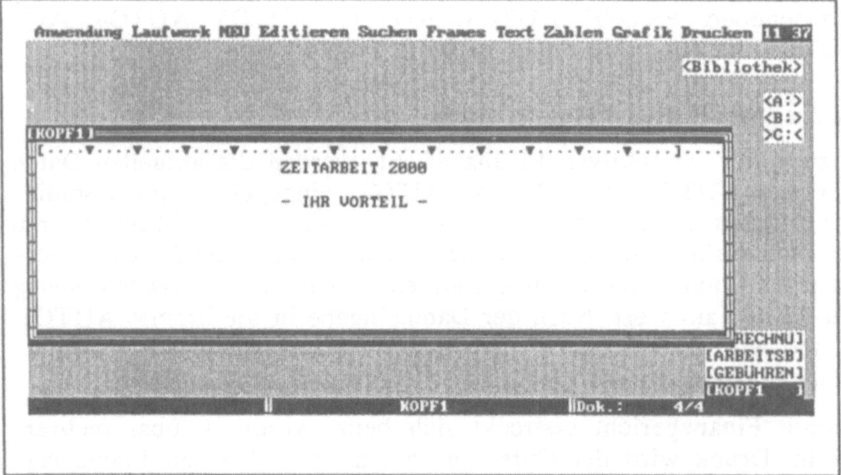

Bild 18.9   Berichtskopf für das Honorarberechnungssystem

Anlegen einer Kalkulationstabelle für die Gebührentabelle

Als nächstes wird eine Kalkulationstabelle für die Gebührentabelle erstellt. Die Kalkulationstabelle dient hierbei als Datenbank, die den Gebührensatz für jede vom Unternehmen angebotene Arbeitsleistung und zudem die Namen und Nummern der Mitarbeiter und Kunden enthält.

Hierzu wird ein Tabellenkalkulations-Frame mit sieben Spalten und 24 Zeilen angelegt und diesem der Name GEBÜHREN zugewiesen. Im Anschluß daran werden die Daten gemäß der Vorlage in Bild 18.10 eingegeben, die Spaltenbreiten und Zahlenformate angepaßt und der Frame gespeichert. Zur Numerierung der Spalte A kann zum Beispiel die Formel @fill(Gebühren.A3:Gebühren.A24,101,1) in den Formelbereich eines neu erstellten Text-Frames eingegeben werden. Nach der Betätigung der Taste F5 Neuberechnung werden die Nummern in die Zeilen übertragen.

NUM	ARBEIT1	ARBEIT2	ARBEIT3	ARBEIT4	MITARBEITER	KUNDE
101	150	125	100	90	Schmidt, J.	Wilherm, W.
102	150	125	100	90	Schmitt, W.	Kalb, C.
103	150	125	100		Meier, D.	Snider, S.
104	150	125	100		Olivier, O.	Suffkopp, S.
105	150	125	100		Dollen, F.	Anders, A.
106	100	50	50	50	Freud, A.	Jefson, J.
107	100	50	50	50	Berg, B.	Schau, M.
108	90	45	45	45	Eden, E.	Goldi, G.
109	90	45	45	45	Schneider, L	Ewerts, E.
110			50	45	Fiffil, H.	Mira, N.
111						Tapsig, T.
112						Dosen, D.
113						Treau, T.
114						Koffer, K.
115						Oman, M.
116						Kraut, K.
117						Adel, A.
118						Wuff, W.
119						Dyna, D.
120						Kanbel, B.
121						Dandis, D.
122						Feli, F.

Bild 18.10   Kalkulationstabelle als Gebührentabelle

Anlegen einer Datenbank für die Arbeitsstunden

Es wird ein Datenbank-Frame erstellt, in den die Anzahl der Arbeitsstunden und die Arbeiten jedes Mitarbeiters für jeden Kunden eingegeben werden. Die Datenbank ermittelt auch die Namen der Mitarbeiter und Kunden sowie die Arbeitstarife und berechnet den in Rechnung zu stellenden Betrag.

Hierzu wird ein Datenbank-Frame mit neun Feldern und 13 Datensätzen angelegt, der ARBEITSBUCH genannt wird. Die folgenden Feldbezeichnungen werden eingegeben (und die Feldbreiten entsprechend angepaßt).

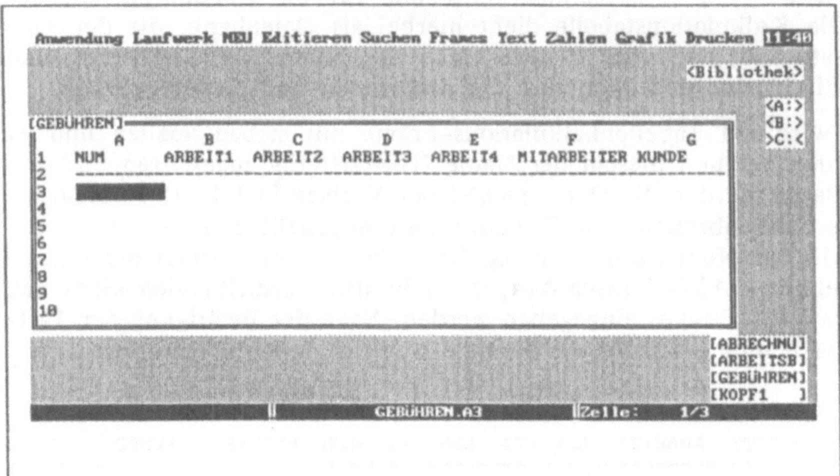

Bild 18.11 Überschriften für die Datenbank ARBEITSBUCH

Als nächstes werden in einige Felder Formeln eingegeben. In das Feld
MITARBEITER wird die Formel

```
MITARBEITER:=@vlookup(MIT,GEBÜHREN.A3:GEBÜHREN.G24,5)
```

eingegeben.

Mit Hilfe der Formel wird der Name des Mitarbeiters ermittelt, dessen
Nummer im Feld MIT (Mitarbeiternummer) erscheint. Framework sucht
hierbei im Frame GEBÜHREN in der ersten (linken) Spalte nach der
Zahl, die mit der im Feld MIT des Frames ARBEITSBUCH übereinstimmt. Anschließend springt Framework fünf Felder nach rechts zum
gesuchten Zelleninhalt und weist ihn dem Feld MITARBEITER im Frame
ARBEITSBUCH zu. Der Formelteil GEBÜHREN.A3:GEBÜHREN.G24
gibt an, in welchem Bereich zu suchen ist.

Framework III muß des weiteren angewiesen werden, den Namen zu der
im Feld KUNDE angegebenen Kundennummer zu ermitteln. Zu diesem
Zweck wird die folgende Formel in das Feld NAME eingegeben:

```
NAME:=@vlookup(KUNDE,GEBÜHREN.A3:GEBÜHREN.G24,6)
```

Die Formel ähnelt der ersten. Sie weist Framework an, in den Frame GE-
BÜHREN zu wechseln und dort die linke Spalte von oben nach unten zu
durchsuchen, bis eine Nummer gefunden wird, die mit der im Feld
KUNDE (Frame ARBEITSBUCH) übereinstimmt. Von dieser Nummer
aus springt Framework sechs Felder nach rechts, überprüft den Zelleninhalt und weist ihn dem Feld NAME im Frame ARBEITSBUCH zu. Der

Formelteil GEBÜHREN.A3:GEBÜHREN.G24 gibt wiederum den zu durchsuchenden Bereich an.

Nun wird noch eine Formel benötigt, um den Arbeitstarif zu ermitteln. Zu diesem Zweck wird die folgende Formel in das Feld TARIF eingegeben:

```
TARIF:=@vlookup(MIT,GEBÜHREN.A3:GEBÜHREN.G24,ARBEIT)
```

Framework sucht in der äußersten linken Spalte des Frames GEBÜHREN nach der im Feld MIT (Frame ARBEITSBUCH) angegebenen Nummer und springt von dort die im Feld ARBEIT angegebene Anzahl von Feldern nach rechts. Der ermittelte Wert wird in das Feld TARIF übertragen. Der Formelteil GEBÜHREN.A3:GEBÜHREN.G24 gibt wiederum den zu durchsuchenden Bereich an. In Framework III kann auch die FRED-Formel @dblookup zum Durchsuchen einer Datenbank nach bestimmten Werten verwendet werden.

Die letzte Formel in ARBEITSBUCH berechnet den Zahlungsbetrag aus dem Arbeitstarif und der Stundenzahl. In das Feld BETRAG wird die Formel

```
BETRAG:=STUNDEN*TARIF
```

eingegeben.

Nach der Eingabe der Formel wird der Frame gespeichert. Anschließend kann die Eingabe in den Frame ARBEITSBUCH vorgenommen werden; zuvor muß jedoch die automatische Neuberechnung eingeschaltet werden.

Zur Eingabe der Daten wird der Cursor auf den ersten Datensatz verschoben und ein Datum eingegeben. Das Eingabeformat ist nicht von Bedeutung, da das Datum im folgenden nicht mehr verwendet wird. Anschließend erfolgt die Eingabe der Mitarbeiternummer (zum Beispiel 107), woraufhin von Framework III automatisch der Name des Mitarbeiters eingefügt wird. Entsprechend wird bei Kundennummern verfahren. Bei der Eingabe einer Arbeitsnummer (von 1 bis 4) fügt Framework den Tarif ein. Nach der Eingabe der Anzahl der Arbeitsstunden wird der anfallende Gesamtbetrag berechnet.

Sie sollten anschließend die korrekte Berechnungsweise der Formeln wie auch die Feldbreiten und Zahlenformate überprüfen.

NUM	ARBEIT1	ARBEIT2	ARBEIT3	ARBEIT4	MITARBEITER	KUNDE
101	150	125	100	90	Schmidt, J.	Wilherm, W.
102	150	125	100	90	Schmitt, W.	Kalb, C.
103	150	125	100		Meier, D.	Snider, S.
104	150	125	100		Olivier, O.	Suffkopp, S.
105	150	125	100		Dollen, F.	Anders, A.
106	100	50	50	50	Freud, A.	Jefson, J.
107	100	50	50	50	Berg, B.	Schau, M.
108	90	45	45	45	Eden, E.	Goldi, G.
109	90	45	45	45	Schneider, L	Ewerts, E.
110			50	45	Fiffil, H.	Mira, N.
111						Tapsig, T.
112						Dosen, D.
113						Treau, T.
114						Koffer, K.
115						Oman, M.
116						Kraut, K.
117						Adel, A.
118						Wuff, W.
119						Dyna, D.
120						Kanbel, B.
121						Dandis, D.
122						Feli, F.

Bild 18.12 Ergebnisse einer Berechnung mit dem Honorarberechnungssystem

Erstellen eines Container-Frames

Abschließend sollen die verschiedenen Frames in einen Container-Frame übertragen werden. Hierzu wird ein leerer Text-Frame angelegt, der ABRECHNUNG genannt wird und in den die Frames in folgender Reihenfolge verlagert werden: KOPF1, ARBEITSBUCH, GEBÜHREN. Der Frame wird geschlossen und der Container-Frame anschließend auf Diskette/Platte gespeichert.

Nutzung des Honorarberechnungssystems

Zur Nutzung des Honorarberechnungssystems wird die Dauer der von den Mitarbeitern ausgeführten Arbeiten in den Frame ARBEITSBUCH eingegeben. Der Frame ist gleichzeitig chronologisches Verzeichnis aller eingegebenen Informationen. Zum Erstellen eines Berichts über alle Arbeiten, die für einen Kunden angefallen sind, wird der Cursor auf den Frame-Namen verschoben und eine Filterformel (etwa KUNDE=196) eingegeben. Auf diese Weise lassen sich auch andere Informationen aus der Datenbank herausfiltern. Mit der Formel MIT=102 läßt sich so beispielsweise feststellen, welche Arbeiten der Mitarbeiter mit der Nummer 102 ausgeführt hat. Des weiteren können alle an einem Tag ausgeführten Arbeiten (DATUM=24.Juni; hierzu muß das Datum als Zeichenkette in genau dieser Form eingegeben werden) oder ein besonderer Arbeitsvorgang (ARBEIT=1) selektiert werden. Die gefilterte Datenbank kann auf dem Bildschirm dargestellt und ausgedruckt werden. Sollen wieder alle Datensätze auf dem Bildschirm erscheinen, muß die Option *Öffne alle* im Menü *Frames* aktiviert werden.

Anhang A

Systemanforderungen

Einplatzsystem

Framework III läuft auf allen Mikrocomputern ab, die zum IBM PC/XT/AT oder zu PS/2 voll kompatibel sind. Die folgenden Systeme erfüllen diese Anforderung:

- AT&T PC 6300
- Compaq Deskpro und Portable-Serie
- DATA GENERAL/One Modell 2
- GRiDCase 2 Plus
- IBM PC Convertible
- NEC MultiSpeed
- Toshiba T1100PLUS, Toshiba 3100
- Zenith Z-183

Das folgende wird ebenso vorausgesetzt:

- 640 Kbyte RAM (*Random Access Memory*). Von der Hauptspeicherkapazität Ihres Computer hängt die maximale Größe von Kalkulationstabellen, Datenbanken, Grafiken und Textdateien ab.

- Eine der folgenden Laufwerkskonfigurationen:

  5 1/4-Zoll-Diskettenlaufwerke mit einer Mindestkapazität von 360 Kbyte.

  Zwei 3 1/2-Zoll-Diskettenlaufwerke mit einer Mindestkapazität von 720 Kbyte.

  Eine Festplatte und ein 5 1/4-Zoll-Diskettenlaufwerk mit einer Mindestkapazität von 360 Kbyte.

  Eine Festplatte und ein 3 1/2-Zoll-Diskettenlaufwerk mit einer Mindestkapazität von 720 Kbyte.

  Eine Festplatte wird empfohlen.

- PC-DOS Version 2.0 (oder höher); MS-DOS Version 2.1 (oder höher). Die Version 2.11 wird vom Toshiba T3100 nicht unterstützt.

● Einen IBM- oder kompatiblen Monochrom- oder Farbmonitor. Ein Farbmonitor ermöglicht die Darstellung von Grafiken, Texten wie auch der einzelnen Bereiche der Arbeitsfläche in verschiedenen Farben.

Andere Optionen

● *Drucker.* Framework III unterstützt über 100 Drucker. Ein textorientierter Matrix- oder Typenraddrucker kann außer Kreisgrafiken alle in Framework III möglichen Grafiken drucken. Für das Erstellen von Kreisgrafiken ist ein Drucker mit Grafikfähigkeit erforderlich. Ein Laserdrucker kann sowohl Texte als auch Grafiken erstellen.

Framework III bietet auch die Laserdruckerunterstützung per Postscript für das Desktop-Publishing. Besitzen Sie einen nicht unterstützten Drucker, kann bei Ashton-Tate nach einem dafür entwickelten Treiberprogramm nachgefragt werden.

● *Erweiterter Speicher.* Eine Speichererweiterungskarte gemäß der Lotus/Intel/Microsoft Expanded Memory Specification (einschließlich LIM EMS 4.0) ermöglicht es, in kurzer Zeit umfangreiche Kalkulationstabellen, Datenbanken, Grafiken und Textdateien zu erstellen.

● *Farb-/Grafikadapter.* Ein Farb-/Grafikadapter ist für das Erstellen hochauflösender Kreisgrafiken erforderlich. Paradise, ATI, Quadram und andere gebräuchliche Adapterkarten, die den IBM Monochrom-, CGA-, MCGA-, EGA- und VGA-Standard unterstützen, können verwendet werden.

● *Mathematischer Koprozessor.* Ein mathematischer Koprozessor (zum Beispiel der 8087, 80287 oder 80387) beschleunigt Vergleichsberechnungen auf einem PC. Dieser Koprozessor ist nützlich, falls umfangreiche Kalkulationstabellen oder komplexe mathematische Formeln verwendet werden; für die meisten Verwendungszwecke in Framework III ist er jedoch nicht erforderlich.

● *Farbplotter.* Ein Plotter ermöglicht den Farbdruck von Grafiken. Einige Drucker sind in der Lage, zeilenorientierte Grafiken, aber keine Kreisgrafiken, in Farbe zu drucken.

● *Modem.* Framework III unterstützt alle Modems, die zum Hayes-Modem kompatibel sind. Ein Modem ermöglicht die Datenfernübertragung per Telefonleitung von und zu anderen Systemen. Beachten Sie in Deutschland die Einschränkungen, die durch die Deutsche Bundespost festgelegt sind.

● *Hardware für elektronische Post (E-Mail).* Der Empfang von elektronischer Post von einem Remote-System erfordert im Einplatzbetrieb die MHS-Version 1.1P von Action Technologies oder Novell.

Auch sind eine Festplatte und PC-/MS-DOS 3.0 oder höher erforderlich.

- *Maus*. Eine Maus kann statt der Tastatur zur Menüauswahl eingesetzt werden. Framework III unterstützt die Microsoft Maus, Serielle und Bus-Maus von Logitech, die IBM PS/2 Maus, MSC Technologies-PC-Maus oder andere 2- oder 3-Tasten-Maustypen, die den Standards der zuvor aufgezählten Modelle entsprechen.

Installation

Vor der Verwendung von Framework III muß das Programm für das eingesetzte System konfiguriert werden. Hierzu müssen der Monitor, die Laufwerke und andere Peripheriegeräte an den Computer angeschlossen und Teil I des Framework III-Installationsprogramms aktiviert werden. Hierdurch wird Framework III mitgeteilt, welche Laufwerke, Bildschirmdarstellung, Tastatur und Drucker verwendet werden. Falls mehr als ein Drucker, Plotter oder eine Speichererweiterungskarte genutzt oder Standardeinstellungen in Framework III modifiziert werden sollen, muß Teil 2 des Installationsprogramms anschließend ausgeführt werden.

Um Teil 1 des Installationsprogramms zu aktivieren, muß DOS hochgefahren, die Installationsdiskette in Laufwerk A eingelegt und der folgende Befehl eingegeben werden:

```
A:SETUPFW
```

Nach der Betätigung der Return-Taste wird das Installationsprogramm geladen, und es erscheint das folgende Menü auf dem Bildschirm:

```
                              HAUPTMENÜ

     In folgenden Bereichen können Sie Programmanpassungen vornehmen:
  (1) KONFIGURATION: . . . . Hardware, Speicher, Installation, LAN/Mail

  (2) VOREINSTELLUNGEN:. . . Standardgröße von Frames, Menü-Voreinstellungen

  (3) DATENFERNÜBERTRAGUNG:  DFÜ-Dienste, Konfiguration, Terminalemulation

  (4) VERSCH. OPTIONEN:. . . Sortierung, Schutz-Code, Wörterbuch, Vermischtes

  (5) FREMDFORMATE:. . . . . Anwendungen, Fremdformate lesen/schreiben

  (6) DRUCKER: . . . . . . . Standardeinstellungen (max. 5 Drucker)
  ____________________________________________________________________

  (7) NEUE EINTRÄGE SPEICHERN und zurück zum DOS

  (8) ZURÜCK ZUM DOS, ohne neue Einträge zu speichern
  ====================================================================
                      GEWÜNSCHTE NUMMER eingeben
                            HILFE mit F1
```

Bild A.1   Hauptmenü des Installationsprogramms

Wählen Sie die Option 1, um Framework III zum ersten Mal zu installieren. Das nächste Menü informiert Sie über den Ablauf des restlichen Installationsprogramms. Anschließend erscheint eine Systemanfrage bezüglich des verwendeten Computersystems (eine Festplatte oder zwei Diskettenlaufwerke). Falls Sie über ein Festplattensystem verfügen, muß das ID-Programm auf der Systemdiskette 1 aktiviert werden. Das Installationsprogramm kopiert anschließend die meisten Framework III-Programme (Hilfedateien, Import/Export-Programme, Thesaurus, Rechtschreibüberprüfung und das Installationsprogramm selbst) auf die Festplatte. Hierdurch wird Framework III beschleunigt; außerdem muß nicht jedesmal, wenn ein Hilfebildschirm, die Rechtschreibprüfung oder das Installationsprogramm genutzt werden sollen, eine Diskette eingelegt werden.

Im Anschluß daran werden weitere Systemanfragen bezüglich Monitor, Tastatur, Drucker und Druckerport gestellt. Durch die anschließende Auswahl der verwendeten Geräteeinheiten teilen Sie dem Programm mit, welche Treiberprogramme von der Treiberdiskette übertragen werden sollen.

Nach jeder getroffenen Auswahl kann diese bestätigt, widerrufen oder das Programm beendet werden. Nach der Beantwortung aller Systemanfragen im ersten Teil des Installationsprogramms muß die getroffene Auswahl insgesamt nochmals bestätigt werden, und Framework III wird entsprechend der vorgenommenen Auswahl auf der Festplatte installiert. Alternativ dazu kann die gesamte Auswahlprozedur wiederholt oder das Installationsprogramm beendet werden. Im letzteren Fall wird Framework III natürlich nicht installiert.

Falls Sie ein PC-Neuling sind, sollten Sie die Einstellungen zur System-
konfiguration sorgfältig vornehmen. Aber auch die Wahl von für Ihr System nicht zutreffenden Optionen hat keine nachteiligen Auswirkungen
auf Ihren Computer. In diesem Fall können Sie das Installationsprogramm
jederzeit erneut ablaufen lassen. Gegebenenfalls sollten Sie sich im Handbuch Ihres Computers über dessen Hardwarespezifikationen informieren
und anschließend die entsprechenden Einstellungen vornehmen.

Zur Aktivierung des erweiterten Speichers in Framework III, der Installation zusätzlicher Drucker oder Plotter, der Hinzufügung neuer Menüpunkte oder der Änderung der Standardeinstellungen sind die Anweisungen in Anhang B genaustens zu beachten.

Installieren von Framework III-Mail

Die benötigte Software für Framework III-Mail hängt von der Art und
Weise der auszuführenden Kommunikation ab:

- *Nur lokales Netzwerk (LAN).* Falls Framework III-Mail zur Verwendung innerhalb eines lokalen Netzwerks installiert wird, ist nur die
  LAN-Version von Framework III erforderlich, die auf zwei Installa-
  tionsdisketten (Framework III-Mail) enthalten ist. Jedes Framework
  III-LAN-Paket kann in einem lokalen Netzwerk fünf Benutzer
  gleichzeitig unterstützen.

- *Standalone-PC.* Wird Framework III-Mail auf einem Standalone-PC
  installiert, so ist die normale Version von Framework III und das
  Softwarepaket MHS, Version 1.1p oder höher, erforderlich. MHS
  kann über Action Technologies Inc. oder Novell bezogen werden.
  Diese Verbindung ermöglicht den Mail-Austausch über Telefonleitung und Modem mit Benutzern kompatibler elektronischer Mail-Sy-
  steme (einschließlich Framework III-Benutzern).

- *LAN-zu-LAN oder LAN-zu-PC.* Falls die Mail-Übertragung von einem lokalen Netzwerk zu einem anderen oder einem Standalone-PC
  beabsichtigt ist, ist ein zusätzliches MHS-Paket erforderlich. Die
  MHS-Version 1.1n bietet diese Möglichkeit für Novell NetWare LAN
  und wird zusammen mit NetWare Version 2.1 oder höher bezogen.
  Die MHS-Version 1.1m gestattet die oben angegebenen Kommunika-
  tionsmodi für andere lokale MS-DOS-Netzwerke.

Anforderungen

Zur Installation von Framework III-Mail auf einem Standalone-PC wird
folgendes benötigt:

● Framework III muß in einem Verzeichnis auf der Festplatte installiert sein. Das Verzeichnis muß sich in einem ausführbaren Pfad befinden, der durch einen Pfadbefehl in der Datei AUTOEXEC.BAT
  angelegt wird (siehe DOS-Handbuch).

● 300 Kbyte RAM-Hauptspeicherkapazität. Zur Überprüfung des verfügbaren Hauptspeichers muß Framework III hochgefahren und die
  Tastenkombination Alt-F5 betätigt werden.

● 1,5 Mbytes verfügbarer Speicherplatz auf der Festplatte.

● Ein Modem.

● Eine Telefonleitung.

● MHS 1.1p.

Installationsprozeduren

Die Installation von Framework III-Mail erfolgt in drei Arbeitsschritten:

● Zuerst wird Framework III - falls nicht schon geschehen - auf der
  Festplatte installiert. Stellen Sie sicher, daß die Option *Mail-Funktio-
  nen* im Menü *LAN/MAIL* des Installationsprogramms aktiviert ist
  (Anhang B).

● Die MHS-Software wird auf der Festplatte installiert.

● Das Programm FWMAIL wird aktiviert, damit Framework III mit
  MHS kommunizieren, MHS für Ihre Computer- und Modem-Konfi-
  guration installieren und die Anweisungen bezüglich der Benutzer
  und des Übertragungsweges im Mail-Verzeichnis des Netzwerkes
  speichern kann.

Zur Installation der MHS-Software auf der Festplatte müssen die folgenden Arbeitsschritte ausgeführt werden:

1. DOS muß gestartet, die MHS 1.1p-Diskette 1 in Laufwerk A eingelegt, A: eingegeben und abschließend die Return-Taste angeschlagen
   werden. Hierdurch wird das Laufwerk A aktiviert.

2. *mhsinst* wird eingegeben und anschließend die Return-Taste betätigt.

3. Bei Erscheinen des nächsten Menüs auf dem Bildschirm wird die
   Pfeiltaste Nach Unten solange niedergehalten, bis die Bestätigungsop-
   tion markiert ist. Anschließend wird die Return-Taste angeschlagen.
   Hierdurch wird festgelegt, daß MHS im Stammverzeichnis von Lauf-

werk C installiert wird. Soll MHS in einem anderen Verzeichnis installiert werden, muß der Verzeichnispfad eingegeben und anschließend die Option ausgewählt werden.

4. Im Installationsmenü wird die Option zur erstmaligen Installation gewählt, und im Anschluß daran werden die auf dem Bildschirm dargestellten Anweisungen ausgeführt. MHS legt mehrere Unterverzeichnisse an, in die Dateien kopiert werden; außerdem werden die Dateien AUTOEXEC.BAT und CONFIG.SYS angepaßt.

5. Nach der Übertragung und Aktualisierung aller Dateien wird die Option zum Rücksprung auf die DOS-Ebene ausgewählt.

6. Die Dateien AUTOEXEC.BAT und CONFIG.SYS müssen überprüft werden, damit die von MHS ausgeführten Änderungen sich nicht auf andere Programme nachteilig auswirken. Auch die Position der beiden Befehle (SET MV=C:\ und SET CLR=0), die MHS der Datei AUTOEXEC.BAT hinzufügt, sollte überprüft werden. Es kann notwendig sein, die beiden Befehle an das Dateiende zu verschieben, um die korrekte Ausführung der anderen in der Datei enthaltenen Befehle zu gewährleisten. Außerdem sollte die Anzahl der in der Datei CONFIG.SYS angegebenen Dateien (files) und Puffer (buffers) überprüft werden. Für beide Parameter wird von MHS der Wert 20 eingestellt. Falls Sie jedoch mehr Dateien und Puffer für andere Programme benötigen, sollten die Einstellungen entsprechend verändert werden.

7. Abschließend wird der Computer neu gestartet.

Aktivieren des FWMAIL-Programms

Mit Hilfe des FWMAIL-Programms wird der Standalone-PC als Host des Mail-Netzwerks installiert, d.h., er kann Meldungen senden und empfangen.

Das Programm FWMAIL wird folgendermaßen aktiviert:

1. Zuerst muß DOS geladen und in das Verzeichnis gewechselt werden, in dem Framework III installiert ist. Im Anschluß daran wird FWMAIL eingegeben und die Return-Taste betätigt.

2. Bei der Systemanfrage nach dem Namen des Benutzers wird ADMIN eingegeben und die Return-Taste angeschlagen. Bei der Eingabeaufforderung des Kennworts wird die Return-Taste zweimal betätigt.

3. Anschließend wird die Option zum Starten des Directory-Managers mit Hilfe der Pfeiltasten markiert und die Return-Taste angeschlagen. Beim Erscheinen der nächsten Bildschirmmaske wird die Option zur Auswahl dieses Host-Rechners gewählt.

4. Der Hostname, Workgroup-Name, bevorzugte MHS-Version, das/die
    Kennwort/Kennwörter für den Zugriff auf den/die MHS-Version/en
    und die Informationen zur Beschreibung des Kommunikationsports
    und der Modemkonfiguration werden eingegeben.

    Zusätzliche Informationen zu den vorzunehmenden Eingaben finden
    sich im MHS-Handbuch.

5. Nachdem alle Eingaben vorgenommen sind, wird die Option zur Be-
    endigung aktiviert.

6. Beim Erscheinen des Directory-Manager-Menüs müssen die Benut-
    zernamen dieser Hoststation ausgewählt werden.

7. Aus der erscheinenden Bildschirmmaske wird die Option zur Hinzu-
    fügung eines Eintrags aktiviert, der Benutzername, der vollständige
    Name (Vor- und Nachname) und das Kennwort werden eingegeben.
    Das Kennwort muß nicht unbedingt angegeben werden. Für die am
    häufigsten eingesetzte Anwendung wird FWMAIL eingegeben. Nach-
    dem alle Eingaben getätigt sind, wird wiederum die Beendigungsop-
    tion aktiviert.

8. Anschließend müssen zusätzliche Benutzernamen eingegeben werden,
    falls noch weitere Personen den PC für die Netzwerk-Mail nutzen.
    Für jeden Benutzer oder jede Gruppe, die Mail über den Host sendet
    oder empfängt, sollte ein Benutzername vergeben werden. Durch die
    Auswahl der Option zur wiederholten Darstellung der aktuellen Liste
    können alle eingegebenen Benutzernamen eingesehen werden.

9. Durch die Betätigung der Escape-Taste wird zum Directory-Mana-
    ger-Menü zurückgekehrt.

10. Die Pfade zu Workgroups, Hosts und Gateways werden ausgewählt.

11. Beim Erscheinen der entsprechenden Bildschirmmaske wird die Op-
    tion zum Hinzufügen eines Eintrags ausgewählt und die zum Senden
    und Empfang von Meldungen verwendete Pfade aktiviert.

    In den meisten Fällen wird wohl *Telefonverbindung von diesem Com-
    puter* ausgewählt. Soll Ihr Standalone-PC bei Anruf selbsttätig Mail
    senden und empfangen, wird hingegen die Option der *Telefonverbin-
    dung zu diesem Computer* gewählt. Weitere Informationen zur Festle-
    gung anderer Kommunikationspfade finden Sie im MHS-Handbuch.

    Der Hostname, die Beschreibung, Telefonnummer und andere
    Spezifika zur MHS-Version im Netzwerk, mit der kommuniziert
    werden soll, werden eingegeben. Bei der Eingabe der Telefonnummer
    sollte darauf geachtet werden, daß alle zu wählenden Ziffern
    angegeben werden.

Nach der Eingabe aller Informationen wird die Beendigungsoption ausgewählt.

12. Der Arbeitsschritt 11 wird für jede weitere MHS-Version, mit der kommuniziert werden soll, ausgeführt.

13. Durch das zweimalige Betätigen der Escape-Taste wird zum MHS-Hauptmenü zurückgekehrt, und durch die anschließende zweimalige Auswahl der Beendigungsoption gelangt man zu DOS zurück.

14. FW wird zum Start von Framework III eingegeben. Hinter der Eingabeaufforderung von Framework III werden der Benutzername und das Kennwort eingefügt. Im Anschluß daran kann die Option *Netzwerk-Mail* im Menü *Anwendung* eingesetzt werden (Kapitel 12).

Kapazität von Framework III

Die Kapazität von Framework III zur Aufnahme von Daten hängt von der Größe des RAM-Speichers ab (Tabelle A.1).

Hauptspeicherkapazität

Typ der Daten	640 Kbyte	1 Mbyte	2 Mbyte
Textseiten*	150	300	700
Kalkulationstabellenzellen**	8000	16000	32000
Datensätze in Datenbanken***	1000	2000	3200

* Die maximale Seitenanzahl in einem Container-Frame auf der Grundlage einer Seite mit 400 Wörtern oder 2150 Zeichen. Dies entspricht einem üblichen 8 1/2 mal 11 Zoll großen Blatt mit einem Zeilenabstand von einer Zeile.

** Die maximale Anzahl der Zellen einer Kalkulationstabelle unter der Voraussetzung, daß 15 Prozent der Zellen Text (Beschriftungen), 30 Prozent Formeln, 25 Prozent Zahlen enthalten und 30 Prozent leer sind. Falls einige Zellen leer sind, kann die Kalkulationstabelle umfangreicher sein.

*** Die maximale Anzahl der in einer Datenbank enthaltenen Datensätze unter der Voraussetzung, daß jeder Datensatz aus zehn Feldern zu jeweils zehn Zeichen besteht. Die Zahl der Datensätze richtet sich nach der Größe und Anzahl der Felder in einem Datensatz.

Tabelle A.1   Datenkapazität

Die Kapazität zur Aufnahme von Daten kann von der verwendeten Hardware und der Installationsweise von Framework III abhängig sein. Die oben genannten Zahlen sind deshalb nur Durchschnittswerte, die auf der Annahme basieren, daß der Bibliotheks-Frame leer ist, der Overlay-Puffer über die Standardkapazität von 20 Kbyte verfügt und ein Monochromtreiber installiert ist. Grafiktreiber erfordern mehr RAM-Speicherkapazität und mindern dadurch die maximale Größe anderer Objekte in Framework III.

Den in Tabelle A.1 dargestellten Zahlen liegt zudem die Annahme zugrunde, daß der gesamte verfügbare RAM-Speicherplatz nur für eine Funktion (Textverarbeitung, Kalkulationstabelle oder Datenbank) bereitsteht. Die Mbyte-Angaben beziehen sich auf die Installation des Intel Above Board oder anderer Speichererweiterungen.

Anhang B

Erstellen eigener Anwendungen

Nachdem Sie nunmehr mit Framework III vertraut sind, werden Sie unter Umständen einige Standardeinstellungen des Systems ändern wollen. So lassen sich beispielsweise die Standardgröße von Kalkulationstabellen und Datenbanken und die Standardeinstellungen für Ränder und Tabulatoren ändern. Ein anderes Programm kann über die im Menü *Laufwerk* verfügbaren Optionen installiert, und dem Verzeichnis im Untermenü *Datenfernübertragung* können weitere Namen hinzugefügt werden.

Falls Sie über eine Festplatte oder eine Speichererweiterungskarte verfügen, wollen Sie vielleicht die Möglichkeiten der Speichererweiterung nutzen, um sehr umfangreiche Kalkulationstabellen, Datenbanken und Text-Frames anzulegen. Des weiteren läßt sich der im Hauptspeicher abgelegte Teil von Framework III auslagern oder die Geschwindigkeit der während der Tastaturbenutzung an den Druckerspooler übergebenen Informationen modifizieren. Daneben können noch viele andere Operationen den eigenen Bedürfnissen angepaßt werden.

Alle benutzerspezifischen Veränderungen werden mit dem Framework III-Installationsprogramm ausgeführt. Zu diesem Zweck muß gewährleistet sein, daß das Installationsprogramm bereits einmal abgelaufen ist. Im Anschluß daran wird DOS gestartet. Falls Sie einen Computer mit zwei Diskettenlaufwerken besitzen, legen Sie die Installationsdiskette in Laufwerk A ein und geben A:SETUPFW ein. Bei der Verwendung einer Festplatte geben Sie SETUPFW ein, wenn Sie sich im entsprechenden Verzeichnis befinden. Nach dem Erscheinen des ersten Installationsmenüs wird die Option 2 aktiviert.

Bei aktivem zweiten Menü wird eine Systemanfrage bezüglich der Position der SETUP-Datei dargestellt, in der die Installationseinstellungen gespeichert werden. Bei der Installation von Framework III auf einer Festplatte ist die Datei wahrscheinlich auch dort abgelegt. Bei der Verwendung eines Rechners mit zwei Diskettenlaufwerken ist das Programm SETUPFW auf der Systemdiskette 2 gespeichert. Wählen Sie die korrekte Option aus den auf dem Bildschirm dargestellten Möglichkeiten aus.

Nach der Auswahl einer Option zur Positionskennzeichnung der SETUP-Datei erscheint das Installationshauptmenü auf dem Bildschirm (Bild B.1).

```
                        HAUPTMENÜ

    In folgenden Bereichen können Sie Programmanpassungen vornehmen:

(1) KONFIGURATION: . . . . . Hardware, Speicher, Installation, LAN/Mail

(2) VOREINSTELLUNGEN:. . . . Standardgröße von Frames, Menü-Voreinstellungen

(3) DATENFERNÜBERTRAGUNG:  DFÜ-Dienste, Konfiguration, Terminalemulation

(4) VERSCH. OPTIONEN:. . . Sortierung, Schutz-Code, Wörterbuch, Vermischtes

(5) FREMDFORMATE:. . . . . Anwendungen, Fremdformate lesen/schreiben

(6) DRUCKER: . . . . . . . Standardeinstellungen (max. 5 Drucker)
________________________________________________________________________

(7) NEUE EINTRÄGE SPEICHERN und zurück zum DOS

(8) ZURÜCK ZUM DOS, ohne neue Einträge zu speichern
________________________________________________________________________

                    GEWÜNSCHTE NUMMER eingeben
                          HILFE mit F1
```

Bild B.1   Installationshauptmenü

Framework III ermöglicht die Einsicht in alle Standardeinstellungen. Aus den im folgenden dargestellten sechs Funktionsbereichen können beliebig viele Einstellungen verändert werden.

1. *Konfiguration.* Hierzu gehören die an den Computer angeschlossenen Hardwareeinheiten, die Installation von Framework III auf Festplatte, das Entfernen des Programms, die Festlegung, welche Teile der Overlay-Programme beim Programmstart in den Hauptspeicher geladen werden, das Aktivieren und Dimensionieren des erweiterten Speichers, das Löschen aus dem Hauptspeicher mit anschließendem erneuten Laden von Programmteilen (um Speicherplatz für den Ablauf anderer Programme unter Nutzung des DOS-Zugriffs-Frames zu schaffen), Optionen für den lokalen Netzwerkbetrieb (LAN) und Mail-Operationen.

2. *Voreinstellungen.* Hierzu gehören alle Standardeinstellungen wie anfängliche Frame-Größe, Standardformate für Kalkulationstabellen und Datenbanken und eine Vielzahl von Einstellungen und Standardsymbolen für die Textverarbeitung.

3. *Datenfernübertragung.* Hierzu zählen die im Untermenü *Datenfernübertragung* zu installierenden Programme, die zugeordneten Telecomm-Dateien, die für die Datenfernübertragung genutzten Ports, die Namen der zu emulierenden Terminals, die zur Telekommunikation verwendeten Einheitentreiber und die Optionen für das Datenfernübertragungsprotokoll Kermit.

4. *Versch. Optionen.* Hierzu gehören die Art der auszuführenden Sortierfunktion (beispielsweise nach Duden oder nach Telefonbuch), die Geschwindigkeit, mit der Frames geöffnet bzw. geschlossen werden, die installierten Programmiersprachen, der Schutz der Seriennummer usw.

5. *Fremdformate.* Hierzu zählen die im Menü *Laufwerk* und dort in den Untermenüs *Lesen von Fremdformatdateien* und *Schreiben von Fremdformatdateien* einzufügenden Menüpunkte und die Namen der Anwendungen oder Konvertierungsprogramme, die durch die Auswahl der Menüpunkte aktiviert werden sollen.

6. *Drucker.* Hierzu gehören die Konfigurationseinstellungen von bis zu fünf Druckern und Plottern.

Die Optionen verbürgen eine große Flexibilität bei der Verwendung von Framework III. Deren Bedeutung wird Ihnen womöglich erst bei der Erprobung bewußt.

Die Einstellung einiger Optionen, wie beispielsweise die Art der Währungsdarstellung, wird durch das jeweilige Aufgabenfeld bestimmt. Andere wiederum, wie das Einblenden des Zeilenlineals bei der Textverarbeitung oder die Verwendung der Standard-Frame-Größen, hängen von den Arbeitsmethoden des Benutzers ab.

Falls Sie nach der Änderung einer Standardeinstellung mit dem Ergebnis nicht zufrieden sind, kann die Veränderung jederzeit rückgängig gemacht werden. In jeder Ablaufphase des Installationsprogramms kann vom System eine kontextsensitive Hilfe angefordert, die vorgenommene Einstellung bestätigt oder rückgängig gemacht werden. Sie sollten mit dem Installationsprogramm erst einmal experimentieren, bevor Sie sich auf eine endgültige Einstellung festlegen.

Bei der Auswahl einer Option im Hauptmenü erscheinen die aktuellen Einstellungen in der nachfolgenden Bildschirmmaske, und es wird eine Eingabeaufforderung bezüglich der Änderung der Einstellungen angezeigt. Nachdem alle Eingabeaufforderungen in einem Abschnitt des Installationsprogramms beantwortet sind, kehrt das Programm zum Hauptmenü zurück und ermöglicht Ihnen die Modifikation in anderen Programmabschnitten. Anschließend können die neuen Einstellungen gespeichert, oder das Programm kann ohne Speicherung der vorgenommenen Festlegungen verlassen werden. Jede Änderung wird erst wirksam, wenn sie in der SETUP-Datei gesichert wird.

Vor der Veränderung von Einstellungen im Installationsprogramm empfiehlt sich die Lektüre der relevanten Abschnitte im Framework-Handbuch.

Installieren zusätzlicher Programme als Menüpunkte

In Framework III lassen sich Programme als Optionen des Menüs *Anwendung* installieren. Das Leistungsmerkmal kann von jedem Framework-III-Benutzer verwendet werden, es eignet sich aber insbesondere für Programmierer und Anwendungsentwickler.

Mit Hilfe dieses Leistungsmerkmals können kommerzielle Anwendungen und vom Benutzer entwickelte Programme in Framework III integriert werden. Die benutzereigenen Programme werden dem Menü *Anwendung* hinzugefügt und von FRED-Programmen gesteuert, die sie aufrufen. So können beispielsweise FRED-Programme für den Import/Export von Daten aus Applikationen (MS-Word-Dateien), die nicht im Menü *Laufwerk* berücksichtigt sind, hinzugefügt werden.

Zur Installation eines zusätzlichen Programms als Menüpunkt wird das Installationsprogramm wie folgt verwendet:

1. Zuerst wird zur DOS-Ebene zurückgekehrt, hinter der Eingabeaufforderung SETUPFW eingegeben und die Return-Taste betätigt.

2. Aus dem Hauptmenü des Installationsprogramms wird Option 5 (*Fremdformate*) gewählt.

3. Aus der nächsten Bildschirmmaske wird eine Optionsnummer für *Anwendungen, Fremdformate lesen* oder *Fremdformate schreiben* ausgewählt.

4. Der Dateiname des Programms und der Menüname werden eingegeben.

5. Die vorgenommenen Veränderungen werden gespeichert. Beim Neustart von Framework III erscheint der Menüname im Menü *Laufwerk*.

Anhang C

Import und Export

Framework III verfügt über die Option *Lesen von Fremdformatdateien* (Menü *Laufwerk*), mit deren Hilfe Fremdformatdateien anderer Programme wie auch ASCII-Texte importiert und genutzt werden können. Die Option *Schreiben von Fremdformatdateien* ermöglicht dementsprechend den Export von mit Framework III erstellten Dateien in andere Systeme.

Import von Dateien aus anderen Programmen

Framework III vermag die Dateien der folgenden Programme in das Framework III-Format zu konvertieren:

- Framework II
- dBASE II, dBASE III, dBASE III PLUS und dBASE IV
- IBM DCA/DisplayWrite
- WordStar
- MultiMate und MultiMate Advantage II
- WordPerfect
- ASCII-Text
- Lotus 1-2-3
- MultiPlan SYLK
- VisiCalc DIF

In einigen Fällen müssen geringfügige Veränderungen hinsichtlich der Formatierung vorgenommen werden, die meisten konvertierten Dateien unterscheiden sich jedoch nur unwesentlich von ihrer ursprünglichen Form. Zur Konvertierung einer Datei in das Framework-III-Format müssen die folgenden Arbeitsschritte ausgeführt werden:

1. Das Menü *Laufwerk* wird geöffnet und die Option *Lesen von Fremd-
    formatdateien* ausgewählt (Bild C.1).

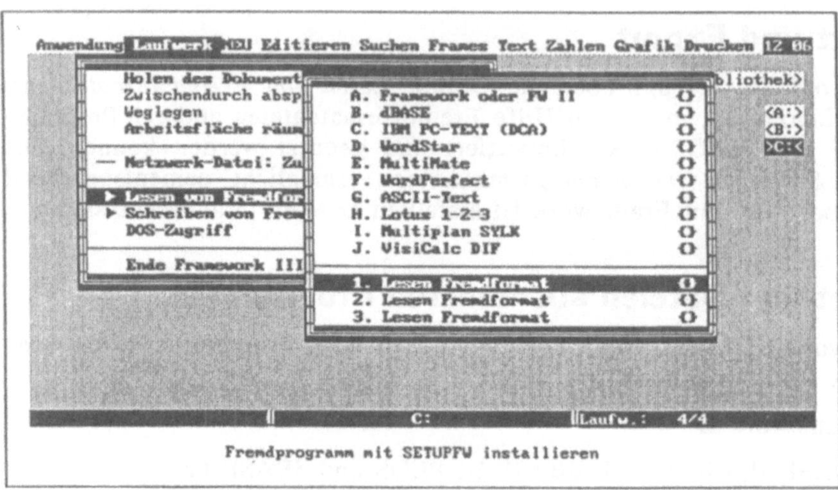

Bild C.1   Lesen von Fremdformatdateien

2. Im Untermenü wird eine Unteroption gewählt, in der Editierzeile der
    Dateiname (falls von der Standardeinstellung abweichend, auch Lauf-
    werk, Verzeichnis und Dateinamenerweiterung) eingegeben und an-
    schließend die Return-Taste betätigt.

Framework III führt die Konvertierung automatisch aus.

Falls die Datei eines Textverarbeitungsprogrammes umfangreicher als
32.000 Bytes ist, wird sie in zwei oder mehrere Unter-Frames unterteilt.
Kalkulationstabellen werden aber immer als vollständige Datei übertragen.
Formatattribute, die nicht in Framework III verfügbar sind, werden als
fett und unterstrichen dargestellt. Die auf der Arbeitsfläche dargestellte
Datei kann nun gespeichert werden. Bei einer Speicherung wird sie unter
dem Namen der Originaldatei, aber mit der Dateinamenerweiterung .FW3
abgelegt.

Es ist möglich, eine Datei durch Auswahl aus dem Laufwerksverzeichnis
in das Framework-Format zu konvertieren. Framwork III ermittelt mit
Hilfe eines Moduls den Dateityp anhand der Dateinamenerweiterung. Da
der Unterschied zwischen ASCII-, WordStar- und DIF-Dateinamen jedoch nicht immer erkennbar ist, sollte eine solche Datei zuerst auf der
Arbeitsfläche untersucht werden. Erst anschließend wird die Option *Lesen
von Fremdformatdateien* gewählt.

Export von Framework III-Dateien

Framework III kann Dateien in zehn Fremdformate konvertieren. Hierzu müssen die folgenden Arbeitsschritte ausgeführt werden:

1. Die Datei wird auf die Arbeitsfläche geladen und entweder der Cursor in den Frame positioniert oder der Frame markiert.

2. Das Menü *Laufwerk* wird geöffnet und die Option *Schreiben von Fremdformatdateien* ausgewählt.

3. Das Format, in das die Konvertierung erfolgen soll, wird gewählt.

Framework III konvertiert die Datei automatisch, wobei der ursprüngliche Dateiname erhalten bleibt und die Dateinamenerweiterung des Fremdprogramms zugewiesen werden. Die möglichen Dateinamenerweiterungen sind in Tabelle C.1 dargestellt.

Programm	Dateinamenerweiterung
Framework II	.FW2
dBASE II, III, III PLUS, IV	.DBF
IBM DCA/DisplayWrite	.RFT
WordStar	.WSD
MultiMate	.DOC
WordPerfect	.WP
Lotus 1-2-3	.WKS
MultiPlan	.SYL
ASCII	.TXT

Tabelle C.1   Exportformate und Dateinamenerweiterungen

Eine Erläuterung zur Konvertierung findet sich im Framework III-Handbuch.

Anhang D

Framework III-Tastenbezeichnungen

Tastenbezeichnungen in FRED-Formeln

*{uparrow}	*{return}	{cont}	{ctrl-break}
*{downarrow}	{scroll-lock}	{wait}	{ctrl-prtsc}
*{leftarrow}	*{del}	{null}	ctrl-}
*{rightarrow}	*{tab}	{all} = alle Tasten	
*{home}	{backtab} oder {shift-tab}		{alt-backspace}
*{end}	*{backspace}	{shift-f5}	{alt-return}
*{pgup}	{esc}	{shift-f7}	{alt-break}
*{pgdn}	*{ins}	{shift-f8}	
*{out} oder {uplevel}		{f1} {f2}	
*{in} oder {dnlevel}		bis	
		{f11} {f12}	

* Alle mit einem Asteriskzeichen versehenen Tastenbezeichnungen können mit der Ctrl-Taste kombiniert und folgendermaßen verwendet werden: {ctrl-uparrow}

Die Buchstabentasten (A-Z), Zifferntasten (0-9) und die Funktionstasten (F1-F12) können mit den Tasten Ctrl und Alt kombiniert werden, wie zum Beispiel: {ctrl-a} {alt-b} {ctrl-9} {alt-3} {ctrl-f4} {alt-f10}.

Anhang E

Funktionen in Framework III

Finanzmathematische Funktionen

Funktion	Berechnet
@fv(Rate,Zins,Perioden)	Kapitalendwert.
@irr(Schätzung,Zahlungsreihe)	Den internen Zinsfuß.
@mirr (Risikozins,Marktzins, Zahlungsreihe)	Den abgewandelten internen Zinsfuß.
@npv(Zins,Zahlungsreihe)	Den Kapitalbarwert.
@pmt(Kredit,Zins,Perioden)	Regelmäßige Zahlungen.
@pv(Rate,Zins,Perioden)	Barwert.

Tabelle E.1   Finanzmathematische Funktionen

Statistische Funktionen

Funktion	Bewirkt
@avg(Parameterliste)	Ermittelt den arithmetischen Mittelwert der in der Parameterliste enthaltenen Werte.
@count(Parameterliste)	Zählt die Anzahl der Parameter.
@max(Parameterliste)	Liefert den größten Wert der Parameterliste.
@min(Parameterliste)	Ermittelt den kleinsten Wert der Parameterliste.
@std(Parameterliste)	Berechnet die Standardabweichung der in der Parameterliste enthaltenen Werte.

@sum(Parameterliste)   Addiert die Werte aller Parameter.

@var(Parameterliste)   Berechnet die Varianz der in der
                                        Parameterliste enthaltenen Werte.

Tabelle E.2   Statistische Funktionen

Die statistischen Funktionen lassen die Angabe einer beliebigen Anzahl
von Parametern zu; es werden aber nur Zahlen berücksichtigt.

Logische Funktionen

Funktion   **Bewirkt**

@and(Parameterliste)   Liefert den logischen Wahrwert, wenn
                                        alle Parameter logisch wahr sind;
                                        andernfalls wird logisch falsch
                                        zurückgegeben.

@if(Bedingung,Ja-Wert,Nein-   Das Ergebnis ist entweder der Ja- oder
Wert)   der Nein-Wert; es ist der Ja-Wert,
                                        wenn die Bedingung erfüllt ist,
                                        andernfalls wird der Nein-Wert
                                        zurückgegeben.

@iserr(Ausdruck)   Falls das Argument zu @iserr zu einem
                                        Fehler führt, liefert die Funktion den
                                        Wert logisch wahr, ansonsten logisch
                                        falsch.

@isna(Ausdruck)   @isna erlaubt die Prüfung auf die
                                        Fehlermeldung #N/A!

@not(Ausdruck)   Kehrt einen logischen Wert in sein
                                        Gegenteil um; aus logisch wahr wird
                                        logisch falsch und umgekehrt.

@or(Parameterliste)   Liefert den logischen Wahrwert, falls
                                        mindestens einer der Parameter den
                                        logischen Wahrwert aufweist,
                                        andernfalls ist das Ergebnis logisch
                                        falsch.

@isabend(Ausdruck)   Liefert logisch wahr, falls eine
                                        Operation abgebrochen wurde. Durch
                                        Ausdruck kann das Ergebnis der
                                        Funktion verändert werden.

@isalpha(Ausdruck)	Liefert logisch wahr, falls der *Ausdruck* eine Zeichenkette ist; andernfalls falsch.
@isnumeric(Ausdruck)	Gibt logisch wahr zurück, falls *Ausdruck* numerisch ist; andernfalls wird logisch falsch geliefert.
@isbop(String,Index)	Liefert logisch wahr, falls das erste Stringzeichen den Anfang eines Absatzes bildet.
@iscapslock	Gibt logisch wahr zurück, falls die Taste Caps Lock eingeschaltet ist; andernfalls wird logisch falsch geliefert.
@isnumlock	Liefert logisch wahr, falls die Taste Num Lock eingeschaltet ist; andernfalls logisch falsch.
@isdocument(Frame)	Gibt logisch wahr zurück, falls der Frame ein Text-Frame ist.
@exact(String1,String2)	Liefert logisch wahr, falls *String1* und *String2* absolut identisch sind.

Tabelle E.3   *Logische Funktionen*

Stringfunktionen

Funktion	**Bewirkt**
@len(Ausdruck)	Gibt die in *Ausdruck* angegebene Anzahl der Zeichen zurück.
@wordcount(Frame)	Liefert die in *Frame* enthaltene Anzahl der Wörter.
@mid(Ausdruck,Anfang, Zählen)	Entnimmt aus *Ausdruck* die in *Zählen* spezifizierte Anzahl von Zeichen; es wird bei dem durch *Anfang* angegebenen Zeichen begonnen.
@scan(Prüfen,Ziel,Index)	Liefert die Position des Strings *Prüfen* im String *Ziel*; durch *Index* kann angegeben werden, ab welcher Stelle *Prüfen* in *Ziel* gesucht wird.

@exact(String1,String2)	Liefert logisch wahr, falls *String1* und *String2* identisch sind.
@rept(Ausdruck,Zählen)	Wiederholt *Zählen* mal den *Ausdruck*.
@textselection	Gibt den in einem Text-Frame enthaltenen markierten Text als String zurück.
@isbop(String,Index)	Liefert logisch wahr, falls das erste Zeichen des Strings den Anfang eines Absatzes bildet.
@bop(Einzug,Format,link. Rd.,recht. Rd.)	Liefert das erste Zeichen eines Absatzes mit angegebenem *Einzug*, *Format*, *linkem* und *rechtem Rand*.
chr(n,Attribute)	Konvertiert die Ganzzahl *n* in das entsprechende ASCII-Zeichen mit folgenden *Attributen*: 1 = fett, 2 = kursiv, 4 = unterstrichen. Eine Verbindung der Attribute läßt sich erreichen, indem die den Attributen zugeordneten Werte addiert werden.
@value(Ausdruck,Typ)	Konvertiert *Ausdruck* in seinen numerischen Wert und interpretiert ihn als vom angegebenen *Typ*: 0 = Standard; 6 = numerisch; 7 = logisch; 8 = Zeit; Datumsformate: 9 = mtj; 10 = tmj; 11 = mj; 12 = jmt; 13 = tm; 14 = mt; 15 = m.

Tabelle E.4   Stringfunktionen

Die folgenden Stringfunktionen konvertieren eine Zahl *n* in ein Textformat, wobei *dp* die Anzahl der Dezimalstellen angibt; falls die Angabe *dp* fehlt, wird die Zahl in eine Ganzzahl umgewandelt.

Funktion	**Konvertiert n (= 7654,32) wie folgt:**
@integer(n,dp)	7654
@decimal(n,dp)	7654,32
@currency(n,dp)	$7654,32
@business(n,dp)	7654,32
@scientific(n,dp)	7,65E+3

Datums- und Zeitfunktionen

Funktion	Bewirkt
@date(Jahr,Monat,Tag)	Gibt das angegebene Datum ein; falls keine Parameter spezifiziert sind, wird die aktuelle Zeit von der Systemuhr übernommen.
@today	Übernimmt das aktuelle Datum von der Systemuhr.
@diffdate(Datum1,Datum2)	Ermittelt die Anzahl der Tage zwischen *Datum1* und *Datum2*; die Datumsangaben müssen durch die @date-Funktion erfolgen.
@sumdate(Datum,Inkrement)	Addiert zur Ermittlung eines künftigen oder vergangenen Datums die in *Inkrement* angegebene Anzahl der Tage zu *Datum*; *Datum* muß durch die @date-Funktion angegeben werden.
@time(Stunden,Minuten, Sekunden,Hundertstel)	Gibt die angegebene Uhrzeit ein; falls keine Parameter gesetzt werden, wird die aktuelle Uhrzeit von der Systemuhr übernommen.
@datetime(Datum,Zeit)	Gibt das angegebene Datum und die Uhrzeit ein. *Datum* und *Zeit* müssen durch die Funktionen @date und @time angegeben werden.

Tabelle E.6   Datums- und Zeitfunktionen

Die folgenden Datums- und Zeitfunktionen stellen ein Datum in einem Textformat dar. Datum und Zeit müssen durch @date- und @time-Funktionen angegeben werden.

Funktion	Beispiel
@date1	1. Jan. 1990
@date2	Jan. 1990
@date3	1. Jan.
@date4	1. Januar 1990
@time1	6:30 Uhr
@time2	18:30 h

@time3	18:30:45.15
@time4	18:30:45

Tabelle E.7   *Ergebnisse der Verwendung von Datums- und Zeitfunktionen*

Numerische Funktionen

Funktion	**Ergebnis**
@abs(n)	Ermittelt den Absolutwert des Argumentes *n*.
@acos(n)	Liefert den Arkuskosinus des Argumentes *n* im Bogenmaß.
@asin(n)	Berechnet den Arkussinus des Argumentes *n* im Bogenmaß.
@atan(n)	Berechnet den Arkustangens des Argumentes *n* im Bogenmaß.
@atan2(n1,n2)	Liefert den Arkustangens der Winkel *n1* und *n2* im vierten Quadranten.
@ceiling(n)	Liefert den kleinsten ganzzahligen Wert, der größer als das Argument *n* oder diesem gleich ist.
@cos(n)	Berechnet den Kosinus des Argumentes *n* im Bogenmaß.
@exp(n)	Potenziert e (2,72182818..., die Basis des natürlichen Logarithmus) mit dem Argument *n* als Exponenten.
@floor(n)	Liefert den größten ganzzahligen Wert, der nicht größer als das Argument *n* ist.
@int(n)	Schneidet den Dezimalteil des Argumentes *n* ab.
@ln(n)	Berechnet den natürlichen Logarithmus des Argumentes *n*.
@log(n)	Berechnet den Zehnerlogarithmus des Argumentes *n*.

@mod(n, div)	Liefert den ganzzahligen Rest bei der Division des Argumentes *n* durch den Divisor *div*.
@pi	Liefert den Wert der Zahl *Pi* mit bis zu 15 signifikanten Stellen.
@rand	Erzeugt eine Zufallszahl zwischen 0 und 1 (einschließlich) mit 15 Dezimalstellen.
@round(n, dp)	Rundet das Argument *n* auf so viele Nachkommastellen, wie im zweiten Argument *dp* spezifiziert sind.
@sign(n)	Liefert den Wert 1 bei positivem Argument *n*, -1 bei negativem Argument *n* und 0 bei Null (Vorzeichenfunktion).
@sin(n)	Berechnet den Sinus des Arguments *n* im Bogenmaß.
sqrt(n)	Berechnet die Quadratwurzel des Arguments *n*.
@tan(n)	Ermittelt den Tangens des Arguments *n* im Bogenmaß.

Steuerfunktionen und Funktionen zum Anlegen von Funktionen

Funktion	**Bewirkt**
@if(Bedingung,Dann,Sonst)	Falls der Parameter *Bedingung* logisch wahr ist, wird der Parameter *Dann* ausgeführt; ansonsten wird *Sonst* ausgeführt.
@while(Bedingung, Parameterliste)	Solange *Bedingung* logisch wahr ist, werden die Ausdrücke in *Parameterliste* wiederholt ausgeführt.
@return(Ausdruck)	Beendet die aktuelle Formel und gibt unmittelbar darauf den Wert von Ausdruck an die aufrufende Funktion zurück; stellt #FUNCTION als letzten Wert dar.

@result(Ausdruck)	Beendet die aktuelle Formel und gibt unmittelbar darauf den Wert von *Ausdruck* an die aufrufende Funktion zurück; als letzter Wert wird der Wert von *Ausdruck* dargestellt.
@local(Var1,Var2...)	Definiert lokale Variablen, die nur in der Formel, in der sie erscheinen, verfügbar sind; sie müssen am Anfang der Formel eingegeben werden, in der sie genutzt werden.
@set(Ref,Wert)	Setzt *Ref* auf *Wert*; entspricht der Formel *Ref := Wert*.
@choose(n,Parameterliste)	Liefert den *n*-ten Eintrag in der *Parameterliste*.
@list(Ausdruck1,Ausdruck2..)	Faßt Ausdrücke zu einem Ausdruck zusammen.
@suspend	Unterbricht die Ausführung einer FRED-Formel; der Benutzer kann mit der Direkteingabeaufforderung arbeiten, bis das Programm durch @resume fortgesetzt wird.
@resume	Setzt die Ausführung der mit @suspend unterbrochenen FRED-Formel fort.
@select(Index,Parameterliste)	Führt den in Parameterliste enthaltenen und durch Index bestimmten Ausdruck aus.
@execute(Ref,Formel)	*Formel* wird zur Formel von *Ref* und anschließend ausgeführt.
@run(Ref,"Befehlszeile",t/f)	Speichert in *Ref* die Ausgabe der durch *"Befehlszeile"* definierten DOS-Befehle; jedes externe auf Diskette/Platte abgelegte Programm kann so ausgeführt werden. Wird der optionale logische Wahrwert angegeben, werden Programmteile von Framework gelöscht, um mehr Speicherplatz für externe Programme bereitzustellen.

@alarm(Zeit,Ref)	Aktiviert *Ref*, nachdem *Zeit* verstrichen ist (Datums-/Zeitwert oder Anzahl der Minuten).
@trace(Ref,#ON/#OFF)	Speichert im Frame *Ref* die schrittweise Ausführung einer Formel; wird zum Debugging von Formeln verwendet.

Tabelle E.9   *Steuerfunktionen und Funktionen zum Anlegen von Funktionen*

Erstellen benutzerdefinierter Funktionen

Die folgenden Funktionen ermöglichen das Anlegen eigener Funktionen. Die Parameterübergabe erfolgt mit Hilfe von @item. Der Name der Funktion ist mit dem Frame-Namen der Formel identisch.

Funktion	Bewirkt
@item1...@item16	Durch diese Funktionen können beim Aufruf einer Funktion auf die übergebenen Parameter Bezug genommen werden.
@item(Index)	Gibt den Parameter in einer Parameterliste an, der durch *Index* gekennzeichnet wird, wie zum Beispiel: @item(4) = vierter Eintrag der Parameterliste.
@itemcount	Liefert die Anzahl der übergebenen Parameter; falls keine Parameter übergeben werden, wird 0 geliefert.
@Ref	Führt die Formel in Frame *Ref* aus und gibt das Ergebnis zurück.
@ref(Audruck1,..., Ausdruck16)	Übergibt den Wert von 16 Ausdrücken (Parametern) an die Formel im Frame *Ref*, führt die Formel anschließend aus und gibt das Ergebnis zurück.

Tabelle E.10   *Funktionen zum Anlegen benutzerdefinierter Funktionen*

Bereichsfunktionen

Funktion	**Bewirkt**
@get(db,Feldname oder #)	Liefert den Wert eines angegebenen Feldes für den aktuellen Datensatz in der Datenbank *db*.
@get(ss)	Liefert den Wert der aktuellen Zelle in der Kalkulationstabelle *ss*.
@get(Bereich)	Liefert den Wert der aktuellen Zelle, die sich im angegebenen Bereich einer Kalkulationstabelle oder Datenbank befindet.
@next(db,Feldname oder #)	Springt datensatzweise zum nächsten Feld in der Datenbank *db* und gibt deren Wert zurück.
@next(ss)	Springt zur nächsten Zelle in der Kalkulationstabelle *ss* und liefert deren Wert; springt zellenweise von links nach rechts und von oben nach unten.
@next(Bereich)	Springt zur nächsten in *Bereich* befindlichen Zelle einer Kalkulationstabelle oder zum nächsten in *Bereich* befindlichen Feld einer Datenbank und liefert deren/dessen Wert; springt zellenweise von links nach rechts und von oben nach unten. Der Wert der aktuellen Zelle wird nicht beeinflußt.
@put(db,Feldname oder #,Ausdruck)	Überträgt den Wert von *Ausdruck* in das angegebene Feld des aktuellen Datensatzes von *db*.
@pu(ss,Ausdruck)	Überträgt den Wert von *Ausdruck* in die aktuelle Zelle der Kalkulationstabelle *ss*.
@put(Bereich,Ausdruck)	Überträgt den Wert von *Ausdruck* in die aktuelle Zelle des angegebenen *Bereiches*.
@reset(db,rec #)	Legt den aktuellen Datensatz in *db* fest.

@reset(ss,Spalte#,Zeile#)	Legt die aktuelle Zelle der Kalkulationstabelle *ss* fest.
@reset(Bereich)	Legt die erste Zelle von *Bereich* als aktuell fest.
@hlookup(n,Tabelle,Offset)	Überprüft den Wert *n* in der ersten Zeile von *Tabelle*, springt um die in *Offset* angegebene Anzahl von Zeilen in derselben Spalte nach unten und liefert den Wert der ermittelten Zelle.
@vlookup(n,Tabelle,Offset)	Überprüft den Wert *n* in der ersten Spalte von *Tabelle*, springt um die in *Offset* angegebene Anzahl von Spalten in derselben Zeile nach rechts und liefert den Wert der ermittelten Zelle.
@dblookup(n,Name,Rueck)	Ermittelt den Datensatz, der den Wert *n* im Feld *Name* aufweist, und liefert den Wert des Feldes *Rueck* im selben Datensatz.
@fill(Bereich,init,inkr)	Gibt in *Bereich* Werte ein; hierbei wird mit dem Wert *init* begonnen, der jeweils um den Wert *inkr* erhöht wird.

Tabelle E.11   *Bereichsfunktionen*

Makrofunktionen

Funktion	**Bewirkt**
@nextkey(Zeit)	Liefert den Wert der nächsten Taste, falls diese innerhalb der zeitlichen Vorgabe angeschlagen wird; ansonsten wird 0 zurückgegeben.
@key	Liefert den Wert der letzten betätigten oder zurückgegebenen Taste.
@keyname(Taste)	Liefert die angegebene Tastenbezeichnung als Text.
@keyfilter(Taste,Ref)	Installiert einen Filter: Verknüpft *Taste* mit der in *Ref* enthaltenen Formel.

@setmacro({alt-?},Ref)   Installiert ein Makro: Die Alt-
                                  Tastenkombination wird mit der in
                                  Ref enthaltenen Formel verknüpft;
                                  dies ist nicht erforderlich, falls das
                                  Makro in der Bibliothek oder in der
                                  Systembibliothek gespeichert ist.

@setselection("Frame")   Liefert den Namen der aktuellen
                                  Auswahl und wählt im Anschluß daran
                                  den spezifizierten Frame aus.

@echo(#ON/#OFF,0/1/2)   Mit der Einstellung #ON werden die
                                  Resultate der Tastenanschläge auf dem
                                  Bildschirm dargestellt; bei #OFF
                                  erfolgt keine Bildschirmdarstellung; 0
                                  (Standard) - alles darstellen und neu
                                  zeichnen; 1 = eine erneute Darstellung
                                  erfolgt nur, wenn die
                                  Bildschirmdarstellung verändert wird;
                                  2 = im aktuellen Frame wird alles neu
                                  gezeichnet.

@row   Liefert die Zeilennummer des
                                  aktuellen Feldes einer Datenbank oder
                                  der aktuellen Zelle einer
                                  Kalkulationstabelle.

@col   Liefert die Spaltennummer des
                                  aktuellen Feldes in einer Datenbank
                                  oder der aktuellen Zelle in einer
                                  Kalkulationstabelle.

@performkeys(Ausdruck)   Führt die in Ausdruck angegebenen
                                  Tastenanschläge aus, als ob sie über
                                  die Tastatur eingegeben würden.

@pk(Ausdruck)   Kurzschreibweise für @performkeys.

@sense(Menüpunkt,"Frame")   Gibt an den (optionalen) *Frame* den
                                  Wert des angegebenen *Menüpunktes*
                                  zurück: logisch wahr (#TRUE), logisch
                                  falsch (#FALSE), String oder Zahl.

Zugriff auf Menüoptionen mit @sense und @performkeys

Zur Ermittlung oder Wahl einer Menüoption in einem Programm wird der
Anfangsbuchstabe des jeweils nächsten Schrittes des Menüpfades angegeben und Ctrl- vorangestellt. Bei der Benutzung eines mit einem amerikanischen Framework III erstellten Programms kann statt dessen MENU#

eingesetzt werden. Bei der Verwendung von @sense muß der vollständige Pfadnamen angegeben werden; bei @pk kann der Pfadname beim aktuell geöffneten Menü beginnen.

Beispiele

Zur Ermittlung des Strings aus dem Pfad *Drucken:Formateinstellungen:Fußzeilen:Zentriert* wird

```
@sense("{Ctrl-d}ffz")
```

eingegeben.

Um dieselbe Menüoption auszuwählen, wird

```
@performkeys("{Ctrl-d}ffz")
```

verwendet.

Die Auswahl aus einem mit einer amerikanischen Framework-Version erstellten Programm erfolgt so:

```
@performkeys("{MENU#pffc}")
```

Beachten Sie die Angabe des englischsprachigen Pfades.

Funktionen zur Bearbeitung von Frames

Funktion	Bewirkt
@delete(Ref)	Löscht den Frame *Ref* ohne Zwischenspeicherung im Puffer.
@print(Ref)	Gibt den Frame oder Bereich *Ref* aus.
@sort(Bereich,Reihenfolge)	Sortiert den *Bereich* einer Datenbank oder Kalkulationstabelle in der angegebenen *Reihenfolge* (aufsteigend oder absteigend).
@setselection("frame")	Liefert den Namen der aktuellen Auswahl oder wählt bei vorhandenem Parameter den angegebenen *Frame* aus.
@getformula(Ref)	Liefert die in *Ref* enthaltene Formel.
@setformula(Ref,Formel)	Setzt *Formel* in den Formelbereich von *Ref* ein (die *Formel* wird nicht ausgeführt).
@writeframefile("Pfadname", Ref)	Erstellt aus dem Frame *Ref* eine Framework-III-Datei.

@isdocument(Frame)   Liefert logisch wahr, falls es sich bei
                                    dem Frame um einen Text-Frame
                                    handelt (der Frame ist nicht in einem
                                    anderen Frame enthalten).

@sense(Menüpunkt,"Frame")   Liefert in den (optionalen) *Frame* den
                                    Wert des angegebenen *Menüpunktes*:
                                    logisch wahr (#TRUE), logisch falsch
                                    (#FALSE), Zeichenkette oder Zahl.

@frametype(Frame)   Liefert den Typ des *Frames* als
                                    Nummer:
                                    1 = Laufwerksverzeichnis
                                    2 = Bibliothek
                                    3 = Menü
                                    4 = Hilfe
                                    5 = Konzept
                                    6 = Kalkulationstabelle
                                    7 = Datenbank
                                    8 = Leerer Frame
                                    9 = Text-Frame
                                    10 = Grafik-Frame
                                    11 = Zelle
                                    12 = Feld
                                    13 = Telecomm
                                    14 = Inhalt eines Text-Frames
                                    15 = Formelbereich
                                    16 = in der Editierzeile
                                    17 = Im Datenfernübertragungs-Frame
                                    18 = Lokale Variable.

@frameview(Frame)   Liefert die Darstellungsart des *Frames*
                                    als Nummer:
                                    Datenbank:
                                      1 = Tabelle
                                      2 = Maske
                                      3 = dBASE
                                    Laufwerksverzeichnis
                                      4 = Keine Daten
                                      5 = Daten
                                    Andere:
                                      6 = Inhalt
                                      7 = Konzept

@panel1(Frame)	Liefert die erste Zahl im rechten Teil der Statuszeile des Frames.
@panel2(Frame)	Liefert die zweite Zahl im rechten Teil der Statuszeile des Frames.

Tabelle E.13   *Funktionen zur Bearbeitung von Frames*

Umgebungsfunktionen

Funktion	Bewirkt
@iscapslock	Liefert den logischen Wahrwert, falls die Taste Caps Lock aktiviert ist; ansonsten wird logisch falsch zurückgegeben.
@isnumlock	Liefert logisch wahr, falls die Taste Num Lock eingeschaltet ist; ansonsten wird logisch falsch zurückgegeben.
@setdrive(Laufwerk)	Liefert das Standardlaufwerk und stellt ein in *Laufwerk* angegebenes neues Laufwerk ein.
@setdirectory("Pfad")	Liefert das Verzeichnis und stellt das in *Pfad* angegebene neue Verzeichnis ein.
@getenv(Umgebungsvariable)	Liefert den String, der in der DOS-*Umgebungsvariable* enthalten ist.
@memavail	Liefert den Betrag des verfügbaren Speicherplatzes in Bytes (einschließlich des erweiterten Speichers); der Rücknahmepuffer wird gelöscht.
@screeninfo(#)	Liefert in Abhängigkeit von # Informationen, welche Bildschirmdarstellung Framework nutzt: Text- oder Grafikdarstellung, Bildschirmgröße, Größe der durch @setdesktop eingestellten Arbeitsfläche.

Tabelle E.14   *Umgebungsfunktionen*

Funktionen für Benutzerschnittstellen

Funktion	**Bewirkt**
@prompt(Meldung,Einzug)	Stellt *Meldung* in der untersten Bildschirmzeile (um die in *Einzug* angegebene Anzahl von Leerzeichen vom linken Bildschirmrand entfernt) dar.
@eraseprompt	Löscht jede im unteren Bildschirmbereich dargestellte Meldung.
@inputline(Meldungstext, Standardtext,Cursor, Autolösch,Erstzeichen)	Zentriert *Meldungstext*, der eine Eingabeaufforderung enthält, im unteren Bildschirmbereich; liefert die Eingabe nach der Betätigung der Return-Taste durch den Benutzer; falls angegeben, erscheint der *Standardtext* in der Editierzeile; die letzten drei optionalen Parameter ermöglichen (#YES) oder verhindern (#NO) das Zeigen mit dem *Cursor*, die *automatische Löschung* des Standardtextes beim Beginn der Benutzereingabe und die Positionierung der Auswahl auf das *erste Zeichen*.
@display(Ref,Spalte,Zeile)	Stellt den Frame *Ref* mit der oberen linken Ecke an der Position *Spalte, Zeile* dar; der Frame kann sich auf einer verborgenen Arbeitsfläche befinden.
@position("Ref",x1,y1,Breite, Höhe)	Stellt den Frame *Ref* mit seiner oberen linken Ecke an den Koordinatenpositionen *x1* und *y1* dar; die Größe ist durch *Breite* und *Höhe* festgelegt.
@hide(Ref)	Verschiebt *Ref* auf die verborgene Arbeitsfläche; *Ref* ist weiterhin für FRED verfügbar.
@unhide(Ref)	Verschiebt *Ref* von der verborgenen auf die reguläre Arbeitsfläche.

@menu(Ref)	Stellt den Frame *Ref* als *Menü* mit darin enthaltenen Frames als Untermenüs dar.
@quitmenu	Beendet das Benutzermenüsystem (entspricht der Betätigung der Escape-Taste zur Beendigung des Hilfeprogrammes).
@beep(Tonhöhe,Dauer)	Erzeugt einen Ton in der angegebenen *Tonhöhe* und *Dauer* (100 = 1 Sekunde).

Hinweis: Die Tonhöhen für Noten im mittleren Tonleiterbereich ergeben sich wie folgt. Für die nächsthöhere oder -niedrigere Oktave muß die Tonhöhe verdoppelt bzw. halbiert werden:

C = 523	D = 587	E = 659	F = 698
G = 784	A = 880	B = 988	C = 1047

Before/After-Anpassungsfunktionen

Funktion	Bewirkt
@nationalize(Währung,Begrenz)	Stellt eine der vier folgenden Währungseinheiten und/oder Begrenzer ein; als *Begrenzer* kann @thousands oder @milli gewählt werden; zur Aktivierung der Definitionen muß die Option *Währungsformat* im Menü *Zahlen* eingeschaltet sein.
@dollar	Definiert die Währungswerte als Dollars.
@pound	Definiert die Währungswerte als Pfund.
@yen	Definiert die Währungswerte als Yen.
@unit("Symbol",Position)	Definiert die Währungswerte als vom Typ *Symbol* an der *Position* #BEFORE (vor dem Zahlenwert) oder #AFTER (hinter dem Zahlenwert); zum Beispiel *$ 500.50, 400,59 DM* oder auch *Seite 405.*
@thousands	Stellt das Tausenderformat ein: $ 2,500.00

Tabelle E.16   Before/After-Anpassungsfunktionen

Grafikfunktionen

Grafiktyp	**Funktion**
Kreisgrafik	@drawgraph(Bereich,Orient,Typ, Titel, xTitel,yTitel,Ausdehnung)
Andere	@drawgraph(Bereich,Orient,Typ,Titel, xTitel,yTitel,niedrig,hoch,Inkrement)
Überlagerung	@drawgraph(...),@drawgraph(...), @drawgraph(...),...usw.
Optionale Parameter	Titel,xTitel,yTitel,Ausdehnung, niedrig,hoch,Inkrement. In Überlagerungsgrafiken werden optionale Parameter ignoriert.

Tabelle E.17   Grafikfunktionen

Framework III fügt bei der Auswahl der Option *Neue Grafik erstellen* im Menü *Grafik* die Funktion @drawgraph mit den entsprechenden Parametern ein.

Die Funktionen @draw und @drawgraph

Die Funktion @draw erstellt eine Grafik entsprechend den aufgeführten Parameter- und zugehörigen Modusnummern. Alle Parameter sind optional, und die Liste kann beliebig umfangreich sein. Zur weiteren Information sollte das FRED-Handbuch herangezogen werden. In Bild E.1 finden Sie eine Grafik, die mit Hilfe von @drawgraph erstellt wurde. Im unteren Bildschirmbereich ist die verwendete Formel dargestellt:

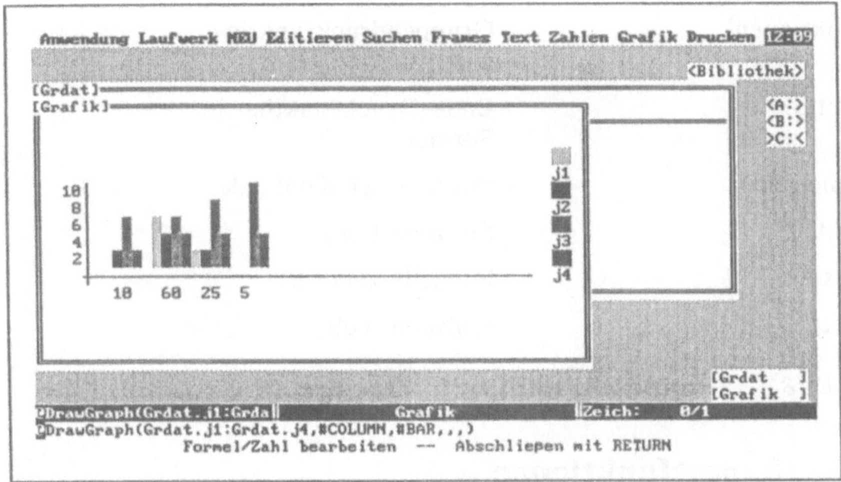

Bild E.1   Unter Verwendung von @drawgraph erstellte Beispielgrafik

Druckfunktionen

Funktion	Einstellung	Standard
@po(Leerz)	Seitenanfang	10
@pl(Zeilen)	Seitenlänge	66
@sp(Zeilen)	Zeilenabstand	1
@ll(Zeichen)	Zeilengröße	65
@hl("Text")	Linke Kopfzeile	
@np(Seite#)	Beginn der neuen Seite	
@tm(Zeilen)	Oberer Rand	6
@bm(Zeilen)	Unterer Rand	6
@hf(Seite#)	Beginn Kopf-/Fußzeile	1
@kp	Frame auf einer Seite drucken	
@hc("Text")	Kopfzeile zentriert	
@hr("Text")	Kopfzeile rechts	

@pn	Seitennumerierung	
@st(Esc.code)	Code direkt an Drucker	
@pr(Funktionen)	Gruppendruckfunktio- nen	
@printreturn	Ende-Druckfunktion in Formel	
@hp(Zeilen dn)	Position der Kopfzeile	3
@fl("Text")	Fußzeile links	
@fc("Text")	Fußzeile zentriert	
@fr("Text")	Fußzeile rechts	

Tabelle E.18   *Druckfunktionen*

Import-/Exportfunktionen

Funktion	**Bewirkt**
@writetextfile("Pfadname",Ref)	Erstellt aus *Ref* eine DOS-Textdatei.
@dbasefilter("Laufwerk: Dateiname.dbf",Kriterium, Beginn, Ende)	Framework legt eine Datenbank an, die beim Laden einer dBASE-Datenbankdatei auf die Arbeitsfläche die in @dbasefilter angegebene Formel enthält. Der Begrenzung der importierten Datensätze dient die Formel.

Der erste Parameter enthält den Namen der Datenbankdatei (gegebenenfalls mit Pfadangabe); der zweite Parameter beinhaltet den Ausdruck, der die Zahl der zu importierenden Datensätze angibt (Beispiel: Name = "Schmitt" oder Nummer > 1000). Mit *Beginn*   wird die Datensatznummer des ersten zu importierenden Datensatzes angegeben und *Ende* spezifziert die Datensatznummer des letzten zu importierenden Datensatzes. Hierzu ein Beispiel:

```
@dbasefilter("c:/dbase/Mitarbei.dbf", Gehalt > 3000, 1, 50)
```

Anhang F

Fehlerkonstanten in Framework III

Bei jeder Operation, die zum Datenverlust führt, wird von Framework III eine Warnmeldung dargestellt; desgleichen erscheint eine Fehlermeldung bei einem Syntaxfehler in einer Formel oder bei einer anderen nicht ausführbaren Eingabe.

In der Programmiersprache FRED gibt es einige Fehlerkonstanten, die der Benutzer womöglich nicht auf Anhieb entschlüsseln kann. Sie kommen am häufigsten in Tabellenkalkulations- und Datenbank-Frames vor, können aber auch in jedem in Framework III verfügbaren Frame-Typ in Erscheinung treten. Im folgenden sind die Fehlerkonstanten und ihre Meldungen aufgelistet:

#N/A!	(*Not Available*) Ein Wert ist nicht verfügbar. Dies kann der Fall sein, wenn in den Frame, auf den Bezug genommen wird, keine Formel oder kein Inhalt eingegeben wurde. Die Fehlermeldung tritt gewöhnlich bei einem Fehler in einer Formel auf.
#VALUE!	Es liegt der unerlaubte Gebrauch von logischen, numerischen und Zeichenwerten (oder einer Kombination davon) vor. Als Folge hiervon kommt es zu einem inkorrekten Referenzwert in der Formel.
#REF!	FRED kann den Referenzwert nicht ermitteln. Der Grund hierfür kann eine fehlerhafte Eingabe der Referenz, eine zwischenzeitliche Namensänderung des Referenz-Frames oder die Löschung des Referenz-Frames von der Arbeitsfläche sein.
#DIV/0!	Teilen durch Null. FRED ist in der Formel auf einen Ausdruck gestoßen, der eine Teilung durch Null - eine nicht erlaubte Operation - erforderlich macht.

#NUM!

Die Berechnung eines Ausdrucks hat zu einem zu kleinen bzw. zu großen Wert geführt. Die Fehlermeldung wird auch bei der Verwendung einer unerlaubten numerischen Funktion wie @sqrt(-1) dargestellt.

#NULL!

Das Ende eines bearbeiteten Bereichs wurde erreicht, oder ein Parameter, auf den eine FRED-Formel Bezug nimmt, wurde vom aufrufenden Programm nicht übergeben (eine benutzerdefinierte Funktion erwartet beispielsweise die Übergabe von vier Parametern, es werden jedoch nur drei übergeben).

#TBD!

(*To Be Determined*) Hierbei handelt es sich um ein noch nicht festgelegtes Element.

#NAME?

FRED kann den Frame, auf den Bezug genommen wurde, auf der Arbeitsfläche nicht finden.

Sachwortverzeichnis

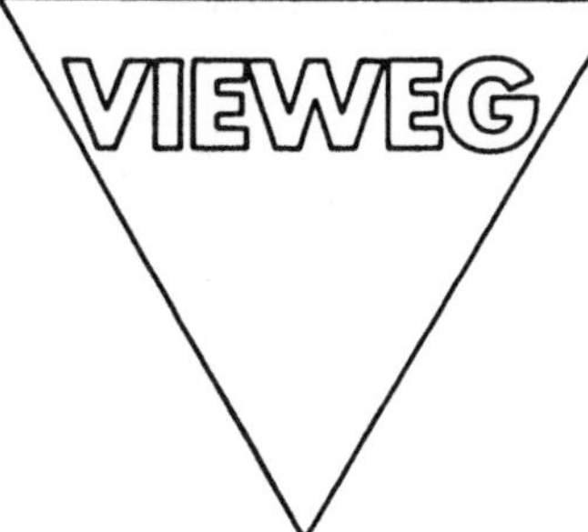

Dick Andersen und Janet McBeen

MULTIMATE II

Einführung in die Anwendung.

Aus dem Amerikanischen übersetzt und bearbeitet von Andreas Dripke, Angelika Dripke und Harald Massmig. Ein Ashton Tate/Vieweg-Buch. 1989. VIII, 314 Seiten. 16,2 x 22,9 cm. Gebunden.

Inhalt: Einführung in MultiMate II – Texteingabe und Editierung – Befehlstechniken – Formatierungsmethoden – Druckmethoden – Methoden für Mischdruck – Makros.

Das Buch ist eine umfassende Einführung in die Textverarbeitung mit MultiMate II von Ashton Tate. Schritt für Schritt wird der Anwender mit den Möglichkeiten von MultiMate vertraut gemacht. Mehr als 100 Bildschirmabbildungen lassen die im Text vorgestellten Prozeduren leicht nachvollziehen. Der bereits geübtere MultiMate-Benutzer findet zusätzlich Tips und Tricks, zum Beispiel Techniken zur besseren Formatierung, für professionelle Ausdrucke, zur Datenübertragung und für Makros.

Ein Ashton Tate/Vieweg-Buch für jeden MultiMate-Anwender, seien es Einsteiger oder Fortgeschrittene.

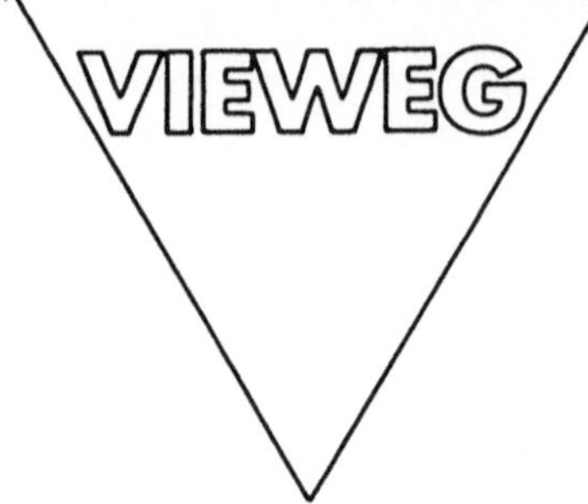

Das Ashton Tate/Vieweg-Buch mit professionellem Anspruch

Robert A. Byers und Cary N. Prague

dBASE IV Schritt für Schritt

Aus dem Amerikanischen übersetzt von Johanna Heiß-Spateneder. 1989. Ein Ashton/Tate-Vieweg-Buch. Ca. 400 Seiten. Gebunden.

dBASE IV – Schritt für Schritt ist für den Anfänger gedacht, der noch nie mit einer relationalen Datenbank oder dBASE IV gearbeitet hat.

Das Buch versteht sich als profunde Lernhilfe und leicht verständliche Einführung. Jedes Thema wird von Grund auf behandelt und schrittweise vertieft. Dabei werden beim Leser keinerlei Vorkenntnisse vorausgesetzt. Die einzelnen Kapitel bauen aufeinander auf.

Behandelt werden folgende Themen: Was sind Datenbanken, Dateien, Datensätze und Felder – Planen einer Datenbank – Erstellen einer Datenbank – Daten eingeben, ändern und löschen – Daten sortieren – Das Regiezentrum – Der dB-Punkt – Tabellendarstellung und Einzelsatzdarstellung – Abfragen – Berichte – Etiketten – Eingabemasken – Arbeiten mit mehreren Datenbank-Dateien – Der Programmgenerator – Lesen und Schreiben von Fremdformatdateien.

Wer dieses Buch durchgearbeitet hat, ist kein Anfänger mehr, sondern ein geübter Anwender von dBASE IV, der in der Lage ist, Daten zu ordnen und auszuwerten und auch andere Anwender dabei zu unterstützen.

Die Autoren, Robert A. Byers und Cary N. Prague, sind anerkannte Datenbankspezialisten in den USA.